기본권 제한 심사의 법익 형량

기본권 제한 심사의 법익 형량

이민열 지음

목   차

제1장 서론 ··· 1

제2장 법익 형량의 구조 ·· 9

제1절 비중 은유의 한계와 형량의 스캔들 ············· 11

Ⅰ. 비중 은유로서의 형량 공식 ······················ 11

Ⅱ. 형량의 스캔들 ··· 19

Ⅲ. 변환 논제 ··· 29

제2절 형량의 재정의 ·· 33

Ⅰ. 형량의 재정의 ··· 33

Ⅱ. 헌법규범의 구조로부터 생기는 관문 ············ 36

1. 관문을 무시할 때와 존중할 때의 차이 ······ 36

2. 권리의 성격과 형량의 본질 ······················ 41

제3절 재정의된 형량의 강점과 근거 ················· 48

Ⅰ. 비법적인 것의 침습에 대한 방벽 ················· 48

Ⅱ. 사법심사의 정당성 방벽 ······························ 51

1. 정당성의 근거로서 논증 ··························· 51

2. 논거형식, 논거구조 ·································· 52

3. 수행적 모순 검사와 헌법규범의 관계적 구조 ··········· 57

제3장 자유권 제한 논의의 차원 ························ 107

제1절 자유와 평등의 구조 ························ 109

Ⅰ. 실체화 오류 검사 ························ 109

Ⅱ. 자유·평등 규범의 근본성 ························ 118

Ⅲ. 법적 자유 개념의 해명 ························ 128

Ⅳ. 자유 개념의 단계적 구조 ························ 149

제2절 자유권과 자유권 제한 사유의 논의 차원 ·············· 155

Ⅰ. 근본적 지위 탈취 금지 원칙 ························ 155

Ⅱ. 자유권의 관계적 성격 ························ 162

Ⅲ. 평등하고 자유로운 관계 ························ 167

Ⅳ 평등한 자유 관계 평면으로의 사영 ··············· 214

제4장 자유권 제한 심사관문과 법익 형량의 일반적 관문 ··· 217

제1절 자유 심사의 단계들 ························ 219

Ⅰ. 심사관문 1: 동등한 양립가능성과 통합성 ··············· 219

Ⅱ. 심사관문 2: 조정기제 활용의 우선성 ·············· 250

Ⅲ. 심사관문 3: 닫혔던 자유의 문 열기 ·············· 280

Ⅳ. 심사관문 4: 불평등으로의 이동 정당화 ··············· 309

Ⅴ. 심사관문 5: 부담의 공정성 ·············· 326

Ⅵ. 심사관문 6: 법적 자유의 수축 심사 ·············· 351

Ⅶ. 각 심사관문의 위치와 함의 ··············· 368

제2절 일반적 심사관문 ·· 370

  Ⅰ. 일반적 심사관문의 필요성과 정식화 ················· 370

  Ⅱ. 헌법적 적합싱 ·· 372

  Ⅲ. 정당화의 주제로서 기본권 주체들의 관계 ············ 383

  Ⅳ. 합당한 거부의 사유가 되는 기준 ···················· 401

  Ⅴ. 합당한 거부 기준에 의한 검사 ······················ 417

제5장 결론 ·· 423

  참고문헌 ··· 436

헌법재판소 결정 목록

1989. 3. 18. 88헌마1 [사법서사법 시행규칙 합헌]

1989. 5. 24. 89헌가37, 96 [금융기관 연체대출 특별조치 합헌]

1990. 9. 3. 89헌가95 [불확정 조세의 담보물권 우선 위헌]

1992. 4. 28. 90헌바24 [도주차량치사 형량 위헌]

1992. 12. 24. 92헌가8 [구속영장 실효 검사 의존 위헌]

1996. 12. 26. 96헌가18 [자도소주 구입명령 위헌]

1999. 7. 22. 98헌가5 [탁주공급구역제한 합헌]

1999. 7. 22. 98헌바14 [산업단지 관리비반환 차등 합헌]

1989. 12. 22. 88헌가13 [토지거래허가제 합헌]

1997. 7. 16. 95헌가6 [동성동본 금혼 위헌]

1998. 12. 24. 89헌마214 [개발제한구역 헌법불합치]

1999. 11. 25. 95헌마154 [노동조합 정치헌금 금지 위헌]

2000. 3. 30. 99헌마143 [숙취해소 표시 금지 위헌]

2000. 4. 27. 98헌가16 [과외교습 금지 위헌]

2005. 10. 27. 2003헌가3 [의료광고 금지 위헌]

2000. 10. 30. 2000헌바67 [외교청사 집회 전면금지 위헌]

2003. 4. 24. 99헌바110 [국립공원지정 보상규정 부재 각하]

2004. 1. 29. 2002헌마788 [인권위원 퇴직 후 공직제한 위헌]

2004. 7. 15. 2003헌바35, 37 [건설업 부정등록 말소 합헌]

2004. 8. 26. 2003헌마457 [금연구역 지정 합헌]

2006. 5. 25. 2003헌마715 [안마사 비맹제외 위헌]

2008. 10. 30. 2006헌마1098 [안마사 비맹제외 합헌]

2010. 7. 29. 2008헌마664 [안마사 비맹제외 합헌]

2013. 6. 27. 2011헌가39 [안마사 비맹제외 합헌]

2010. 2. 25. 2007헌바131 [기반시설부담금 합헌]

2013. 10. 24. 2010헌마219, 265 [기간제 근로자법 합헌]

2015. 2. 26. 2009헌바17 [간통죄 위헌]

제1장

서 론

이 책은 하나의 중심적 질문을 다룬다.

헌법 제37조 제2항에 따른 기본권 제한에서의 법익 균형성 판단이, 정당성 없는 기계적 기준에 의존하지도 않으며 체계화할 수 없는 직관에 함몰되지도 않도록 하는, 타당한 심사의 구조는 무엇인가?

이 질문은 진지한 법률가라면 쉬이 지나칠 수 없는, 정신을 사로잡는 질문이다. 그 질문의 중요성은 비례의 원칙의 커다란 역할에서 비롯된다. 비례의 원칙은 법치국가 원리 및 헌법 제37조 제2항에 의해 기본권 제한의 정당화 원리 및 한계 원리로 작동한다. 헌법 제37조 제2항이 "필요한 경우에 한하여" 법률로 기본권을 제한하도록 하는 일반적 유보조항을 둠으로써 비례의 원칙은 우리 헌법의 기본권 규정 해석에서 필수불가결한 틀이 되었다. 왜냐하면 모든 기본권 조항은 잠정적으로 그 문면상 해당 개념에 속하는 모든 행위나 지위, 상태를 포괄하기 때문에 절대적인 것이 될 수 없고, 그리하여 각 기본권 조항들이 보호하고 있는 잠정적인 기본권을 구체적인 사안에서 확정적인 기본권으로 도출해내는 논증의 과정이 필요한데,[1] 이 논증의 과정에서 비례의 원칙은 빼놓을 수 없는 심사 기준이 되기 때문이다.

그러나 비례의 원칙에 따른 심사의 틀과 형식적 구조는 상당한 합의가 되어왔음에도 불구하고, 그 원칙을 구체적 사안에 적용할 때 숙련된 법률

---

1) Robert Alexy, *Theorie der grundrechte*. 이준일 옮김,『기본권 이론』, 법문사, 2007, 95-96면.

가들 사이에 견해가 첨예하게 갈릴 때 그 상이한 의견들의 우열을 가릴
수 있는 타당한 평가 기준은 여전히 상당 부분 블랙박스로 남겨져 있다.

이러한 사정은 특히 이 논문의 연구대상인 기본권 제한 심사의 '법익
균형성' 원칙에서 보다 두드러진다. 법익 균형성 원칙은 우리 헌법재판소
가 확인한 비례의 원칙을 구성하는 네 부분인, 목적의 정당성, 수단의 적
합성, 피해 최소성, 법익 균형성 중 최종적으로 위배 여부를 심사하게 되
는 원칙이자, 규범적 판단의 부담이 가장 큰 원칙이다.

만일 법익 균형성 원칙을 사안별로 논증 없이 도입한 기계적 기준으로
변형하여 적용한다면 그것은 헌법의 기본권 조항을 유명무실하게 만들
고, 기본권 제한에 대한 합헌성 심사를 이미 이루어진 국가행위를 수사적
으로 합리화하는 통과의례로 변질시킬 것이다.2) 반면에 법익 균형성 원
칙을 구체적 직관에 맞도록 원하는 결론을 도출하기 위하여 마음대로 조
정할 수 있는 거름틀로 만들게 되면, 권력분립 원칙이 손상될 뿐 아니라
청구인이 제기한 기본권 주장을 그대로 인정할 때 영향 받는 공익 및 다
른 기본권들을 소홀히 하게 되는 결과가 된다.3) 이로써 법익 균형성 원칙
의 잘못된 운용은, 한편에서는 사법자제라는 이름으로 기본권 보장이 유
명무실화되는 위험을, 다른 한편에서는 재판관들의 가치판단에 의해 국
가행위의 합헌성을 판단하는 사법정치의 위험을 초래할 수 있다.

결국 법익 균형성 원칙에 관한 탐구의 관건은, 이 두 위험 모두를 제어
할 수 있는 정확한 기본권 제한의 이론을 구성하여, 헌법규범에 의해 응
당 보호받아야 할 기본권이 더도 덜도 말고 그대로 보장받을 수 있도록

---

2) David L. Faigman, "Reconciling Individual Rights and Government Interests:
   Madisonian Principles versus Supreme Court Practice", *Virginia Law Review*, Vol.
   78, No. 7, 1992, 1536-1543면.

3) Louis Haenkin, "Infallibility under Law: Constitutional Balancing", *Columbia Law
   Review*, Vol. 78, No. 5, 1978, 1043면.

하는 체계적인 지침을 제공해줄 수 있느냐에 달려 있다고 할 것이다.

다음과 같은 질문들에 대하여 답하지 못한다면 그 지침은 제대로 제공되지 못한 것이다. 법익 사이에 균형이 성립한다는 것은 무엇을 의미하며, 균형이 성립하지 않는다는 것은 무엇을 의미하는가? 동일한 양적 척도로 간단히 환원될 수 없는 이질적인 법익들을 형량하는 판단은 합리적이고 합당한 근거로 추론될 수 있는가? 어느 법익이 더 중대한지에 대한 견해가 갈릴 때 이를 해결하여 주는 방법은 무엇인가?

이러한 질문에 적절한 답이 제시되지 않았을 때, 법률가들이 겉으로는 모두가 법익 형량이라 불리는 것을 하고 있다고 말할 때, 실상 이루어지는 것은 전혀 상이한 심리적 과정을 거쳐가는 일에 불과하게 된다. 이러한 사태는 두 가지 특징적인 증후를 보인다.

첫째로, 어떤 법적 결론이 도출되었을 때, 그 결론을 근거 짓는 논거들이 체계적으로 제시되지 못하고 가장 결정적인 부분에 가서는 태도나 직관에 의한 판단으로 소급되는 경우가 왕왕 있게 된다. 또는 적어도 반대 논자들에게도 그 논거들의 충분함을 뚜렷하게 납득될 수 있는 논증방식을 구성하지 못하게 되는 경우가 종종 있게 되는 것이다. 이러한 상황은 법익 형량의 한계와 기준이 불명확하다는 혐의에 시달리게 하고, 더 나아가 타당한 논증에 의해 구성되는 합리적 형량은 존재하지 않는다는 형량 회의론을 낳게 된다.[4]

둘째 증후는, 법익 형량의 추론 과정에 권리의 특성이 사라지게 되는

---

4) Mark V. Tushnet, "Anti-Formalism in Recent Constitutional Theory", *Michigan Law Review*, Vol. 83, No. 6, 1985, 1502-1544면; Paul W. Kahn, "The Court, the Community and the Judicial Balance: The Jurisprudence of Justice Powell", *The Yale Law Journal*, Vol. 97, No. 1, 1987, 1-60면 등 참조. 가장 포괄적이고 중요한 비판은 Alexander Aleinikoff, "Constitutional Law in the Age of Balancing", *The Yale Law Journal*, Vol. 96, No. 5, 1987, 943-1005면에서 강력하게 개진되었다.

것이다. 기본권 제한 심사에서 제한되는 것은 단순한 이익이 아니라 기본권이라는 권리이다. 이질적인 법익의 비중을 가늠하는 논의들은 오직 이익의 언어로만 점철되어 있다. 그렇다면 기본권이라는 것은 이런저런 다른 이익들로 제한될 수 있는 적당히 강조된 잠정적인 이익을 약칭하는 말이 되어버린다. 그러나 이것은 우리가 '어떤 이익이 훼손된다'라는 논의와 '어떤 권리가 침해된다'라는 논의 사이에 두는 중대한 차이를 사라지게 만든다. 어떤 음식업체 운영자는 경쟁 음식업체의 난립으로 자신의 영업 이익이 훼손되고 심지어 파산에 이를지도 모른다. 그러나 이것은 그의 영업의 권리가 침해당했다는 것과는 전혀 다른 사태다. 이 차이를 포착하지 못하는 경우, 권리 논증의 고유한 성격은 사라진다. 그럴 경우 국가의 기본권 보장 임무는 여러 명목 하에 묶여 약칭된 이익의 적정한 보호 임무로 변질된다.

본 연구에서는 법익 형량5)이 헌법규범적으로 훨씬 더 건전한, 즉 전제와 논증이 모두 타당한 토대 위에 서 있을 수 있다는 점을 보이고자 한다. 즉, 구체적 사안의 개별 논증을 인도하고 틀 짓는, 상호주관적으로 (intersubjectively) 비판 가능한 논증단계와 논증방법을 구성함으로써, 법익 형량에 관한 종래의 형식적 명제들을 넘어선 실질적인 명제들을 획득함으로써 가능함을 보이려 한다. 이것을 형량에 대한 논증대화적 해명이라고 할 수 있을 것이다.

논증대화(論證對話)란 일정한 주제에 관하여 어떤 주장이 제기될 때 그 주장을 뒷받침하거나 배척하는 논거들을 교환하여, 그 주장이 타당하다고 승인하거나 타당하지 않다고 거부하는 언어적 상호작용이다. 주장은 논거 없이는 단순한 의견에 불과하다. 적합한 논거에 의해 그 주장이 뒷

---

5) 본 연구는 기본권 제한 심사에서 과잉금지원칙 중 법익 균형성 원칙(좁은 의미의 비례원칙)을 해명하는 것을 목적으로 한다.

받침된다는 점을 보임으로써, 그 주장은 대화참여자들에게 타당한 것으로 인정을 받게 된다.6) 그래서 논증대화는 제기된 주장에 대하여 의문이 제기되는 것을 계기로 이루어진다.7)

　법익 균형에 관하여 관련된 모든 논의 당사자들의 견해가 일치된다면 논증대화는 개시될 실천적 필요가 없다. 그러나 애초에 기본권 제한이 위헌이라는 주장을 제기한 당사자가 있다는 것은, 해당 국가 조치가 헌법적 타당성이 없다는 의문을 제기한 것이다. 따라서 그것을 계기로 하여 이루어지는 헌법적 논의는 적합한 논거의 제시를 통하여 형량의 결과를 근거지어야 한다. 그렇다면 법익 형량을 하였다는 것은, 해당 기본권 제한의 헌법합치성을 주제로 하는 논증대화의 산물로서 그 결론 언명(言明)이 헌법규범적으로 타당하다고 승인되었음을 의미한다. 그러므로 헌법적 논증대화의 구조를 해명하는 것은, 이러한 실천적 필요가 제기한 의문에 자의적(恣意的)인 답이 주어지지 않았다고 말할 수 있기 위해 긴요한 과제이다.

---

6) Jürgen Habermas, *Theorie des kommunikativen handelns.* 장춘익 옮김, 『의사소통행위이론』 1권, 나남, 2006, 67-69면에서 Habermas는 "논거는 처음에 지지자가 가설적으로 제시한 타당성 주장이 상호주관적 인정을 받도록 하고, 그럼으로써 하나의 의견이었던 것을 지식으로 변화시키는 수단"이라고 하고 있다. 같은 곳에서 Habermas는 논증대화를 다음과 같이 세 측면에서 설명하고 있다. 첫째, 과정으로서는 "이상적인 조건에 충분히 접근한 의사소통의 형식"이다. 둘째, 절차 측면으로 보면 "특별한 방식으로 규제된 상호작용의 형식"이다. 셋째, 목적 측면에서는 "타당성 주장을 뒷받침하든가 혹은 거부할 수 있게 하는 (⋯) 적합한 논거를 생산"함으로써 타당성 요청을 승인하거나 거부하는 활동이다.

7) Robert Alexy, *Theorie der juristischen Argumentation: Die Theorie des rationalen Diskurses als Theorie der jurstischen Begründung* (2nd edition), 변종필·최희수·박달현 옮김. 『법적 논증 이론』, 고려대학교 출판부, 2007, 156-157면. 같은 곳에서 Alexy는 그래서 논증대화(Diskurs)는 행위(Handlung)와 구별된다고 하고 있다. 여기서 행위는 이미 어떤 주장이 타당하다고 묵시적으로 승인된 전제에서 이루어지는 작용이다. 논증대화에서는 문제된 타당성 요구(Anspruch auf Geltung)가 주제가 된다는 고유한 성격을 갖는다.

기본권 제한 심사의 법익 균형성 원칙에 대한 논증대화적 해명 (discursive explication)이란, 이 긴요한 과제를 수행하는 것이다. 논증대화적 해명이 이루어지지 않은 상태란, 단순히 헌법해석의 어떤 결론에 찬성하고 반대하는 근거들을 주의 깊게 고려하여 검토하여야 한다는 추상적인 지침만이 주어져 있는 상태다. 이 지침을 넘어서는 실질적인 지침을 제시해야 이 과제를 수행했다고 할 수 있다.

따라서 제시되는 심사의 구조는 다음과 같은 질문들을 체계적으로 풀 수 있는 기초를 제공해야 한다. '기본권 제한의 합헌성 여부에 관한 논증대화에서 어떤 종류의 논거들이 어떤 단계에서 제시되어야 하는가. 무엇이 적합하게 제시될 수 있는 타당한 논거이며 적합하지 않아 배척되어야 하는 논거인가. 그 논거들은 어떻게 결합되는가. 일정한 사안에서 합헌을 주장하는 측은 무엇을 논증해야 하는가. 위헌을 주장하는 측은 무엇을 논증해야 하는가.' 그러면서 이 질문들에 답하는 체계적 틀이 또한 헌법규범들과 자의적인 관련을 갖는 것이 아니라 필수적인 관련을 갖는 것임을 보여야 한다.

이 연구는 그러한 답을 제시하는 법익 형량이 논증으로서 가지는 본질을 해명하고자 한다. 그 해명의 결론은 기본권 제한 심사에서 법익 형량은 기본권 주체들의 근본적인 관계 왜곡을 검사하는 논증이라는 것이다.

제2장

법익 형량의 구조

제1절 비중 은유의 한계와 형량의 스캔들

I. 비중 은유로서의 형량 공식

형량, 즉 좁은 의미의 비례성 심사란, 유효하지만 사안에 따라 우선되거나 물러나는 헌법규범 원리들의 조건부 우열관계를 확정하기 위한 논증이다.[1] 헌법규범으로서의 '원리'는 헌법문언에 의해 직접 표현된 것이거나, 타당한 헌법규범적 논증에 의하여 편입될 수 있는 헌법규범이다.[2]

즉, 헌법의 기본권 규범에는 헌법 제13조의 죄형법정주의, 소급입법 금지, 연좌제 금지와 같이 "헌법조문에 직접적으로 규정된 기본권 규범"뿐만 아니라, "정확한 기본권적 논증"(korrekte grundrechtliche Begründung)에 의하여 "편입된" 기본권 규범도 포함된다.[3][4]

이러한 헌법규범 원리들은 다음 세 가지 특성을 지닌다.

첫째로, 원리들은 헌법규범으로 인정되기 위해서는 모두 타당한 헌법규범적 논증을 요청한다. 둘째로, 이러한 원리들은 어떤 구체적 사안에서 다른 원리들과 갈등을 일으킬 때, 그 중 하나가 무효가 되는 것이 아니라 항상 "법적 가능성과 사실적 가능성에 따라 상대적으로 가능한 높은 정도로 실현하도록" 하라는 명령을 구현하면서 계속 유효한 것으로 남는다.[5]

---

1) Robert Alexy, 『기본권 이론』, 123면.
2) 같은 책, 97면 참조.
3) 같은 책, 95-96면.
4) 같은 책, 96-99면.
5) 같은 책, 117-118면.

따라서 원리들은 구체적 사안과 관련하여 각각 모두가 최대한으로 함께 실현될 수는 없다는 의미에서는 충돌할 수는 있다. 이 경우 그 구체적 사안과 결부하여 우열관계6)가 설정되거나 조화적 해결을 꾀하는 상호 구체화가 이루어질 수는 있다. 그러나 사안과 무관하게 원리들 자체가 서로 직접적으로 모순되는 것일 수는 없다.7) 셋째로, 하나의 원리의 수용이나 변경은 다른 원리들의 수용이나 변경에 체계적인 관련을 갖게 된다. 따라서 모든 각각의 원리는 원리들의 정합적인 체계 내에 위치한다.

기본권 제한 사안에서는 법익 형량 대상의 한 축에는 기본권 규범이, 다른 한 축에는 기본권 제한을 잠정적으로 정당화하는 사유로서 '공공복리 규범'8)이 자리하게 된다. 그리고 구체적 사안에서 헌법 판단은 사안과 관련하여 기본권 규범 원리와 공공복리 규범 원리들의 조건부 우열관계를 도출하게 된다. 예를 들어 헌법재판소 2015. 2. 26. 2009헌바17 등 결정에서는 비도덕적인 행위를 억제해야 한다는 공공복리 규범과 사생활의 권리를 존중해야 한다는 기본권 규범이 충돌하는 사안에서 "비록 비도덕적인 행위라 할지라도 본질적으로 개인의 사생활에 속하고 사회에 끼치는 해악이 크지 않거나 구체적 법익에 대한 명백한 침해가 없는 경우에는 국가권력이 개입해서는 안 된다."는 조건부 우열관계를 도출한 바 있다. 또한 헌법재판소 2000. 4. 27. 98헌가16 등 결정에서는 교육기회 불평등을 해소해야 한다는 공공복리 규범과 개인의 교육의 자유를 보장해야 한다는 기본권 규범이 충돌하는 사안에서 "국가는 원칙적으로 의무교육의 확대 등 적극적인 급부활동을 통하여 사인간의 교육기회의 불평등을 해소할 수 있을 뿐, 과외교습의 금지나 제한의 형태로 개인의 기본권행사인

---

6) 같은 책, 121면.
7) Ronald Dworkin, *Law's Empire*. 장영민 옮김, 『법의 제국』, 아카넷, 2004, 379면.
8) Robert Alexy, 『기본권 이론』, 144면 참조.

사교육을 억제함으로써 교육에서의 평등을 실현할 수는 없는 것이다."는 조건부 우열관계를 도출한 바 있다.9)

이러한 특성을 갖는 헌법규범 원리를 매개로 헌법규범의 논증이 이루어져야 하는 이유는, 국가권력의 자의적 남용으로부터 기본권을 보호하는 실질적 법치주의10)와 헌법 제11조 제1항의 평등 대우11)의 요청 때문이다. 따라서 어떤 법률이 양쪽으로 첨예하게 의견이 갈리는 국민들의 바람을 최대한 타협시킨 것으로 그 적용에서 일관된다 할지라도, 그것이 헌법규범 원리상 정합성이 없다면 합헌이 될 수 없다. 주민번호가 홀수인 국민에게는 어떤 정책을 적용하고 짝수인 국민에게는 그와 다른 정책을 적용하는 "장기판식 해법"은 허용되지 아니한다.12) 그러한 공권력 형태

---

9) 이러한 조건부 우열관계 도출은 헌법재판소의 판단에서 전형적인 것으로, 헌법재판소 1996. 12. 26. 96헌가18 결정은 중소기업 보호라는 공공복리 규범과 공정한 경쟁질서 내의 경제적 자유 보장이라는 기본권 규범 사이에서 "중소기업의 보호는 넓은 의미의 경쟁정책의 한 측면을 의미하므로, 중소기업의 보호는 원칙적으로 경쟁질서의 범주 내에서 경쟁질서의 확립을 통하여 이루어져야 한다."는 조건부 우열관계를 도출한 바 있다. 헌법재판소 2010. 2. 25. 2007헌바131 등 결정에서는 재산권이라는 기본권 규범과 다른 국민 일반의 자유 보장이라는 공공복리 및 기본권 규범 사이에 "재산권의 이용과 처분이 소유자의 개인적 영역에 머무르지 아니하고, 국민일반의 자유행사에 큰 영향을 미치거나 국민일반이 자신의 자유를 행사하기 위하여 문제되는 재산권에 의존하는 경우에는, 입법자가 공동체의 이익을 위하여 개인의 재산권을 제한하는 규율권한은 더욱 넓어진다."는 조건부 우열관계를 도출한 바 있다.

10) 헌법재판소 1992. 4. 28. 90헌바24 결정. Ronald Dworkin, 『법의 제국』, 304-305면은 정합성 없는 법률들을 받아들이는 국가 공동체는 오로지 적용의 단계에서만 일관성을 추구할 뿐, 입법의 단계에서는 구성원들의 동등한 기본적 지위를 배려하지 않음으로써 실질적 법치국가에 어긋나는 것임을 시사한다.

11) 헌법재판소 1999. 7. 22. 98헌바14 결정.

12) Ronald Dworkin, 『법의 제국』, 267면. 장기판식 해법이란, 상충하는 주장이 있으면 그 두 주장을 각각 어느 정도만 충족시키는 타협적 해법이다. Dworkin은 낙태 규제를 주별로 달리 규율하자는 해법을 장기판식 해법으로 본다. 이럴 경우 어느 한 쪽 주장의 지지자들이 완전히 실망하는 경우는 피하게 된다. 그러나 그 대가로 연방헌법상 권리는 연방국가 내에서 모든 기본권 주체의 지위를 정연하게 보장하는 통합

는 구성원들을 동등하게 가치 있는 존재로서 평등하게 대우하지 않음으로써 강제력을 독점하고 이를 행사하는 특별한 권위를 국가로부터 박탈하는 것이다.13) 기본권 주체는 헌법규범 전체와 합치되는 판단을 받을 권리가 있으며, 서로 정합적으로 연관되는 원리를 매개로 한 논증은 이 권리를 보장해준다.

　결론적으로, 헌법적 판단에서는 헌법조문에 직접 규정된 기본권 규범에 더하여 사안과 결부되어 편입된 기본권 규범들을 도출하기 위해서 형량이 필요하다. 그런데 위 몇몇 헌법재판소 결정에서 언급된 것과 같은 조건부 우열관계의 확정은 형량으로 도출되는 결과이지, 논증활동인 형량 자체는 아니다. 따라서 조건부 우열관계를 제시하는 것은, 결론을 제시하는 것이지 그 결론을 근거 짓는 것은 아니다.

　그런데 강도와 무게 은유의 언어로 이해할 때 형량은 '문제가 되는 구체적인 상황에서, 한편으로는 (i) 제약되는 법원리(또는 법익)의 실현중요도 (ii) 제약되는 법원리의 제한강도 (iii) 제한의 확실성의 고려와, 다른 한편으로는 (i) 실현되는 원리의 실현중요도 (ii) 실현되는 법원리의 실현강도 (iii) 실현의 확실성의 고려 중 어느 편이 더 중요한가'의 정식으로 표현된다.14)

　이러한 '정도'(degree)의 개념은 우리 헌법재판소의 형량 방법 설시에서도 자주 등장한다. 헌법재판소는 "입법에 의하여 보호하려는 공익과 침해되는 사익을 비교형량할 때 보호되는 공익이 더 커야 한다(법익의 균형

성(integrity)을 상실하게 된다.
13) 같은 책, 304면.
14) Robert Alexy, "Die Gewichtsformel", 정종섭 ·박진완 옮김, "중요도 공식", 『서울대학교 법학』, 44권 3호, 327-352면에서 제시되고 설명된 공식이다. 이것은 비중의 가늠이 필요한 고려사항들을 모두 제한되는 법익과 추구되는 법익의 대립 구도 속에서 파악했다는 점에서 비중 은유로 표현된 형량 정식의 일반적 구조를 보여준다.

성)"라고 하면서 "더 커야"라는 상대적 크기 개념을 사용하여 이익형량의 원칙을 설시하였다.[15] 이러한 형량 원칙 표현 방식은 개별 기본권 형량에서도 등장한다. 재산권 제한 원칙에 관하여 헌법재판소는 "일반적으로 재산권의 제한에 대하여는 재산권행사의 대상이 되는 객체가 지닌 사회적인 연관성과 사회적 기능이 크면 클수록 입법자에 의한 보다 광범위한 제한이 허용된다."[16]고 한 바 있다. "개별 재산권이 갖는 자유보장적 기능이 강할수록, 즉 국민 개개인의 자유실현의 물질적 바탕이 되는 정도가 강할수록 그러한 제한에 대해서는 엄격한 심사가 이루어져야 한다."고 표현한 설시도 있다.[17]

여기서 특징적인 것은 '중요성', '비중', '무게', '더 많이', '사소한', '중대한', '크면 클수록', '강하면 강할수록', '상당히 주의깊게', '엄격히', '완화해서'와 같은 개념이 무게나 크기와 관련된 상대적 '정도' 개념이라는 점이다. 이 개념으로 표현된 형량 공식은 누구도 부인할 수 없는 형식을 취하고 있다. 즉, 어느 누구도 헌법적 사안에 관한 어떤 결론이 그 형량 공식에 어긋난다고 주장하면서 그 결론을 정당화할 수는 없다. 예를 들어 '이 기본권 제한 법률로 상실되는 법익이 이 법률로 추구되는 법익보다 더 중대하므로, 합헌이다'라고 말하는 사람은 터무니없는 주장을 하는 셈이 된다. 그런데 오히려 문제는 그 점에 있다. 형량 공식이 지나치게 막연하기 때문에, 구체적인 사안에서 치열하게 대립되는 주장을 하는 그 누구도 자신의 결론이 그 공식에 어긋난다고 생각할 수 없는 것이다. 이는 누구나 자신의 결론을 그 공식에 맞추어 표현할 수 있다는 점을 의미하기도 한다. "너무 잘 들어맞는 설명들이나 언제나 주어지는 설명들에 대하여는

---

15) 헌법재판소 1990. 9. 3. 89헌가95 결정, 헌법재판소 1992 12. 24. 92헌가8 결정 등.
16) 헌법재판소 1998 12. 24. 89헌마214 결정.
17) 헌재 2005. 5. 26. 2004헌가10 결정.

조심하여야 한다."[18] 그것은 설명의 역할을 사실상 하지 못하기 때문이다. 누구나 자신의 결론을 지지하도록 어떤 법익이 더 '무겁다'거나 '크다'고 하여 비중 은유로 표현된 형량 공식에 맞추어 법익 균형을 서술할 수 있다는 것은, 이 은유에 머물러 생기는 논증의 불분명한 상황을 보여준다. 이러한 사실은 이러한 개념이 주되게 활용된 형량 법칙은 실질적인 추론의 지도 원리라기보다는, 그 추론이 어길 수가 없는 논증의 전체적인 그림을 묘사했을 뿐이라는 생각이 들게 한다.

이로써 네 가지 난점이 발생한다. 첫째, (i), (ii), (iii)의 강도가 제약되는 법원리와 실현되는 법원리에 있어 동일하거나, 일부 요소에서 교차하면서 우열이 있을 경우, 형량 교착(膠着) 상태가 발생할 수 있다. 이로 인해 형량을 결정짓는 여러 요소들의 등급에서 강약이 교차될 경우 그것들 모두 종합했을 때에는 전체 강도가 어떻게 결정될 것인가를 판단하지 못하는 문제[19]가 발생한다. 제약되는 법원리의 중요도는 '강', 제한강도는 '중', 제한 확실성은 '약'이고, 실현되는 법원리의 중요도는 '중', 실현강도는 '강', 실현 확실성은 '약'이라면 조건부 우열관계를 어떻게 도출해야 하는지는 직관에 맡겨질 수밖에 없다. 게다가 형량 교착 상태를 해결하기 위해, 강도를 3단계가 아니라 9가지 등급 등으로 세분화하여 보아도, 형량 교착의 문제는, 바로 아래에서 살펴볼 등급 매기는 판단의 자의성 문제로 전가(轉嫁)되어버릴 뿐이다.[20]

---

18) W. V. O. Quine, *From a Logical Point of View* (3rd Edition). 허라금 역, 『논리적 관점에서』, 서광사, 1993, 113-114면.

19) 거기다 '강'과 '중'을 곱해야 하는 것인지 더해야 하는 것인지, 양화할 수 없는 것을 곱하고 더하는 것이 무슨 의미인지, 곱하거나 더해서 나온 값이 법개념으로서 어떤 의미를 가지는지의 문제도 진지하게 다루어진 바가 없다.

20) '탁주관결'인 헌법재판소 1999. 7. 22. 98헌가5 결정의 합헌 의견과 위헌 의견에 대한 하나의 비교 분석은, "법원리들의 상대적 중요도를 측정할 때, 이미 특정한 가치판단들이 배후에서 작동하고 있다는" 것을 확인할 수 있다는 점을 지적한다. (김도

둘째, '강한', '중간', '경미한'이라는 등급 판단 자체가 결론을 결정지음에도 불구하고, 그 판단에 대하여 불일치가 치열하게 발생할 경우, 이를 해결할 방법이 없다. 기본권적 법익에 대한 유형적 이해를 통해 미리 중요도를 추상적인 차원에서 정해서 우선순위를 일률적으로 관철시키는 것은 구체적 타당성을 심각하게 해치기 때문에[21] 그와 같은 추상적이고 일률적인 우선순위가 애초에 왜 타당한지 묻게 만든다. 그렇다고 구체적 사안에서 비로소 법익의 중요성을 그때그때 정한다면 그때그때 발생하는 견해차를 해결할 토대가 없다. 더 나아가 무엇이 '중대한 법익'의 제한[22]이나 법익의 '중대한 제한'[23]인가도 거의 항상 논쟁의 주제가 될 수 있다.

셋째, 위 (i), (ii), (iii) 요소를 함께 고려한다는 것의 의미가 불분명하다. 우선, 이 각 요소에 기수적으로(cardinally) 가치를 매겨[24] 결과를 도출할 수는 없다. 왜냐하면 중요도, 제한강도, 확실성의 고려는 전혀 다른 차원

균, 『권리의 문법』, 박영사, 2008, 281면)

21) 예를 들어 일반적 행동 자유권에 속하는 이동의 자유에도 여러 측면이 있다. 자신의 집으로 돌아가거나, 직장에 출근하거나, 식사를 하러 가거나 하는 이동의 자유는 건강한 생존을 위해 필수적이고 핵심적인 자유다. 개별 기본권으로 특별히 규정된 종교의 자유에도 여러 측면이 있다. 예를 들어 도로 위에서 종교 설교를 하거나, 가는 사람의 길을 막고 붙잡고 선교를 하거나 하는 것도 종교의 자유에 잠정적으로 속한다. 그래서 일반적 행동의 자유에 속한다는 이유로 낮은 심사강도를 일률적으로 결부시키거나, 종교의 자유에 속한다고 높은 심사강도를 일률적으로 결부시키는 경우, 이익의 중요성이 제대로 고려되지 못하게 된다.

22) 영화에 나타난 폭력성의 수위 때문에 영화를 상영하지 못하게 하는 것은 예술의 자유라는 '중대한' 법익의 제한인가 아니면 폭력적인 묘사를 할 자유라는 '사소한' 법익의 제한인가의 문제를 예로 들 수 있다.

23) 방송통신위원회의 행정조치를 통해 인터넷 상에서 '자살'이나 '죽고 싶다'와 같은 단어가 포함된 인터넷 사용자들의 글은 아예 검색되지 않도록 하는 것은 법익의 '중대한' 제한인가, 아니면 표현이나 게시 자체는 금지하지 않고 단지 검색만 되지 않도록 한 것이므로 '상대적으로 사소한' 제한인가의 문제를 예로 들 수 있다.

24) 기수적으로 가치를 매긴다는 것은 어떤 원리의 중요성을 수치로 양화(量化)한다는 것을 의미한다.

의 개념이기 때문에 동일한 차원의 값을 할당하여 곱하는 것을 생각할 수 없기 때문이다.25) 다른 한편으로, 다른 차원의 개념들의 서수(序數)를 곱하는 것은 그 자체로 아무 의미도 없다. 서수란 그 순서를 비교할 수 있는 개념과 결부되어서만 의미를 지니기 때문이다. 그렇다면 비중의 은유는 함께 고려해야 할 사항의 목록만을 제시할 뿐, 그 등급을 어떻게 관계 지을 것인가에 관하여는 말해주는 바가 없다.26)

넷째로, 이와 같은 공식이 형량 구조의 전부라는 생각은 법원리를 다른 원리와 정합적인 네트워크를 이루고 있는 명제들이 아니라 무게를 가지고 있는 실체처럼 생각하도록 오도한다. 그럼으로써 '규범 준수자들 사이의 관계의 정당화'라는 규범적 논증의 핵심 주제를 간과하게 만든다. 비중 은유에서 끝나버리는 형량 공식은, 분명히 말해야 하는 것을 회피함으로써 오도하는 논증이 부지불식간에 심오함의 형태를 띠고 잠입27)하는

---

25) 중요도가 3, 제한강도가 2, 확실성이 0.2인 원리와 중요도가 1, 실현강도가 3, 확실성이 0.4인 원리가 충돌할 때, 수치를 곱하면 둘 다 6이지만 이것은 두 법익이 종합적으로 같은 중요성을 갖는다는 결론을 전혀 보증하지 않는다. 중요도의 수치는 중요도의 차원에서 매겨진 것이기 때문에, 이것이 제한강도나 확실성의 차원에서 매겨진 수치와 같은 것이라고는 전혀 볼 수 없기 때문이다. 그래서 이 다른 범주들의 수치를 곱해서 나온 값이 어떤 의미를 갖는지를 전혀 해명할 수 없게 된다.

26) Alexy도 이 점을 인정했다고 본다. "언제 매우 강력한 제약이 존재하며, 언제 매우 높은 중요성 정도가 존재하는지를 말한 것은 아니다. 그러나 형량의 결과인 조건부 우열관계명제, 즉 제약의 정도와 중요성의 정도에 관한 명제를 정당화하기 위해서 무엇이 논증되어야 하는지는 말해준다."(Robert Alexy, 『기본권 이론』, 203면)

27) Arthur Schopenhauer, *Die Welt als Wille und Vorstellung*, 홍성광 옮김, 『의지와 표상으로서의 세계』, 을유문화사, 2009, 112면에서 Schopenhauer는 "설득술은 개념 범위를 피상적으로만 고찰하고 그 다음에는 그 관계를 자신의 의도에 따라 일방적으로 규정하는 것에 근거하고 있다"고 하면서 "올바르고 엄밀한 추론"과 구별되는 설득술의 특성을 지적한 바 있다. Gustave Le Bon, *Psychologie des Foules*, 이재형 옮김, 『군중심리』, 문예출판사, 2013, 52, 79-81면은 개념들을 표피적으로 다루고, 표면상의 유사관계에 의해 논의를 진행해버리는 것은 군중의 추론 습속이라고 지적하였다.

것을 허용한다.

결국 (i), (ii), (iii)과 같은 여러 요소들을 한꺼번에 생각하여 그 중요성 또는 비중을 가늠하는 작업은, '그 무게를 은유적으로 가늠해보는 판단자의 내적·정신적 과정에서 얼마나 무겁다고 느껴지는가'라는 심리적 과정이나 상태로 환원되어 버린다. 이로써 형량의 스캔들이 발생한다.

II. 형량의 스캔들

衡量은 비교하고 재고 측정하고 평정하는 것을 의미한다. 한자로 衡은 저울, 즉 무게를 다는 기구를 의미하며, 量은 재고 짐작하고 그 양을 헤아리는 것을 말한다. 그 결과 체계적인 논증대화적 해명 없이는, (i) '저울', 그리고 (ii) 저울대의 양 쪽 어떤 무게를 가진 '실체'를 올려놓는 행위, (iii) 저울이 어느 쪽으로 기울어지는가, 또는 저울의 눈금이 '어느 쪽으로 가리키는가' 하는 일련의 물리적 작용으로 은유되는 정신적 과정을 형량으로 오해하기 쉽다.

영어로는 'balancing' 즉, '균형잡기'가 된다. '균형을 잡는다, 밸런스를 맞춘다'(striking balance)는 것도 평균대 위에서 몸 양쪽의 무게중심을 적절히 조정하듯이 실체화된 무게를 가늠하여 결정하는 정신적 과정을 연상시킨다.

독일어에서 'Abwägung'은 'abwägen'의 명사형태다. 이 동사는, '신중히 검토하고, 고려하고, 무게를 다는' 행위를 지칭한다. 이 동사는 'wägen'과 그 앞의 전철 'ab'으로 구성된 것이다. 여기서 'wägen'은 무게를 달고, 곰곰히 생각하거나 숙고하는 것을 말한다. 전철 'ab'는 무엇에서 어떤 것을 분리하고 격리하고 차단하거나 옮기거나, 어떤 동작이 종결되고 완성될 정로도 충분히 남김없이 행해진다는 뉘앙스를 가미한다. 그래서 'abwägen' 은 '관련된 모든 것들의 무게를 남김없이 가늠하는 정신적 과정'을 연상시킨다.

결국 '법익 충돌을 결정하는 추론 활동'은 어느 언어에서나 간략하게 집약되어 은유적으로 지칭되면서 위 (i), (ii), (iii)의 직관적 요소를 연상시키는 '정신적 과정'에 가까운 인상을 주기 쉽게 되었다.

이로 인해 사람들은 법익 형량을 한다면서 실제로는, 관련되어 제시된 사실적 논거와 규범적 논거들을 추상 수준도 단계도 형식도 양상도 따지지 않고 한꺼번에 몽땅 열거한 후에, 실현되는 법익 쪽의 논거와 제한되는 법익 쪽의 논거를 각각 다 훑고 드는 마음이 기우는 바를 포착하려 한다. 그러고는 '나는 형량을 하였다'고 선언한다. 이러한 선언 배후에 있는 정신적 과정의 실체는 다양한 방식으로 은폐된다. 예를 들어 명제들은 여러 형태의 문장으로 진술될 수 있다는 점을 기화로 인상적인 느낌을 주기 위해서, 자신의 결론을 반대하는 논거들은 항목을 함께 묶어서 적은 수의 항목으로 열거하고, 자신의 결론을 찬성하는 논거들은 항목을 세분화시켜서 많은 수의 항목으로 열거하는 방법을 쓰기도 한다. 이렇게 하면 그 논증이 찬성하는 쪽의 법익에 무언가 더 큰 비중이 부여될 만하다는 느낌이 생길 수도 있겠지만, 그 느낌은 실제로는 논증 가치에 대한 공적 평가의 결과가 아닌 것이다.

그런데 형량의 필요성은 '이해관계자들이나 그것을 판정하는 제3자들의 직관이 서로 충돌하기 때문에' 발생하는 것이다. 무게의 느낌을 가늠해보는 정신적 과정이 상이(相異)하게 나타난다는 사실은, 오히려 형량이 진정으로 요청되는 상황이라는 것을 알려줄 뿐이다. 애초에 그와 같은 직관이 만장일치거나 의문의 여지가 없다면 추론활동을 할 필요성은 실천적으로 제기되지 않는다. 그런데 그 알리는 신호나 계기의 한 부분인 '누군가의 정신적 과정'으로 형량의 결과를 도출할 수는 없다. 그것은 출발점보다도 후퇴한 지점으로 도피하는 것이다.

다음 두 명제는 모순이 아니다. 둘 다 동시에 참일 수 있다.

> 이 사안에서 고려사항이 주는 중요성의 느낌으로, 갑은 원리P1이 무겁다고 느낀다.
> 이 사안에서 고려사항이 주는 중요성의 느낌으로, 을은 원리P2가 무겁다고 느낀다.

또한 위 두 명제는 각각 아래 명제와 동시에 참일 수 있다.

> 이 사안에서 고려사항을 형량했을 때, 원리 P1이나 원리 P2중 어느 하나가 우선한다. [둘 다가 우선할 수는 없다]

그러나 아래 두 명제는 동시에 참일 수 없다.

> 이 사안에서 고려사항을 형량했을 때, 원리 P1이 우선한다.
> 이 사안에서 고려사항을 형량했을 때, 원리 P2가 우선한다.

형량의 결과는 P1과 P2중 하나가 해당 사안에서 조건부 우열관계를 도출할 수 있어야 하고 우선관계에서 둘 다 동시에 우선할 수는 없기 때문에 위 두 명제는 동시에 참일 수 없다.

이것은 명제태도(命題態度)와 명제(命題)의 차이가 초래하는 당연한 귀결이다. "명제는 문장의 주장을 통하여 '언명된 것'"이다. 반면에 "믿음, 소원, 희망, 판단 등과 같은 소위 '명제 태도(propositional attitude)'"는 명제를 "대상이나 내용"으로 삼는다.[28]

따라서 명제태도는, 그 명제태도가 대상으로 삼은 명제와는 상이한 것
이다. '그녀는 나를 사랑한다'와 '그녀는 나를 사랑한다고 나는 믿는다'는
같은 것일 수가 없다. 후자가 전자의 근거가 될 수도 없다. 그러므로 명제
자체를 근거 짓는 것으로 명제태도를 내세울 수가 없다. '나는 원리 P1이
우선한다고 믿는다'는 명제태도는 '원리 P1이 우선한다'는 명제와는 그
명제가 참·거짓이 되는 진리조건29)이 다르다. 전자에서는 진실성이 문제
되고 후자에서는 규범적 타당성이 문제된다. 신념표출이 진실하다고 하
여 그 신념 내용의 규범적 타당성이 보증되는 것이 아니다.

　여기서 알 수 있는 것은 형량은 객관적인 것이고 공적인 것인 반면에,
형량을 하였다는 느낌은 주관적이고 사적이라는 점이다. 객관적이고 공
적인 논거를 들어 답해야 하는 문제를 주관적이고 사적인 현상으로 환원
하여 해결하는 것을 심리주의(心理主義)라고 한다. 이러한 심리주의
(psychologism)는 Frege에 의해 격렬하게 비판 받았다.30) 자신이 규칙을

---

28) A. C. Grayling, *Introduction to philosophical logic*. 이윤일 옮김, 『철학적 논리학』
　　(제3판), 선학사, 2005, 34면.
29) 진리조건(眞理條件)이란 어떤 명제가 참·거짓이 되기 위해 성립해야 하는 것이다.
　　따라서 어떤 경우에는 우연히 명제와 명제태도가 동시에 참일 수는 있겠지만 둘은
　　같은 진리조건을 갖지 않기 때문에, 그들의 참·거짓은 체계적으로 연결되어 있지
　　못하다.
30) Frege는 『산수의 기초』 연구의 근본 원리 셋 중 첫째 원리로 "심리적인 것과 논리
　　적인 것, 주관적인 것과 객관적인 것이 명확히 구분되어야 한다"는 점을 꼽는다. 그
　　리고 "내부 영상이나 개인 정신의 작용을 낱말의 의미로 간주하는 것은 첫째 원리
　　를 어기는 것"이라고 하였다. (Gottlob Frege, *Die Grundlagen der Arithmetik: Eine
　　logishc mathematische Untersuchung über den Begriff der Zahl*. 박준용, 최원배 옮
　　김, 『산수의 기초』, 아카넷, 2003, 39면.) 여기서 주관적이라는 것은 "감각", "심적
　　과정", "감각 인상"처럼 "우리 안에" 있는 심리적인 것이다. 반면에 객관적이라는
　　것은, 유형적이어서 손으로 잡을 수 있는 외부 사물이라는 뜻이 아니라, 그것을 파
　　악할 수 있는 이성적 존재들에게 동일한 것으로 "법칙에 맞는 것, 판단 가능한 것,
　　말로 표현될 수 있는 것"이다. (같은 책, 93-95면.) "관념은 심적 이미지이고 심리학

따른다고 믿으며 인상들을 떠올리는 정신적 과정은, 규칙을 따르는 능력과는 다르다.

규칙 따르기는 사적(私的)인 심리적 과정이나 규칙을 제시한 이의 심리적 문형(文型)을 따르는 것이 아니다. 즉 "우리는 규칙을 '사적으로' 따를 수 없다. 왜냐하면, 그렇지 않다면, 규칙을 따른다고 믿는 것은 규칙을 따르는 것과 동일한 것일 터이기 때문이다."[31] 사적인 규칙 따르기가 불가능하다는 점은 다음과 같이 논증된다.[32]

> (1) 내가 나의 사적인 감각을 'S'라고 명명하기를 바란다. 그 이름을 감각에 관련지으려고 그 감각에 주의를 고정한다.
> (2) 그러나 다음에 그 이름 'S'를 사용하려고 할 때, 나는 내가 그 이름을 올바르게 사용하고 있는지 아닌지를 알 방도가 없다.
> (2-1) 그 감각은 사적인 것으로 상정되어 있으므로, 나 이외의 사람은 그 누구도 그 이름 사용의 올바름을 검토할 수 없다.
> (2-2) 나 역시 그렇게 할 수 없다. '이것은 S이다'의 참·거짓 여부를 검토하려면, 그 전에 '이것은 S이다'가 무엇을 의미하는지 알아야 한다. 그러나 지금 내가 'S'로 의미하는 것이, 최초에 나의 어떤 사적 감각을 'S'로 이름 붙였을 때 의미했던 것이라는 것을 나는 알 수 없다. 기억에 호소할 수는 없는데, S에 대한 기억을 상기하기 위해서는 'S'가 무엇을 의미하는지 이미 알고 있어야 하기 때문이다.
> (3) 따라서 그 이름 'S'의 사용은 교정될 가능성도, 오용될 가능성도 없

의 주제인 심적 현상인 반면 개념은 심적 이미지와는 다른 객관적인 것이다." (최훈, 『프레게 <산수의 기초>』, 철학사상 별책 2권 13호, 서울대학교 철학사상 연구소, 2003, 39-40면.)

31) Ludwigi Wittgenstein, *Philosophische Untersuchungen.* 이영철 옮김, 『철학적 탐구』, 서광사, 1994, para 202.

32) Wittgenstein의 논증을 재구성한 것이다. Anthony Kenny, *Wittgenstien.* 김보현 옮김, 『비트겐슈타인』, 철학과현실사, 2001, 33-34면도 참조하였다.

다. 그것은 이미 공적 성격을 내재한 언어에서 '의미'를 가지는 것
이라고 할 수도 없다. 즉, 사적인 정의는 실제 정의가 아닌 것이고,
사적 규칙을 따른다고 믿는 것은 규칙을 따르는 것이 아닌 것이다.

따라서 자신의 심리적 인상 이외에는, 그 규칙을 올바로 따랐느냐를 판
정해줄 기준이 없는 상태는, 규칙과 관련하여 논의를 할 수 없는 상태이
다. 어떤 원리를 준수하여 판단한다고 착각하면서 실제로는 중구난방으
로 마음 내키는 대로 생각하는 것도 가능하기 때문이다.

'오직 말하고 있는 사람에게만 알려질 수 있는, 그 사람의 직접적인 사
적 감각을 가리키는 언어'라는 의미에서 사적 언어는 가능하지 않다.33)
마찬가지로 '자신의 직접적인 사적 비중(私的 比重)의 감각을 가리키는
규칙'이라는 의미에서의 형량 공식은 가능하지 않다.

논증대화는 공유할 수 있는 추론 과정을 외재화(外在化)함으로써 가능
하다. 동일한 단어에 의해 이루어지는 각자의 사적인 정신적 과정은 외재
화될 수 없어 공유할 수 있는 의미를 가지지 못한다. 마찬가지로 형량에
관하여 마치 그것이 비중의 지각이나 감각을 이야기하듯이 이야기할 수
있으려면, 그 지각이나 감각을 가리키는 언어가 법률 공동체에 의해 일치
되어 확립되어 있어야 한다. 그러나 논증대화의 필요성은 오히려, 그러한
지각과 감각이 일치하지 않는 데에서 발생한다. 즉, 공적인 근거로서의
'비중의 감각'이 존재하지 않는 것이다.

그러므로 형량을 한다고 사적으로 믿는 것, 형량 공식이 사용하는 무게
의 은유에 의해 진행되는 내적·정신적 과정은 형량이 아니다. '무게'와
'정도'의 은유에 이끌려 형량을 내적·정신적 과정으로 잘못 이해하게 되
었을 때 형량의 스캔들(scandal)이 발생한다.

---

33) Ludwigi Wittgenstein, 『철학적 탐구』, para 243.

스캔들은 동일한 도구와 방법으로 대립 주장을 충분히 할 수 있어 논증
이 불비(不備)되어 있음이 드러났는데도, 그 도구와 방법에 대한 탐구를
더 하지 않고 그대로 안주하는 사태다.[34] '형량의 스캔들'이란, 동일한 형
량 방법과 동일한 고려사항을 가지고서 비슷한 설득력이 있는 두 가지 이
상의 대립 논증을 구축할 수 있을 때 발생한다. 그리고 비중의 은유에 머
무르는 형량 공식은 현재 스캔들에 빠져 있다. 여러 논거들을 종합하여
판단하는 형량 결론의 차이가 최종적으로 어느 쪽을 '중대하다', '가볍다'
고 보는지와 같은 무게나 크기의 은유 이상의 명시적 논증을 전개할 틀을
제시하지 못하고 있기 때문이다. 이런 상태에서는 동일한 고려사항을 열
거하고는, 두 사람이 서로 다른 사적 비중의 감각을 내세우며 다른 쪽이
더 중대하다고 주장하는 일이 가능하다. 그리고 '왜 중대한가?'라고 물으
면 '중요하기 때문에', '극히 강도 높기 때문에', '더 긴요하기 때문에'와
같은 또 다른 '정도(degree)'에 관한 표현으로 끝없이 순환하며 바뀔 뿐이
다. 자신의 정신적 과정이 반대자의 정신적 과정과 달랐다는 것 이상의
논거로 표현되지 않는다.

동일한 법적 논증 방식을 사용하여 반대되는 결론의 대안적 제안이 대
립될 수 있다면 그 법적 논증은 설득력이 없는 것이다.[35] 무게와 비중에
관한 감각이 궁극적 근거가 되는 법적 논증은 언제나 그 무게와 비중을
달리 가늠하는 대안적 제안을 대립시킬 수 있다. 동일한 논증 방식으로
대립되는 제안을 내세울 수 있는 상태는 더 진행되어야 법적 논증대화가
때 이르게 종료되었음을 의미한다. 이 상태는 주로 심리적 과정(mental
state)과 객관적인 명제의 의미(meaning of proposition)를 혼동하는 데서

---

34) Immanuel Kant, *Kritik der einen Vernunft.* 백종현 올김, 『순수이성비판』2권, 아카
넷, 2006, 748-749면 참조.
35) Martin Kriele, *Recht und praktische Vernunft.* 홍성방 옮김, 『법과 실천이성』, 유
로서적, 2013, 101면.

생긴다. 이 혼동은 헌법의 문제를 심리적 문제로 환원시킨다.

조건부 우열관계의 확정을 직관적으로 획득하는 것은 "형량의 결단 모델"이라고 불리며 "논증 모델"과 대비되기도 한다. "결단 모델에서 우열관계의 확정은 합리적으로 통제될 수 없는 심리적 과정의 결과이다. 그에 비해 논증모델은 우열관계를 확정하는 데 이르는 심리적 과정과 그것의 논증을 구별한다."36) 형량은 충돌하는 원리들 사이의 조건부 우열관계를 합리적으로 논증할 수 있는 가능성을 보일 때 비로소 합리적인 것으로 이야기될 수 있다. 그러나 결단 모델은 이 일을 하지 못한다.

그런데 비판된 모델에 어울리는 이름은 '결단 모델'보다는 '심리주의 모델'이다. 결단이란 애초에 형량은 논증이 아니라고 생각하여 하는 것이다. 그러므로 결단을 주장하는 자는 적어도 솔직하며, 자신의 주장이 아무런 정당화 사유를 갖고 있지 않다는 점을 자인하게 된다. 반면 심리주의 모델은 논증을 하지 않았으면서도 했다고 착각한다. 심리적 과정과 객관적 명제추론을 구별하지 못하면, 자신이 '결단'했다고 여기지 않고 모든 필요한 논증활동이 충분히 완료되었다고 생각하게 되기 때문이다. 즉 자신의 마음 속의 저울을 가늠해보는 활동을 했기 때문에 결론이 '도출'되었다고 생각한다. '중요도'나 '강도', '비례'와 같은 개념에 중대한 부분을 맡겨버리고 거기서 끝이 나는 형량 공식은, 사적인 심리 과정과 공적 추론을 혼동하도록 유도한다.

그리고 숙련된 법률가들이 이따금 범하는 사후 확증 편향에 의해 생긴 착각을 제외한다면, 그러한 심리적 과정에서 합당한 일치를 이루어내는 공적 지식이라는 것은 존재하지 않는다. 법전문가의 공유된 심적 인상에 의한 안정적인 결론 도출은 환상에 불과하다.37) 추상적인 개념으로 된 지

---

36) Robert Alexy, 『기본권 이론』, 196면.
37) Richard H. Fallon, Jr., "A Constructivist Theory of Constitutional Interpretation",

침만으로 복합적인 고려사항들이 얽혀 있는 규범적 사안들에 대한 해결
을 도출하려고 할 때는 심리적 과정이나 직관으로 표현된 판단들은 불일
치하는 것이 오히려 보통이며, 바로 그것 때문에 논증의 필요성이 제기되
기 때문이다.38)

또한 심리주의는 규범적 논증을 다수(多數), 또는 사안을 일단 매듭지
을 수 있는 제도적 권위를 부여받은 재판관들의 우연한 사실적 승인으로
전환시켜버린다.39) 헌법재판소 재판관의 인적 구성이 바뀌어 동일한 유
형의 법익 형량 사안이 예전과 다르게 결정될 경우, 심리주의는 이 두 결
정 중 타당한 것을 가려낼 아무런 토대를 갖지 못한다.

법적 논증의 본성에 대한 심리주의적 이해(理解)가 이러한 받아들일 수
없는 결과를 함의하게 되는 이유는 분명하다. 심리주의란 대상에 대한 탐
구와 진리가 심리학적 차원으로 환원될 수 있다고 명시적으로건, 암묵적
으로건 전제하기 때문이다.40) 기본권 제한의 합헌성을 좌우하는 결정적
인 부분을 '심리적 가능'이나 '심리적 일치'에 남겨 두는 사람은 심리주의
자다. 그러한 심리적 느낌을 표현하는 기호 행렬(記號 行列)의 각 칸에 사
례들을 집어넣는 활동은 거기에 논증의 합리성을 더해주지 못한다. 이를
테면 이런 제한은 '강강', '강중', '강약'에 속하고 저런 공익은 '중강', '중
중', '중약'에 속한다는 식의 표를 완성해나감으로써 무슨 의미 있는 결과
가 획득되리라고 착각하는 논의41) 역시, 심리주의 모델을 피한다고 하면

Harvard Law Review, Vol. 100, No. 6, 1987, 1226-1227면 참조.

38) John Ralws, A Theory of Justice (Revised Edition). 황경식 옮김, 『정의론』, 이학
사, 2003, 74-75면 참조.

39) Philip Pettit, "Two Construals of Scanlon's Contractualism", (Review of What We
Owe to Each Other by T. M. Scanlon), *The Journal of Philosophy*, Vol. 97, No.
3, 2000, 155면 참조.

40) Karl R. Popper, *The Open Society and Its Enemies*. 이명헌 옮김, 『열린사회와 그
적들 II』, 민음사, 1997, 130-132면.

서도 안타깝게도 다시 심리주의의 동굴로 들어가는 것에 불과하다.

헌법해석은 공동체의 법규범 원리를 해석하는 과정이지, 어떤 문면이나 사안을 보고 떠오르는 심적 인상을 가리키는 기호 표기에 대한 우세한 용법을 보고하는 과정이 아니다. 심리 보고의 주체가 누군지에 따라 기호 표기는 달라질 것이다. 어떤 사람이 '중강'이라고 표시한 것을 다른 사람은 '중중'이라고 표기할 수도 있으며, 심지어 '약강'이라고 표기할 수도 있다. 그러나 누구의 표기가 올바르다고 확인할 것인가. 게다가 기호 표기에서 일치한다고 해서, 그 동일한 기호가 각자의 동일한 사적인 가늠의 인상을 가리킨다고 보증할 아무런 근거도 없다. 어떤 사람이 '약강'이라는 기호를 사용하면서 염두에 둔 강도가 다른 사람에게는 '중약'이라는 기호를 사용하면서 염두에 둔 강도일 수도 있는데 이러한 차이를 확인할 토대는 아무것도 없다.

기본권 주체의 지위에 관련된 중대한 결정을 이런 허약한 기초[42] 위에 올려놓고자 하는 것은, 결국 제도적으로 최종적 권위를 일단 갖는 재판관들의 인적 구성이라는 우연적 사실에 모든 것이 좌우되게 하는 결론으로 달려갈 수밖에 없게 된다. 이것은 규범인 법을 '법관이 심리적으로 끌린다'라는 심리적 사실로 만들어버리며, 헌법 재판을 항상적인 스캔들(scandal) 속으로 던져 놓는 것이다.

---

41) 대표적으로 Robert Alexy, "중요도 공식", 327-352면.
42) 종래의 좁은 의미의 비례의 원칙에 관한 협소한 이해에 따르면, "좁은 의미의 비례성의 원칙은 구체적인 경우에 어떻게(wie) 결정해야 하는가에 대해서는 그 자체로서는 전혀 아무 것도 말해주는 바가 없으며, 그것은 형식적이고, 의미론적으로는 내용 없는 것이라는 것이 분명한 사실이기 때문이다"(황치연, "헌법재판의 심사척도로서의 과잉금지원칙에 관한 연구", 연세대학교 대학원 법학과 박사학위논문. 1996, 144면)라는 결론을 내리게 되는 것이다.

III. 변환 논제

형량의 스캔들이 심리적 과정을 연상시키는 은유 개념으로 오도되어 생긴 것이라면, 스캔들을 돌파하고자 하는 이가 지향할 방향은 다음과 같다.

> 변환 논제: 형량 공식의 요소들이 가능한 한 덜 은유적이며, 심리과정으로 덜 착각하게 하는 다른 개념으로 타당하게 변환가능하다면 이를 변환한다.

이것은 어떤 사안과 관련한 형량 논증에서 그러한 변환이 남김없이 가능하다는 점을 미리 주장하는 것이 아니다. 이것은 그러한 강한 명제를 전제로 할 필요가 없다. 변환 논제는 '개선 논제(改善論題)'의 타당성만을 필요로 할 뿐이다.

> 개선 논제43): 논증이 덜 은유적이며, 심리과정에 덜 달려 있고, 포괄적인 선관이나 기호에 의해 좌우되지 아니하는 개념으로 해명이 이루어질수록, 논증이 개선된 것이다.

---

43) 심리주의를 비판하였던 Frege의 이름을 따 '약한 Frege 논제'라 부를 수도 있을 것이다. Frege의 논리주의 프로그램은 산술학(arithmetic)의 진리와 수론(number theory)이 실은 모두 논리학의 폐쇄된 체계의 몇 가지 공리로 환원될 수 있다는 주장을 증명하려는 프로젝트이다. 이와 유사한 프로젝트가 법학에서 완취될 수 있다는 논제를 '강한 프레게 논제'라고 한다면, 그것은 몇 가지의 최소한의 공리적 규범과 논리 규칙에 의해 완결적으로, 구체적인 편입 규범들의 참·거짓이 연역적으로 결정된다는 내용을 가질 것이다. 그러나 이러한 주장은 성립될 가망이 전혀 없다. 개선 논제는 Frege 자신도 이후에 버렸던 논리주의 프로그램의 정신을 추구하고자 하는 것이 아니라, 심리주의에 대한 그의 유효한 비판을 법논증 규칙으로 온전히 새기고자 하는 것이다.

개선 논제의 타당성은 귀류법으로 논증할 수 있다.

개선 논제가 타당하지 않다고 하여보자. 그렇다면 다음 두 명제 중 하나가 적어도 참일 것이다.

> (1) 논증이 더 은유적이거나 내적(內的) 심리상태를 지칭하는 정당화에 더 많이 좌우되더라도 논증의 질은 무차별(無差別)하다.
> (2) 논증이 너 은유적이거나 내적 심리상태를 지칭하는 정당화에 더 많이 좌우되더라도 논증의 질은 개선된다.

그러나 법적 논증이 무의미하게 되지 않으려면 위 (1), (2) 명제는 도저히 받아들일 수 없다. 위 두 명제는 우선 다양한 반례에 의해 수용될 수 없음이 드러난다. 예를 들어 사기죄의 구성요건해당성을 판단하는 방식이 전환된다고 하여 보자. 즉, 사기죄의 성부(成否)를 '기망, 착오, 기망과 착오 사이의 인과관계, 처분행위, 처분행위와 착오의 인과관계, 처분행위와 손해의 인과관계, 피해자 손해와 가해자 이득의 동일 원천성이라는, 판단자의 심리 과정에 외재하는 지표들로 분설되어 있는 구성요건의 각 하위요건으로 검토하는 현 상태'에서, '모든 하위요건들을 하나의 판단 단계로 뭉뚱그려 종합적으로 가늠하니 판단자에게 사기적인 것으로 보이는가라는 심리상태 기준으로 판단하는 상태'로 바뀌었다고 해보자. 이것은 논증의 퇴락이다. 비판 가능한 언어로 이루어진 판결문을 비판 불가능한 심리표현으로 축약시켜버릴 것이기 때문이다.

심리상태가 공적인 근거라는 착각은 잘못된 전제에서 비롯된다. 그 전제란, 해당 법문언과 적용 대상이 되는 사안을 보면 그 결론에 해당하는 법명제가 즉각적으로, 직관적으로 알려지거나 경험되는 지식으로 주어진다는 생각이다. 그런데 그러한 지각이 존재한다면 언제나 논증 참여자들 사이에 일치할 것이다. 그래서 추가적인 명석화(明晳化)가 필요 없게 될

것이다.[44)]

그러나 실제로 기본권 사안에서 대립하는 의견을 제시하는 법률가들이 늘 존재한다는 사실은 그 전제가 틀렸다는 점을 보여준다. 법적 결론은 법문언과 적용 대상이 되는 사안을 보면 곧바로 발생하는 공통된 지각 (perception)이 아니다. 즉 헌법문언을 대면하고 사안을 대면하면 하나의 답이 자동적으로 형량의 결론으로 도출되는 것이 아니다. 오히려, 헌법문 언은 오로지 해석을 통해서만 당면한 주제에 관하여 충분한 만큼 명석한 의미를 획득한다.[45)] 그러므로 심리상태는 공적인 논거가 될 수 없다.

개선 논제의 부정(否定)은 무엇인가. 법논증의 주제가 되는 쟁점에 관하여 필요한 수준의[46)] '명석함'을 어떤 논증이 획득하지 못했음에도 불구하고 그 결론을 공적으로 관철시킴을 의미한다. 그러나 이것은 논증대화 자체를 파괴한다. 필요한 수준의 명석함이 획득되지 못했다는 것은, 제시된 것과 같은 논증으로 다른 결론이 함의될 수 있다는 말이다. 만일 다른 결론이 함의될 수 있다면, 논증대화의 참여자는 왜 동등하게 함의될 수도

---

44) Charles Sanders Peirce, *Peirce on Signs*. 김동식·이유선 옮김, 『퍼스의 기호학』, 나 남, 2008, 278-279면에 의하면 "명석한 관념(ideas)이란 너무 잘 이해되어서 대면할 때마다 알아차려지고, 그래서 다른 어떤 것이 그것으로 오해되지 않을 그러한 관념 이라고 정의된다. 관념이 이러한 명석성(clearness)을 갖지 못할 경우, 그 관념은 모 호하다고 말한다." 또한 "판명한 관념은 '명석하지 않은 것이라곤 아무것도 포함하 지 않은 관념'이라고 정의된다."

45) 즉 어떤 법문언이 적용이 문제되는 사태와 관련하여 특정한 결론을 함의하는 법명 제로 구체화되려면, 즉 주장되는 결론을 함의하지 그 반대되는 결론을 함의하지 않는다고 이해되기 위해서는, 법문언과 구체적 사안은 항상 Peirce가 해석항 (interpretant)이라고 부르는 후속적 사고와 관련되어야만 한다. (같은 책, 411-413면 참조.)

46) 법논증에서는 완전한 명석함 또는 명석판명함은 요구되지 않는다. 오로지, '주제가 된 쟁점에 관하여 전제에서 결론에 이르기까지 투입된 모든 명제들을 가지고서도 주장된 결론과 다른 결론을 함의할 수 있다면, 그 다른 결론을 배제하기 위해서는 추가적인 근거가 필요하다'는 것을 의미할 뿐이다.

있는 다른 결론은 배척되는가를 물을 수 있다. 그리고 이 물음에 답을 할 때는, 자기만의 사적인 직관이 아니라 공적으로 검토될 수 있는 추가적인 근거를 제시하여야 한다. 이 근거를 제시하지 못한다면 자신의 주장은 자의적 기초 위에 있음을 인정하는 셈이 된다. 개선 논제는 이 '추가적인 근거 제시 의무'를 형량의 논증규칙으로 명시하는 것이다.47)

결국, 개선 논제를 부정하는 것은 주제가 된 법쟁점에서 법적 결론에 대한 타당한 근거를 제시하라는 요구를 거부하는 것이다. 즉 '이 근거는 당신이 접근하고 비판할 수 없는 논거이지만, 이 근거가 더 나은 근거다.' 라고 말하는 셈이 된다.

따라서 개선 논제의 부정은 타당하지 않다. 즉 공적으로 접근할 수 있는 것을 심리적인 것으로 바꾸어도 논증은 퇴락하지 않은 것이 된다는 결론은 타당하지 않다. 그렇다면 개선 논제를 부정하는 전제가 틀린 것이므로, 개선 논제는 수용되어야 한다.

결국 동일한 형량 공식으로 정반대의 결론이 도출되지 않으려면, 형량 공식은 덜 은유적이며, 덜 심리적인 개념으로 변환되어야 한다. 그리고 이 변환은 문제되는 논증이, 적어도 같은 논증을 따르면서 다른 결론을 도출할 수 없는 수준의 명석판명함을 획득할 때까지 진행되어야 한다.

---

47) 여기서 주의할 것은 추가로 제시되는 근거의 성격(nature)이다. 만일 어떤 결론을 끌어내기 위해 제시된 법논증에서 거론된 명제들을 그대로 두고, 단지 은유가 불러 일으키는 다른 심상(image)이나, 상이한 내적 심리 상태(internal mental state), 또는 상이한 특정 신조를 제시하기만 하면 주장된 것과는 다른 결론을 끌어낼 수 있다면, 그 법논증은, 법적 정당화에 충분한 정도로 명석하지 못한 것이다. 그것은 특정한 결론을 타당한 것으로 법논증대화 참여자들에게 납득할 수 있는 이유의 힘을 갖지 못한다. 왜냐하면 다른 참여자는, 다른 심상, 심리 상태, 포괄적인 선관을 끌어 들여 동일한 법논증을 가지고서 전혀 다른 결론을 끌어낼 수 있기 때문이다.

제2절 형량의 재정의

I. 형량의 재정의

비중 은유에 머무른 형량 공식은 다음과 같았다.

　"입법에 의하여 보호하려는 공익과 침해되는 사익을 비교형량할 때 보호되는 공익이 더 커야 한다(법익의 균형성)."[48]

개선 논제를 구현하여 재정의된 형량은 다음과 같다.

　법익균형성 심사, 즉 형량이란 다음과 같은 일련의 과정을 거치는 추론이다.
　(1) 진지하게 여겨야 하는 법익 갈등 상황을 포착한다.
　(2) 그 법익의 범주와 추상 수준을 통제하고 조정하여 비교판단을 할 수 있는 논의 차원으로 충돌 문제를 변환한다.
　(3) 관련되는 기본권 규범에 내재한 기본권 주체들이 갖는 지위들의 관계를 표현하는 헌법규범 원리를 정식화한다.
　(4) 이 헌법규범 원리가 기본권을 제한할 수 있는 사유로 인정하는 적합한 논거가 적절한 단계에서 제시되거나 제시되지 못하였다는 점을 살펴본다.

---

48) 헌법재판소 1990. 9. 3. 89헌가95 결정; 헌법재판소 1992 12. 24. 92헌가8 결정 등.

그 핵심은 법익 형량이란, 헌법규범이 명하는 기본권 주체의 근본적인 관계가 해당 기본권 제한으로 훼손되는지 아닌지 살펴보는 추론이라는 것이다.

(3)에서 정식화되는 원리를 관문(關門)이 되는 원리라고 한다. 관문 (gateway)이라는 단어는 형량의 구조를 명확히 강조하기 위하여 고른 용어다. 관문은 다른 영역으로 나아가기 위하여 꼭 거쳐야 하는 통로가 되는 지점이라는 뜻이다. 이러한 관문에서는 그 관문을 통과될 자격이 있는가를 조사하는 과정이 동반된다. 물리적 관문을 넘어 확장된 용례에서도 마찬가지다. 변호사가 되기 위해서는 변호사 시험이라는 관문을 통과해야 한다. 변호사 시험을 치러 합격 점수를 받는 것은 그 관문을 통과하는 열쇠를 획득하는 것이다.

기본권 규범이 명하는 기본권 주체들 사이의 관계를 표현하는 헌법규범 원리 역시 이런 역할을 한다. 왜냐하면 이런저런 자격을 갖춘 사유만이 기본권을 이러저러하게 제한할 수 있음을 명하기 때문이다. 그런 자격을 갖춘 사유를 제시하면, 기본권 제한은 정당화된다. 제시하지 못하면 기본권 제한은 헌법적으로 정당화되지 못한다. 그래서 그런 헌법규범 원리 역시 관문이라고 부를 수 있을 것이다.

관문은 통과 자격이 있는 대상들을 선별한다. 즉, 관문은 그 관문을 여는 열쇠(key)를 상정한다. 마찬가지로 헌법규범은 함부로 건너뛸 수 없는 관문을 세우지만 동시에 무엇이 열쇠가 되는가도 알려준다고 표현할 수 있다. 즉, 헌법규범은 기본권을 제한하기 위하여 적합한 논거가 무엇인가를 알려주는 것이다. 잠겨 있는 관문의 열쇠구멍에 들어맞는 열쇠를 넣어 돌리는 것은, 가치들의 제약과 구조에 해당 사안과 관련된 헌법규범들이 정합적으로 들어맞도록 하는 작업이다.

논거들은 구조나 순서, 체계 속에서 관계를 맺는다. 규범의 구조가 세운 관문은 그 규범의 구조에 맞는 열쇠로 열어야 한다.[49] 만일 관문을 발로 부수거나, 기계로 한꺼번에 뭉개버리는 경우 관문을 제대로 통과한 것이 아니다. 추상화 수준이나 범주의 조정, 규범 구조의 분석 없이 양쪽 결론을 지지하는 각 논거들을 모두 열거하고, 열거된 논거들을 종합적으로 일별하여 생기는 '느낌'으로 결단을 하는 것은 관문을 부순 것이지 연 것이 아니다.

형량의 실질은 규범의 구조를 세심하게 살펴 그 구조가 부여하는 제약을 존중하는 것이다.[50] 비중 은유에서 머무르지 않으려면 이 원리의 관문과 그것이 상정하는 적합한 열쇠가 되는 논거가 어떠한 것인가를 알아야 한다. 따라서 그것은 규범의 복잡한 구조를 분석하여 해명하는 일을 필요로 한다.[51] 그러나 그 전에, 법익 형량을 '규범의 구조가 인정하는 적합한 논거가 무엇이며, 그 논거가 제시되었는지'를 살펴보는 추론으로 이해하는 것이 왜 타당한지를 살펴보도록 하겠다.

---

49) 이것은 Richard H. Pildes, "Why Rights Are Not Trumps: Social Meaning, Expressive Harms, and Constitutionalism", *The Journal of Legal Studies*, Vol. 27, No. S2, 1998, 725-763면에서 개진된 권리의 구조적 이해와 부합한다.

50) Thomas Scanlon, *The Difficulty of Tolerance: Essays in Political Philosophy*, Cambridge: Cambridge University Press, 2003. 152-153면 참조.

51) Thomas Scanlon, *What We Owe to Each Other.* 강명신 옮김, 『우리가 서로에게 지는 의무』, 한울, 2008, 315-316면.

II. 헌법규범의 구조로부터 생기는 관문

1. 관문을 무시할 때와 존중할 때의 차이

관문을 무시하는 것과 존중하는 것의 차이를 한 가지 예를 들어 설명하여 보자. 형기가 만료된 성범죄자에게 치료라는 명목으로 화학적 거세를 강제[52]하는 것은 합헌인가? 이 판단을 하기 위해 무게의 은유를 주로 사용하는 정신적 과정을 묘사하자면 다음과 같다.

> (1) 성범죄가 심각하다는 점, 성범죄로 입는 피해자의 고통을 지적하고, 성범죄자를 육체적으로 무력화함으로써 가능한 범죄 예방의 이익을 가늠한다. (또는 생생하게 열거한다.)
>
> (2) 성범죄를 저지르고 화학적 거세를 당함으로서 생기는 신체적 불이익과 재사회화의 위협을 가늠한다. (또는 생생하게 열거한다.)

---

[52] 성폭력범죄자의 성충동 약물치료에 관한 법률(이하 '성충동약물치료법'으로 약칭한다)([시행 2013.6.19.] [법률 제11556호]) 제1조(목적)는 "이 법은 16세 미만의 사람에 대하여 성폭력범죄를 저지른 성도착증 환자로서 성폭력범죄를 다시 범할 위험성이 있다고 인정되는 사람에 대하여 성충동 약물치료를 실시하여 성폭력범죄의 재범을 방지하고 사회복귀를 촉진하는 것을 목적으로 한다."고 규정하여 그 명목으로 '치료'라는 이름을 쓰고는 있지만, 그 실질적 목적은 범죄의 방지에 있음을 명시하고 있다. 한편, 제2조 제3호에서는 "'성충동 약물치료'(이하 '약물치료'라 한다)란 비정상적인 성적 충동이나 욕구를 억제하기 위한 조치로서 성도착증 환자에게 약물 투여 및 심리치료 등의 방법으로 도착적인 성기능을 일정기간 동안 약화 또는 정상화하는 치료를 말한다."고 하여, '치료'라는 이름의 활동의 실질이 '성기능 무력화'에 있음을 규정하고 있다. 피치료자에게 투여할 약물은 '성호르몬의 생성을 억제·감소시키는 약물', '성호르몬이 수용체에 결합하는 것을 방해하는 약물' 중에서 법무부장관이 정하여 고시하는 약물로 한다. (시행령 제8조 제1항) 즉 특별히 "도착"적인 부분을 제거하는 치료효과가 있는 약물이 아니라 성호르몬을 생성하지 못하거나 수용체에 결합하지 못하게 하는 무력화 약물을 투여하도록 되어 있는 것이다.

(3) 이 중에 위 (1)항 쪽이 무겁고 심각하다.

(4) 따라서 합헌이다.

물론 위 (3)항 이하는 다음과 같이 바꿀 수 있다.

(3)' 이 중 (2)항의 불이익과 위협이 극심하여 (1)과 같은 중대한 공익으로도 압도하지 못한다.

(4)' 따라서 위헌이다.

둘 모두 조건부 우열관계를 확정한다. 그러나 이런 정신적 과정에서는, 원래 꼭 거쳐야 하는 관문들을 열쇠로 열고 나아가는 것이 아니라 그냥 건너뛰거나 부수고 없앤다. 논의가 지속된다 해도 반대 주장자에게는 '왜 이 고려사항을 더 생생하게 느끼지 못하는가?', '왜 이 고려사항에 마땅히, 응당, 당연히 부여해야 할 중요도를 부여하지 않는가?'라는 반문(反問)만 할 수 있을 뿐이다. 그러나 관련 당사자들이 입게 될 이익과 불이익의 사태들은 모두 열거되어 있고, 한 측이 보는 것을 다른 측도 보기 때문에 더 이상 제시할 것은 없다. 추가적인 근거를 제시할 수 있는 논의는, 이 사안에서도 '비중'이나 '크기'의 언어로 그저 부수고 지날 수 없는, 원리의 관문을 명확히 하는 데서 출발한다. 처벌 및 치료와 관련된 주된 원리의 관문에는 다음과 같은 것들이 있다.

(1) 공형벌권의 행사란 '범죄를 저지르지 않을 능력'이 있는 사람에게, 그 능력에도 불구하고 범죄로 나아가 피해자를 존엄을 갖춘 동등한 인간으로 대우하지 않았다는 점을 이유로, 그 행위를 비난하며 제재를 강제하는 것이다. 따라서 객관적 여건이나 자신이 보유한 신체 때문에 규범을 준수할 능력이 없다고 인정된 사람은 처벌받지 않는다. 치료 여부에 대한 동의 능력이 없는 사람이 그 대표적인 경

우다.53)

(2) 처벌받을 범죄를 저지른 경우 원인은 온전한 신체에 있는 것이 아니라 규범을 준수하지 않았다는 점에 있는 것이므로, 절도범의 손을 무력화시키는 것과 같은, '규범 준수 능력'을 발휘하게끔 하는 것과 무관한 신체의 훼손은 정당성 있는 처벌이 아니다.

(3) 정당성 있는 치료는 첫째, 그 조치는 조치를 받기 전보다 더 나은 신체 완전성을 갖는 것을 목적으로 한다. 둘째, 신체 완전성을 침해당하는 주체는 '동의'를 해야 한다.

그런데 첫째로, 성범죄자가 자신의 신체가 아니라면 범죄를 저지르지 않았을 터인데 그러한 신체를 갖고 있었기 때문에 범죄를 저질렀다면, 그 범죄자를 처벌하는 것은 정당하지 않고 오로지 신체 치료의 대상만 된다.54) 그리고 이 경우 그 사람을 처벌한다면, 치료의 동의능력도 없는 그 범죄자가 정말로 "성적 이상 습벽으로 인하여 자신의 행위를 스스로 통제할 수 없다고 판명된 사람"55)으로서 자신의 신체의 구조상 통제 불가능한 것을 통제하지 않았다 하여 처벌하는 것이 되어 처벌의 정당성이 사라진다.

둘째로 절도범의 손처럼 통상적인 신체구조에 속하지만 범의를 가졌을 때 범죄에 사용될 수도 있는 부분인 성적 능력을 무력화시키는 것은 규범

---

53) 이를테면 어떤 이가 자신의 자녀를 인질로 잡고 절도하지 않으면 인질을 죽이겠다고 하고 자녀를 구할 다른 대안이 없을 때 절도한 사람, 정신분열증에 걸려 앞에 서 있는 사람이 자신을 공격한다고 착각하고 상해를 입힌 사람, 뇌에 종양이 생겨 충동억제 기능이 현저히 떨어져 자신의 양녀에게 성적 접근을 한 사람 등이 그 예다.

54) 위 각주의 뇌종양 때문에 양녀에게 성적 접근을 한 사람의 경우 필요한 것은 뇌종양의 제거이다.

55) 성충동약물치료법 제2조(정의)는 "이 법에서 사용하는 용어의 뜻은 다음과 같다."고 하면서 그 1호에서 "'성도착증 환자'란 「치료감호법」 제2조제1항제3호에 해당하는 사람 및 정신건강의학과 전문의의 감정에 의하여 성적 이상 습벽으로 인하여 자신의 행위를 스스로 통제할 수 없다고 판명된 사람을 말한다."고 규정하고 있다.

준수 능력의 회복이라는 것과 무관하다. 그것은 다른 이의 권리를 침해한 범의의 실행을 비난하는 것을 넘어서 신체기능 자체를 탓하여 이를 제거하는 것이어서 처벌 목적상의 한계를 벗어난다.

셋째로, 화학적 거세의 목적은 인위적으로 성능력을 무력화시키는 목적만을 갖는 약물을 다양한 신체기능의 훼손56)을 가져옴에도 불구 외부에서 주입시키는 것이다. 따라서 이것은 신체의 완전성을 더 악화시키고 훼손하는 것이어서 치료라고 할 수도 없다. 그리고 치료가 아닌 신체 훼손은 명시적인 반대의사에도 불구하고 강제될 수 있는 것이라고는 더욱더 말할 수 없다.

그리하여 화학적 거세는 처벌로도 치료로도 헌법적으로 정당화될 수 없다. 처벌과 치료에 관한 헌법규범의 구조가 세운 관문을 통과하지 못하기 때문이다.

이러한 관문들은 처벌·자유·비난·행위능력·치료·동의와 관련된 규범과, 그 규범을 정식화한 원칙의 구조와 그물망이 가하는 제약이다. 이 관문은 그냥 부수거나 건너뛰어 무시할 수 없다. 이것은 결국 관련된 규범의 구조에 자신의 결론이 더 부합한다는 점, 즉, 자신의 결론이 전제하고 있는 원리가 그 규범의 구조에 정합적으로 들어맞는다는 점을 보이는 논증을 요구하는 것이다.

---

56) 대전지방법원 제12형사부 2013. 2. 8. 위헌제청결정문 (2012고합512 등 사건에서 성충동 약물치료에 관한 법률에 관하여 이루어진 위헌제청결정) 14-17면 참조. 내당능장애, 지각착오, 척수압박, 심부전, 심부 근경색증, 혈압 이상, 다한증, 발진, 골통증을 가져오며 가슴을 여성형 유방으로 변형시키며, 우울증을 낳으며, 골다공증을 유발해 가벼운 사고에도 뼈가 부러지게 만들며, 혈당·혈압 상승, 간기능 이상, 고열, 두통과 같은 직접적인 고통을 유발한다. 또한 시신경을 압박하여 시력저하, 시야감소, 심혈관계 질환을 가져오는 뇌하수체샘종을 발병시킬 수 있고, 다른 질병 치료 목적이 아니라 재범 방지 목적으로 장기적으로 투약하면 사망에도 이를 수 있는 신체에 회복할 수 없는 손해가 발생할 수 있다.

논증은 '일반적 이유'들로 구성되어야 한다. 일반적 이유(general reasons)란 모든 규범 준수자들의 입장에서 유사하다고 인정되는 사안에 일관되게 적용되는 이유를 의미한다.57) 일반적이지 않은 이유는 오로지 하나의 사안에만 적용되고 다른 사안에는 전혀 적용되지 않는 이유이다. 이와 같은 "일반화된 이유"를 기술할 수 있는 적절한 추상 수준의 공통 범주, 보편적 보장 형식으로 기술될 수 있는 공통 범주를 찾아야 모두에게 정당화 효력을 갖는 심사를 할 수 있다. 예를 들어 다수가 X종교를 믿고 있는 사회에서, X종교를 믿으면 세금을 감면해주는 입법을 두고 'X종교를 믿는 이들의 이익'을 'X종교를 믿지 않는 이들의 이익'과 형량해서는 기본권 제한 논증이라고 할 수 없다. 왜냐하면 그 이익들은 '모든 기본권 주체들이 누리는 공통된 보장 형식'을 갖추지 못한 개념이기 때문이다. 따라서 구체적으로는 특정 종교와 특정 세금과 관련된 국가작용이 구현하는 이익은 '종교의 자유'라는 범주를 활용한 일반적 이유를 근거로 하는 논증을 통해 검토되어야 하는 것이다.

그 일반적 이유들 중 하나를 변경하면 원리의 그물망(network of principles)에서 다른 원리들도 같이 변경해야 한다. 그래서 특수한 사안에서 일정한 결론을 도출하기 위해서 그 사안에서만 하나의 원리를 정반대의 것으로 변경할 수는 없다. 그것이 성공적인 헌법 논증이 되려면 그와 같이 변경된 원리 하에 운영되는 법질서를 합당한 것으로 감수할 수 있어야 한다. 예를 들어 성범죄자의 화학적 거세가 합헌이라는 결론을 도출하기 위해 (1) 책임능력에 따른 처벌 원리, (2) 규범준수 능력에 불구하고 범행으로 나아간 점을 공적으로 비난한다는 형벌 목적의 한계를 제시하는 원리, (3) 치료의 정의(定義)와 동의 요건의 원리 중 하나 이상을 부인한다고 해보자. 그렇게 하려면, 그 원리가 관련되는 다른 사안에서도, 변경된

---

57) T. M. Scanlon, *The Difficulty of Tolerance*, 185면.

원리를 적용하는 것을 감수할 수 있어야 한다. 관문을 무시한다는 것은, 그러한 감수를 하지 않으면서 그 사안에서 자신이 원하는 결론만을 임의로 주장하는 것이다.58) 이런 식의 주장이 허용된다면 A사안에서는 P원리를 근거로 삼고, 그와 연관되어 있는 B사안에서는 정반대의 ㄱP원리를 근거로 삼을 수 있다는 식이 된다.59) 그러한 방식의 임의적인 규범 투입은, 일관되고 정연한 기본권 보장의 체계를 명하는 법치주의(法治主義)에 어긋난다. 그래서 그것은 헌법논증으로 타당하지 못하다. 따라서 규범의 구조가 세운 관문을 존중하는 것은 필수적이다.

2. 권리의 성격과 형량의 본질

이제 살펴볼 문제는 이것이다. 기본권을 제한하는 형량은 왜 헌법규범이 명하는 기본권 주체들의 근본적 관계의 구조에 적합한 논거가 제시되었는가를 살피는 추론으로 이해해야 하는가? 해당 국가작용으로 상실되는 이익과 추구되는 이익의 중요성을 가늠하는 단순한 활동으로 이해하면 왜 안 되는가? 이에 대한 답은 권리의 성격(nature of rights)에 놓여 있다.

---

58) 성폭력범죄자의 성충동 약물치료에 관한 법률'(2012. 12. 18. 법률 제11557호로 개정된 것) 제4조 제1항 및 '성폭력범죄자의 성충동 약물치료에 관한 법률' (2010. 7. 23. 법률 제10371호로 제정된 것) 제8조 제1항에 관한 결정인 헌재 2015. 12. 23. 2013헌가9 결정에서는 "다만 장기형이 선고되는 경우 치료명령의 선고시점과 집행시점 사이에 상당한 시간적 간극이 있어 집행시점에서 발생할 수 있는 불필요한 치료와 관련한 부분에 대해서는 침해의 최소성과 법익균형성을 인정하기 어렵"지만, 강제적인 화학적 약물 주입으로 성기능을 박탈시키는 입법 자체는 법익 균형성을 갖춘 것으로 인정하였다. 그러나 동 결정은 법익 균형성에서 위와 같은 세 가지 헌법규범 원리의 관문은 전혀 검토하지 아니하였다.

59) 예를 들어 재산죄 사안에서는 책임능력에 기초한 처벌이라는 헌법규범 원리를 근거로 삼아 주장하면서, 성범죄 사안에서는 책임능력과 상관없는 처벌이라는 헌법규범 원리를 근거로 삼아 주장하는 식이 될 것이다.

권리를 이해하는 방식에는 두 가지가 있을 수 있다. 하나는 "정부가 정당성 있게 행위할 수 있는 근거가 되는 이유의 종류에 대한 제약"으로 이해하는 구조적 이해(構造的 理解)다. 이 이해에 따르면 권리란 특정한 종류의 이유로는 제한될 수 있지만 다른 종류의 이유로는 제한될 수 없는 영역을 보호하는 규범이다. 다른 하나는 "공동선의 요구에 대항하여 일정한 개인의 실체적 이익을 단순히 보호"하는 것으로 보는 실체적 이해(實體的 理解)다.[60) 이 이해에 따르면 권리란 일정한 개인의 실체적 이익을 보호하는 일정한 힘을 갖는 방어막이다.

그리고 권리의 고유한 성격을 올바르게 포착하는 견해는 전자, 즉 구조적 이해다.[61) 한편으로 개인의 실체적 이익에 투과할 수 없는 절대적 방어막을 씌우는 것으로 권리를 이해한다면, 권리는 실제로 아무런 규범적 기능을 하지 못한다. 그 방어막이 실제로 준수된다면, 실체적 이익에 대한 어떠한 제약도 권리의 침해가 되어버린다. 그리하여 정부는 물론 다른 구성원들도 권리로 인정된 실체적 이익에 영향을 주는 아무런 일도 할 수 없게 되고, 이것은 공존과 협동을 위한 행위 조정이라는 정부 기능의 마비를 뜻한다. 다른 한편으로, 그 방어막이 부수어지기 쉬운 것이어서 제한으로 추구하고자 하는 이익이 좀 더 우세해지면 언제든 뚫릴 수 있는 것이라면, 권리란 단지 더 우세한 이익이 없어 우연히 현재 이런저런 이익을 누리고 있다는 단순한 상태에 지나지 않게 된다.[62) 이로 인해 권리 논증은 이익계산으로 환원되고 만다.

권리의 구조적 이해는, 권리를 실체적 이익 보호와 같은 것으로 보았을 때에는 제대로 해명할 수 없는 사안들을 체계적으로 해명할 수 있게 해준

---

60) Jeremy Waldron, "Pildes on Dworkin's Theory of Rights", *The Journal of Legal Studies*, Vol. 29, No. 1, 2000, 301면.
61) 같은 논문, 301면.
62) 같은 논문, 304면.

다. 권리를 실체적 이익 보호로 보면, 권리 제한이 근거로 삼는 실체적 이익과의 충돌을 직관적인 방식으로밖에 해결할 수밖에 없기 때문이다.

미연방대법원의 *Board of Education v. Pico* 판결[63]을 예로 들어 이 점을 살펴보자.[64] 이 사건에서 원고는 학교의 공공 도서관으로부터 9권의 책을 치우기로 한 지역 교육위원회 결정에 대하여 소를 제기하였다. 그 위원회는 그 책들을 "반미국적, 반그리스도적, 반유대인적, 그리고 그저 명백히 추잡한" 것이라고 판단했기 때문에, 이 도덕적 위험으로부터 학생들을 보호할 도덕적 책무가 위원회에 있다는 이유에서 그러한 결정을 내린 것이라 주장하였다. 미국 연방대법원은 이러한 종류의 결정은, 교육적으로 적합하지 않다는 보편적인 사유에서라면 허용될 수 있지만, 당파적이고 정치적인 이유에서 교육 여건을 편향시키려는 이유에서라면 수정헌법 제1조를 위배하는 것이라고 판시하였다.

그런데 권리를 실체적 이익 자체를 보호하는 것으로 이해하면 이 판결은 이해할 수 없는 것이 된다. 왜냐하면, 교육을 통하여 공동체 가치를 교육할 주의 정당성 있는 이익과 형량된 학생들의 "정보를 수신할 권리"(right to receive information)라는 것이 정말로 실체적 이익이라면, 동 판결의 반대의견[65]이 지적하였듯이 그 권리를 제한하는 동기는 문제되지 않기 때문이다. 좋은 동기로 책이 제거되었건, 나쁜 동기로 제거되었건 책은 제거된 것이고 그 책을 볼 수 없게 된 것이다. 권리를 실체적 이익으로 이해하면 두 경우 모두 실체적 이익은 모두 제한된다. 타당한 동기로

---

63) *Board of Education v. Pico* 457 U.S. 853 (1982)
64) 위 판결에 대한 논의는 Richard H. Pildes, "Why Rights Are Not Trumps", 725-763면의 논의를 재구성한 것이다.
65) 457 U.S. 853, 885ff, C. J. Burger, Dissenting Opinion. 특히 888면에서 반대 의견이 다수 의견을 다양한 정보 자체에 대한 직접적 만족의 권리를 주장하는 것으로 해석하여 비판을 가한다는 점이 잘 드러나 있다.

책이 제거되었다고 해도, 학교 도서관에서 책에 있는 정보를 수신할 수 없게 되었다. 그러니 실체적 이익은 그만큼 사라진 것이다. 결국 책을 볼 실체적 이익과 대립하는 주의 실체적 이익과 비교해 직관적으로 중요성을 판정하는 방법 외에는 사안을 해결할 방법이 남지 않게 된다. 게다가 그 특정 책들에 대한 실체적 접근의 이익으로 권리를 이해하는 것은, 애초에 그 책들을 구매하지 않았다면 아무런 헌법적 문제조차 제기되지 않는다는 점과도 부합하지 않는다. 그뿐만 아니라 권리를 실체적 이익으로 보게 되면 노골적인 검열조차 권리 침해가 아닐 수도 있다. 예를 들어 학생들이 그 책들을 동네 서점에서 자유롭게 볼 수 있다면 실체적 접근의 이익 측면에서는 별로 변한 것이 없다고 할 수 있기 때문이다. 그러므로 동 판결의 보충의견이 핵심적으로 지적했듯이 Pico 사건의 결론은, "주는 이념에 대한 노출을, 필수불가결한 충분한 이유가 없는 한, 그 이념에 대한 노출을 억압한다는 유일한 목적에 의해서 억압할 수 없다."[66]는, 기본권 제한의 적합한 사유를 가려내는 구조적 규범으로 학생들의 권리를 이해할 때만 설명될 수 있다.

그러므로 기본권을 보장한다는 것은 헌법규범에 의해 인정되는 적합한 이유가 아니고서는 제약되지 않는 지위를 보장하는 것이다. 따라서 기본권 제한이 합헌이라는 것은, 그 권리와 관련된 헌법규범 원리가 인정하는 적합한 이유가 되는 논거가 제시될 수 있다는 것이다.

이러한 권리에 대한 구조적 이해에 따를 때, 법익 형량은, 두 가지로 구분될 수 있는 이익 개념 중 하나만을 대상으로 한다.[67] 흔히 '이익'이라고

---

66) *Board of Education v. Pico* 457 U.S. 853, 877, (1982), Blackmun, J. Concurring. 은 다음과 같이 쓰고 있다. "(…) the cases outlined above yield a general principle: the State may not suppress exposure to ideas — for the sole purpose of suppressing exposure to those ideas — absent sufficiently compelling reasons."

67) "이익의 두 개념"의 구분과 설명은 Charles Fried, "Two Concepts of Interests:

구별 없이 지칭되는 것 중에는 (i) 사회갈등의 날 것의 실체이자 어떤 범위나 성질에 제약이 없는 '구체적인 만족에 대한 요구인 바람(wants)'의 만족과 (ii) 권리가 보호하는 '이익'(interest)이라는, 상이한 이익 개념이 있다.68) 예를 들어 (i) 자신이 좋아하는 취미 생활인 바둑과 같은 것에서 실질적인 성취를 이룰 때 생기는 만족감과 (ii) 원하는 취미 생활을 할 수 있는 자유는 모두 흔히 '이익'이라고 언급되기는 하지만 같은 것이 아니다. 전자는 보편적 보장형식을 갖지 못하기 때문에 그로부터 어떠한 관계나 지위, 역할도 도출되지 않는다. 후자는 평등한 자유라는 보편적 보장형식을 가지기 때문에 그 구조에 따라 일정한 관계, 지위, 역할이 도출될 수 있다.

이렇게 이익 개념이 상이할 수 있기 때문에, 자유 보장의 이익과 정부 권한 행사의 이익이 충돌할 때 이 이익들을 형량하여 판결한다는 공식은 지나치게 간소하고 모호한 것이 된다.69) 이를 보다 명확하게 이해하려면 법원이 이익 형량 사안에서 결정을 내릴 때 발생하는 일에 주목해야 한다. 즉 법원이 이익 형량에 의하여 결정을 내리면, 그런 종류의 사안에서 법적 주체들 사이의 일반적인 역할 배분이 이루어지는 것이다.70) 예를 들어 표현의 자유가 다른 종교를 노골적으로 비판할 자유를 포함한다는 결정이 내려지면, 노골적으로 비판할지, 품위를 지키며 비판할지, 비판하지 않을지에 관하여 선택하는 역할은 각각의 기본권 주체에게 배분된다. 반면에 그 반대의 결정이 내려지면 그 역할은 기본권 주체들 중 일부인 다수의 의사에 정치적 책임을 지는 입법자에게 배분된다. 이러한 배분이 이

Some Reflections on the Supreme Court's Balancing Test", *Harvard Law Review*, Vol. 76, No. 4, 1963, 755-778면의 논의를 따른 것이다.

68) 같은 논문, 756면.
69) 같은 논문, 758면.
70) 같은 논문, 763면.

루어지고 나면 기본권 주체는 일정한 보장 형식 아래에서 자신의 구체적
인 소망을 여러 방식이나 내용으로 만족시킬 수 있게 된다. 예를 들어 정
치적 자유라는 형식으로 자신의 지위를 보장받게 된 기본권 주체는, 그것
을 특정 정당을 지지하거나, 그와는 다른 당을 지지하거나, 어느 당도 지
지하지 않으면서 정치적 표현을 하거나, 정치적 표현을 하지 않거나 하는
다양한 방식으로 실체적 이익의 만족을 추구한다. 즉 실체적 이익의 만족
에 관한 상태는 구성원들이 배분된 역할을 어떻게 수행하느냐에 따라 무
수히 상이한 결과로 나타난다. 그러므로 권리 제한에 관한 사안을 심사할
때, 그 판결의 결과로 도출되는 것은 국민 개개인에게 이런저런 실체적
만족이 귀속된 상태가 아니다. 권리 사안에서 판결로 도출되는 것은 기본
권 주체들이 맡는 역할에 관한 지위다.71) 권리 사안이 달리 결정되면 기
본권 주체들의 지위 관계가 달라진다. 따라서 법익 형량의 대상은 일정한
보장 형식을 가진 구조적 이익에 대한 것이다.

그렇다면 법익 형량은 구체적인 바람들이 만족되는 양이나 질의 차원에
서 이루어지는 논증이 아니다. 그것은 헌법규범의 구조적 차원, 기본권 주
체들이 점하는 지위들 사이의 입헌적 관계에서 구성되어야 하는 것이다.

따라서 법익 형량을 헌법이 명하는 기본권 주체들의 근본적 관계에 부
합하는 헌법규범 원리가 인정하는 논거가 제시되었는가를 살펴보는 추론
으로 정의할 때, 권리의 구조와 그 제한에 대한 정당화를 가장 정확하게
표현하는 것이다.

법익 형량의 핵심은 헌법에서 기본권 주체들이 갖는 지위와 그 지위들
이 맺는 관계를 표현한 헌법규범의 원리를 정식화하고, 이 원리가 기본권
을 제한할 수 있는 사유로 인정하는 적절한 논거가 제시되거나 제시되지
못하였다는 점을 살펴보는 것이다. 이 원리를 '관문'으로, 그리고 이 원리

---

71) 같은 논문, 763면.

가 제한 사유로 인정하는 논거를 '열쇠'로 표현할 수 있다. 이러한 관문을 존중하지 아니하고, 단지 찬성하는 쪽의 이익의 비중이나 중대성이 크다는 점을 역설하거나 강조하는 것에 그친다면, 이와 의견을 달리하는 사람이 제기하는 근거 제시 요구에 답을 하지 않는 것이 된다. 그리고 이는 헌법이 보장하는 권리의 성격을, 실체적 바람의 만족을 보장하거나 적당히 인정하라는 명령으로 오해하는 것이기도 하다. 그러나 그러한 오해는 구체적 사안에서 권리를 논증하는 방식에도 맞지 않는다. 그리고 권리를 확정하는 논증이 궁극적으로 일반적인 지위와 역할 배분을 결정하는 논증이라는 측면도 설명하지 못한다. 그러므로 기본권 제한 심사에서 형량은 권리가 실체적인 직접적 만족이라는 이익을 보호하는 것이 아니라, 적합한 이유가 아니고서는 제약되지 않는 지위를 보장한다는 점을 감안해야 된다. 그 점을 충분히 감안하면 형량은 기본권 주체들의 지위와 그 지위들이 맺는 관계를 표현한 헌법규범이 인정하는 사유가 제시되었는가를 살펴보는 추론임이 드러나는 것이다.

제3절 재정의된 형량의 강점과 근거

I. 비법적인 것의 침습에 대한 방벽

재정의된 형량은 우선 '비법적(非法的)인 것의 침습'에 대한 방벽(防壁)을 확고하게 마련해준다. 비법적인 것은 두 가지 판단 기준으로 이해할 수 있다. 첫째는, 실무적인 기준이다. 판단에 영향을 미치거나 심지어 결정적인 이유임에도 불구하고, 결정문의 이유에 의도적으로 기술하지 않는 경우 비법적인 것의 침습을 의심할 수 있다. 둘째는, 논증 내용상의 기준이다. 판단에 영향을 미쳐서는 안 되는 내적·정신적 과정72)에 관한 사정임에도 불구하고, 마치 정당하게 '논증에 영향을 미칠 수 있는' 요소인 것처럼 결론에 영향을 미치는 논거로 사용되는 것이다.

처벌 규정C의 위헌 여부를 심사하는 재판관들을 가상적으로 상상해보자. 이 가상적 사례에서 헌법재판관들 6인이 모든 고려사항들을 종합하여 보고는, 해당 조항이 위헌이라고 판단하게 되었다고 하자. 그런데 아직 고려하지 않은 한 가지 사정이 있다. C규정을 위헌으로 결정하면, 그 규정에 의해 유죄 판결된 사건들은 모두 재심을 받아야 하며 형사보상이 이루어져야 한다는 사정이 존재하는 것이다. 그리고 C규정으로 기소되고

---

72) 예를 들어 옥시토신 성분이 들어간 주사를 치료차 얼마 전에 맞아 더 너그러워졌다든지, 재판관 자신의 계급 배경이 청구인과 같이 자산이 많은 측에 속하여 그런 처지에 있는 사람의 이익을 더 생생하게 공감한다든지 하는 것 말이다. 이것은 인과적으로 영향을 미치는 사실 요소, 즉 심리학이나 사회학의 평가 대상은 될 수 있으나 법적인 것은 아니다.

처벌된 사건에 관한 통계를 살펴보았더니, 헌법재판소가 위헌으로 결정했던 어떠한 처벌 규정과 비교하여도 훨씬 더 많은 사람들이 유죄 확정 판결을 선고받고 있음을 발견하였다. 그리하여 위헌 결정을 했을 경우[73] 사법부의 업무처리와 국고의 부담이 다른 위헌 결정에 비해 더 클 것임을 예상할 수 있었다. 평의에서는 이 문제도 논의했으며, 그 중 1명의 재판관이 이 고려사항을 심각하게 받아들여서 결론을 바꾸었다. 이 문제는 그 재판관의 심리적 과정에 큰 영향을 미쳤지만, 이 영향은 결정문을 통하여 공적으로 드러나지 않는다. 간단하게 '공공의 이익' 측면의 무게가 더 무겁다, 더 중대한 사정들이 있다고 비중 판단을 한 것으로 서술되었을 뿐이기 때문이다. 이처럼 무게나 크기의 언어로 논증하면 비법적인 것이 더 침습하기 쉽고, 그것에 대한 공적 비판도 불가능하게 된다. 만일 재정의된 형량의 방법에 의거했다면 다음과 같은 점을 명시적으로 논증해야 했을 것이다.

(1) 어떤 규정이 다른 모든 나머지 고려사항을 보아서는 위헌으로 판단되지만, 재심과 형사보상의 국가 부담이 크다면 합헌으로 판단될 수 있다.

(2) 모든 형벌 규정 위헌 사건에서는 재심절차와 형사보상이 뒤따르는데, 이는 재심과 형사보상 대상자가 현저히 많을수록, 그리하여 부

---

73) 이 가상 사례에서 C규정은 한 번도 그 위헌 여부에 관하여 헌법재판소의 판단을 받은 적이 없거나, 아니면 합헌 판단을 받은 이후 상당한 시일이 지나 유죄 확정 판결이 대단히 많이 선고된 경우라고 가정한다. 헌법재판소법[법률 제12897호, 2014.12.30., 일부개정] 제47조 제3항은 "제2항에도 불구하고 형벌에 관한 법률 또는 법률의 조항은 소급하여 그 효력을 상실한다. 다만, 해당 법률 또는 법률의 조항에 대하여 종전에 합헌으로 결정한 사건이 있는 경우에는 그 결정이 있는 날의 다음 날로 소급하여 효력을 상실한다."고, 제4항은 "제3항의 경우에 위헌으로 결정된 법률 또는 법률의 조항에 근거한 유죄의 확정판결에 대하여는 재심을 청구할 수 있다"고 규정하고 있다.

담이 중대하면 할수록 합헌의 논거를 강화한다.

그러나 위 (2)명제에서 다음 (3)명제, (4)명제가 귀결된다.

(3) 어떤 형벌 규정이 보다 광범위한 수의 사람들의 행위를 규제할수록, 그로 인해 처벌을 받는 사람이 많으면 많을수록, 처벌이 엄하여 형사보상의 부담이 그런 클수록, 합헌의 논거를 강화한다.

(4) 어떤 기본권 주체 x_1을 처벌한 형벌 규정의 합헌성은, 추가로 x_2, x_3 등 그 규정으로 처벌받는 사람이 사실적으로 추가됨에 의해 강화된다.

그러나 위 명제(4)는 처벌자 수에 관한 우연한 사실에 의해 형벌의 규범적 정당성을 도출하는 오류를 범한 주장이다. 그리고 명제(3)은 어떤 형벌 규정이 더 광범위한 일상생활을 침해하여 위헌적 요소가 강한 까닭에 위반자가 더 많게 되는 경우 오히려 합헌성을 강화한다는 모순을 낳게 되므로, 역시 받아들일 수 없는 명제이다.

무게와 크기의 은유로 한 번에 논증을 진행하지 않는 형량과정에서는 위 명제(3), (4)와 같은 관문이 두드러지게 드러난다. 그래서 그것이 수용 가능한 원리가 되지 못하는 암묵적 당위에 기초하고 있음이 밝혀지게 되므로, 정당한 관문이 되지 못함도 명시적으로 드러나게 된다. 따라서 은밀하게 침습(侵襲)될 가능성도 낮아지게 된다. 반면에 상대적 크기와 무게의 은유로 한 번에 종합적으로 판단하면, 주로 저울을 기울게 하는 요소를 하나 더 투입하는 방식으로 사고하므로 비법적인 것의 은밀한 침습을 제대로 탐지하고 검사하지 못한다. 즉 재정의된 형량의 구조를 따를 경우에는 은밀하게 결정에 영향을 미친 비법적인 요소를 가려낼 수 있는 논증의 투명성(透明性)이 높아진다.

II. 사법심사의 정당성 방벽

1. 정당성의 근거로서 논증

헌법규범 원리가 인정하는 제한 사유에 해당하는 논거가 제시되었는지 여부를 살피는 논증으로 형량을 재정의하는 것은, 헌법재판이 헌법이 명한 한계 내에서 정당성을 지닐 수 있도록 법익 균형성 심사의 틀을 구조화하는 것이기도 하다.

법률의 위헌결정은 선출된 입법자의 다수가 결정한 것을 무효로 선언하는 것이다. 그 무효 선언의 핵심적 근거가 '형량'에 놓여 있는 사안에서 그 형량이 '심리적인 명제'로 진술되는 경우에는 사법심사의 정당성은 침식된다. 왜냐하면 입법이 이루어졌다는 것은, A 이익과 B 이익의 '중요성', 그리하여 그 달성하려는 이익과 제한되는 이익의 비례성에 관해서 다수 입법자가 이미 고려하여 결정했다는 것을 의미하기 때문이다. 그리고 그 고려는 '달성되는 이익과 제한되는 이익의 관계가 비례적이다.', '달성되는 이익이 더 중요하다.'와 같은 '중요성'이나 '무게', '크기'의 언어로 이미 진술된 것이다. 이와 같은 개념을 그대로 쓰면서 그 이상의 논증이 전개되지 않고, 입법자의 결론만을 뒤집는다면, 적어도 외관상으로는 입법자의 '중요성에 대한 가늠'을 헌법재판소 재판관들의 '중요성에 대한 가늠', 즉 심리적 상태로 대치(代置)한 것에 불과하게 된다.

따라서 직관으로 형량을 수행하는 것은 헌법재판의 정당성의 토대를 제공해주지 못한다. "직관은, 우리가 우리 자신의 판단에 도달하게 되는 데는 완전히 분별 있는 방식일 수 있다. 그리하여 우리는 남들에게 우리가 옳다는 점을 납득시키겠다는 마음을 먹게 될 수 있다. 그러나 직관주의 혼자서는, 누구의 직관이 종국에는 우세해야 하는가를 말해주는 바가 아무것도 없다. 특히, 그것은 왜 연방대법원의 다수가, 주 판사들이나 입법부의 다수의 직관을 통제해야 하는지를 전혀 이야기해주지 않는 것이다."[74]

즉 형량의 주제가 '이익들의 비중 가늠'이 아니라 '기본권 주체들 사이의 관계 정당화'가 될 때에야, 입법에 대한 헌법재판소의 심사는 정당성을 확보하게 된다. 왜냐하면 그것은 원칙적으로 여러 측면을 고려하여 내려진 입법자의 이익 균형에 대한 판단을 존중하고, 그와 동일한 방식을 반복하여 수행하고자 하지 않기 때문이다. 헌법재판에서 법익 균형성 판단은 입법에서 고려하는 이익 균형 판단과는 다른 것이 된다. 그것은 '기본권 주체들 사이의 헌법적 관계가 정당화되지 않는 방식으로 왜곡되었는가 아닌가'를 살피는 체계적인 논증대화에 의한 판단이 된다. 따라서 입법부가 고려하는 '이익 균형'과 헌법재판소가 고려하는 '이익 균형'은 내용상으로 서로 다른 것이 되며, 그리하여 권력 분립은 심사 구조의 틀 내에 확고하게 정립되는 것이다.

2. 논거형식, 논거구조

체계적인 논증대화란, 어떤 형식과 내용의 논거가 논증의 어떤 단계에서 제시되어야 하는지 상호 이해가 된 상태에서 이루어지는 논증대화다. 이 점을 보다 자세히 설명하기 위하여는 몇 가지 용어에 대한 설명이 필요하다.[75]

　(1) 논증(Argumentation)은, 논증대화에서 타당성 주장을 승인[76]받기

---

74) Mark V. Tushnet, "Anti-Formalism in Recent Constitutional Theory", 1533면.
75) 논거형식과 논거구조에 관한 설명은 Robert Alexy, 『법적 논증 이론』, 129-139면의 내용을 정리한 것이다.

위해서 제기하는 명제들을 논리적 관계에 맞게 주장하는 활동이다.

(2) 논증구조(Argumentationsstruktur)는 논증대화 속에서 표현된 명제들의 논리적 관계다.

(3) 논거(Argument)는 명제를 뒷받침하기 위해 도입된 명제다.

(4) 논거형식(Argumentform)은 주장된 언명(C) 및 이 언명을 뒷받침하기 위해 직접 자료로 제시된 언명(D), 그리고 직접 제시된 언명이 논거로 가능케 해주는 보장책이 되는 언명(W), 보장책이 되는 언명이 의심받을 때 이를 뒷받침해주는 배경(B) 중 어느 것에 속하는가에 따라 달라진다.[77] 그리고 논거들의 양상(樣相)과 종류, 즉 그 언명이 경험적이냐, 규범적이냐, 이미 승인된 것이냐, 당해 논증대화에서 문제가 제기되어 의심스러워진 것이냐 등등에 따라서도 상이한 형식을 갖게 된다.[78]

(5) 논거구조(Argumentstrukur)는 제시된 다수의 논거들 간의 관계다. 관계에서 가장 중요한 것은 결합 관계인데, 적합한 논거구조는 어떤 다수의 논거들이 어떤 단계로 나뉘어 결합되는가를 알려준다. 즉, C를 근거 짓는 데 D가 사용되었는데, D는 다시 W에 의해 보증되어야 할 경우, C, D, W는 서로 '상이한 단계'의 논거들이다. 반면에 D를 근거 짓는데 W_1과 W_2의 논거가 함께 기여할 경우, W_1과 W_2은 '동일한 단계'의 논거이다. 만일 서로 상이한 단계의 논거인 D, W를 같은 단계에서 다루면 논거구조는 무너진다.[79]

---

76) 명제가 참이거나 타당하다는 점을 승인받는 것.

77) '동성동본 금혼 규정은 혼인의 자유를 침해한다(C)'는 결론 언명은, '동성동본이 혼인하는 것은 다른 이의 자유를 부당하게 축소하지 않는다'(D)는 직접 자료 언명을 근거로 삼는다. 이 직접 자료 언명은 다시, '다른 이의 동등한 자유를 부당하게 축소하지 않는 동등한 자유는 보장되어야 한다.'(W)는 보장책이 되는 언명을 배후에 두고 있다. 그리고 이 보장책의 언명은 '모든 이들은 평등하게 자유로운 기본적 지위를 갖는다'(B)는 배경이 되는 언명에 의해 뒷받침된다.

78) 예컨대 어떤 명제는 경험적 명제이면서 직접 자료로 제시된 언명에 속한다. 어떤 명제는 규범적 명제이면서 보장책이 되는 명제다.

79) 예를 들어 '이 직장은 다른 직장보다 초과근로가 적다'라는 언명을 '이 직장은 좋은 직장이다'와 같은 단계의 논거로 보면 논리적 결합관계가 무너진다. 전자는 후자의

'논증구조'는 논증이 이루어지고 난 뒤에 파악되는 전체 명제들의 논리적 구조이기 때문에, 헌법논증을 포함한 법논증의 타당성을 판별할 때 중요한 것은 '논거구조'와 '논거형식'이다. 그리고 적합한 논거구조와 논거형식은 문제되는 권리규범에 내재한 관계(relation)에 의해 결정된다.

이 점을 간단한 예를 통하여 살펴보도록 하자. 갑이 을을 상대로 소를 제기하였다. 을이 100만원을 빌렸는데 갚지 않았으니 원금과 지연이자를 청구하는 소다. 을은 이에 대하여 '나는 갑의 외모가 마음에 들지 않는다'라고 답변한다. 그러나 이러한 논거는 전혀 적합한 논거가 되지 못한다. 그 논거는 을이 갑과 교제를 시작하지 않는 이유로 갑을 소개해준 제3자에게 설명하는 논거는 될 수 있다. 거기서 문제되는 관계는 교제를 시작할 수도 있고 하지 않을 수도 있는 관계다. 그러나 사안에서 문제되는 관계는 전혀 다른 관계다. 채권에는 채권자가 채무자에 대하여, 채무자가 대여한 금원을 기한이 지나면 청구할 수 있는 법적 '관계'가 내재하고 있다. 따라서 이 관계에 관한 사항만이 적합한 논거이지, 이와 무관한 사항은 적합한 논거가 되지 못한다.

이번에는 을이 '돈을 빌리지 않았고, 또한 갚았다'라고 답변한다고 해보자. 이 경우 을은 논거들을 적합한 구조로 결합시키지 않은 잘못을 저질렀다. '갚았다'라는 논거는, 채무가 일단 발생은 했었지만 지금은 소멸하였다는 논거이기 때문이다. 따라서 을이 이렇게 답할 경우 판사는 석명(釋明)을 구하여 을이 돈을 빌렸다고 인정하는 취지인지 아닌지를 먼저 확정해야 한다.[80] 그래야 '갚았다'라는 논거는 논거구조에 맞게 결합되어

근거이기 때문이다. 이 둘을 모두 같은 단계에서 다른 언명을 뒷받침하는 것으로 보는 것은 오류다.

80) 물론 을은 돈을 빌렸다는 사실 자체를 부인하는 주위적 주장을 하면서, 예비적으로는 설사 돈을 빌렸다고 인정될지라도 갚았다는 예비적 주장을 할 수도 있다. 그러나 이 경우 '갚았다'는 논거는 예비적 주장 내에서 논거구조에 적합한 자리를 차지

자기 자리를 찾을 수 있기 때문이다.

다음으로 을이 '돈을 빌렸고, 갚았다'고 답변하였을 때, 을은 자신이 그 돈을 갚았다는 논거를 제시해야 한다. 그리고 논거는 영수증, 통장이체 내역과 같은 사실을 근거 짓는 증거 형식의 논거다. 을이 자신이 매우 윤리적인 인간이라는 자기 소개서를 열정적으로 써낸다 하더라도 그것은 적합한 형식의 논거가 아니다.

마지막으로 다음과 같은 사안을 생각해보자. 갑이 을과 노예계약을 맺었다. 그런데도 을은 그 계약을 지키지 않고 있다. 그래서 갑이 을의 인신(人身)을 인도할 것을 청구하는 소를 제기하였다. 이때 을은 노예계약이 법률적으로 허용될 수 없는 계약으로 무효라고 답한다. 그러면 갑은 노예계약 관계가 존재한다는 점을 다시 강조하여 을의 답변에 대응할 수는 없다. 을의 주장은, 노예주와 노예라는 계약상 관계는 그 보다 더 상위의 관계를 규정하고 있는 법체계에 의해 무효가 된다는 것이기 때문이다.

이 간단한 예는 권리와 관련된 사안에서 논증이 성공하는 구조를 보여준다. 첫째, 자신이 주장하는 바의 타당성을 승인받고자 하는 자는 다음과 같은 일련의 작업을 거치게 된다. 우선 그 권리에 내재하는 관계를 파악해야 한다. 제시되는 논거들은 그 관계에 관한 논거여야 한다. 이로써 그 관계에 부합하는 올바른 논거구조에 대한 파악이 이루어진다. 그리고 이 논거구조에 따라 맞는 자리에 위치하는 적합한 형식의 논거들을 제시해야 한다.

둘째, 어떠한 관계도, 그보다 더 상위의 관계에 어긋나지 않을 때에만 유효하다. 그러므로 어떤 관계 자체의 적법성을 주장하는 것은, 그보다 상위 관계에서 허용되는 관계임을 전제하는 것이다. 반대로 말하자면, 어떤 관계 자체의 부적법성을 주장하는 것은, 그보다 상위 관계에서 허용되

하고 있는 것이다.

지 않는 관계임을 주장하는 것이다.

셋째, 그렇다면 하위 관계에 관한 규범적 주장을 하면서 상위 관계를 부인하는 전제에 서는 것은 잘못된 논증을 하는 것이다. 또한 상위 관계에 관한 규범적 주장을 하면서 하위 관계에 관한 논거를 투입하는 것 역시 잘못된 논증을 하는 것이다.

이상의 고찰은 권리 주장 논증이나 권리 제한 논증은 두 가지 구조를 분명하게 갖는다는 점을 보여준다. 하나는 권리규범에 내재하는 관계에 부합하는 논거구조에 따른 논거의 제시이다. 다른 하나는 특정 층위의 관계는 그보다 상위의 관계에 의하여 허용되어야 한다는 것이다. 그리고 그 상위의 관계에 관한 주장 역시 그 관계에 부합하는 논거구조 파악과 논거 제시의 형식으로 이루어져야 한다는 것이다.

이러한 일련의 과업을 제대로 수행하지 않는 경우에는 논증은 성공하지 못한다. 단지 '첫째, 이러하고, 둘째, 저러하며'라고 여러 사항들을 열거하거나 '이러한 이유가 있다. 그러므로 결론적으로 저러하다'라고 문법적으로는 근거들을 결합해서 결론을 도출하는 것처럼 치장하더라도, 마찬가지로 그것은 성공적인 논증이 아니다.

따라서 설사 외관상으로는 논거들을 그럴법하게 제시하고 결합하기는 것처럼 보인다 하더라도, 기본권 제한을 주제로 하는 헌법규범 논증에 적합한 논거구조와 논거형식들을 무시한다면 그 논증의 결론은 타당한 헌법규범이 되지 못한다. 그렇다면 헌법논증에서 적합한 논거구조와 논거형식이란 무엇인가가 중대한 문제로 대두된다. 이 문제를 큰 틀에서 해명하기 위해서는 헌법규범을 주장한다는 것이 어떤 종류의 말하기인가를 먼저 살펴볼 필요가 있다.

3. 수행적 모순 검사와 헌법규범의 관계적 구조

1) 적합한 논거와 기본권 주체의 지위

이하의 논의는 다음과 같은 명제들을 논증하기 위한 것이다.

(1) 언어를 사용하여 무언가를 주장하는 것은 하나의 행위이다.

(2) 행위는 그것이 그 행위로서 의미 있기 위한 조건을 전제한다. 이 조건을 위배하는 경우 그 행위는 부적절한 행위가 된다.

(3) 규범적 주장을 하는 행위는 대화 참여자들 사이에 그 주장하는 규범의 정당성을 승인받고자 하는 행위이다.

(4) 규범의 정당성을 승인받기 위해 전제되어야 하는 조건들이 있다. 그것은 승인을 위한 대화에 참여하는 이들이 자유롭고 동등한 관계에 있는 주체라는 것이다.

(5) 어떤 규범 주장의 내용이나 전제가, 그 규범을 정당하다고 승인할 이들의 관계를 부인할 때, 그 주장 행위는 규범 주장으로서는 무의미한 행위가 된다.

(6) 헌법규범을 주장하는 행위는, 그 규범을 승인할 모든 기본권 주체의 근본적으로 평등하고 자유로운 관계에 있는 지위를 전제한다.

(7) 헌법규범에 내재한 관계를 부인하는 내용이나 부인하는 전제를 깔고 있는 주장은 헌법규범 주장으로서 무의미한 것이 된다. 또한 헌법규범에 내재한 관계를 해석할 때, 그 해석에 참여하는 의사소통 주체들의 동등하고 자유로운 지위를 부인하는 주장도 그 해석을 헌법 해석으로서 무의미한 것으로 만든다.

(8) 이것은 법익 형량을 '관계 왜곡 여부를 살피는 추론'으로 해명하는 것을 뒷받침해준다.

(9) 즉 개별 기본권 사안에서 법익 형량의 핵심은 관련된 기본권 규범에 내재한 기본적 관계를 실질적으로 규명한 후, 그 관계가 훼손되었는지 아니면 복구·유지·강화되었는지를 검토하는 데 있다.

이러한 명제들을 논하기 위하여, 하나의 가상의 예를 생각하는 것으로 출발해보자. A는 X라는 종교를 믿는 신자이며, 종교활동을 하기 위하여 종교회합에 가는 길이다. 이때 낯선 이 B가 나타나 말을 한다.

[대화1]
B: 당신 예배를 하러 가는 길이오?
A: 그렇소만, 무슨 일이오?
B: 당신이 예배를 하러 가는 것은 금지됩니다.
A: 무슨 소리요?
B: X종교는 허황된 거짓이며, X종교활동은 거짓을 전파하는 좋지 않은 영향을 미치기 때문입니다. (X종교의 신조가 과학이 밝혀낸 자연법칙에 어긋난다는 많은 증거를 제시한다.)
A: 당신 생각이 그렇다 하더라도, 그게 무슨 상관이오? 비키시오.

이 대화는 규범적 주장은 타당하거나 부당할 수 있으며, 그것은 그 주장에 적합한 근거가 제시되었는가에 따라 달라진다는 점을 보여준다. 여기서 B는 A의 자유를 제한하는 규범문(規範文)을 발화했다. 발화자 B가 청자인 A가 종교활동을 하러 가지 않는 결과를 성취하려는 의도로 그러한 규범문을 발화한 것은 쉽게 알 수 있는 바이다. 그러나 A는 B가 주장한 규범이 타당하지 않다는 점을 암묵적으로 지적했다. 즉, B에게는 자신의 자유와 양립가능한 타인의 종교의 자유를 제한할 권한이 없다는 것이다. 이것은 달리 표현하면, B는 자신이 타당하다고 생각하는 이유를 근거로 A의 종교활동 여부를 대신 결정할 그러한 관계에 서지 않는다는 것이다.

따라서 이때, B가 X종교에 대한 자신의 부정적인 생각을 뒷받침하는 논거를 아무리 많이 제시하여도 그 논거는 적합한 논거가 아니다. 왜냐하면 그러한 논거는 B가 A의 종교활동을 대신 결정할 지위에 있다는 관계

를 근거 짓는 논거가 아니기 때문이다. X종교에 대한 자신의 부정적 생각
을 뒷받침하는 논거는 전혀 다른 맥락에서 사용될 논거다. 그 논거는 화
자인 B 자신이 X종교의 신앙생활을 하지 않는 타당한 근거는 될 수 있고,
신자가 될 것인가 여부에 고민하는 자신의 친구에게 그것을 만류하는 권
고의 근거가 될 수는 있을 것이다. 그러나 B는 지금 당장 A의 자유를 제
한하고자 하는 것이고, 그 자유는 A의 보장된 법적 지위에서 나오는 것이
다. 따라서 B가 투입한 논거들이 그 자체만 떼어놓고 보았을 때는 아무리
그럴법하다고 하더라도, 그것은 A와 B가 맺고 있는 법적 관계를 변형할
수 있는 적합한 논거가 아니다. B는 A에 대하여 B 본인이 적합하다는 이
유에 따라 A의 신앙생활을 제한할 그러한 관계에 있지 않다. 따라서 B의
규범적 주장은 타당하지 않은 것이 된다. 앞의 채권·채무관계의 사례에서
보았듯이 논거가 법적 지위 및 관계가 적합한 것으로 제한되는 일은 법규
범적 주장에서는 일반적이다.

　이제 [대화1] 상황에서 B가 제시하는 근거의 외견상 법적 지위를 조금
씩 올리는 방식으로 변형해보자.

　　[대화2]
　　B: 당신이 예배하러 가는 것은 금지됩니다. 이 시의 시장이 어제 이 시
　　　　의 모든 시민들에게 향후 X종교활동을 금지시켰소.
　　A: 그 뉴스는 나도 보았소. 시장이 제정신이 아닌가 보오.
　　B: 그러나 시장이 말하였으니 이 시의 시민들은 모두 복종해야 합니다.
　　A: 시민은 시민에게 의무를 부과시킬 수 있는 적법한 권한 범위 내의
　　　　그 권한을 행사하는 말에만 복종하여야 할 의무가 있소. 그 범위를
　　　　넘어서 시장이 뭐라고 말했건 나는 지금 예배하러 가야겠소.

B는 자신의 규범적 주장의 근거로, 공직자가 금지를 명하였다는 사실을 원용하였다. 그러나 금지 명령으로 생기는 관계의 유효성은, 그보다 상위 관계에 비추어 판단된다. 행정처분으로 생기는 관계보다 법률적 관계가 더 상위 관계다. 법률적 관계에서 그 공직자는 시민 A에 대하여 그러한 금지를 할 법적 권한을 갖지 않는다. 즉 공직자는 시민 A의 종교 활동 여부를 대신 결정해줄 관계에 있지 않다. 따라서 그것은 적합한 논거가 아니다.

[대화3] (대화2에 이어)

B: 당신은 참으로 자기만 아는 사람이오. 이 시의 시민들 과반수가 무신론자이며, 종교 일반을 좋지 않게 생각하는데다가, X종교는 더욱 좋지 않게 생각하오. 시장도 바로 그와 같은 시민들의 의사를 반영하여 금지 명령을 내린 것이오. 시민들은 그 금지 명령을 지지하고 있소.

A: 시민들 다수가 그런 인상을 갖고 있다는 것은 나도 참으로 안타깝게 생각하고 나 같은 신자가 반성해야 할 지점이라고 생각하오. 그러나 그것이 지금 내가 예배하러 가는 것을 금지할 근거가 될 수는 없소. 시민들이 좋지 않다고 생각하는 것을 나에게 금지할 권한이 공직자에게는 없소.

이 대화는 두 가지를 보여준다.

첫째, B가 거론한 시민들의 소망이나 의사 자체는 역시 논거가 될 수 없다는 점을 보여준다. B와 같은 지위에 있는 다른 시민들 역시 A를 비롯한 X종교의 신자들의 신념이 틀렸다는 이유는 설득과 권고의 논거로만 제시할 수 있을 뿐 자유 제한의 논거로 투입할 수는 없다. 마찬가로 C, D, E 등등 다른 시민들 역시 그러한 지위에 있지 않다. 그렇다면 C, D, E의 소망이나 의사가 어떻다는 것 자체만으로는 적합한 논거가 아니기에

B가 이러한 사실을 추가하여도 B의 규범적 주장의 타당성·부당성은 변경되지 않는다.

둘째, 공직자와 한 구성원이 맺는 관계는, 구성원들이 서로 맺는 기본적 관계에 의하여 판단된다는 것이다. 다른 시민들은 A에 대하여, A의 신앙생활을 대신 결정해줄 관계에 서지 않는다. 그럴 경우 다른 시민들은 시장의 공적 권위를 통하여도 A의 신앙생활을 제한할 수 있는 그러한 관계에 설 수 없다. 즉 이러한 경우에 근본적으로 살펴보아야 할 것은 그 통치기구의 권위를 매개로 하여 일부 시민이 다른 시민들의 자유를 제한할 수 있는 그러한 관계에 원래 있는가 하는 질문이다. 그리고 만일 A와 다른 모든 시민들이 기본적으로 평등하고 자유로운 관계에 있다면, 신앙생활을 대신 직접 결정해줄 지위가 다른 시민들에게 없을 뿐더러, 공적기구를 통해서 대신 결정해줄 지위도 다른 시민들에게 인정되지 않는다.

[대화4]

B: 당신이 예배하러가 가는 것은 금지됩니다. 'X종교 제한에 관한 법률'이 통과되었소. 집에서 혼자서 X종교를 믿는 것은 상관없지만 신자들이 모인 회합에서 예배를 하거나 타인에게 선교를 하는 것은 금지되었소. 입법자들은, X종교는 그 내용이 터무니없고, 터무니없는 것이 사회에 퍼지는 것은 특별히 나쁜 악영향이라는 입법 이유를 명시했소. 이것은 중대한 공익이오.

A: 입법자들이 헌법을 어겼소. 입법자들에게는 그런 법률을 제정할 권한이 없소. 종교의 자유 침해를 이유로 헌법소원심판을 청구하겠소. (헌법소원심판에서 B는 국가 측 소송수행자로 나섰다.)

A: 해당 법률은 저의 종교의 자유를 침해합니다.

B: 이 법률은 X종교의 악영향을 막는 공익과 X종교 신자가 그 자유를 제한받음으로써 받는 불이익을 잘 형량한 것입니다. 신자들은 여전히 자기 혼자서 집에서 X종교를 믿을 수 있어서 그 제한받는 사익

은 적정한 정도에 그칩니다. 그에 비해 공익은 매우 중대하다고 할 수 있는데, 첫째, X종교가 터무니없는 교설이기 때문에 그 터무니없는 교설이 퍼지는 것은 전체 공동체의 관점에서 대단히 바람직하지 않고, 둘째, X종교를 좋지 않게 생각하여 그 전파를 막고자하는 국민들이 과반수이며, 셋째, 그 국민들의 의사를 반영하여 입법자가 결단하였고, 넷째, 헌법에서 보호받는 종교의 자유는 모든 종교의 자유가 아니라 타당한 종교의 자유만을 의미하는데, X종교는 터무니없으므로 보호 가치가 적기 때문입니다.

이제 A의 종교의 자유를 제한하고자 하는 B의 논의는 가장 기본적인 차원의 관계에 이르렀다. 이 관계에서 A의 지위를 결정하는 근거로 B는 여러 개의 논거를 제시하였다. 이 논거들이 법익 균형 판단에 투입될 경우, 이 각 논거들은 조금씩의 비중을 갖는가? 그래서 하나씩 더해질 때마다 저울을 점점 자유권 제한이 헌법적으로 정당하다는 쪽으로 기울게 하는 것인가? 아니면 B의 논거가 여럿이지만, 그 논거들은 어느 것도 A의 자유를 제한할 수 있는 적합한 논거에 해당하지 않는 것인가? 즉, A의 종교의 자유를 보장한다는 헌법규범이 부과하는 제약 구조에 의해 부적합한 것으로 배척되는 것인가? 다시 말해 기본권 주체들의 기본적 관계에 적합한 논거구조 내에 자리를 갖는 논거들이 아닌가? 이 점을 살펴보기 위해서는 헌법규범을 주장한다는 것이 어떠한 종류의 언어 행위인지를 검토해보아야 한다.

2) 수행적 발화

이 부분에서 논하고자 하는 것의 핵심은 다음과 같다. '기본권 제한 사안에서 법익 형량을 하면서 어떤 규범문을 사용하는 것은, 그 규범이 헌법규범으로 타당하다고 주장하는 행위를 하는 것이다.'

화행(話行)[81]은 그 발화 내용을 단지 말하는 것(saying)[82]에 그치는 것이 아니라 그렇게 말함으로써 어떤 것을 행하기도(acting) 하는 것이다.

예를 들어 "호적 담당자 (…) 앞에서 'I do'라는 말을 할 때 나는 결혼을 보고하는 것이 아니라 결혼을 하고 있는 것이다."[83] 이런 경우에 나는 말함으로써 단지 문법에 맞는 형태로 소리를 내기만 하는 것이 아니다. 그 말을 함으로써 결혼한다는 행위를 하고 있는 것이다.

따라서 발화된 문장 자체만 보면 의미는 이해되지만, 그 문장을 말하는 것 자체로 하려고 했던 행위로서 적절하지 않게 되는 경우가 있게 된다. 화행의 이러한 측면에 대한 패러다임적 연구를 제시한 Austin이 분류한 유형별로 예를 생각해보자.

> (A.1) 어떤 사람이 '당신이 세상에서 최고입니다'라고 말하면 상대방과 즉시 연인 관계가 사회적으로 성립한다고 믿으며 연인 관계를 성립시킬 의도로 "당신이 세상에서 최고입니다"라고 말한다.
>
> (A.2) 진지하게 판결을 내리려는 의도로 길거리에서 우연히 자신과 다툼이 벌어진 사람에게 "당신에게 유죄를 선고한다"고 말한다.
>
> (B.1) 상품의 매매를 청약(請約)하려는 사람이 "나는 좋은 상품을 당신에게 팔겠다"라고 말하지만 '좋은 상품'이 가리키는 바가 전혀 설명된 바 없다.
>
> (B.2) 상품의 매매를 승낙(承諾)하려는 사람이 "나는 당신이 팔려고 청약한 상품을 당신이 제시한 가격보다 10만원 낮은 가격에 살 것을 승낙한다"고 말한다.

---

81) 화행은 언어적 상호작용의 맥락에서 말을 하는 행위를 말한다.

82) 이하의 분석에서 '말하는 것', '발화하는 것'은 대면 대화에서 소리를 내어 발언하는 것 뿐 아니라, 글을 쓰거나 교통 안내판을 설치하는 것과 같은 여러 형태의 언어적 행위를 모두 포함하는 것으로 사용되었다.

83) John L. Austin, *How to do Things with Words*. 김영진 옮김, 『말과 행위』, 서광사, 2005, 27면.

(*Γ*.1) 미안하게 생각하지도 않으며 진지하게 사과할 의도는 전혀 없이 귀찮아서 "사과한다"고 말한다.

(*Γ*.2) "사과한다"고 말한 후에 곧바로 사과의 대상이 된 그 행위를 그대로 반복한다.

Austin은 (A.1)부터 (B.2)에 속하는 발화의 부적절성을 "불발"(Misfires)이라고 불렀다. 이 중 (A.1)과 (A.2)는 "부당발동행위"이고 (B.1)과 (B.2)는 "부당집행행위"라고 불렀다. (*Γ*.1)과 (*Γ*.2)의 부적절성의 경우는 성격이 좀 다른데, 이것은 행위 자체가 성립하지 않거나 무효라기보다는 제대로 이행되지 않은 것이다. Austin은 이 부적절성을 "남용(Abuse)" 또는 "허울 뿐인(hollow) 행위"라고 불렀다. 라고 말한다. 그리고 이와 같은 부적절한 행위를 무효(void)나 효과가 없다고 말하기보다는 이행되지 않았다거나 완성되지 않았다고 말한다.[84] Austin 자신의 일반화된 설명은 다음과 같다.

(A.1) 어떤 관습적 효과(conventional effect)를 가진 수용된 관습적 절차가 있어야 하며, 그 절차는 어떤 사정 하에서 어떤 사람에 의해 어떤 말이 발화되는 것을 포함해야 한다. 그리고 추가적으로

(A.2) 주어진 경우에 관련되는 특정의 사람과 사정은 발동된(invoked) 특정의 절차를 발동하는 데 적합해야 한다.

(B.1) 그 절차는 모든 참여자에 의해 정확하게 집행되어야 한다. 그리고

(B.2) 완전하게 집행되어야 한다.

(*Γ*.1) 흔히 그렇지만 그 절차가 어떤 생각이나 느낌을 가진 사람에 의해 사용되기 위해 만들어졌거나, 또는 어떤 참여자이건 간에 그 참여자의 편에서 결과적으로 하게 되는 행위(consequential conduct)를 시작하기 위하여 만들어진 경우에는, 그와 같은 절차에 참여하고 또 그와 같은 절차를 발동하는 사람은 그러한 생각

---

84) 같은 책, 37-38면.

이나 느낌을 실제로 가져야 하며, 또 참여자는 그에 따라 행위할 것을 의도해야 한다. 그리고 또한

(Γ.2) 그 절차에 참여하는 사람은 그 후 실제로 그렇게 행동해야 한다.[85]

(A.1)에서부터 (B.2)의 조건을 위배하는 경우에는 그 발화는 의도했던 행위로서 성립하지 않게 된다. 즉, 발화 행위는 그것이 의도한 수행 행위로서 의미 있기 위한 조건을 전제한다. 이 조건을 위배하는 경우 그 발화 행위는 부적절한 행위가 된다.

앞서 제시한 예 중에 인용 부호로 언급된 문장 자체는, 의미가 이해될 수 없는 음운들의 연속은 아니다. 발화된 내용 자체는 의미가 있는 문장들이다. 그러나 그 발화로 수행하려고 했던 사회적 행위로는 의미가 없다. 연인관계를 성립시키는 행위를 한 것도 아니고(A.1), 유죄를 선고하는 판결을 내린 것도 아니며(A.2), 청약을 한 것도[86](B.1), 승낙을 한 것도 아니다[87](B.2).

(Γ.1)와 (Γ.2)의 조건을 위배하는 경우에는 그 행위는 진지한 수행 행위가 아니게 된다. 그것은 통상 진지한 언어적 상호작용이 벌어지고 있다고 상대방이 믿고 있는 배경을 기화로, 속이는 행위를 하는 것이다. 그래서 그것은 일정한 효과를 가져올 수는 있지만, 그 효과는 적절한 언어행위의 결과로 초래되는 것은 아니다. 그것은 단지 다른 곳에서 벌어지는 진지한 상호작용에 기생해서만 인과적으로 발생한 효과다.[88]

---

85) 같은 책, 36면.
86) 청약의 유인에 해당할 수는 있다.
87) 새로운 청약에 해당할 수는 있다.
88) 예를 들어 사실 주장을 하면서 스스로 조작된 것임을 알고 있는 통계를 근거로 사실 주장을 하는 경우, 그 주장 행위의 결과 사람들은 그 내용을 일시적으로 믿을 수는 있다. 그러나 그 주장 행위는 발화자가 그 화행의 전제로 알고 있는 모든 사항

이러한 고찰에서 출발하여 Austin은 다음과 같은 점을 짚어낸다. 즉 우리가 어떤 문장들을 사용하는 것은 세 가지 측면의 행위로 포착할 수 있다는 점을 짚어낸다. 그리하여 Austin은 하나의 언어행위의 역할을 발화적(發話的), 발화수반적(發話隨伴的), 발화효과적(發話效果的) 행위라는 세 측면으로 구별한다.

첫째로 발화행위(locutionary act)는 어떤 내용을 가진 것을 말하는 것 자체를 포착한다. 소리를 내고, 어휘에 속하는 것을 문법에 맞게 뜻을 담고 있는 내용을 발화하는 것이다.[89]

둘째로 발화수반행위(illocutionary act)는 그 말을 함으로써 "정보를 제공하거나 보증하거나 경고함, 판결이나 의도를 알림, 형을 언도함, 임명 혹은 공소 혹은 비판을 함, 동일함을 증명하기 또는 기술하기" 등의 행위를 수행하는 것이다.[90] 그 이외에도 보고하기, 주장하기, 권유하기, 계약하기, 약속하기 등등 여러가지 행위를 말로써 수행하는 것이다. 즉, 혼자만의 독백이 아닌, 언어적 상호작용 속에서 발화행위를 할 때는 그 자체가(eo ipso) 발화수반행위를 수행하는 것이다.[91]

셋째로 발화효과행위(perlocutionary act)는, "지금 뒤에서 차가 오고 있다"고 말하여 청자에게 길을 비켜서게 하여 안전을 확보케 하려는 것과 같이, 화행을 함으로써, 세계에 어떤 후속 결과를 야기하려는 행위 측면

을 명기했을 때에는 진지한 것이 될 수 없다.

89) 즉 발화행위(locutionary act)는 "음성행위(phonetic act), 형태행위(phatic act) 그리고 의미행위(rhetic act)"를 하는 것이다. "음성행위는 어떤 소리를 발화하는 행위이다. 형태행위란 음어(音語; vocable) 또는 말(word)을, 즉 어떤 어휘(vocabulary)에 속하며 또 속하는 것처럼 보이는 또는 어떤 문법에 맞고 또 맞는 것같이 보이는 어떤 유형의 소리를 발화하는 것이다. 의미행위란 어떤 다소의 확정된 뜻과 지시를 가진 단어를 사용하는 행위를 수행하는 것이다."(같은 책, 124면.)

90) 같은 책, 128면.

91) 같은 책, 같은 면.

이다.92)93)

Austin은 이 세 측면을 설명하기 위하여 그가 "그녀를 쏘아라"고 나에게 말하는 화행을 예로 들고 있다. 이때 발화행위는 "'쏘다'는 말로 쏘는 것을 뜻하고 '그녀'라는 말로 그 여자를 지시하면서 '그녀를 쏘아라'라고 나에게 말"하는 것이다. 즉 뜻과 지시를 가진 어휘를 문법에 맞게 소리내어 말한 것이다. 발화수반행위는 "그는 그녀를 쏘라고 나에게 촉구했다"고 하는 것이다. 즉 촉구한 것이다. 수행된 발화효과행위란 "그가 나로 하여금 그녀를 쏘게 만들었다"는 것이다. 즉 발화행위를 듣고 난 청자의 반응을 통한 후속 결과에 인과적으로 영향을 미치도록 하였다는 것이다.94)

어떤 화행의 '타당성 주장'의 주제를 결정하는 데 중요한 것은 이 중에서도 발화수반행위 측면이다. 그 이유는 다음과 같다.

우선, 소리를 내고 적절한 어휘를 문법에 맞게 말하는 발화행위는, 타당성 주장의 주제가 무엇인지 관계없이 모든 의미 있는 발화에서 당연히 행해지는 것이다. 길거리에서 지나가는 사람에게 "너에게 유죄를 선고한다"라고 말해도 발화행위 자체는 한 것이다.

다음으로, 발화효과적 행위 역시 청자가 승인할 수 있는 타당성과는 관계없다. 행인에게 당혹감을 유발시킬 의도로 "너에게 유죄를 선고한다"라고 말함으로써 실제로 그 행인에게 당혹감을 불러일으켰다고 해보자. 그로써 발화자는 '당혹케 하는 행위'를 성공적으로 한 것이다. 그렇다고 해서 "너에게 유죄를 선고한다"는 말이 유죄 판결 선고 행위로서 타당한 것이 되지는 않는다. 발화효과행위는 화자의 의도와 화행 이후에 성취한 사태를 인과적으로 재기술(再記述)한 것이므로 화행의 타당성과 직접 결부

---

92) 같은 책, 131-132면.
93) John Searle, *Speech Acts: An Essay in the Philosophy of Language*, Cambridge: Cambridge University Press, 1969, 24면도 참조.
94) John L. Austin, 『말과 행위』, 130-131면.

되지 않는 것이다.95)96)

　반면에 발화수반적 행위는 그 말을 함으로써 주장, 약속, 명령, 고백하는 행위이므로 그 말의 타당성의 주제와 밀접히 관련된다. '어제 나는 시내에 가지 않았지만, 내가 시내에 어제 간 것을 지금 약속한다'라는 언어행위는 약속으로서 부적절하다. 즉 발화수반적 행위가 성립되기 위해서는 말의 내용은 그 행위 양상에 들어맞아야 한다. 그래서 이러한 발화수반적 행위 측면이 바로 사용된 문장의 양상(modal)을, 주장, 약속, 명령, 고백 등으로 확정한다. 사실을 진술하거나 규범을 진술하는 것 역시 사실주장과 규범주장이라는 발화수반행위로서의 성격을 갖게 된다.97)

　문장의 양상은 "나는 너에게 — 를 —한다"는 표준적인 문장에서 '—한

---

95) 예를 들어 A가 쉬고 싶어서 직장 상사에게 아프지 않으면서 '아프다'라고 말하였는데 직장 상사가 그렇게까지 말을 하는 A의 피로를 감안하여 쉬게 해주었다고 하자. 결과적으로 A의 '아프다'는 주장의 타당성은 승인되지 않았지만 A는 그 말을 함으로써 휴식을 취한다는 결과를 인과적으로 성취한 것이다. Jürgen Habermas, *Wahrheit und Rechtfertigung: Philosophische Aufsätze*. 윤형식 옮김, 『진리와 정당화』, 나남, 2008, 140면에서 Habermas는 발화효과적 행위는 "청자에 대한 인과적 영향력 행사를 통해 청자에게 불러일으키는" 성과인데, 청자가 '예' 혹은 '아니요'를 표명할 수 있는 2인칭 인격으로서 마주하여 어떤 것을 의사소통하고자 할 때 문제되는 타당성 분석과는 어울리지 않음을 적절히 지적하고 있다.

96) Glen Pettigrove, "The Forgiveness We Speak: The Illocutionary Force of Forgiving", *The Southern Journal of Philosophy*, Vol. XLII, 2004, 373면은 발화효과적 행위의 기술은 언표의 결과를 설명에 고려하는 반면에, 발화수반적 행위의 기술은 그렇게 하지 않는다고 그 차이점을 설명한다. Yueguo Gu, "The impasse of perlocution", *Journal of Pragmatics*, Vol. 20, 1993, 405-432면에서 지적했듯이, 발화효과적 행위는 실제로는 발화자 1인만의 행위라기보다는 청자의 이해를 거친 청자의 행위까지 포함하는 2인 이상의 일련의 상호작용이다. A가 B에게 '저 쓰레기를 주워라'고 말했을 때 B가 심통이 나서 오히려 그 쓰레기를 발로 차버렸다면, A는 B에게 그 말을 함으로써 B가 쓰레기를 차도록 한 것이다. 그래서 발화효과적 행위로서의 성공은 발화시점에서 발화된 내용만을 가지고는 미리 알 수 없는 것이다. 이 점에서 발화효과적 측면은 언표된 명제의 타당성을 따지는 분석의 초점이 아니게 된다.

97) John L. Austin, 『말과 행위』, 171-172면.

다'는 부분의 수행동사(遂行動詞)에 의해 결정된다. '—한다' 부분에 들어 가게 되는 '약속한다', '사실주장한다', '규범주장한다', '명령한다' 등등이 수행동사(performative verb)다. 그리고 '—를'의 '—' 부분을 명제 부분 (proposition part)이라고 부를 수 있다. 이렇게 보면 동일한 명제 부분(命題部分)을 포함하면서 상이한 발화수반적 행위가 가능하다는 것을 알 수 있다.[98]

> 나는 네게 문을 닫을 것을 명령한다.
> 나는 네가 문을 닫았는지 묻는다.
> 나는 너에게 문을 닫는 것을 약속한다.
> 나는 네가 문을 닫았다는 것이 사실이라고 주장한다.
> 나는 네가 문을 닫는 것이 옳다고 주장한다.
> 나는 네가 문을 닫았으면 하는 욕구를 표출한다.

위 발화들은 '문을 닫다'는 명제 부분은 공통으로 포함하면서, 그 수행 동사(performative verb) 부분은 각각 명령하고, 질문하고, 약속하고, 사실적 주장을 하며, 규범적 주장을 하고, 욕구를 표출하는 상이한 발화수반적 행위를 표현하고 있다. 이는 발화수반적 행위에서 사용된 말의 이중구조(二重構造)를 드러낸다. 즉 그 말은 명제 내용을 나타내는 부문장 부분과 발화수반적 효력을 생성시키는 주문장으로 나뉘는 것이다.[99]

문장 양상[100]을 변항F로 나타내면, "발화수반적 행위의 일반 형태를

---

98) John Searle, *Mind, Language, and Society*. 심철호 옮김, 『정신, 언어, 사회』, 해냄, 2000, 196면.
99) John Searle, Speech Acts, 30면.
100) 문장의 양상(樣相)이란, 그 문장을 발화함으로써 어떤 수행 행위를 하느냐를 알려 주는 문장의 모양이다. 이 모양은 축약된 문장에서는 생략되어 바로 드러나 있지 않을 수 있다. 그렇기 때문에 '이로써'와 수행동사를 덧붙여봄으로써 확인하는 과

F(p)로 표기할 수 있다."[101] Searle은 예시로 다음과 같은 형태로 상이한 종류의 발화수반적 행위들을 상징화할 수 있음을 보였다.

├ (p) 주장 | (p) 요구

P_r(p) 약속   W(p) 경고

?(p) 예/아니요 가부(可否) 질문[102]

그러므로 예를 들어 '나는 너에게 문을 닫을 것을 약속한다.'는 'P_r(문을 닫는다)'로 표기할 수 있다. 그러나 본 연구의 주제에서는 문장 양상을 간편한 특수 약정 기호로 나타내는 것이 큰 의미는 없기 때문에[103], 발화수반력을 표시하는 문장 양상을 괄호[ ] 기호 안의 단어로 그대로 표기하여 논의를 진행하여 보겠다. 앞서 예로 든 문장들은 다음과 같이 표기될 것이다.

[명령] (네가 문을 닫는다.)
[가부질문] (네가 문을 닫는다.)
[약속] (문을 닫는다.)
[사실주장] (네가 문을 닫았다.)
[규범주장] (네가 문을 닫는다.)
[표출적 진술] (네가 문을 닫는다.)

정이 유용한 것이다.
101) 같은 책, 31면.
102) 같은 책, 같은 면.
103) 양상을 특수 기호로 표기하는 것은 명제대당 관계나 양상 오퍼레이터(modal operator) 중복 적용의 결과를 간편하게 알아볼 수 있어 양상 명제들의 복잡한 논리 연산이 가능해지기 때문이다. 본 연구의 이 부분에서는 상이한 발화수반적 행위의 종류를 상징화하는 것이 주요 목적이 될 뿐, 논리연산을 하는 것은 다루지 않기 때문에, 보다 이해하기 쉬운 표기 방법을 사용하였다.

이 각각은 발화수반적 행위로서 적절할 수도 적절하지 않을 수도 있다. 청자는 화행이 부적절하다고 이의를 제기할 수 있다.

> [명령에 대하여104)] (당신은 나에게 그것을 명령할 권한이 없다.)
> [질문에 대하여] (문이 지금까지 계속 열려 있었기 때문에 그 질문의 전제가 성립하지 않는다.)
> [약속에 대하여] (문을 닫는 것은 나에게 아무런 이익이 되지 않는다.)
> [사실주장에 대하여] (어머니가 아까 '추운데 문을 닫아야지'라고 말하며 문을 닫으신 것이므로 내가 문을 닫았다는 것은 사실이 아니다.)
> [규범주장에 대하여] (문을 열어두어야 지금 일사병으로 이 방에서 쉬고 있는 이가 더 잘 회복할 수 있기 때문에, 문을 닫는 것은 옳지 않다.)
> [표출적 진술에 대하여] (너는 속으로는 내가 문을 닫지 않았으면 하고 바라고 있다. 너는 욕구를 거짓으로 표출하고 있다.)

'아니요'라는 이의제기는 발화수반력에 따라 다른 종류의 이의제기가 된다. 즉 발화수반행위의 종류에 따라 상이한 종류의 이의가 제기된다. 그리고 이런 점에서는 진술이나 주장은 명령이나 약속과 같은 다른 화행과 다를 바가 없다.105) 즉 그것은 발화가 의미 있는 행위로 성립하기 위한 조건을 전제하고 있는 것이다.

그런데 위 이의제기들 중에서 마지막 세 가지106)는 나머지와 구별되는 특성을 갖는다. 즉, 사실주장에 대한 이의, 규범주장에 대한 이의, 표출적 진술에 대한 이의(異議)는, 명제 부분의 타당성을 직접 다투고 있다는 점

---

104) '대하여'라는 말을 더함으로써 발화수반력의 종류에 따른 타당성 이의 제기의 종류를 분류하는 표기를 할 수 있다.
105) John L. Austin, 『말과 행위』, 182면.
106) 사실주장, 규범주장, 표출적 진술.

에서 독특한 특성을 지닌다.107)108)

사실주장에 대한 이의는, 명제 부분이 사실로 성립하지 않는다는 것이다.(진리성) 규범주장에 대한 이의는 명제 부분이 규범으로 부당하다는 것이다.(정당성) 표출적 진술에 대한 이의는, 명제 부분이 진실되지 못하다는 것이다.(성실성) 즉 이러한 세 종류의 화행의 적절성은 명제 부분의 타당성과 직결되게 된다. 그리고 이 세 종류의 화행을 주고받으며 사실에 관하여 합의하고, 규범에 관하여 합의하고, 표출적 진술에 동의하기 위해서는, 명제 부분의 의미가 먼저 이해되어야 한다.(이해가능성) 예를 들어 문이 전혀 없는 허허벌판에서 문에 관한 말을 했다면, 무엇을 지시하고 있는지를 묻고 답하게 될 것이다.

요약하자면, 발화수반적 행위가 유효하게 성립하기 위해서는 위배하여서는 안되는 조건을 충족해야 한다. 그리고 사실주장, 규범주장, 표출적 진술의 경우에는 그 조건은 진술에 포함된 명제 부분의 타당성과 발화수반적 행위의 적절한 성립은 직결되어 있다. 또한 위 세 주장의 타당성 논의는, 명제 부분의 이해가능성을 전제로 한다.

여기서 우리는 헌법규범 논증으로 적합한 구조를 탐색하고자 하는 것이다. 그러므로 특히 우리는 규범주장이 행위로서 의미 있게 성립하기 위한 조건에 관심이 있다. 만일 어떤 행위가 겉으로는 규범주장처럼 보이지만, 규범주장이 의미 있게 성립하기 위한 조건을 어긴다면 어떻게 되는

---

107) 비표준적 화행에서도 부인되는 것은 발화수반적 행위의 타당성이다. 그러나 그것이 명제 부분의 타당성과 직결되지는 않는다. Jürgen Habermas,『진리와 정당화』, 157면 참조.

108) 명제의 타당성 요구 분석을 Habermas가 표준적 화행에 한정하는 이유에 관하여는 John B. Thompson, "Universal Pragmatics." in John B. Thompson & David Held eds., *Habermas: Critical Debates*. 임현규 편역,『하버마스 다시읽기』, "보편적 화용론", 인간사랑, 1995, 108-109면도 참조.

가. 그것은 규범주장 행위를 하지 않은 것이 된다. 조작이나 유도, 경고나 위협, 세의 과시 같은 다른 행위를 한 것이 될 수는 있다. 그러나 규범주장 행위는 한 것이 아니게 된다. 그리고 이렇게 규범주장이 성립하기 위한 최소한의 요구 중 핵심적인 것 하나가 규범주장으로서 수행적 모순을 범하지 않아야 한다는 것이다.

3) 수행적 모순과 타당성 요구

수행적 모순(遂行的 矛盾)이란, 표준적 화행에 담긴 명제 부분이 그 사회의 규칙에 비추어 의미 있고 이해가능하게 말을 사용[109]하는 맥락에서 예기되는 발화수반력(發話隨伴力)을 무화(無化)시키는 내용이나 전제를 담고 있는 것이다. 즉 언표된 명제의 내용이나 필수적 전제가, 그 문장을 말하는 행위를 태도표출·사실주장·규범주장이라는 언어 행위로 가능하게 하는 조건과 모순되는 것이다.[110]

발화수반력(illocutionary force)은, 그 언어행위로써 발화수반행위가 유효하게 성립되는 효력을 의미한다. 발화수반력이 무화될 때에 그 언어행위는 유효한 발화수반행위를 수행하지 못한 것이 된다. 사실에 관한 내용을 발화했지만 사실주장을 유효하게 하지 않은 것이 되고, 규범에 관한 내용을 발화했지만 규범주장을 유효하게 하지 않은 것이 된다.

---

109) 사회적 규칙에 따라 이해가능하게 말을 사용하는 것을 화용(話用)이라고 하고, 이러한 말의 사용이 의미 있고 이해가능한 것이 되려면 꼭 성립해야 하는 내재적, 형식적 조건을 탐구하는 이론을 형식화용론(形式話用論)이라고 한다.

110) 김진,『아펠과 철학의 변형』, 철학과현실사, 1998, 132면의 표현에 의하면 수행적 모순이란 "그 문장의 의미론적 내용이 그 문장을 비로소 가능하게 하는 발언의 화용론과 모순되는 것을 뜻한다." 다만 본문의 정의는 명제 부분의 직접적 내용뿐 아니라 그 필수적 전제 역시도 화용론의 조건에 어긋나서는 안 된다는 점을 명확히 하고, 표준적 화행에 모순 분석을 국한하였다.

여기서 수행적 모순은 수행적 오류(performative fallacies)의 부분집합에 속하면서도 '명제 부분'의 내용을 바꾸지 않고서는 오류를 치유할 수 없는 경우로 정의된다. 반면 수행적 오류는 화행을 부적절한 것으로 만드는 조건의 위반을 널리 가리키는 것으로 정의된다. 예를 들어 사죄를 하고나서, 진정으로 자신의 행위를 후회하는 사람이라면 하지 않을 후속 행위를 하는 경우를 생각해보자. 예를 들어 '한 번만 사죄했으면 되었지 왜 또 사죄하라고 그러는가'라면서 적반하장으로 화를 내는 경우를 생각해보자. 이 경우, 사죄의 의미 내용을 담은 문장을 발화했던 사죄 행위는 의미 있는 화행으로 성립되지 않았다고 말할 수는 없다.[111] 또 그 화행에 담긴 명제 내용 자체의 타당성이 부인된다고 할 수도 없다. 그보다는 Austin의 지적대로 사죄가 남용되었다고 말하는 것이 더 타당하다.[112] 이러한 용법에 따르면, 수행적 오류 중 많은 경우가 명제 부분의 타당성과 무관하게 발생할 수 있다. 반면에 여기서 정의한 바의 수행적 모순은, 표준적 화행을 통해 명제 부분의 타당성 승인을 요구하면서 또한 그러한 승인의 조건을 부인하는 좁은 범위의 오류를 가리킨다. 수행적 모순이 아닌 수행적

---

111) 표준적 화행에서 명제의 타당성 주장을 불승인하는 경우와, 그 외의 화행 부적절성을 지적하는 경우를 비교해서 살펴보면 이 차이가 분명하게 드러난다. "p가 사실이다"라고 말한 이에게는 "너는 'p가 사실이다'라고 말했지만 p는 사실이 아니었다"라고 비판하는 것이 통례다. 반면에 약속을 지킬 생각 없이 "q를 약속한다"라고 말한 이에게는 "너는 'q를 약속한다'라고 말했지만 q를 약속하지 않았다"라고 비판하지는 않는다. 대신에 "너는 q를 약속했지만 너는 q를 이행하지 않았다"라고 비판한다. (Maxwell Wright, "'I know' and performative utterances", *Australasian Journal of Philosophy*, Vol. 43, No.1, 39면 참조.) Wright는 '약속한다'라고 말하면서 약속을 지킬 생각을 하지 않는 경우에 이것은 부적절한 화행이기는 하지만, 약속 자체의 발화수반적 효력을 무화시키지 않는다는 점을 지적하고 있다.

112) 수행적 오류에 관하여는 이재승, "사죄의 수행상 오류", 『민주법학』, 59호, 2015, 109면 참조.

오류의 경우에는, 명제 부분을 바꾸지 않으면서 조건 위반을 시정하여 유효한 화행을 다시 할 수 있다.113)114) 반면에 수행적 모순의 경우에는 해당 화행에서 발언한 명제를 변경하지 않고서는 여전히 유효한 화행을 할 수 없다.115)

진지한 사실주장으로 발화된 문장 하나를 살펴봄으로써 이 점을 확인하도록 하자.

나는 서울이 한국의 수도라고 주장하며, 서울이 한국의 수도라는 것은 거짓이다.

이 문장은 의미론(semantics)의 측면에서는 아무런 논리적 모순을 포함하지 않는다.116) 그러나 발화자가 주장을 함으로써 그 주장의 타당성 요

---

113) 예를 들어 판사가 판결 선고 기일에 법정에 나가기 전 판사실에서 잠깐 졸다가 일어나 판결 선고 중인 줄 착각하고 자신 앞에 놓인 판결문의 주문을 읽는 경우를 생각하라 수 있다. 이 화행의 조건 위반은 명제 부분의 내용을 직접 바꾸지 않고서도 치유될 수 있다. 즉 같은 내용의 판결문을 법정에 나가서 읽으면 유효한 판결 선고가 되는 것이다.

114) Margaret Kohn, "If you are an egalitarian, why do you send your children to private school?", *Dissent*, Vol. 58, No. 2, 2011, 57-63면 참조.

115) 즉, 수행적 모순은 그 정의(定義) 자체로, 문제되는 수행적 오류가 치유되기 위해서는 명제 내용 자체가 변경되어야 한다는 함의가 담겨 있다는 점에서, 수행적 오류에 속하는 다른 부적절성과는 다른 특성을 갖는다. 이 점 때문에, 명제 부분의 타당성과 발언의 적절성이 직결되는 표준적 화행의 경우, 수행적 모순 기준이 중요한 역할을 할 수 있게 되는 것이다. 예를 들어 법익 형량 논증에서 타당성 검토의 대상은 주장된 규범의 내용이 된다. 그래서 수행적 모순을 범했다는 지적은 그 발화가 단지 부적절하다는 것이 아니라, 그 주장된 내용을 타당한 규범으로 승인할 수 없음을 함의하는 것이다.

116) Woods, John, "Paradoxical assertion", *Australasian Journal of Philosophy*, Vol. 43, No. 1, 13-26면은 '나는 잠들어 있다(I am asleep)'이라는 문장이 그 문장 자체로 역설이어서 어느 누구도 주장할 수 없는 명제라는 N. Malcolm의 논지를 비

구(妥當性 要求)를 하고 있다는 점을 고려하게 되면 모순이 분명하게 드러난다. 타당성 요구란, 발화된 명제가 해당 발화수반적 맥락에서 타당성 조건을 충족한다는 점을 승인할 것을 진지하게 요구하는 것이다. 바꾸어 말하자면, 타당성 요구(Anspruch auf Geltung)란, 어떤 표준적 화행이 이해 가능하고 의미 있게 이루어지려면 전제할 수밖에 없는 조건을 인식하면서, 그 조건에 따라 정해지는 종류의 타당성을 승인할 것을 요구하는 것이다. 예를 들어 '지금 밖에 비가 오고 있어'라고 말할 때는 비가 오고 있다는 것이 진리라는 주장을 하고 있는 것이다. 그리고 그 진리 조건이 충족된다는 점을 승인할 것을 요구하는 것이다. 그것은 창밖을 보면 비가 내리고 있음을 볼 수 있는 등의 증거에 의해 뒷받침되는, 날씨에 대한 명제를 말하고 있다.

모든 표준적 화행은 타당성 요구를 수반한다. 그러므로 타당성 요구를 하면서 오히려 그 말하는 내용에 타당성 요구를 부인하는 명제나 전제가 담긴다면 그것은 수행적 모순을 범한다.

그래서 한국의 수도에 관한 위 말은 진지한 사실주장으로서 의미 있는 행위라고 볼 수 없다. '서울이 한국의 수도다'라는 명제 부분을 p로 표기하고, 위 문장을 위에서 약정한 문장 양상 표기 방법으로 나타내면 다음과 같이 모순이 드러난다.

관하면서, 수행적 역설(performative paradox)과 의미론적 역설의 차이를 보여준 바 있다. '나는 잠들어 있다'는 문장은 실제로는 호텔 객실에 묵으면서 직원들이 아침 서비스를 제공하러 들어오지 않도록 문에 붙여두는 메모에 유용하게 쓰일 수 있고, 이 경우 아무런 역설도 발생하지 않는다. 역설은 오로지 저 문장을 현실에서 다른 사람에게 직접 말할 때에만 발생한다. 수행적 모순은 의미론적 모순을 언표된 명제 자체 내에는 담지 않으면서도 그 명제를 포함하는 문장을 발화하는 특정한 화용의 맥락과 결합될 때에 발생할 수 있는 것이다.

[사실주장](p) ∧ [사실주장](~p)

이 모순은 의미론적 모순은 아니고 수행적 모순(performative contradiction)이다. 앞서 보았듯이 진술된 명제 부분 자체에는 아무런 의미론적 모순은 없지만, 진지한 사실주장 행위로는 성립할 수 없기 때문이다. 그리고 이러한 모순은 위 화행의 명제 부분, 이를테면 '서울이 한국의 수도라는 것은 거짓이다'의 내용을 변경하지 않고는 치유될 수 없다.

처음에는 드러나지 않았던 이러한 모순이 드러난 이유가 무엇인가. 위와 같은 문장 양상 분석이 명시적으로 밝혀준 바가 있기 때문이다. 즉 사실주장을 하는 사람은 그러한 사실을 단지 입으로 소리 내거나 글로 써서 언표(言表)하는 것일 뿐만 아니라, 그 사실이 참이라는 점까지 승인받고자 하는 발화수반적 전제를 '[사실주장]'이라는 문장 양상 표기를 통해 명시적으로 밝혔기 때문이다. 그래서 그 말로써 사실을 주장한다고 하면서 또한 주장하지 않는 수행적 모순이 드러난 것이다.

법규범 주장에서 수행적 모순을 살피기 위한 선결과제로, 법규범 주장이 그 중 하나의 범주에 속하게 되는, 표준적인 화행 세 가지의 타당성 요구를 다시 살펴보자.

(1) 표현의 기술적 구성부분들의 진리성(Wahrheit)
(2) 표현의 규범적 구성부분들의 정당성(Richtigkeit) 또는 적절성
    (Angemessenheit)
(3) 표현의 투명성 또는 성실성(Wahrhaftigkeit)[117]

---

117) Robert Alexy, 『법적 논증 이론』, 60면의 내용을 재정리한 것. '표현의 이해 가능성(Verständlichkeit)'은 진리성, 정당성, 성실성이라는 타당성 요구가 제기되기 위한 전제를 이룬다.

즉, 이러한 타당성 요구 각각은, 발화수반적 행위의 종류에 따라 범주화되는 표준적 언명의 분류에 상응한다.118)119)

> (1) 기술적 발언 ― 사실이 실제 존재함을 입증하는 데 사용되는 발언120)
> (2) 규범적 발언 ― 행위를 인도하는 발언이나, 행위를 규율하는 규범의 타당성을 표현하는데 사용하는 발언121)
> (3) 표출적 발언 ― 화자의 자기의도, 태도를 나타내는 발언.122)

언어행위 목적의 범주와 언명의 분류가 이와 같이 상응하기 때문에, 문장 양상을 수행 동사로 가려내서 그 문장을 발화하는 행위가 제기하는 타당성 요구의 종류를 파악할 수 있다. 즉 '이로써' 또는 '이 문장을 말함으로써' 라는 말을 문장 앞에 붙이고, '―한다'라는 수행 동사(遂行 動詞)로 적합한 것을 가려내는 방식으로 이루어질 수 있다.123) 여기서 수행 동사(performative verb)란, '사실주장하다', '규범주장하다', '느낌을 나타내다'와 같이 그 말을 함으로써 성립하게 되는 수행행위를 표현하는 동사이다.

---

118) 한상우, "하버마스의 보편화용론: 말행위이론의 수용과정을 중심으로", 『철학논총』 38집 4권, 2004, 503면의 내용을 재정리한 것.
119) 기술적·규범적·표출적 발언을 통해 언어적 상호작용을 하다가 언제든 의문이 제기될 때 할 수 있는 것이 의사소통적 발언이다. 의사소통적 발언은 말의 의미를 표현하는 데 사용되는 발언이다. 즉 말의 뜻을 답하고 인용하거나, 묻고 이해하는 데 사용되는 발언들이다.
120) 사실을 보고하고 기술(진리주장적 사용)하거나, 긍정하고 부정(진리타당성 연관 사용)하는데 사용되는 발언들.
121) 권고하고, 요청하고, 명령하고, 허락하는 발언이나 그러한 발언의 규범적 자격을 묻고 답하는 발언들.
122) 생각하고, 느끼고, 사랑하고, 혐오하거나, 그러한 표현의 투명성을 묻고 답하는 발언들.
123) Jürgen Habermas, 『의사소통행위이론』 1권, 427면.

예를 들어, "노예제는 그르다"라는 발화는 '이 문장을 말함으로써, 나는 노예제가 그르다는 것이 규범으로 타당하다고 주장한다'로 수행 동사를 결합시켜 봄으로써 문장의 양상을 찾아낼 수 있다. 그리고 이 수행동사가 표현하는 발화수반적 효력의 조건이 해당 언어적 상호이해에 잠재되어 있는 타당성 구조를 해명하는 데 열쇠가 된다.124)

표준적 화행의 발언들의 타당성 주장은 승인될 수도, 거부될 수도 있다. 타당성 주장이 승인된다 함은 어떠한 진술에서, 그 진술이 속하는 타당성 조건이 성립함을 의미한다. 그러므로 가장 선결되는 조건은, 각 화용의 맥락에서 사용되는 세 유형의 발언의 타당성이 의심될 때, 그 발언이 정당화되기 위해서는 각각 특별한 방식의 '타당성 조건'을 충족해야 한다는 것이다.125)

(1) 기술적 진술 ― 사실의 실제가 입증되었다.
(2) 규범적 진술 ― 주장된 규범이 행위의 문제들을 "공동의 관심에 맞게 규제함으로써 관련되는 모든 사람들의 동의를 얻을 자격이 있다."126)
(3) 표출적 진술 ― 자기가 표현한 바가 성실하고 투명하다. 즉, 은폐하거나 기망하거나 침묵한 것이 아니라 솔직하게 토로한 것이다.

"이상과 같은 타당성 요구들은 그 자체 상호 간에 환원 불가능할 뿐만

---

124) 한상우, "하버마스의 보편화용론 : 말행위이론의 수용과정을 중심으로", 502-503면 참조.
125) Jürgen Habermas,『의사소통행위론』1권, 88-89면의 내용을 정리한 것이다. 여기서 빠진 '의사소통적 진술'의 타당성 조건은 '상징적 표현이 규칙에 맞게 산출되었다는 것'인데, 이러한 조건의 성립은 표준적 화행이 타당하게 되기 위한 전제를 이루게 된다.
126) 같은 책, 158-159면.

아니라 그 어떤 공통항으로의 환원도 불가능하다는 의미에서 '기본적인 것들'이다. 왜냐하면 이 타당성 요구들은 각기 다른 담화행위유형들이 담당하는 영역들의 요구를 표현하기 때문이다"[127] 타당성 요구들은 서로 섞일 수 없다. '물은 수소와 산소로 구성된다.'와 같은 물리적 세계에 관한 기술은 규범주장이 아니다. '나는 A에 대하여 1억원의 채권을 갖고 싶다.'와 같은 표출적 진술이 타당하다 해도 법규범에 따른 사태로서 채권을 갖게 되는 것은 아니다. 또한 '오늘 비가 오지 않는다'가 참이라고 해도 '오늘 비가 오지 않으면 좋겠다.'는 표출적 태도가 곧 성립하는 것도 아니다.[128]

따라서 표준적 화행의 수행적 동사로 징표되는 문장 양상을 고정하게 되면, 그에 상응하는 타당성 요구의 범주가 정해진다. 그리고 타당성 요구의 범주가 정해지면, 그 범주에 상대적으로 적합한 논거구조와 논거형식이 정해지게 된다.

결론적으로 기본권 제한 심사에서 법익 형량을 논증대화적으로 해명한다는 것은, 다음 명제들에서 출발하여 추론의 구조를 해명함을 의미한다.

(1) 기본권 제한 사안에서 법익 형량은 헌법규범 주장 행위이다.
(2) 어떤 발언이 헌법규범 주장 행위로 성립하려면, 그 발언에 적합한 종류의 타당성 요구를 하여야 한다. 규범주장 행위의 타당성 요구는 규범의 정당성에 대한 승인 요구다.
(3) 따라서 이러한 타당성 요구는, 헌법규범의 정당성을 논의하는 화용론적 조건을 위배하여서는 아니된다.

---

127) 홍윤기, "하버마스의 언어철학: 보편화용론의 구상에 이르는 언어철학적 사고과정의 변천을 중심으로". 『인문학 연구』 2·3집 합본호, 1996, 69면.
128) 각각의 예에서 타당성 요구는 그 역으로 환원될 수도 없다. 예를 들어 '오늘 비가 오지 않으면 좋겠다'는 태도표출이 성실하다고 해서 '오늘 비가 오지 않는다'는 물리적 사태가 성립하는 것은 아니다.

(4) 그렇다면, 관건은 헌법규범의 정당성을 논의하는 주장이 의미 있기 위해 필수적으로 지켜야 하는 조건이 무엇인지, 그 조건을 어긴다는 것은 무엇을 의미하는지를 살펴보는 일이 필요하다.

4) 헌법논증의 수행적 모순 검사(檢査)

'기본권 R을 제한하는 법률 X는 근거G 때문에 합헌이다.'와 같은 명제를 생각해보자. 이와 같은 명제를 발화하는 것은 어떤 종류의 발화수반적 행위인가? 그것은 자신이 그렇게 생각한다는 신념을 보고하는 문장이 아니다. 따라서 신념 상태에 대한 사실 주장은 아니다. 그것은 또한 자신이 법률X에 대하여 취하는 태도를 드러내는 것으로 그치는 행위도 아니다. 그것은 사안에 적용된 헌법의 타당한 해석으로서 주장된 것이다. 즉 그것은 그 사안에 관한 헌법규범을 주장하는 것이다. 그러므로 헌법적 논증에서 어떤 명제를 말하는 것은 그 명제를 타당한 헌법규범으로 주장하는 발화수반적 행위를 하는 것이다. 즉 헌법규범 주장은 그 명제내용이 헌법규범으로서 타당하다는 요구를 하는 행위다.

이로부터 헌법규범 주장이 준수해야 하는 특별한 제약이 도출된다. 그 제약은 수행적 모순을 범하지 않기 위해 요구된다. 수행적 발화는 수행적 모순을 범할 수 있다. 수행적 모순을 범하면 논증대화는 무의미해진다.[129] 따라서 올바른 헌법논증은 수행적 모순을 가려낼 수 있어야 한다. 수행적 모순을 가려내려면, 헌법규범 주장이 의미 있고 이해되기 위한 조건이 무엇인지를 알아야 한다. 그러면 주장된 명제나 그 명제의 전제가 그 조건과 모순된다면 수행적 모순을 감지할 수 있게 된다. 형량에 대한

---

129) K.-O. Apel, "Fallibilismus, Konsenstheorie der Wahrheit und Letztbegründung", in Forum für Philosophie Bad Homburg(Hrsg.), *Philosophie und Begründung*, Frankfurt/M. 1987, 194면.

논증대화적 해명은, 수행적 모순을 범하는 논거들을 투입할 수 없도록 하는 논증의 틀을 밝혀내는 것이라 할 수 있다.

논증대화는, 절차(Prozedur) 측면130)에서 포착할 때 "특별한 방식으로 규제된 상호작용의 형식"이다. 논증대화는 어떤 주장의 타당성을 토의하는 지지자와 반대자 사이에 이루어지는, 다음과 같은 틀의, 협동적 분업의 형식을 갖는다.

> 참여자들은
> - 문제가 된 타당성 주장을 주제화 한다. 그리고,
> - 행위 및 경험의 압박으로부터 벗어나서 가설적 태도를 가지며
> - 근거에 바탕해서, 그리고 오직 근거에 의지해서만 지지자가 방어하는 타당성 주장이 정당한 것인지 혹은 그렇지 않은지를 검사한다.131)

즉, 타당성 주장의 주제를 설정하는 것은 논증대화가 이루어지기 위한 선결조건이다. 이렇게 설정된 주제와 그 주제에 맞는 의사소통 주체들의 관계는 토의과정 내내 일관되게 지켜야 하는 배경으로 작용한다. 이 배경에 위배할 경우, 그 논증대화 행위는 수행적 모순을 범하게 된다.

따라서 헌법논증이, 규범적 논증대화에 고유한 타당성 요구의 전제 조건을 위배하는 경우, 그 논증은 논증대화가 애초에 수행된 목적을 부인함으로써 수행적 모순을 범한다.

이상과 같은 논의로 다음과 같은 명제들이 성립함을 알 수 있다.

---

130) 절차 측면이란, 논증의 산물에만 주목하는 입장에서 벗어나, 논증대화의 참여자들 사이에서 전개되는 참여자 입장에서 바라본 절차로 이해하려는 관점이다.
131) Jürgen Habermas, 『의사소통행위이론』 1권, 68-69면.

(1) 화행은 발화수반적 측면을 지닌다.
(2) 표준적 화행들은 그 발화수반적 양상에 따라 상이한 타당성 요구와 관련된다.
(3) 표준적 화행의 하나인 규범적 주장은, 그 발화수반적 효력의 조건으로, 규범적 정당성에 관한 타당성 주장을 전제한다. 이와는 상이한 타당성 주장이 전제되는 화행을 혼입하는 경우, 규범적 논증대화는 무의미한 실천이 된다.
(4) 규범적 언명의 정당성을 주제화하고, 그에 관한 근거들을 교환하는 활동을 실천적 논증대화(praktischer Diskurs)라고 했을 때, 법규범적 논증은, 법공동체의 구성원들이 서로 자유롭고 평등한 지위에서 상호 인정할 수 있는 근거를 제시함으로써, 일정한 법규범의 타당성 주장을 하는 실천적 논증대화이다.132)

또한 이 예비적 명제들을 토대로, 다음과 같은 '수행적 모순 검사'를 정립할 수 있음을 알 수 있다.

일반적 수행 모순 검사: 화행 'Mp'의 명제부분 p 또는 p의 전제가, 그 화행이 발화수반적 효력을 갖기 위한 조건과 모순될 때, 그 화행은 수행적 모순을 범하는 것이다. 화행의 전제가 되는 타당성 조건을 모두 명기하여 그것들과 언표된 명제 및 그 명제의 전제들 사이에 모순이 발생하는지를 살펴봄으로써 이를 검사할 수 있다.

위와 같은 검사에 의해 걸러지는, 수행적 모순을 범하는 화행 몇 가지를 Apel이 든 예를 통하여 살펴보자.

---

132) 법적 논증대화는 "법률, 선례, 도그마틱" 그리고 "절차법에 의해" "논증의 자유가 제한된다는 점"에서 특별한 성격을 갖는 실천적 논증대화다. 그리하여 법적 논거들의 사용은 각 단계에서 일반적인 실천적 논거들과 결합될 수 있다. (Robert Alexy, 『법적 논증 이론』, 38-39, 43-45면.)

(1) "나는 존재하지 않는다."(Ich existiere nicht.)

(2) "너는 존재하지 않는다."(Du existierst nicht.)

(3) "나는 어떠한 이해성 요구도 하지 않는다."(Ich habe keinen Verständlichkeitsanspruch.)[133]

(4) "나는 (철학자로서) 여하한 진리성 요구도 하지 않는다."[134](Ich habe (als Philosoph) keine Warheitsansprüche.) (R. Roty)

(5) "나는 불일치를 논증대화의 목표라고 변론한다."(Ich plädiere für Dissens als Ziel der Diskurse.) (postomdernistische These)

(6) "모든 논증은 폭력 행사이다."[135] (Alle Argumentation ist Gewaltanwendung.) (postmodernistische These)

이러한 명제들은 그 자체로 의미론적 모순은 아니다. 그러나 그것은 그 명제들을 발화한다는 발화수반행위는 수행적으로 모순이 된다. 이 점은 Apel이 아래와 같이 보여주었듯이, 수행 동사를 명시하여 위 명제들을 발화하는 화행을 표현하면 분명하게 드러난다.

(1) "나는 이 말로써 내가 존재하지 않는다고 주장한다."(Ich behaupte hiermit, daß ich nicht existiere.)

(2) "나는 이 말로써 너에게 네가 존재하지 않는다고 주장한다."(Ich behaupte hiermit gegen dich, daß du nicht existierst)

(3) "나는 이해성을 요구하면서 내가 어떠한 이해성 요구도 하지 않는다고 주장한다."(Ich behaupte mit Verständlichkeitsanspruch, daß ich keinen Verständlichkeitsanspruch habe.)

---

133) 어떠한 이해성 요구도 하지 않는다는 말은, 자신의 말이 이해가능하고 의미 있는 것으로 의사소통 될 것을 기대하지도 의도하지도 않는다는 것이다.

134) 여하한 진리성 요구도 하지 않는다는 말은, 진리가 상대적이라는 말이 진리임도 주장하지 않는다는 말이다.

135) K.-O. Apel, "Fallibilismus, Konsenstheorie der Wahrheit und Letztbegründung", 181면. (번역은 김진, 『아펠과 철학의 변형』, 133면을 일부 인용하였다.)

(4) "나는 내가 어떤 진리성 요구도 하지 않는다는 것을 참이라고 주장한다."(Ich behaupte als wahr, daß ich keinen Wahrheitsanspruch habe.)

(5) "나는 우리가 원리적으로 합의라는 논증대화의 목표를 불일치라는 목표로 대체해야 한다는 제안을 합의될 수 있는 것으로 주장한다."(Ich vertrete als konsensfähig den Vorschlag, daß wir prinzipiell das Diskursziel des Konsenses durch das des Dissenses ersetzen sollten.)

(6) "나는 논증을 통하여 논증이 폭력의 결과라고 모든 사람에게 납득시키고자 한다."(Ich möchte durch Argumentation jedermann davon überzeugen, daß Argumentation auf Gewaltanwendung hinausläuft.)[136]

이 각각은 다음과 같은 수행적 모순을 범한다.

(1) 내가 존재하지 않으면, 그 주장을 발화할 사람이 없다. 즉 그 주장의 타당성 요구를 제기하는 의사소통 주체가 없다. 따라서 이 화행은 진리 주장으로 수행적 모순이다.

(2) 네가 존재하지 않는다면, 내 주장의 타당성을 근거에 의해 승인해 줄 의사소통 주체가 없다. 그러므로 나의 주장은 진리주장 행위가 아니게 된다. 따라서 수행적 모순이다.

(3) '이해성 요구를 하지 않는다'는 명제 부분이 이해가능하려면, 그 발화자는 자신의 말이 의미 있고 이해될 수 있다는 점을 전제해야 한다. 즉 이해성 요구는 발화가 화행으로서 의미 있기 위한 필수적인 조건이다. 이 전제를 부인하게 되면 그 말은 무의미한 음운들의 연속과 무차별한 것으로 전락한다. 즉 그것은 언어적 상호작용의 한 부분으로서 수행적 모순을 범한다.[137]

---

136) K.-O. Apel, 위 각주의 논문, 182면. (번역은 김진, 위 각주의 책, 133-134면을 일부 인용하였다.)

137) Jürgen Habermas, 『진리와 정당화』, 167-168면 참조.

(4) '어떠한 진리도 주장하지 않는다'가 참이라면, 그것은 적어도 하나의 참을 인정하는 셈이다. 주장이라는 화행은 진리를 합의하고자 하는 논증 상황과, 주장하는 바를 뒷받침하는 근거를 교환하는 논증 규칙을 전제해야 한다. 이것을 부정하면서 자신이 주장한 바의 진리성을 인정받으려는 것은 수행적 모순이다.

(5) 논증대화의 목적 자체를 합의가 아니라 의견 불일치라고 진지하게 주장한다면, 그러한 발화 자체도 어떠한 동의를 얻고자 하지 않는 것이 된다. 즉, 애초에 타인의 타당성 승인을 얻을 만한 자격이 있는 명제임을 부인하는 것이 된다. 따라서 수행적 모순이다.

(6) 논증이 폭력 행사라면, 그래서 논증을 통해 받아들여진 어떠한 결론도 폭력 행사의 결과라면, 그러한 논지 자체를 주장하는 것도 폭력에 지나지 않는다. 즉, 자신의 논증 자체가 폭력 행사이므로, 자신이 주장하는 바 자체가 근거에 의해 수용되는 것이 아니라 위협을 통해 관철되는 것에 불과하다는 것을 스스로 인정하게 된다. 이는 논증이란 오로지 근거들에 의해서만 성공한다는 근본적 논증 규칙을 부인하였기 때문에, 애초에 논증행위 자체로서 성립하지 못한다. 따라서 수행적 모순이다.

결국 근거를 교환하며 합의를 목적으로 하는 의사소통에서, 주체들의 존재, 지위, 관계, 동기, 주제를 부인하는 발화는 수행적 모순을 범하게 된다. 그것은 합리적 의사소통의 전제를 부인하면서 의사소통으로 다른 이에게 무언가를 납득시키려는 행위를 하려는 셈이 된다.[138] 논증이라는 행위가 성립하기 위한 조건이 되는 논증 상황과 논증 규칙을 부인하게 되면, 그것은 더 이상 논증이 아니게 된다. 즉, 이와 같이 수행적 모순을 범하는 주장들은 진지한 주장행위로서 무의미하게 된다.

헌법논증대화 역시 규범적 타당성 승인을 요구하는 표준적 화행이 오

---

138) 같은 책, 145면 참조.

고가는 것이다. 그러므로 위 검사가 적용될 수 있다. 이 검사를 헌법규범 논증에 적용하여 구체화한 것을 '헌법논증에서 수행적 모순 검사'라고 부를 수 있다. 이 검사의 기준이 확립되는 경우에, 기본권 제한 사안에서 법익 형량 논증은, 적합한 논거구조와 논거형식을 파악하는 중요한 도구를 갖게 된다.

앞으로 논할, 법규범 논증의 본질에 관한 핵심 명제는 다음과 같다. 이 명제들은 헌법규범의 수행적 모순 검사를 설정하는 기초가 된다.

(1) 법규범 논증대화는 주장된 법규범의 타당성 승인을 주제로 한다.

(2) 법은 물리적 세계의 물리적 사실이 아니라 사회 세계의 규범이다. 그러므로 법규범은 지위 기능의 승인을 전제한다.

(3) 지위 기능이 부여되기 위해서는 그 지위 기능을 인정할 참여자들의 관계가 전제된다.

(4) 그래서 법주체들의 어떤 관계를 규율하게 되는 지위 기능을 수반하는 어떤 법규범의 타당성 승인은, 그 주체들 사이의 그보다 상위의 법규범 관계의 준수를 전제로 한다.

(5) 하위 관계의 법규범 관계에 관한 논거는, 상위 관계의 법규범 관계에 관한 논거로 투입될 수 없다. 이는 선결 문제 요구의 오류를 범하기 때문이다.

(6) 입헌 민주주의 국가에서 최상위 법규범은 헌법 규범이므로, 법률 이하의 법규범에 의해 설정된 기본권 주체들의 관계는 헌법 규범에 내재된 기본적 관계들을 준수하는가에 의해 그 합헌성이 판단된다.

(7) 헌법 규범에 내재된 기본적 관계들을 해석할 때에는, 규범적 논증 대화에 참여하는 의사소통 주체들 사이의 동등하고 자유로운 관계를 전제로 해야 한다.

이상과 같은 고찰의 출발점은 논증행위가 이루어지는 상황의 성격을 살펴보는 일이다. 타당성 주장이란 "한 발언의 타당성을 위한 조건들이 충족되어 있다는 주장과 같은 것"[139]인데, 결국 중요한 것은 그 조건이 무엇이냐이다. 이를 풀기 위해서는 법규범 성립의 전제가 되는, 구성원들 사이에 상호 인정되는 지위 관계에 대한 이해가 선행되어야 한다.

법규범은 제도의 하나이다. 제도는 행성이나 은하 같은 물리적 실체가 아니다. 제도는 사회적 협력을 가능케 하는 행위조정 매체다. 제도의 타당성을 논한다는 것은, 물리적 실체의 타당성을 논하는 것과 그 주제가 다르다. 이 차이점을 해명하기 위해서는, 제도 성립의 조건을 살펴볼 필요가 있다.

제도가 성립하려면, 참여하는 사람들 사이에 공존과 협동을 하려는 집단적인 의도 외에도 두 가지 요소가 더 필요하다. 하나는 "기능부여(imposition of function)"이고 다른 하나는 "구성규칙(constitutive rules)"이다.[140]

기능부여는 대상이 특정 지위를 가지는 것으로 집단이 승인하지 아니하였을 때는 수행 불가능한 기능을 대상에게 부여하는 것이다. 이로써 대상은 지위를 갖는다. 즉 지위는 항상 기능을 동반한다. 일정한 문양을 가진 종잇조각에 불과한 것을 물질적 가치의 교환 수단으로 승인함으로써 그것은 화폐가 된다. 그리하여 화폐는 '지위기능'(status function)을 가진다. 이 지위기능을 가능케 하는 것이 구성규칙이다. 구성규칙은 어떤 대상에 그 대상의 물리적 속성만으로 환원될 수 없는 기능적 지위를 부여하는 규칙이다. 물리적 사실은 물리적 속성만으로 설명된다. 지구로부터 태양까지의 거리가, 목성으로부터 태양까지의 거리보다 짧다는 것에는 어

---

139) 같은 책, 86면.
140) John Searle, *Liberté et Neurobiologie*. 강신욱 옮김,『신경생물학과 인간의 자유: 자유의지, 언어, 그리고 정치권력에 관한 고찰』, 궁리, 2010, 121-122면. 인간 언어행위로 형성되는 제도, 지위기능에 대한 이하의 고찰은 Searle의 이론을 주된 근거로 하였다.

떤 기능을 동반하는 지위의 부여가 필요 없다. 반면에 어떤 사람이 한국 인이라는 것, 어떤 종이조각이 1만원권 지폐라는 것은 제도적 사실이 다.141) 제도적 사실은 자연적 사실을 기술하는 개념들로 환원될 수 없다. "오프사이드", "터치다운", "체크메이트"와 같은 경기에서 발생한 사건을 기술하는 기초 개념은 물리적인 기술로 환원될 수 없다. 제도적 사실은 야구에서 타자가 '삼진 아웃'당했다는 것과 마찬가지로, 그 기술을 위해 서는 애초부터 참여자의 평가적인 관점에서 제도에 대한 승인이 전제될 수밖에 없는 사실이다.

제도는 두 종류의 규칙—'규제규칙'과 '구성규칙'—으로 이루어진다. 이미 존재하던 행동양식을 규제하는 것이 '규제규칙'(regulative rules)이 다. "새로운 형태의 행동 가능성 자체를 만들어내거나 규정"하는 것이 '구성규칙'(constitutive rules)이다.

물리적 기능에서 지위 기능으로 이행하는 데 핵심이 되는 것은 구성규 칙이다. "구성규칙은 전형적으로 'X는 Y로 간주된다.' 혹은 'X는 C라는 맥락에서 Y로 간주된다'와 같은 형태를 취한다. 체스에서 나이트의 어떤 움직임은 정당한 것으로, 또 어떤 위치는 체크메이트인 것으로 간주된 다."142) 구성규칙 하에서의 행태는 그 법칙 없이는 기술될 수 없다. 축구 의 규칙이 없다면 축구한다고 기술하는 것이 의미가 없고, 체스 규칙에 따른 체스가 없다면 체크메이트를 외친다는 것을 의미 있게 기술할 방법 이 없다. "제도적 사실은 구성규칙의 체계 내에 존재하므로" 구성규칙에 관하여 '평가적으로 개입'하지 않고서는 제도적 사실을 기술할 수 없 다.143) 그리고 평가적 개입은 참여자적 관점에서 이루어진 '승인'으로 이

---

141) 같은 책, 124면.
142) 같은 책, 125면.
143) John Searle, *Speech Acts*, 33-42, 186면.

루어진다.

지위 기능은 두 가지 주목할 만한 특성을 갖는다. 첫째, 그 기능을 부여하는 참여자들 사이에서 관계적 힘을 가진다. 그리고 이 관계적 힘은 참여자들 사이에서 승인되는 한에서만 존재할 수 있다는 것이다.144) 예를 들어 동호회 회장은 그가 가진 물리적 속성 때문이 아니라 회장으로서의 자격을 인정하는 회원들의 승인에 의해서 관계적 권한을 가지게 된다.

둘째, 지위기능과 관련하여 언어는 단순히 현상을 기술하는 데 그치지 않고 그 기능 자체를 구성한다. 왜냐하면 "X에서 Y로의 변환, 즉 C라는 맥락에서 X는 Y로 간주된다는 형식의 변환이, 언어에 의해 그런 것으로 표현되는 한에서만 가능한 것이기 때문이다."145) 즉 물리적 사실로부터 어떤 지위 기능이 있는 상태로의 이행은 언어에 의한 상징화에 의해 가능해지기 때문이다.146) 즉 지위기능을 부여하기 위하여는 의사소통 주체들의 유효한 언어적 상호작용이 필수적이다.

그런데 제도로서 "법은 권한을 정의하고 조직을 세운다. 요컨대 그것은 책임의 체계를 산출하는 것이다."147) 따라서 법규범은 참여자들 사이에서 관계적 힘을 갖는 지위에 관한 것이다. 그리고 이 지위는 그 지위를 타당하게 부여하는 상징체계인 언어의 발화수반적 힘을 거치지 않고서는 산출될 수 없다. 언어의 이 발화수반적 힘은 새로 지위를 부여할 수 있는 근본적 전제가 되는 구성원들의 의사소통적 지위 관계를 전제한다.

이러한 특성은 물리적 사실과 규범의 중요한 차이를 드러낸다. 물리적

---

144) 이와 같은 종류의 힘을 Searle은 "의무권력"(deontic powers)이라 부른다.

145) John Searle, 『신경생물학과 인간의 자유』, 127-132면.

146) John Searle, 『정신, 언어, 사회』, 168-173면.

147) Jürgen Habermas, *Faktizität und Geltung: Beiträge zur Diskurstheorie des Rechts und des demokratischen Rechtsstaats*. 한상진·박영도 옮김, 『사실성과 타당성: 담론적 법이론과 민주적 법치국가 이론』, 나남, 2007, 173면.

사실에 관한 논증대화에서 이상적으로 정당화된 수용가능성148)은 객관세계의 진리 그 자체와 같은 것은 아니다. 반면에 '올바르다'라는 규범적 진술은 "그 의미가 전적으로 '이상적으로 정당화된 수용가능성'과 일치한다.149) 이는 규범의 타당성 주장이 사회적 실천의 세계에 관계하기 때문이다.150) 기본권과 같은 권리규범은 함께 공존하고 협력하는 법적 인격체들이 상호주관적으로 인정해주어야 성립되는 것이다. 그 인정이 이상화된 논의 상황을 통해 이루어진 것이라면 그 규범은 타당한 것이다. 권리는 언어적 상호작용을 통하여 규범에 합의할 주체가 없는 세계에서 독립적으로 발견되는 것이 아니기 때문이다.151)

기본권 규범과 같은 법규범은 제도이며, 제도는 참여자들 사이의 지위 기능부여라는 언어적 상호작용을 통해 일어나며, 이러한 지위 부여의 타당성은 궁극적으로 규범적 대화의 의사소통 조건에 달려 있다는 점은 세 가지를 말해준다.

첫째, 하위 지위는 그 지위로 설정되는 관계를 승인할 수 있는 상위 지위의 관계를 전제로 한다. 누군가를 동문회 회장으로 인정하고 회장과 일반 회원의 관계를 승인하는 것은, 동문회장을 선출할 수 있는 일반 회원들 사이의 상위 지위 관계를 전제로 한다.

둘째, 상위 관계의 타당성에 대한 논증대화는, 그 상위 관계를 전제로 하는 하위 관계의 제도적 사실을 논거로 할 수는 없다. 예를 들어 기본권 주체들 사이의 자유롭고 평등한 관계가 어떠한 관계인가를 논증하는데, 기본권 주체들 사이에 체결된 노예계약이 있다는 것을 논거로 투입할 수

---

148) 이상적 의사소통 상황에서 물리적 세계의 사실 주장에 관한 근거들을 교환하여 합의될 수 있음.
149) Jürgen Habermas, 『진리와 정당화』, 330면.
150) 같은 책, 403면.
151) Jürgen Habermas, 『사실성과 타당성』, 138-139면.

는 없는 것이다. 왜냐하면 그것은 오로지 노예계약을 유효로 인정하게 만드는 기능을 갖는 지위를 인정하는 상위 관계가 성립해야 타당한 규범 명제가 되기 때문이다. 그러므로 그것은 상위 관계에 대한 규범 명제가 합의되고 난 이후에 판단될 대상이다. 그 대상을 상위 관계 논증에 논거로 투입하면 선결문제 요구의 오류를 범한다.

셋째, 궁극적으로 규범에 대한 논증대화는, 규범의 정당성을 논의하는 의사소통의 조건을 명시적으로 위배할 수 없다. 왜냐하면 그럴 경우, 언어적 상호작용을 통해 관계를 설정하고 정당한 지위 기능을 부여할 토대 자체가 사라지며, 따라서 그 이후의 논의는 규범의 타당성을 논하는 사회적 행위로서 모두 무의미해지기 때문이다.

이러한 일반적 논의를 헌법규범에 대한 논증대화에 적용하여 보자. 헌법규범적 진술의 타당성은 그것의 발화수반적 힘이 오롯이 구현됨을 뜻한다. 그리고 헌법규범 주장이 발화수반행위로 오롯이 성립한다는 것은, 주장된 헌법규범이 관련된 기본권 주체들 사이에서 정당하게 승인될 자격이 있음을 입증하는 것이다. 주장된 것이 그러한 자격이 없다면 그것은 헌법규범으로 타당하게 편입될 수 없고, 단순히 한 발화자의 태도 표명에 그친다. 그리고 그 자격은 기본권 주체들 사이의 근본적인 지위 관계를 전제로 해야만 타당하게 검토될 수 있다.

그렇다면 규범의 자격을 입증한다고 제시된 논거가, 그 입증이 수행될 수 있기 위한 조건과 모순되는 경우에는 그것은 수행적 모순을 범하는 것이다.152) 다시 말해 헌법규범으로 정당성을 갖고 있다는 주장이, 그 정당성을 부여할 구성원들의 근본적 지위와 관계를 부인하는 내용이나 전제를 담고 있게 되는 경우에는 수행적 모순을 범하게 되는 것이다. 그것은 주장하고자 하는 내용을 진지하게 의미하기 위한 조건을 부인하는 것이

---

152) Jürgen Habermas, 『의사소통행위이론』 1권, 88-89면.

기 때문이다. 더 나아가 헌법규범에 내재한 근본적 관계를 해석하는 주장이, 규범의 타당성을 검토하는 의사소통의 조건을 위배하는 경우에도 역시 수행적 모순을 범하게 된다. 왜냐하면 그럴 경우 헌법의 조문에 규정된 근본적 관계가, 왜곡된 논의의 조건을 도입함으로 인해, 왜곡되어 해석된다는 점을 인정하는 셈이 되기기 때문이다.

어떤 입법이 헌법의 규범적 맥락에서 정당성을 갖고 있다는 것은, 그 입법을 통하여 산출된 상호관계가 그것을 승인할 기본권 주체들의 근본적인 관계에서 인정될 자격이 있다는 것이다.153) 즉 헌법규범 주장은 정당한 헌법 질서에 따라 규제되는 상호관계들의 총체에 관한 것이다.154) 또한 그 상호관계는 이상적 의사소통의 조건을 명시적으로 위배하지 않는 논증대화에 의해 해석되어야 한다.

따라서 헌법은 평등하고 자유로운 관계를 맺고 있는 기본권 주체의 관계가 준수됨으로써, 규범주장의 타당성 승인 조건을 그대로 유지할 수 있는 법규범만을 유효한 것으로 인정한다.155) 반면에 법규범의 타당성을 승인할 지위를 부인하는 논거는 수행적 모순을 범하는 것으로 배척된다.

그리하여 법규범 주장을 뒷받침하는 적합한 논거는 그 근거가 논증게임 안에서 수행하는 전제가 된 근본적 지위를 찬탈(簒奪)하지 않는 것임을 요하는 관문을 거치게 된다. 이 관문을 통과하지 못하거나 관문을 아예 설정하지 않는 것은 수행적 모순을 범하는 것이다. 앞서 제시된 [대화1]에서 [대화4]는 모두 그러한 지위의 찬탈을 문제삼는 A의 '아니요' 발언을 보여준다.

---

153) 같은 책, 103-104면.
154) 같은 책, 177면.
155) 그리하여 법치국가는 "사회적 권력이 걸러지지 않은 채, 즉 의사소통적 권력형성의 수문을 통과하지 않은 채 행정권력으로 번역되는 것을 방지"한다. (Jürgen Habermas, 『사실성과 타당성』, 236면.)

더 나아가 기본권 주체들의 가장 근본적인 관계와 지위를 해석할 때, 그것은 지위 기능을 가능케 하는 구성규칙을 이루는 언어 자체에 내재한 상호이해의 조건을 위배할 수 없다.156) 규범적 주장에 대하여 그것을 정당하지 않은 것으로 거절할 때, 청자의 '아니요' 발언은 그 규범주장이 상호관계의 확립을 할 자격이 없다는 뜻을 표현한다.157) 그러므로 근거들을 검토하고 그리하여 타당한 근거가 없을 때 '아니요'라고 말할 수 있는 결정권을 논증참여자가 더 이상 보유하지 못할 때, 즉 "최고의 결정기관"으로 남아있지 못할 때에는158) 의사소통에 체계적 왜곡이 발생한다. 왜냐하면 의사소통행위란 "모든 참여자가 그들의 화행을 가지고 발화수반적 목표를 그리고 오직 그러한 목표만을 추구하는" 언어에 의해 매개된 상호작용이자,159) 비판 가능한 타당성 주장을 결합시키는 화행이기 때문이다. 만일 근거에 따라 청자가 반대 입장을 표명할 수 있는 지위를 부인한다면, 그것은 더 이상 의무를 형성할 수 있는 잠재력을 가질 수 없는 전략적 화행으로 변질되어 버린다.160) 힘이나 수의 우세를 내세우면서 단지 개념적으로 그것을 은폐하는 수법에 불과하게 되는 것이다. 그런 개념적 조작 때문에 겉으로는 그럴법하게 논거가 제시된 것처럼 보이더라도 그것은 실제로는 주장된 것의 헌법규범 자격을 검토할 수 있는 근본적 지위를 탈

---

156) 고립된 명제의 뜻을 다루는 '의미론'이나, 일상적 소통실천에 대한 구체적인 설명을 시도하는 '경험화용론'과 달리, 형식화용론은 언어행위에 내재한 '가능한 이해 도달의 조건'을 밝히는 이론이다. 예를 들어 법규범적 화행이 이해가능하기 위한 전제조건 중 하나는, 발화자 이외에 그 법규범 주장의 타당성을 검토할 청자가 있다는 것이다.

157) Jürgen Habermas, 『사실성과 타당성』, 453면.

158) Jürgen Habermas, *Erläuterungen zur Diskursethik.* 이진우 옮김,『담론윤리의 해명』, 문예출판사, 1997, 91면.

159) Jürgen Habermas, 『의사소통행위이론』 1권, 435면.

160) 같은 책, 450면.

취한 것이다.161)

예를 들어 A의 주장에서 예시되었듯이 다수가 다수라는 이유로 '공동체의 관점'을 선취하는 논법을 고려해보자. '공동체'라는 개념을 내세움으로써 그 개념과 연결된 논거들을 제시함으로써 마치 유효한 법규범 주장인 것처럼 착각을 불러일으킨다. 그러나 다수를 '공동체 전체'와 동치시킬 때 그것은 소수가 공동체의 구성원이 아니거나 어떤 특성의 공동체에서의 상호관계에 관하여 '아니요'라고 할 자격이 없다는 것을 전제하게 된다. 이는 규범적 타당성주장이 유의미하게 되기 위한 화행의 전제조건을 위배하는 것이다.

또 다른 예로 '종교의 자유'라는 헌법규범을 해석할 때, 다수가 '종교의 자유란 다수가 바람직한 종교라고 인정하는 바대로 신앙생활을 하는 것이다'라고 규정한다고 해보자. 그러나 이러한 일방적 규정은 '아니요'라고 말할 동등한 지위가 인정되는 다른 의사소통주체와의 관계에서 종교의 자유의 의미가 합의될 수가 없다. 즉 그들의 동등한 의사소통권을 부인하지 않고서는 타당한 것으로 인정될 수 없다. 따라서 이러한 주장은 '종교의 자유'에 관한 헌법규범 주장으로서 수행적 모순을 범하게 된다.

수행적 모순을 범하지 않기 위해서는 억압과 불평등으로 의사소통행위가 왜곡되지 않기 위한 조건을 살펴보아야 한다.162) 만일 이 조건이 명시적으로 위배된다면, 그것은 다른 참여자를 무시하고 배제하면서도 그 참여자에게 승인을 진지하게 얻어내려는 것이 된다.163)

그래서 Habermas는 법을 포함하는 모든 행위규범에 관하여 다음과 같은 근본적인 타당성 조건이 작용한다는 점을 확인한다.

---

161) 같은 책, 486면.
162) Jürgen Habermas, 『사실성과 타당성』, 312-313면.
163) 같은 책, 316면.

D: 가능한 모든 관련 당사자들이 합리적 담론의 참여자로서 동의할 수 있는 행위규범만 타당하다.[164]

논증대화가 왜곡되지 않기 위한 합리적 담론의 조건, 즉 이상적 의사소통의 조건은 네 가지이다.

(a) 공론장과 모든 당사자들의 완벽한 포용
(b) 의사소통권의 평등한 분배
(c) 보다 나은 논변의 강제 없는 강제력[165]만을 관철시키는 강권 없는 상황
(d) 모든 참여자들의 발언의 정직성이라는 이상화된 전제조건[166]

이러한 네 가지 조건은 규제적 이상(regulative ideal)이다. 이러한 상황은 현실에서 결코 완벽하게 성립될 수가 없다는 점은 이 이상의 규제적 역할(regulative role)을 부인하는 근거가 되지 못한다. 왜냐하면 논증대화에서 어떤 참여자가 이 중 한 가지 이상의 조건을 명시적으로 위배하는

---

164) 같은 책, 161면. Habermas는 같은 면에서 위 근본 타당성 조건의 의미를 다음과 같이 해설한다. "그리고 규범에 의해 규제된 보편적 실천이 초래할 예측할 수 있는 결과들로 인해 자신의 이익에 영향을 받는 모든 사람들을 '관련 당사자'라고 부른다. 문제시된 타당성 주장에 관하여 상호이해에 도달하려는 모든 시도를 '합리적 담론'이라고 부른다. 단 그 시도가 발화수반적 의무를 통하여 구성된 공적 공간 내부에서 주제와 기고, 정보와 근거의 자유로운 처리를 허용하는 의사소통 조건 아래에서 이루어지는 경우에 한해서 말이다."

165) 보다 나은 논변의 강제 없는 강제력이 말하는 바는 다음과 같다. 논변 A가 논변 B보다 더 낫다고 할 때, 논증대화 참여자들은 A를 채택하여야 한다. 그것은 참여자들이 A를 채택하도록 누가 금전을 주거나 물리력으로 압력을 넣기 때문이 아니라, 오로지 더 나은 논변을 채택하는 것이 바로 논증대화의 목적에 맞기 때문이다. 그리고 논증대화에서 참여자들은 마음대로 더 못한 논변을 채택할 수는 없다. 그것은 근거가 없는 상태에서 결론을 관철시키려고 하는 것이기 때문이다.

166) Jürgen Habermas, 『진리와 정당화』, 68-69면.

경우에, 다른 참여자는 그러한 위배를 범하지 않는 대안(代案)을 제시할
수 있기 때문이다.

명시적 위배를 범하는 명제를 도입한 주장(a)과 그러한 위배를 범하지
않는 대안 명제를 도입한 주장(b)이 동시에 제시될 수 있다면, 전자(a)가
수행적 모순을 범하였음은 명시적으로 확인된다. 당사자들을 완벽하게
포용하였는지를 확인하는 것이 아니라, 당사자들 일부를 배제하였는지를
확인한다. 만약 배제하였다면 배제하지 않는 논증을 제시한다. 의사소통
권의 평등한 분배를 적극적으로 확인하는 것이 아니라 불평등한 분배를
전제하였는지를 살펴본다. 만약 불평등한 분배를 전제한다면, 평등한 분
배를 전제한 대안적 논증을 보여준다. 오직 근거들만이 논증대화의 결론
에 영향을 미쳤는가를 확인하는 것이 아니라, 근거가 되지 않아야 하는
것이 투입되었는지를 포착한다. 모든 참여자들의 발언이 정직함을 곧바
로 확인하는 것이 아니라, 발언자의 수사 밑에 있는 논증 구조를 명시적
으로 드러내 보이고 거기서 드러난 주장이 발언자마저도 일관되고 정합
적인 규범으로 준수할 수 없는 규범을 편입시키는 것임을 보이고, 그 규
범을 편입하지 않는 대안적인 추론을 보여준다. 이러한 '대안과의 비교'
방식을 통해 명시적 위배를 포착함으로써, 이상화된 의사소통의 조건은
규제적 역할을 분명히 할 수 있게 된다.

다음과 같은 명제들은 위 각 조건을 위배하기 때문에 헌법적 논증대화
를 왜곡시키는 것들이자, 그러한 위배를 범하지 않는 대안 명제를 명확하
게 제시할 수 있는 대표적인 것들이다.

> 첫째, 논증대화 자체를 하지 않겠다는 전제를 깔거나 소수를 공동체의
> 일부가 아니라고 부인하는 전제를 깔고 있는 명제.[167]

---

167) "(a) 공론장과 모든 당사자들의 완벽한 포용"과 모순되는 것으로, 공론장의 부재

둘째, '예'와 '아니오'라고 말할 수 있는 자격을 일부 구성원에게서는 부인하고 이러한 결정권을 다른 구성원이 대신 행사하는 내용이나 전제를 담고 있는 명제. 또는 그 결정권을 불평등하게 분배하는 전제를 담고 있는 명제.168)

셋째, 과거·현재·미래 상태의 수나 힘의 우세라는 사실을 논거로 제시하는 명제. 즉 논증의 타당성에 관계될 수 없는 것을 논거로 투입하는 명제.169)

넷째, 참여자들이 실은 위 세 가지 명제를 주장하면서 그럴법한 개념을 사용함으로써 이를 은폐하는 명제.170)

이러한 조건의 위배를 담고 있는 명제는 기본권 논증에서 도입될 수 없다. 그렇게 될 경우 헌법규범의 정당성을 주장하면서도, 그 정당성 주장이 성립하기 위한 조건을 파괴하고 있기 때문이다. 헌법규범에 대한 기본권 주체의 복종 의무는, 그 헌법규범이 기본권 주체의 평등하고 자유로운 지위를 존중하는 것이기 때문에 나온다. 그런데 그 평등하고 자유로운 지위를 규명하는 유효한 의사소통의 조건을 무시하고 부인하거나 왜곡하는 전제를 도입한다면, 헌법규범의 정당성은 나올 수가 없게 된다. 논증에서 그러한 명제의 도입은, 기본권 질서에서 규정된 지위를 해석하기 위하여 더 상위의, 불평등하고 부자유한 지위 관계를 도입한 것이다. 그것은 발화자가 청자의 지위를 찬탈하면서도 찬탈하지 않았다고 말하는 것이다.

___

나 당사자들 중 일부의 배제나 불완전한 포용이 명시적으로 확인되는 것.

168) "(b) 의사소통권의 평등한 분배"와 모순되는 것으로, 의사소통권의 불평등한 분배나 찬탈.

169) "(c) 보다 나은 논변의 강제 없는 강제력만을 관철시키는 강권 없는 상황"과 모순되는 것으로, 논증대화에서 타당성을 인정받아야 할 논의 대상이 되는 질서 자체를 근거로 투입하는 선결문제요구의 오류를 범하는 것.

170) "(d) 모든 참여자들의 발언의 정직성"과 모순되는 것으로, 개념의 은폐를 통하여 합의지향적인 의사소통이 아니라 논증되지 않은 권위를 관철시키기 위한 전략적 화행을 하는 것.

만일 언표된 명제들의 내용이나 발화의 전제가, 이러한 논증대화라는 실천이 유의미하기 위한 전제조건을 명시적으로 어기는 경우, 그것은 발화수반적 목적을 달성하지 못한다. 그 발화는 타당성주장을 하는 것이 아니라, 타인의 정신에 어떤 방식이 되었건 인과적으로 영향을 끼쳐 자신의 목적을 달성하려는 전략적 행위로 전락한다.

결국, 규범적 주장은 그 주장이 발해지는 규범적 맥락에서 그 주장이 전제하는 지위의 권한이 상호주관적으로 정당하게 인정될 때 타당할 가능성이 있게 된다. 그렇지 않을 경우 [대화1]에서 드러나듯이 그것은 단순히 적나라한 의도표명에 지나지 않게 된다. 그것은 적어도 그 맥락에서는 자기 자신의 명제태도와 독립적인 아무런 근거도 제시하지 못하는 것이다. 법적 금지 규범을 타당한 것으로 만들려면, 그 금지 규범을 발할 수 있는 권한이 부여된 지위가 배경으로 인정되어야만 한다.[171)]

이상의 논의를 통해 다음과 같은 헌법논증에서 수행적 모순 검사를 정립할 수 있다.

헌법논증에서 수행 모순 검사: 화행 'Mp'의 명제부분 p 또는 p의 전제가, 그 화행이 헌법규범의 타당성 주장이 되기 위한 전제와 모순될 때, 그 화행은 수행적 모순을 범하는 것이다. 화행의 전제가 되는 타당성 조건을 모두 명기하여, 그것들 사이에 그리고 그것들과 언표된 명제들 사이에 모순이 발생하는지를 살펴봄으로써 이를 검사할 수 있다. 구체적으로는 다음과 같은 전형적인 모순 발생을 검지(檢知)한다.

(1) (논증대화 참여자의 자유롭고 동등한 상위 차원의 지위를 전제로 하는) 하위 차원의 논증대화의 주제에 관한 결론을 주장하기 위하여, 그 상위 차원의 지위를 부인하는 것을 전제하고 있는 논거를

---

171) Jürgen Habermas, 『진리와 정당화』, 168면.

도입하는 것.

(2) 어느 차원에서건 평등하고 자유로운 기본권 주체들의 근본적인 관계를 부인하는 지위에 관한 규범을 도입하는 것.

(3) 근본적으로 평등하고 자유로운 기본권 주체들의 지위와 관계를 해석함에 있어 헌법규범의 타당성에 관한 논증대화라는 실천이 유의미하기 위한 조건을 위배하는 언명을 도입하는 것. 즉 주장된 헌법규범 명제가 (a) 일부 당사자를 완전히 또는 부분적으로 배제하거나 그 배제를 전제하는 '공동체 전체 관점'을 선취하는 것. (b) 의사소통권과 승인의 결정권을 불평등하게 부여하거나 탈취하는 것. (c) 논증의 타당성 이외의 다른 요소, 즉 수적 우위나 경제력에서의 우위, 논거로 근거 지을 수 없는 명제 태도의 지배적 우세 같은 요소가 논거로서 힘을 갖는다고 간주하는 것. (d) 개념적 수사를 사용하여 은폐하고 있지만 실제로는 위 세 요건에 해당하는 명제를 주장하는 것.

  헌법논증대화를 통해 합의를 도출하는 과정에서, 수행적 모순을 범하여 투입되지 않아야 할 명제들이 만연히 투입될 때, 그것은 정당성을 갖지 못한다. 그것은 법논증 전체를 전략적 행위, 즉 수사만을 덧칠한 이데올로기적 광고로 변질시킨다. 야구의 규칙이 지켜졌을 때 양 팀은 자기 팀의 승리를 목표로 야구 경기를 할 수 있다. 계약을 체결하고 준수하는 당사자들의 지위와 관계에 관한 합헌적인 법률이 확립되었을 때 각자 자신의 이득을 최대화하는 계약을 맺으려고 경쟁적으로 노력할 수 있다. 전략적 행위는 정당성을 갖는 규범적 논증이 타당성 주장을 승인받은 뒤 확립되는 법에 의해 열리는 하부 공간에서만 자기 자리를 찾는다. 전략적 행위의 이유들은 법의 합헌성 자체를 검토하는 헌법논증대화에 논거로 투입될 수는 없다. 거짓말, 착각의 이용과 같은 전략적 행위는 그러한 의도가 명기되지 않았을 때에만 성공하며, 타당성 조건에 대한 상대방의 정상적인 기대에 기생한다.172) 발화와 관련된 모든 조건과 의도가 명기되는 경우, 전략적 행위는 타당성 승인을 받을 수 있는 토대를 잃어버리게 된다. 더 이상 그 화행은 '무엇이 사실이며, 규범으로 정당하며, 태도로 진실된 것이냐'에 관한 것이 아니라, 물리적으로 떠미는 것과 같이 '상대에게 인과적으로 이런 영향을 끼치고자 한다'는 목적을 달성하기 위한 도구임을 자인하는 셈이 되기 때문이다.173) 모든 기본권 주체 사이에 승인될 수 있는 규범의 타당성을 따지는 법규범 논증대화의 화행은 전략적 행위일 수 없다. 그럴 경우 규범의 정당성 승인이라는 주제 자체가 소실되기 때문이다. 문제되는 화행은 어떤 규범이 헌법규범으로 타당하다는 합의를 얻으려고 하는 합의지향적인 의사소통행위174)의 조건을 갖추어야 한다. 따라서 비례성 심사에 대한 올바른 구상은, 합의지향적인 논증대화의 화행으로서 수행적 모순을 범하는 그러한 논거들을 걸러낼 수 있어야 한다.

각 규범적 주체들이 도입하는 논거들의 적합성은, 하위 차원의 관계적 지위의 배경이 되는 상위차원의 관계적 지위에 대한 전제를 깔고 있으며, 그 전제는 다시금 그보다 더 추상적이고 일반적인 지위-관계 규범에 근거하고 있다. 기본권 주체들의 가장 근본적 관계에 대한 해석에서는 규범적 타당성 주장을 요청하고 승인하는 논증대화 실천의 화용론적 전제에서

---

172) Jürgen Habermas, *Nachmetaphysisches Denken*. 이진우 옮김, 『탈형이상학적 사유』, 문예출판사, 2000, 82면.

173) Jürgen Habermas, 『진리와 정당화』, 159-160면.

174) 같은 책, 161-162면은 언어사용의 유형을 네 가지로 분류하고 있다. 비의사소통적 유형은 말해지지 않은 머릿속의 진술이나 의도다. 이해지향적 유형은 규범적으로 편입되지 않은 의지표명인 단순한 명령문과 같은 것이다. 합의지향적 유형은 규범주장, 사실주장, 태도표출과 같은 표준적 화행에 해당하는 완전한 발화수반적 행위다. 결과지향적 유형은 발화효과적 행위이다. 합의지향적 언어행위는 오로지 합의의 전제조건이 준수되었을 때에만 성공적으로 성립한다. 기망, 위협과 같은 전략적 행위가 끼어들면 합의지향적인 논증대화는 성립하지 못한다.

상정되는 지위가 명시적으로 위반되어서는 안 된다. 그보다 하위 차원의 논의들은 그와 같이 해석된 평등하고 자유로운 기본권 주체들의 관계를 계속해서 유지하고 준수하는 한에서 이루어져야 한다. 어떤 권한을 행사할 지위를 인정한다는 것은 그러한 지위를 인정할 수 있는 관계를 인정한다는 것이다. 그렇다면 그 관계는 가장 상위 차원에서 하위 차원에 이르기까지 모든 경로에 걸쳐 정당화될 수 있어야 한다. 즉 기본권 주체들의 법적 관계는 헌법이 근본적으로 명하는 관계가 준수되는 한에서 허용될 수 있는 것이다. 정당화되지 않는 관계를 강제하는 규범문은 투입될 수 없다. 그러한 관계를 일그러뜨리는 특정 주체의 지위에 관한 권한 규범문의 투입이 논증 경로 중 하나라도 들어온다고 하자. 그러면 그 논증의 결론은 논증대화가 성립하기 위해서 상위 차원에서 인정되어야 하는 관계를 부인하는 명제를 전제로 삼는 것이 된다.

　이러한 수행적 모순 검사는 논의의 맥락을 고정하지 아니하고, 이 맥락 저 맥락에서 투입가능한 논거들을 모두 한 번에 쓸어 넣는 오류를 분명하게 피할 수 있게 한다. 즉, 어떤 기본권 제한이 허용가능하다고 논할 때에는, 그 논의의 전제가 되는 상위 지위들의 관계라는 배경을 어기지 않아야 한다. 그 상위 지위들의 관계를 어기는 논거들은 부적합한 논거들로 배제된다. 그 관계에 부합하는 적절한 논거는 열쇠가 되고, 그 관계를 부인하는 부적합한 논거들은 수행적 모순을 범하므로 그 논증대화의 맥락에서는 무관한 논거가 된다. 그리하여 헌법이 규정하는 기본권 주체들의 지위와 관계는 적합한 논거는 통과시키고 부적합한 논거는 걸러내는 일종의 관문을 형성하게 된다. 이 관문은 오로지 평등하고 자유로운 관계를 맺고 있는 기본권 주체들 사이에서 자신들의 관계를 구체화할 수 있는 논거만을 논증에서 인정하게 되는 것이다. 그러한 관문을 정해두지 않고 모든 맥락의 논거들을 다 통과시키게 되면 '기본권 주체의 근본적 지위 탈취', '평등하고 자유로운 관계를 맺고 있는 기본권 주체들의 결정권 탈취' 가 발생하게 된다. 따라서 그것은 헌법규범 주장의 외관을 띠고 있지만 실제로는 헌법규범 주장이 아닌 것이 된다. 그러므로 헌법논중에서 법익 형량은 기본권 주체들 사이의 근본적 관계가 왜곡되었는가를 검토하는 일을 포함할 수밖에 없는 것이다.

이러한 해명 하에서, [대화4]는 다음과 같이 이어질 수 있을 것이다.

[대화4의 연속]

A: 첫째로, B를 비롯하여 이 사회의 어느 구성원들도, 다른 구성원들이 타당한 근거가 없어서 '아니요'라고 반대할 궁극적 결정권을 찬탈 하는 전제를 깔고 스스로 전체 공동체의 관점에 설 수 없습니다. B 가 제시한 둘째·셋째 논거 — X 종교의 전파를 막고자 하는 국민들 이 과반수라는 것, X 종교의 전파를 막고자 하는 국민들의 의사를 반영하여 입법자가 결단했다는 것 — 는 지금 그 법률이 헌법심판 의 대상이 된 계기일 뿐입니다. 정치적 압력의 인과적 요소에 관한 사실을 헌법적 관계를 수립하는 논거로 투입하는 것은, 과반수의 국 민이나 입법자가 X 종교를 믿는 국민에 대하여 그러한 결정을 할 권한을 지닌다는 것의 근거를 제시하기보다는 그것을 이미 전제하 는 것입니다. 넷째로 근본적인 헌법규범인 종교의 자유의 의미를 어 떤 특정한 관점에서 '타당한 것'만으로 임의로 제한한다는 것은, '일부 구성원이 다른 구성원의 신앙의 타당성을 대신 판단할 수 있 는 지위에 있다'는 불평등한 전제를 깔고 있습니다. 이러한 전제는 다른 구성원이 신앙의 타당성에 대하여 '아니요'라고 말할 수 있는 평등한 의사소통권을 부인하는 것입니다. 그리고 평등한 의사소통 권을 부인함으로써 '종교의 자유'라는 규범의 의미를 해석하는 것은, 그 해석을 헌법규범 주장으로서 무의미한 것으로 만드는 것입니다.

B의 주장에는 여러 논거들이 제시되었지만, A는 그 논거들이 헌법적

논증대화라는 맥락에서 합당한 논거구조와 논거형식을 갖추지 못했다는
점을 지적하는 것이다. 즉, [대화4]에서 B가 제시한 논거는 [대화1]에서 B
가 제시한 논거와 마찬가지로 부적합하다는 것이다. 왜냐하면 그것은 그
논거를 적합하게 할 수 있는 권한 규범을 전제하는데, 그 권한 규범은 A와
같은 구성원들을 구성원이 아니거나 다른 구성원에 비해 열등한 구성원으
로 보는 규범이 타당할 때에만 성립하는 것이기 때문이다. 만일 이러힌 규
범 투입을 암묵적으로 허용할 경우에, 그 헌법재판은 기본권 조항에 대한
타당한 해석에 기초한 것이라는 정당성을 주장할 수 없게 된다. 법의 기본
권 조항에 사용된 용어들을 유리하게 재정의(再定義)함으로써 일정한 결론
에 찬성하는 논지를 펼칠 수는 있겠지만, 그러한 재정의에 숨은 전제들을
드러내면 그것이 바로 그 논증대화를 의미 있는 것으로 만드는 화용의 전
제들과 모순되어 그 논증 전체가 수행적 모순에 빠지기 때문이다.

결론적으로, 논거들은 그것이 주장되고 있는 맥락과 상관없이 아무렇
게나 열거되어 화자가 주장하는 결론에 한 방향으로 기여하는 것으로 여
겨져서는 안 된다. 지금 논증하고 있는 언명이 무엇인가, 즉 지금의 논증
단계가 어디인가에 상응하는 타당한 결합의 형태가 있게 된다. 화자 자신
이 X 종교의 신조가 거짓이라고 생각하는 논거는 화자 자신이 그 종교의
신앙생활을 하지 않는 타당한 근거가 된다. 그러나 그것은 X 종교를 믿는
사람의 종교의 자유를 부인하는 논거가 되지 못한다. 논거구조를 따지지
않게 될 때, 마치 X 종교에 불리한 모든 관점의 모든 논거가 X 종교의
자유를 부인하는 데 기여하는 듯 착각하게 된다. 이 착각에 따르면 모든
논증구조는 결론을 뒷받침하는 하나의 단계로 끝이 나는 형태를 취한다.
그리고 생각할 수 있는 모든 찬성과 반대의 논거는 단번에 투입되어 모종
의 신비스러운 비중을 부여받는다. 논거형식이 모조리 무시되어 나가는
이러한 착각이 상정하는 논증의 상(image)은 가히 '논거들의 용광로'라고

부를 수 있다.

X종교의 신조가 참이 아니라고 생각하는 이유를, 청자에게 다른 신조에 따라 살 것을 권유하는 논거로는 투입할 수 있는데, 종교 자유를 부인하는 논거로는 투입하지 못하는 이유는 무엇인가. 신조의 궁극적 참, 거짓에 대한 논거가 그 신조 수용의 자유를 부인하는 논거로 쓰이기 위해서는, 신조의 수용 여부를 다름 아니라 발화자가 결정할 수 있다는 지배의 권한이 전제되어 있어야 하기 때문이다. 경험적인 언명을 근거 짓기 위해 규범적인 언명을 제시할 수는 없고, 규범적 언명을 근거 짓기 위해 경험적 언명을 제시할 수도 없다. 마찬가지로 신조의 수용과 거부 권한을 동등하게 인정하는 전제에서 투입될 논거들을, 그 권한을 부인하고자 하는 목적으로 투입할 수 없는 것이다. 이러한 논거들을 만연히 인정하게 되면 청자를 의사소통행위의 주체로 부인하고 단순한 용기(容器)로 취급하는 숨은 전제에 이를 수밖에 없다. 이 숨은 전제는 화자가 청자에게 어떤 규범의 타당성을 설득하려는 실천적 논증대화의 발화수반적 맥락과 수행적으로 모순된다.

그렇다면 자유권적 기본권과 관련된 비례성 심사의 구조를 해명한다는 것은, 찬반과 관련되어 제기될 수 있는 모든 근거들을 하나의 단계에 투입하여 일별한 후 심리적으로 양 측의 무게를 가늠해보는 것이 아니다. 그것은 논증대화 참여자들의 근본적인 지위 관계를 어기지 않으려면, 논거들이 어떠한 구조로 어떻게 각 단계에서 결합되어야 하는가를 해명하는 것이다.

제3장

자유권 제한 논의의 차원

제1절 자유와 평등의 구조

I. 실체화 오류 검사

자유권 제한에 적합한 논거를 가려내는 원리를 정식화하기 위해서는 자유권의 구조를 분석해야 한다. 즉, 자유권이 기본권 주체들 사이에 어떤 관계를 명하고 있는지를 정확하게 이해해야 한다. 그러기 위해서는 먼저, 이에 대한 오해를 부를 수 있는 오류를 피해야 한다.

헌법에 규정된 기본권은 여러가지이며, 헌법이 언급하는 공익도 하나가 아니라 여럿이다. 또한 헌법 문언에 등장하지 않더라도 편입된 규범이나 좀 더 구체적인 공익까지 합하면 개념의 수는 상당히 불어난다. 그리고 이런 개념들은 대부분이 규범적 개념들이고, 세계의 독립적 사물을 지시하는 개념이 아니다. 이 개념들은 상호 동일한 추상 수준(abstraction level)의 범주라는 점도 보증되어 있지 않고, 그렇다고 해서 상호 배타적인 개념(mutually exclusive concepts)도 아니다.

이 점을 염두에 두지 않을 때 발생하는 것이 '실체화의 오류'다. 실체화(實體化)의 오류(誤謬)란, 어떤 개념을 언표할 수 있다는 문법적 이유에서 곧바로 그 개념이 실체적 대상을 지시한다고 생각하는 것이다.

실체화의 오류를 범하면 규범들을 그 자체로 상충하는 것으로 생각하기 쉽다. 그러나 실은 그런 경우는, 그 규범을 일정방향으로 특유하게 해석한 결과 어떤 구체적인 사안에서 연상되는 사태들이 서로 다른 것일 뿐이다. 그럼에도 이 사태들의 실체성을 그 규범의 실체성으로 그대로 전가하여 생각하기 때문에, 규범들이 필연적으로 충돌한다고 생각하기 쉬운 것이다.

예를 들어 '평등'을 구성원들의 신조, 노력, 행위와 관계없이 관철되는 특정한 생활측면에서 '동일성의 강요'로 보면, 다른 규범과 필연적으로 충돌하게 된다. 예를 들어 모든 국민에게 '매일 탁구를 2시간씩 쳐야 한다'는 입법을 하고 탁구장 사용비를 탁구 쿠폰 형태로 동일하게 2시간치씩 지급하는 가상적 사례를 생각해보자. 이 사례에서는 마치 법적 평등과 여가 선용의 자유가 충돌하는 것처럼 보인다. 그러나 실제로는 탁구를 치는 대신 그 시간에 다른 활동을 하고 싶은 사람들을 자유의 측면에서 불평등하게 대우한 것이다. 똑같이 탁구를 쳐야만 하는 사태, 그와 같은 실체화된 사태는 '평등'이라는 개념으로부터 곧바로 도출되지 않는다. 탁구를 친다는 활동 측면에서 동일성이 강요되는 것을 평등의 구현이라고 본 특유한 해석이 개입한 것이다. 그럼에도 불구하고 해석 없이 곧바로 실체적 사태가 성립하고 그런 사태가 평등 규범 자체라고 착각하는 것이 오해의 시발점이다. '평등'은 해석을 필요로 하는 극히 추상적인 개념이지, 어떤 측면에서 동일성의 강요가 관철된 특정한 실체적 사태가 아니다.[1] 즉 헌법적 규범으로서 평등 원칙은 판단자가 직감으로 떠올린 어떤 생활측면에서의 동일성의 사태와는 전혀 다른 것이다.

실체화의 오류를 피하기 위해서는 규범(規範)과 가치(價値)의 구별을

---

1) 헌법재판소 1999. 7. 22. 98헌바14 결정은 "헌법 제11조 제1항의 평등의 원칙은 결코 일체의 차별적 대우를 부정하는 절대적 평등을 의미하는 것이 아니라 법의 적용이나 입법에 있어서 불합리한 조건에 의한 차별을 하여서는 안 된다는 상대적·실질적 평등을 뜻하는 것이므로 합리적 근거 없이 차별하는 경우에 한하여 평등의 원칙에 반한다."라고 하여 헌법 제11조 제1항에 정한 법 앞에서의 평등의 원칙은 결코 일체의 형식적인 차별적 대우를 부정하는 절대적 평등을 의미하는 것이 아니고 합리적 근거 있는 차별을 허용하는 상대적 평등을 의미한다고 판시한 바 있다.

활용하는 것이 특히 유용하다. 규범은 "그 수신자들에게 일반화된 행위기대를 충족하는 행위를 해야 할 책무를 예외 없이 그리고 동등하게 부여"하는 것이다. 반면에 가치는 "상호주관적으로 공유된 선호"다. 이렇게 정의되고 구분된 바의 의미에서 규범은 타당하거나 타당하지 않다. 이에 비해 가치는 나쁘고, 그럭저럭 괜찮고, 매력적이고, 더 매력적이라는 정도(degree) 판단을 포함한다. 규범은 전체 규범체계와 정합적인 연관을 가져야 타당하지만, 가치는 특수한 분야에서 어떤 선호가 공유되기만 하면 인정될 수 있다. "규범과 가치들이 이러한 논리적 속성의 측면에서 차이를 보이기 때문에, 그 적용에서도 중요한 차이가 생긴다."[2][3)

따라서 2인 이상이 관계하는 권리에 관한 규범적 합의는, 1인이 본인의 가치 지향을 확인하거나 1인과 동일한 의사지향을 갖고 있는 경향단체의 가치 지향을 확인하는 것과는 다를 수밖에 없다. 규범은 실체화에 특히 저항하는 성격을 갖는다. 규범은 타당하거나 타당하지 않을 뿐, 많거나 적을 수 없기 때문이다. 또한 규범은 규범의 체계 전체와 정합적이어야 하기 때문에 구조적 제약을 받는다. 그래서 당해 사안에서 더 선호되는 구체적 결정을 위해 타협적으로 그 구속력을 부인할 수 없다. 그러므로 규범은 합산할 수도, 양이나 무게를 비교할 수도 없다. 게다가 규범은 주

---

2) Jürgen Habermas, 『사실성과 타당성』, 345-346면.

3) 일반적으로 가치와 규범은 혼용해서 쓰이기도 하지만 본 연구에서는 Habermas의 구별을 유용한 것으로 받아들이므로, 이 둘을 구별해서 사용하겠다. 여기서는 Habermas의 구분에 따른 규범은, 가치와는 달리, 형식 화용론적 조건의 준수와 직결되어 있는 책무에 관한 진술이다. 즉, 규범 주장은 '수행적 모순 검사'를 활용하여 그 명제의 타당성을 상대적으로 명료하게 가려낼 수 있다. 반면에 가치의 경우에는 의사소통의 조건이 모두 만족되어도 결코 분명한 합의에 이르지 못할 가능성이 상당한 것이다. 이 점은 Hilary Putnam, *The Collapse of the Fact/Value Dichotomy and Other Essay*. 214-216면에서 이상적 의사소통 상황에서도 '잔인하다'는 평가에 대해여는 제대로 된 합의에 이르지 못할 수 있다는 지적에서도 드러나는 바이기도 하다.

관적 판단이 현실적으로 공유된다는 것만으로는 타당한 것이 되지 않는다. 그 규범은, 타당성 주장을 제기하고 승인할 독립된 주체들의 관계가 부과하는 구조적 제약을 준수한 논거에 의해 뒷받침되어야 하기 때문이다.

그러므로 규범을 실체화된 가치로 잘못 생각하여, 규범에는 없는 실체성을 전가(轉嫁)하는 것은 오류다. 규범과 연결해서 상상한 어떤 사태도 그 규범에 대한 특유한 '해석'이 전제되기 때문이다. 그러면 그 특유한 해석을 정당화하기 위해 규범들의 구조를 따져야 한다. 규범의 구조를 따지지도 않고, 특정한 해석을 무심코 자유연상에 의해 채택하고는 실체 사태를 고정하고는 그것이 다른 규범의 실체화된 특정한 사태와 양립가능하지 않다고 말하는 것은 논증되어야 할 중요한 단계들을 은밀히 건너뛰는 것이다. 규범을 실체화된 가치로 오해하고, 다시 이 실체화된 가치들의 무게를 비교하거나 합산하는 식으로 사유하는 것은 결국은 이런 오류로 인해 논증을 판단자의 심리적 과정으로 바꿔놓는다.

그러한 심리적 과정은 대체로 다음과 같이 진행된다.

- 평등 → 똑같은 → 획일적인 → 강제로 동일한 것을 강요받는 → 자유가 없는
- 자유 → 원하는 대로 하는 → 힘의 발휘에 제약이 없는 → 지배하는 자와 지배받는 자가 생기는 → 불평등한

이러한 자유연상 과정에서는 평등의 증대는 자유의 감소를 가져오고, 자유의 증대는 평등의 감소를 가져오므로, 둘 중 어느 한 쪽을 지나치게 추구하려고 하면 안 되고 적절히 그 정도를 조절해야 한다는 결론이 그럴듯한 것처럼 느껴진다. 평등과 자유를 실체화시켜 그 충돌을 논하는 논의들은 그 암묵적 전제들을 모두 명시적으로 꺼내놓고 사고 경로를 낱낱이 따져보면, 실은 허술한 자유연상 과정에 불과하다.

더군다나, 무차별곡선 상에서 서로 상충하는 가치를 위치시킨 후 직관으로 균형점을 골라내는 것은 논증으로서 아무런 가치를 갖지 않는다.[4] 형량되는 이유들, 특히 가치로 표현된 이유들을 좌표 축으로 놓고 그 좌표 평면에 이러저러한 무차별곡선을 그리는 것은, 다음 두 명제를 참으로 전제하는 것이다.

(1) 두 가지 가치가 동일 차원의 가치이다.
(2) 두 가지는 마치 음식과 의복처럼 각각 독립된 만족을 주는, 지시되거나 떠올릴 수 있는 공통된 유형의 실체가 있거나 최소한 상호배타적인 외연을 갖는 범주나 대상이다.

그러나 위와 같은 (1), (2) 명제들 자체가 규범적 함의를 갖는 결론이다. 논증 없이는 그 규범적 결론은 전혀 보증되지 않는다.

평등을 x축, 자유를 y축에 둘 때 x, 즉 추상적인 평등 가치가 증가한다고 할 때 우리는 정확히 무엇을 떠올리고 있는가? 스파게티나 청바지는 다른 재화와 독립적으로 구별하여 지시할 수 있는 유형적인 재화(tangible goods) 개념이다. 따라서 y축에 표기된 스파게티 양이 증가하고 x축에 표기된 청바지 양이 줄어든다는 것을 우리는 유의미하게 이해할 수 있다.

그러나 자유와 평등의 경우에는 그런 이해가 명석하게 도출될 수 없다. 자유와 평등과 같은 개념은 그 자체가 관계를 표현하는 명제함수(命題函數)다.[5] 명제함수(propositional function)란, 적어도 하나의 변항(變項)을 포함하기 때문에 아직 참·거짓을 확정할 수 없는 명제형식이다. 예를 들어

---

4) John Rawls, *Justice as Fairness: A Restatement,* Cambridge, Massachusetts: Belknap Press, 2001, sec.40.2, 133-134면.
5) 일반적으로 함수는 공역에 속하는 독립변수의 값이 정해지면 그에 따라 정해지는 종속변수의 값이 하나로 결정되는 관계를 의미한다.

'x는 사람이다.'는 명제함수다. x라는 변항(variable)에 '안중근'을 대입하면 참이지만, '물방울'을 대입하면 거짓이 된다. 명제함수 중 관계를 표현하는 명제함수들은 여럿을 열거한 뒤 한 차원에서 양을 따지고 비교할 수 있는 대상이 아니다.

자유라는 개념은 아무런 실체도 지시하지 않는다. 법적 자유는 주체, 행위, 장애라는 3요소를 갖는 개념이다.6) 그것은 다음과 같은 명제함수다.

주체 x은 장애 y로부터 행위 z를 하기에 자유롭다.7)

마찬가지로 규범으로서 평등은 언제나 '비교대상의 주체', '비교의 항목(items)'이라는 2요소를 필수적으로 포함한 관계를 표현한다.

주체 $x_1, x_2, x_3, \cdots x_n$은 항목 I에 관하여 평등하다.8)

문법적으로는 맥락을 고려하여 때때로 이 중 일부를 생략할 수 있겠지만, 논리적으로는 이 2요소 중 하나라도 빠지면 평등에 관한 명제는 무의미한 말(nonsense)이 된다. 맥락에 의한 요소 보충이 전혀 이루어지지 않는다면, 다음과 같은 명제는 그 자체로 완결되었다고 이해할 수 없다.

항목 L에 대하여 평등하다.
a와 b는 평등하다.

---

6) Gerald C. MacCallum, Jr. "Negative and Positive Freedom." *The Philosophical Review*, Vol. 76, No. 3, 1967, 312-334면.
7) 자유롭다는 관계를 기호L로 나타내면 L(x, y, z)와 같은 함수식으로 나타낼 수 있다.
8) 평등하다는 관계를 기호E로 나타내면 E([$x_1, x_2, x_3, \cdots x_n$], I)와 같은 함수식으로 나타낼 수 있다.

논리적으로 필요한 요소가 누락되어 있기 때문이다. 그러므로 어떻게든 누락된 요소를 보충해야 한다. 그런데 '평등'이라는 개념 자체를 x축에 놓을 경우 이렇게 필수적일 수밖에 없는 '항목' 요소나 '주체' 요소가 사라져버리고 만다. 이것은 '평등' 개념을 다루면서도 개념의 필수적인 논리적 변항(論理的 變項)9)을 누락하고 언급하는 것이다. 그것이 누락된 개념은 아무런 의미를 갖지 않는다.

평등은 대안질서와 비교하여 언급될 수 있다.

주체 $x_1, x_2, x_3, \cdots x_n$은 항목 L에 관하여, 특정 질서O하에서 가능한 대안질서O'에 비하여 더 평등하다.10)

이 경우 평등 논의는 주체의 범위에 누가 들어가느냐(예를 들어 외국인도 들어가는가), 문제되는 항목 L을 무엇으로 설정할 것인가를 확정하는 논증을, 대안질서를 염두에 두고 수행하는 것을 뜻한다.

이런 과정 없이 실체화해서 다루는 것은 자유연상 활동을 하는 것에 불과하다. 필수적인 논의를 건너뛰고 평등에 대한 막연한 인상이 당면 사안에 접했을 때 연접되는 특정 사태를 고정시키고 그것을 곧바로 평등과 같은 것으로 보는 것이다. 평등과 자유 같은 규범 개념이 명제함수라는 점은, 자유연상에 의한 논의가 논증이 준수해야 하는 최소한의 논리조차도 위배하는 것임을 분명하게 보여준다. 함수 f_1을 좀 더 많이 확보하기 위하여 함수 f_2는 양보해야 한다는 말은 무의미하다.

함수는 그 변항으로 함수를 포함할 수 있다. 자유와 평등이 각각 함수

---

9) 논리적 변항(logical variable)은 그 변항에 논항을 대입하면, 명제함수가 참이나 거짓과 같은 진리치를 산출하게 되는, 비어 있는 자리이다.

10) 평등하다는 관계를 기호E로 나타내면 E([$x_1, x_2, x_3, \cdots x_n$], L, O, O')와 같은 함수식으로 나타낼 수 있다.

로 표현되기 때문에, 자유를 1차 함수로, 평등을 2차 함수로 한 복합함수 구성이 가능하다.

주체 $x_1, x_2, x_3, \cdots x_n$은 자유 L에 관하여 평등하다.[11]

이 경우, 자유는 평등의 한 변항으로 들어가게 되므로, 복합함수 $f_2(f_1(x))$에서 f_2와 f_1이 상충한다는 진술이 무의미한 것처럼, 자유와 평등이 상충한다는 x_1 진술은 무의미하게 된다.

그리고 위 진술은 '주체 $x_2, x_3, \cdots x_n$는 장애y로부터 행위 z를 함에 있어 평등하게 자유롭다.'와 그 의미가 동일하다. 즉, 평등은 자유의 조건을 규정하는 방식이 될 수 있다.

이상의 논의를 요약하자면 다음과 같다.

(1) 자유와 평등이 같은 차원에서 상충한다는 주장은, 하나를 많이 추구하면 다른 하나를 적게 추구할 수밖에 없다는 주장이다.
(2) 이러한 주장은 자유의 개념에는 평등이 그 구성 부분으로 들어갈 수 없고, 평등의 개념에는 자유가 그 구성 부분으로 들어갈 수 없음을 의미한다.
(3) 그러나 우리는 다음과 같은 문장을 유의미한 것으로 이해할 수 있다. '표현의 자유는, 사상이나 견해 등을 다른 구성원들에게 알리고 전파할 양립가능한 평등한 권리이다.'

---

11) 대안과 비교한 평등과 자유의 명제복합함수도 만들 수 있다. 주체 $x_1, x_2, x_3, x_4, (\cdots), x_n$는 자유에 관하여, 특정 질서 O하에서 가능한 대안질서O'에 비하여 더 평등하다. 이것은 E($[x_1, x_2, x_3, \cdots x_n]$, L(x, y, z), O, O')와 같은 함수식으로 나타낼 수 있다.

'대한민국 헌법은 표현의 자유를 모든 국민들에게 평등하게 보장할 것을 규정하고 있다.'

(4) 따라서 전제 (1)은 틀렸다. 즉, 자유와 평등은 같은 차원에서 상충하는 관계 내지는 맞교환 관계(trade-off relation)에 있는 개념일 수 없다.

이로써 '실체화의 오류'를 검사하는 하나의 테스트가 성립한다.

가치 실체화 오류 검사: 명제함수의 성질을 갖는 어떤 개념의 변항이 될 수 있는 것은, 그 개념 자체와 동차원에서 상충하는 것이 아니다.

실체화 오류 검사를 사용하면, 규범 개념의 논리적 요소를 명료하게 분설할 수 있고, 그에 따라 논리적 요소를 근거 없이 특정 내용으로 전제하거나, 규범들이 서로 관계를 맺고 있는 구조에 관한 논증을 생략하는 것을 막을 수 있다. 이러한 테스트는 규범을 실체화된 가치로 상정하고 그 중요성을 심리적으로 가늠하는 활동을 형량으로 보는 것을 원천 봉쇄한다.

이 검사를 적용해보면, 평등과 자유는 동차원에서 상충하는 개념일 수 없다. 그러므로 그 둘을 동차원에서 상충하는 가치로 보는 것은 실체화의 오류를 범하는 것이다. 자유나 평등을 적당히 실체화한 가치로 생각하여 심리적으로 비중을 따지는 것은 논리적 토대가 없는 작업인 것이다.

형량을 기본권 주체들의 관계가 왜곡되었는지 검사하는 추론임을 이미 살펴보았다. 그러므로 형량을 하려면 손쉽게 규범들을 실체화해서 비중을 따질 것이 아니라, 자유나 평등과 같은 규범이 어떤 근본적 관계를 명하고 있는지를 먼저 살펴봐야 한다.

II. 자유·평등 규범의 근본성

1. 통약 불가능성을 해소하는 지위

헌법규범을 존중하는 해석은, 규범이 내포하는 기본권 주체들의 지위와 관계를 논증과정에서 덮어버리거나 제거하지 않는 것이다. 자유와 평등은 관계를 내포한 구조를 가진 헌법규범 중 하나인데, 그 규범에 내포된 관계는 헌법에서 기본권 주체들의 근본적 지위, 즉 서로 자유롭고 평등한 관계를 맺는 시민의 지위를 표현하고 있다.

자유와 평등이 근본적 관계를 내포하는 심층적인 규범이라는 점은, 삶에서 선택이 되는 가치들이 통약 불가능성을 보인다는 점에 의해서 보여질 수 있다. 통약불능이란 "관련된 선(善)들이, 그 선들의 특성을 최선으로 고려하는 숙고된 판단을 위배하지 않고서는 단일 척도로 정렬될 수 없을 때 발생한다."[12] 즉, "사랑, 우정, 지식 등을 생각해보면 다종다양한 것들이 인간의 가치체계를 구성하고 있음을 알 수 있는데, 이런 가치들은 이들 사이의 우열을 측정해 그 각각에 순서를 매겨 쭉 나열할 수 있는, 다시 말해 이들을 서열화(ordering)할 수 있는 객관적 척도를 공유하고 있지 않다."[13]는 것이다.

통약 불가능성은 사회적 수준에서 가치 선택에 난점을 야기한다. 사랑, 우정, 지식과 같은 수많은 가치들을 열거하고는 그 비중을 '사회'나 '공동체'라는 모종의 입장에서 따져 줄 세워야 하기 때문이다. 그런데 우선 그러한 모종의 입장은 살아 있는 개인들처럼 우정이나 지식과 같은 가치를

---

12) Cass R. Sunstein, "Incommensurability and Valuation in Law", *Michigan Law Review*, Vol 92, No. 4, 1994, 796면
13) 조홍식, "법경제학 무대놓기 ― 경제학에 대한 상투적 비판을 글감으로 하여―", 『경제적 효율성과 법의 지배』, 고학수·허성욱 편저, 박영사, 2009, 52면.

경험하는 주체가 아닌 단지 논의상의 개념이기 때문에 가치를 선택한다는 행위의 의미가 이미 변질되어 버린다. 게다가 '사회'나 '공동체' 입장에서의 여하한 가치 선택도 그 사회나 공동체의 본성에 대한 규정을 전제로 요한다. 그런데 그 본성은 임으로 정의되거나 규정될 수밖에 없고, 왜 다른 정의나 규정을 취하지 않았는가라는 물음에 답할 수 없게 된다. 그래서 일정한 본성을 단언하고 가치의 순서를 임의로 매기더라도, 그 순서는 논증대화의 참여자들에게 납득할 만한 타당성을 갖지 못한다.

그런데 자유와 평등은 사회적 수준의 선택에서 가치의 통약 불가능성 문제에 불필요하게 부딪히지 않도록 하는 해소책이 되는 헌법적 지위를 규정한다.

첫째로 어떤 대상의 도구적 가치를 달리 평가하는 도구적 가치의 통약 불가능성 문제를 보자. 구체적인 상품, 시간, 금전과 같은 것들이 갖는 도구적 가치는 사람마다 다를 수 있다. 그러나 이 문제는 도구적 가치를 갖는 대상을 선택할 수 있는 자유를 평등하게 보장하고, 그 자유에 내포된 가능성을 실제로 충족할 수 있는 기회와 자원을 과소보호금지의 원칙에 따라 보장하면 위헌적인 사태를 배제하면서 해소될 수 있다. 둘째로, 심원한 가치에서의 통약 불가능성이 있다. 종교적으로 신실한 삶, 평화로운 삶, 세속적 성공을 달성하는 삶, 타인의 고통을 감소하는데 봉사하는 삶 등 인생의 가장 심원한 가치들의 우선순위를 사회적으로 일률적으로 관철할 필요는 없다. 왜냐하면 자유롭고 평등한 관계를 맺는 기본권 주체의 지위에 상응하는 권리와 의무를 할당하고 나면, 그 권리와 의무의 범위 내에서 개인이 발견, 선택, 유지, 수정, 포기할 각자의 책임과 권한을 지게 되기 때문이다. 사회적 수준에서는 일거에 사랑, 우정, 지식의 서열을 매기거나 바람직한 조합을 결정하려고 했을 때에 난점에 부딪히는 것이다. 이와는 달리, 개인 각각의 삶의 구체적인 맥락에서 보면 통약 불가능성은 이성적인 판단의 불가능성, 즉 원천적 비교 불가능성을 의미하지 않는다. 사람들은 사랑, 우정, 지식들을 각자의 삶의 여건과 능력, 기질에 맞춰 향유하고 자신에게 적합한 이유에 근거하여 실제로 그에 관련된 선택을 하기 때문이다. 사람들은 '추상적' 수준에서 가치 선택을 하는 것이 아니라, 각자에게 주어진 구체적 선택 상황의 맥락에서 어느 선택지가 자신의 삶의 서사를 가장 잘 표현하는지를 결정하는 데 도움을 주는 고려사항들을 알 수 있다.14) 따라서 자유에 대한 존중은 다양한 가치 평가 방식의 차이를 존중하는 의미를 갖는다.15)

즉, 입헌민주주의 사회의 법 규범은 평등하게 자유로운 근본적인 시민들의 관계를 표현하므로, 그 관계와 정합성을 갖는 논증에 따라 시민들의 권리와 의무가 할당될 수 있는 일련의 지위를 도출할 수 있게 된다. 그리고 궁극적인 판단의 기능은 그 지위를 가진 시민들 각자에게 돌아갈 수 있게 된다.

예를 들어 예술의 가치와 우정의 가치를 사회적 수준에서 실체화하여 대립하여 놓고 보면 그것에 어떤 비중을 부여하여 서열화하는 합리적인 판단이 불가능하다. 그러나 헌법적 판단은 그러한 근본적인 판단을 할 필요가 없으며, 오히려 그러한 근본적 판단을 일률적으로 관철하지 못하게 하는 역할을 해야 한다. 기본권 규범의 역할은 모든 시민들에게 정당하게 속하는 권리와 그에 연결된 지위를 할당하는 것이다. 그럼으로써 각 시민들은 그 자신에게 부여되거나 허용된 범위 내에서 자신의 확신에 따라 예술과 우정을 적절히 추구하면서 살아갈 수 있게 된다.

따라서 입헌적으로 보장되는 시민의 지위는 '통약 불가능성의 부담'을 해소하는 발판이다. 즉 통약 불가능성은 입헌적 지위, 특히 평등한 자유

---

14) Cass R. Sunstein, "Incommensurability and Valuation in Law", 809면.
15) 같은 논문, 819면.

의 관계에 따른 권리를 확고히 보장해야 한다는 근거가 되는 것이지, 사법부가 아닌 입법부가 더 많은 결정을 해야 한다는 주장의 근거가 되는 것이 전혀 아니다.

그런데 이 기본권적 지위라는 발판이 거꾸로 '통약 불가능한 내재적 가치들의 비중에 대한 사회적 수준에서의 판단'을 통해 설정된다면 이는 두 가지 면에서 오류를 범하는 것이 된다.

첫째는 그것이 일종의 선결문제 요구의 오류(fallacy of begging the questions)을 범하는 것이 된다는 것이다. 기본권 논증은 통약 불가능성의 문제를 지위를 할당하는 방식으로 해소하려고 하는데, 바로 그 지위 할당에 통약 불가능한 것을 마치 통약 가능한 것처럼 보아 도출된 답을 사용하기 때문이다.

둘째는, 정합적인 망을 이루고 있는 근본적인 규범들을 서로 충돌하는 환원 가능한 실체처럼 각각의 비중을 가지는 것으로 생각하게 되어, 환원될 수 없는 것을 억지로 공통 척도로 환원시키기 때문이다.

그러므로 기본권 제한이 정당화되는가의 문제에서 법익 균형을 검토할 때는, 통약 불가능한 가치들을 억지로 통약 가능한 것처럼 다루어서 답하려고 해서는 안 된다. 그것은 개인이 가치들을 선택하는 것과는 전혀 다른 과업이다. 헌법재판에서 법익 형량의 문제는 자유와 평등이라는 규범에 대한 고찰을 통해 기본권 주체들의 관계와 지위를 해명하여 답해야 한다.

2. 이익의 위계

법익 형량은, '기본권 규범에 내재한 기본권 주체들이 갖는 지위들의 관계를 표현하는 헌법규범 원리에 의해 기본권을 제한할 수 있는 사유로 인정되는 적합한 논거가 적절한 단계에서 제시되거나 제시되지 못하였다는 점을 검토하는 추론'이다. 이러한 형량에 대한 이해는 인간의 이익이 갖는 구조를 살펴봄으로써 강화된다.

　여기서 논할 핵심 내용은 ‘인간의 이익은 일정한 위계를 이루고 있기 때문에 평등한 자유 관계를 고려해야만 모든 사람들의 자기책임에 따른 이익의 추구가 가능하다’는 것이다. 이를 달리 표현하자면 다음과 같다. 어떤 사람에게 자신에게 무엇이 이익이 되는가를 알고 추구하는 일은 평등한 자유가 보장되어야 가능하다. 그러므로 헌법재판에서 기본권 주체의 공통된 이익의 균형을 도모한다 함은 입법이 평등과 자유의 규범이 명하는 모든 기본권 주체들의 근본적 관계를 잘못 변형시키지 않았는가를 살펴보는 일을 의미하는 것이다.

　이러한 논의를 위해서 욕구와 이익 층위의 구조를 살펴볼 필요가 있다.

[표 1] 〈욕구와 이익의 층위〉16)

I. 그때그때의 욕구 (Passing Wants)	II. 수단적 욕구들 (Instrumental Wants)	III. 최소한의 복지이익 (Welfare Interests)	IV. 심원한 중심 목표와 가치 (Focal Aims)
아이스크림을 먹으려는 것 영화를 보러가려는 것	후식(dessert)을 포기하는 것 운동하는 것 저축 계좌를 개설하는 것 일찍 잠자리에 드는 것 초과근로 하는 것	신체 건강과 기력 정신을 사로잡는 고통 부재 기괴할 정도의 외모 손상 부재 지적 능력 정서적 안정 경제적 안정 적정한 환경 최소한의 정치적 자유	바라던 집을 짓는 것 책을 쓰는 것 명예나 영광을 얻는 것 정치권력을 획득하는 것 종교적 깨달음을 얻는 것 신조를 실현하는 것 과학 난제 해결 가정 꾸리기 여유로움의 달성

---

16) 표는 Joel Feinberg, *Harm to Others: Moral Limits of the Criminal Law*, New York: Oxford University Press, 1987, 60면의 Digaram3을 번역한 것이다. 이 표의 번역은 김도균, “법원리로서의 공익: 자유공화주의 공익관의 시각에서”, 『서울대학교 법학』 47권 3호, 2006, 168면에 사용된 용어를 일부 참조하였다.

[표 1]은 Feinberg가 인간 욕구와 이익의 위계에 관한 자신의 설명을 집약한 것이다. 이 표에서 욕구(wants)는 I, II, III, IV의 순으로 층위가 올라갈수록 상대적으로 더 고차적인(higher), 또는 더 심원한(more ulterior) 욕구이다. Feinberg의 이 도식이 타당한 이유는 두 가지다. 첫째, 인간의 모든 욕구와 이익이 층위 분류 하에 빠짐없이 포괄적으로 망라되어 있기 때문이다. 둘째, 이 도식에서 하위 층위의 욕구 충족이 이익이 되는가 여부는 그 주체의 상위 층위의 욕구가 무엇이냐에 달렸다는 점을 부인할 수 없기 때문이다.17)

이 욕구를 충족하는 이익의 위계에서 평등한 자유는 I, II, IV에서 직접 작동한다.

I층위의 그때그때의 욕구는 상당한 기간 동안 지속되는 안정성이 없는 욕구이다. 이 욕구는 더 상위의 욕구에 따라 그때그때의 만족을 얻는 것이 이익이 될 수도 있고 이익이 되지 않을 수도 있다. II층위의 수단적 욕구 역시 그 욕구 충족이 목적으로 하는 상위 욕구가 없으면 의미가 없는 욕구다. 이 두 층위의 욕구의 충족이나 포기는 공히 더 상위의 욕구에 비추어 이익이 될 때도 있고 그렇지 않을 때도 있는 것이다. 여유 있게 날씬한 사람은 맛있는 아이스크림을 먹어서 생기는 쾌락을 억지로 포기할 만한 상위의 욕구에 관련된 이유가 별로 없다. 반면에 건강을 위해 다이어트 중인 사람에게는 아이스크림을 먹는 것이 이익이 되지는 않는다. 돈을 더 모아 자녀를 위해 더 좋은 여건의 지역으로 이사를 할 계획을 세운 사람은 초과근로를 해서 수당을 받는 것이 이익이다. 그러나 그런 필요사항이 없는 사람은 정시에 퇴근을 해서 여가를 즐기는 것이 더 이익이 될 수 있다. 그러므로 이 두 층위의 욕구에 관하여 입법과 같은 방식을 통해 일

---

17) 물론 이 욕구들은 일방향으로 작동하는 것은 아니고 순환성과 연계성을 가지면서 재생산된다. Joel Feinberg, *Harm to others*, 61면 참조.

률적으로 다른 사람들이 대신해서 충족과 포기를 결정해주는 것은 이익이 되지 않는다. 행위자 자신의 여건과 더 상위의 욕구에 비추어 스스로 결정할 수 있는 것이 이익이 된다. 따라서 이 층위에서 이익이 되거나 되지 않는다는 점을 이야기하기 위해서는 애초에 평등한 자유가 전제되어야 하는 것이다.

Ⅳ 층위의 심원한 중심 목표들은 "그 자체가 목적으로서 특성을 갖고 있다는 공통점"을 갖는 것들이다.18) 물론 그것이 달성될 때 다른 목적을 위한 도구적 가치를 겸할 수도 있지만, 어쨌건 그 자체의 고유한 목적성을 부인할 수 없는 것들이다. 이러한 목표들은 진정성 있게 스스로 받아들인 것이어야 한다. 그래야 그것을 달성하려는 자신의 행위가 의미와 가치를 갖기 때문이다. 좋은 삶을 살아가기 위해서는 삶을 가치 있게 만드는 것에 대한 우리 자신의 신념에 따라 살아가야 한다. 그리고 그 신념들에 대해서는 언제든 자유롭게 질문을 던지고, 자신을 둘러싼 문화가 제공하는 모든 정보와 사례 그리고 논변에 비추어 그것들을 자유롭게 검토할 수 있어야 한다. 예를 들어 자신이 원하지도 않는데 어떤 신조를 실현시키는데 협력할 것을 강제당하는 사람은 그만큼 자신의 삶을 박탈당한 것이다. 자신의 꿈은 화가가 되는 것인데 법률에 의하여 음악가가 되기를 강요받는다면 그 입법은 그에게 이익이 된다고 할 수 없다. 그러므로 평등한 자유는 궁극적으로 이 층위의 심원한 가치가 온전히 그 의미를 갖기 위한 전제가 된다.

Ⅲ 층위의 '최소한의 복지이익'은 두 가지 측면에서 자유의 보장과 관련된다. 그것은 우선 여하한 행위를 가능케 하는 일정한 능력의 결여나 감손으로부터 벗어나거나 이를 방지할 수 있는 행위 경로들이 열려 있어야 한다는 의미에서 자유와 관련된다. 다른 한편으로는 건강을 유지하고,

---

18) 같은 책, 60면.

고통을 피하고, 지적 능력을 유지하는 등의 일을 위해서는, 각자가 자신의 여건에 맞게 계획을 세우고 실행하는 자유를 발휘할 수 있어야 한다.

위 욕구와 이익의 층위 표에서 보충되어야 할 부분은, III 층위에 속하는 다른 종류의 이익으로, '보편적인 개선이익'을 넣는 것이다. 보편적 개선이익은 복지이익과 같은 종류의 욕구를 충족시켜주는 것들이나 필수적인 최소 수준 이상으로 더 나아지는 이익이다. 그런데 Feinberg는 복지이익(welfare interest) 또는 표면적으로 정의된 복지이익(ostensibly defined welfare interest)라는 용어로 "다양한 목적에 유용하게 쓰이는 일반화된 수단"이면서도 "더 궁극적인 목적의 달성을 위해 필수적인 것들"만을 포함시켰다.[19] 반면 "최소 수준을 초과하는 복지이익의 확대(extensions of welfare interest to trans-minimal levels)"는 심원한 중심 목표들 중 하나가 될 수 있는 것으로 포함시켰다.[20] 그러나, 다른 복지이익 항목이 저하되지 않는다면 그 중 한 항목이 더 나아지는 것은 심원한 중심 목표가 무엇이건 관계없이 누구나에게 이익이 된다고 볼 수 있다. 이는 전형적인 복지이익의 특성이다. 그러므로 그것을 각자에게 달리 이익이 되는 심원한 가치나 목표로 다루는 것은 타당하지 않다. 게다가 어떤 층위의 이익이 최소 수준을 넘어섰다고 해서 다른 층위의 이익으로 곧바로 전환되는 것으로 간주하는 것은 이론상 정합성이 부족하다고 보인다.[21]

따라서 '생존과 최소한의 복지이익'과 '보편적인 개선이익'을 여전히 구분하면서도 이를 같은 층위에서 놓고, 이 둘 모두를 포괄하여 지칭할

---

19) 같은 책, 37면.
20) 같은 책, 59면.
21) Feinberg가 지적한 바와 같이 복지이익을 어느 수준 이상으로 누리는 것 자체를 자신의 중심 목적(focal aims)으로 삼을 수 있겠으나, 그러한 목적은 바로 그러한 수준 이상으로 누리는 것이 좋은 삶이라는 가치를 추구하는 것이므로 IV 층위의 이익과 상관되는 것으로 볼 수 있고, 이렇게 보는 것이 최소 수준 이상의 복지이익의 내재적 가치와 목적적 가치를 모두 담아내는 이론 구성으로 생각된다.

때는 '일반적 복지이익'(general welfare interest)라고 부르는 것이 더 나은 이론 구성으로 보인다.22)

일반적 복지이익은 심원한 중심 목표들이 무엇이건 상관없이 유용하고 필요한 이익이다. 그런데 이 일반적 복지이익을 가져다주는 자원들은 자원의 희소성 때문에 사람들의 삶에서 한정되어 있다. 예를 들어 다른 조건이 같다면 최대한 건강하면 건강할수록 좋고 또 휴식을 더 많이 즐기면 즐길수록 좋을 것이다. 그러나 어떤 사람이, 자기 삶에서 정말로 중요한 작품을 만들어내기 위해, 어느 기간 집중적으로 일을 하면서 건강과 휴식을 어느 정도 희생하는 것은 그 사람 자신의 심층적 선관에 비추어 보아 합리적인 일이다. 다만 그 작품을 완결하지도 못할 정도로 어리석게 건강을 상실하는 것은 비합리적인 일일 것이다. 즉, 생존과 최소한의 복지이익(①)은 어떠한 심원한 목표와 가치를 가졌든 상관없이 모든 이에게 필요한 것이지만, 그 이상의 일반적 복지이익들인 개선이익(②)을 희소성의 제약 하에서 자기 몫으로 주어진 것을 어떻게 조합하는 것이 최선인가는 그 사람이 가진 심원한 목표와 가치가 무엇인가에 따라 달라진다.

그러므로 '최소한' 이상의 복지이익에 기여하는 보편적인 자원들은 심원한 목표들에 따라 개인이 상이하게 조합할 수 있는 가능성이 존재하는 것이 이익이 된다. 다양하게 조합될 수 있는 자원들과 기회들을 국가가 일률적으로 우선순위를 부가하여 강제하면 이러한 이익을 해하게 된다.

일반적 복지이익에 속하는 '생존과 최소한의 복지이익'(①)과 '개선이익'(②)는 각각 "삶의 경로상 필연적 필요."(course of life needs)23) 와 "보편적인 개선 이익"24)이라고도 불릴 수 있을 것이다. 삶의 경로상 필연적

---

22) 일반적 복지이익 = ① 생존과 최소한의 복지이익 + ② 보편적 개선이익
23) 생존과 최소한의 복지이익(①)에 대응.
24) 개선이익(②)에 대응.

필요는 관련된 결핍이 주체의 '통상적 기능'(normal function)을 위협하는 것으로, 의, 식, 주, 운동, 휴식, 동반자, 의료, 교육, 일자리 등이 포함된다.25)26) 보편적인 개선 이익은 통상적인 기능을 넘어서서 자신이 의미 있다고 초점을 맞추는 기회를 더 풍부하게 활용할 수 있는 이익이다.

필연적 필요는 모두에게 최소한 보편적으로 보장되어야 한다. 그러나 개선 이익의 조합을 타인이 결정하는 경우에는 심원한 가치와 목표의 추구에 영향을 미치게 되어 오히려 더 고차적인 이익을 해치게 된다.

이익의 위계 구조를 통해 이익을 고찰하면, 평등한 자유는 기본권 주체가 이익을 향유하기 위한 근본적 조건임을 알 수 있다. 첫째로 모든 층위에서 평등한 자유는 각자가 이익을 향유하기 위한 전제가 된다. 둘째로 가장 심원한 층위에서 이익이 되는 것을 스스로 규명하고 선택할 자유가 없다면 그 하위 이익들은 많은 의미를 잃는다.

이것은 다음과 같은 중대한 함의를 갖는다. 공익은 구성원들이 공통으로 향유하는 이익이다. 그렇다면 구성원이 이익을 향유하기 위한 근본적

---

25) David Braybrooke, "Let Needs Diminish That Preferences May Prosper", in *Studies in Moral Philosophy*, Nicholas Rescher ed., *American Philosophical Quarterly Monograph Series*, I, Oxford, 1968. 90면.

26) Norman Daniels, "Equality of What: Welfare, Resources, or Capabilities?", *Philosophy and Phenomenological Research*, Vol. 50, Supplement, 1990, 280-282 면에서 Norman Daniels는 통상적 기능(通常的 機能)에 관하여 다음과 같이 설명한다. "기본적인 발상은, 건강이란 질환이 없는 것이며, 질환은 그 종의 전형적 구성원의 통상적인 기능적 구조로부터의 이탈(deviations from the normal functional organization of a typical member of a species)이다. 이것은 단지 통계적 관념(merely a statistical notion)은 아니고, 신체 조직의 형태에 관한 이론적 설명에 기초한다. 인간의 경우에 사회적 동물로서, 생리적인 목표를 추구하는 것을 허용하는 종전형적인 기능 구조에 관한 설명을 필요로 한다. 따라서 우리의 다양한 인지적, 정서적 기능이 종 전형적 기능에 포함되어야 한다. 마찬가지로 우리는, 정신병과 정신건강도 그림 안에 넣어야 한다."

인 조건이 되는 평등하게 자유로운 관계를 훼손하는 것은 궁극적으로 공익이라고 할 수 없다. 왜냐하면 그 관계가 훼손될 때 구성원들은 자신에게 이익이 되지 않는 것을 강제로 따라야 하기 때문이다. 따라서 자유권 제한의 잠정적 사유로 제시되는 공익은, 평등한 자유라는 근본적인 규범을 준수하는 것을 보일 수 있는 차원에서 논의되어야 한다. 그리고 그 규범을 준수하면서 공익을 같은 차원에서 논하기 위해서는, 두 가지 작업이 필요하다. 첫째, 법적 자유의 개념이 자세히 해명되어야 한다. 둘째, 법적 자유와는 이질적으로 보이는 이익들이 법적 자유와 어떻게 같은 차원에서 논의될 수 있는지를 보여야 한다.

III. 법적 자유 개념의 해명

1. 법적 자유 개념

법적 자유는 다음 두 논제를 논증함으로써 상당부분 해명된다.

(1) 행위 경로가 법적으로 열려 있음으로서의 법적 자유 논제 [활용가능한 행위선택지들이 법적으로 제약되지 않은 상태]: 행위자x가 삶의 어떤 특정한 측면f의 행위선택과 직면하여 취할 수 있는 행위 경로[선택지] z_1, z_2, z_3, $\cdots z_n$ 중 어느 하나를 선택하는 것을, 관련된 법y가 제약하지 아니할 때, 측면f와 관련하여 x는 법적으로 자유롭다.

(2) 행위자 실제 의사 무관 논제: 행위자 x가 실제로는 삶의 측면f와 관련하여 z_1 내지 z_k 까지만 선택하려고 하고 그 외의 선택지에 대하여는 선택을 하지 않으려고 하여도, 관련된 법y가 z_{k+1} 내지 z_n 까지의 선택지를 금지하는 경우, 금지된 범위의 선택지에 대하여 행

위자 x는 생활측면f에 관하여 법적으로 부자유하다.

먼저 법적 자유 개념을 특별히 (1)의 형식으로 분설하는 것의 타당성에 대하여 부연설명이 필요하다.

첫째, 이 개념은 '주체x가 장애y로부터 행위z를 하기에 자유롭다'는 자유 진술에서 논리적으로 필수불가결한 요소만을 포함하면서 그 장애y에 '법적'이라는 속성을 부가하여 구성한 것이다. 따라서 이것은 법적 자유 '개념'(concept)의 수준에서는 특정한 자유'관'(conceptions) 중 어느 것도 배제하지 않으므로 분석의 기초로서 적합하다.[27]

둘째, 이것은 앞으로의 논의가 단순히 정치철학적인 논의에 한정된 것이 아니라 '법적 자유'에 관한 논의가 되도록 하는 고리가 된다. 헌법에서 자유에 관한 모든 논의는 '법적 자유'를 대상으로 하여 이루어지므로, 위 논제로 해명된 개념을 활용하는 논의는 법적 논의로 변환하거나 도입하는 특수한 문제를 거칠 필요가 없이 그 자체로 법적 자유에 관한 논의가 된다.

셋째, 또한 이것은 '선택 상황의 악화'라는 '법적 간섭'의 의미를 보다 명확히 한 것이기도 하다.[28] 선택 상황 악화의 가장 기초적인 특성은, 기준선(基準線)이 되는 상황에서는 열려 있던 선택지가 닫히기만 하는 것이다. 기준선은 어떤 간섭으로 인한 법적 자유의 상태를 평가하기 위하여 비교대상이 되는 상태다. 정부를 비판하는 언론을 금지하는 입법이 법적 자유를 축소했다고 하기 위해서는, 비판적 언론을 금지하지 않는 상태를 기준선으로 삼아야 한다. 따라서 이전에 열려 있던 선택지가 닫히지만 동

---

27) 즉 이 법적 자유 개념(concept)은, 행위에 간섭하는 장애를 '법적' 장애에 한정한, 삼항 관계를 내포하는 단일한 자유 개념이다.
28) Philip Pettit, "Freedom as Antipower", *Ethics*, Vol. 106, No. 3, 1996, 579면.

시에 새로운 선택지가 열리게 되는 경우에는, 자유의 전체 체계의 관점에서 축소인지 아닌지는 논증을 거쳐야 알 수 있다.

넷째로, 이것은 생활측면f를 언급함으로써 기준선(baseline)이 되는 상황의 범위를 한정시키고 고정시킬 수 있게 한다. 기준선을 고정하면 타인의 작위 뿐 아니라 부작위와 결부된 자유의 축소도 평가할 수 있다. 예를 들어 약을 필요해 약 값을 내고 사려는 사람에게 약을 교부하는 것을 약사가 아무런 좋은 이유도 없이 거부하는 데 아무런 제재도 없는 법질서의 경우가 그 예가 될 수 있다. 이 경우에는 특별한 이유가 없으면 약값을 지불하면 약을 살 수 있는 자유 상태가 기준선이 된다.

이제 (1), (2) 논제의 핵심 취지를 본격적으로 살펴보면, 이 두 논제는 같은 명제를 다른 측면에서 포착한 것이다. 그리고 상이한 대표적인 세 자유 이론을 대결시켜 내린 결론이다. (i) [Hobbes의] 비좌절로서의 자유, (ii) [Berlin의] 불간섭으로서의 자유, (iii) [Pettit의] 비지배로서의 자유 이론이 바로 그것이다. 이 각 이론을 간명하게 표현하자면 다음과 같다.

> (i) 법적 자유란 기본권 주체가 실제로 원하는 행위의 행사가 실제로 방해받을 때에야 비로소 제한된 것이다. (비좌절로서의 자유liberty as non-frustration)
> (ii) 법적 자유란, 기본권 주체가 선택할 수 있는 행위의 선택가능성이 축소되었을 때, 즉 열려 있는 선택지들 중 일부가 법에 의해 닫히게 되었을 때 제한되는 것이다. (불간섭으로서의 자유liberty as non-interference)
> (iii) 법적 자유란, 기본권 주체가 선택할 수 있는 행위의 선택가능성이 자의적으로 축소되지 않았을 때, 즉 예속화하고 지배하는 법에 의해 닫히게 되었을 때 제한되는 것이다. (비지배로서의 자유liberty as non-domination) 반면에 예속화하고 지배하지 않는 법에 의해 선택가능성이 닫히게 되는 경우에는 자유는 제한되지 않는다.[29]

위 이해 중에 (ii) 불간섭으로서의 자유 입장이 법적 자유의 기초 분석 개념으로 적합하다. 위 (1), (2) 논제는 법적 자유 개념으로서 적합한 이론은 (ii) 불간섭으로서의 자유라는 점을 명확히 하는 것이다. 그 근거를 요약하자면 다음과 같다.

먼저, (i) 비좌절로서의 자유의 입장을 취하게 되는 경우, 객관적으로 취할 수 있는 행위선택지 중 일부가 제거되었음에도 불구하고 단지 기본권 행위주체가 그 금지된 선택지를 현실로 취하지 않았다는 이유에서 자유 축소는 없다는 기이한 결과가 초래된다.

다음으로 (iii) 비지배로서의 자유의 입장을 취하면 규제가 정당화되는 경우에는 개념상 원래 자유 제한 자체가 없다는 결론을 내리게 된다. 이로 인해 실제로 축소된 선택지를 명료하게 드러내지 못하게 되고, 자유 제한의 정당화 논증을 시작할 법적 자유의 기초 개념을 갖지 못하게 된다.

이 각각을 좀 더 상세히 설명해 보겠다.

2. 비좌절로서 자유 거부

먼저 (i) 비좌절로서의 자유 개념은 다음과 같은 것이었다. "(i) 법적 자유란 기본권 주체가 실제로 원하는 행위의 행사가 실제로 방해받을 때에야 비로소 제한된 것이다."[30]

이 개념의 부당성은 Isaiah Berlin이 명쾌하게 지적한 바 있다. 이 개념

---

29) 비지배로서의 자유가 소극적으로는 반권력 상태의 자유로 표현될 수 있다는 점은 같은 논문, 578면 참조.

30) Hobbes는 『리바이어던』에서 "자유의 의미를 이와 같이 이해할 경우 (일반적으로 그런 의미로 사용되고 있다) 자유인(freeman)이란 '스스로의 힘과 자력으로 할 수 있는 일들에 대하여 **자기가 하고자 하는 것을** 방해받지 않는 인간'을 뜻한다." (Thomas Hobbes, *Leviathan*. 진석용 옮김, 『리바이어던 1 ― 교회국가 및 시민국가의 재료와 형태 및 권력』, 나남, 2008, 280면)고 썼다. (강조는 인용자)

을 수용하게 되면 "소극적 자유를 자기가 원하는 것을 하는 것으로 정의
해서는 (…) 내가 원하는 것을 전혀 또는 거의 할 수 없는 처지에 있더라
도, 내 소원을 축소하든지 없애기만 하면 나는 자유로워지는 것이다." 폭
군 때문에 소망을 버리게 된 사람들이 그 소망이 이제는 없는 까닭에 "그
결과 더 자유롭게 느낀다는 데에는 의문이 없다. 그러나 그런 상황은 정
치적 자유와는 정확하게 반대이다."[31]

Pettit은 Berlin의 논증을 다음과 같이 재구성한다.

> Berlin의 논증은 다음과 같이 정리할 수 있다.
> 1. Hobbes를 따라, 당신이 A와 B사이의 선택의 자유를 다음과 같은 경
>   우 향유한다고 해보자. 당신이 A와 B 중에 실제로 선택한 선택지에
>   대한 간섭만 피한다면 말이다. 즉, 좌절만 피한다면.
> 2. 가정에 따라, 내가 A에 대해서는 간섭하고 B에 대해서는 간섭하지
>   않는 경우 A를 선택한다면, 당신은 자유를 누리지 못한다.
> 3. 그러나 가정에 따라, 만일 B를 선택하는 경우에는, 당신은 자유를
>   향유한다.
> 4. 그러므로 만일 이러한 상황을 안다면, 나의 간섭을 제약하지 않고서
>   도 선택의 자유를 확보할 수 있는 것으로 보인다. 당신의 선호를 적
>   응시켜 B를 고름으로써 말이다. 그러나 이것은 터무니없다. 당신은
>   간섭하려는 나의 성향에 당신을 적응시킴으로써 간단히 당신을 자
>   유롭게 만들 수 없다.
> 5. 그리하여, 원래의 가정인, 비좌절이 자유를 위해 충분하다는 가정은
>   거짓임에 틀림없다.[32]

---

31) Isaiah Berlin, *Liberty — Incorporating Four Essays on Liberty.* 박동천 옮김, 『이
  사야 벌린의 자유론』, 아카넷, 2006, 374면.
32) Philip Pettit, "The Instability of Freedom as Noninterference", Ethics, Vol. 121,
  No. 4, 2011, 698면.

비좌절로서의 자유가 법적 자유 분석의 기초 개념이 될 수 없다는 점은, 법적 자유 침해를 구성요건요소로 하는 형법 제276조 감금죄에서도 비좌절로서의 자유 개념은 거부된다는 점을 확인하면 더 분명해진다.

형법상 감금죄는 감금되는 피해자가 감금사실을 인지하지 못하더라도 성립한다. 예를 들어 교수가 재중(在中)하는 연구실 문을 바깥에서 자물쇠와 체인으로 칭칭 감아 잠궈버렸는데, 연구에 몰두한 교수가 4시간 뒤에나 나왔고, 그때는 이미 범인이 이미 만족하여 자물쇠와 체인을 제거한 뒤라고 해보자. 교수가 현실적으로는 나오려고 할 때 나오지 못하는 사태는 없었다. 그렇다고 하더라도, 감금죄는 여전히 성립하고 이미 기수(旣遂)이다. 즉, 이 경우 그 교수가 우연히 그 연구실을 나오려는 의지를 가져서 물리적으로 잠긴 문에 부딪혔을 때 자유가 비로소 축소된 것이 아니다. 교수에게 밖으로 나갈 가능성이라는 선택지를 제거한 그 시점에 곧바로 자유가 축소된 것이다. 그러므로 자유 개념은 특정한 행위 경로 선택의 선호가 표출된 세계에서뿐만 아니라 가능했던 다른 행위 경로를 선택한 세계에서 부딪히는 장애도 포착할 수 있어야 한다.

> Berlin의 열린 문 견해는, 자유가 양상적 속성(modal character)을 가지고 있음을 함의한다. 당신은 A를 선택하는 실제 세계에서 불간섭을 향유하는 것에 의해서만 선택의 자유를 누린다고 할 수 없고, 아마도 가장 가까운 가능세계(possible world) 또는 B를 선택하는 가능세계에서도 불간섭을 향유해야만 자유롭다 할 수 있다.[33]

즉 교수의 신체 이동의 자유 측면f에서, 교수가 연구실에 머무르는 선택지 z_1을 선택한 가능세계(可能世界[34]))에서 교수가 스스로의 선택 실현

---

33) 같은 논문, 701면.
34) 가능세계는 우연, 필연, 가능, 불가능과 같은 존재 양상문을 체계적으로 설명하기

에 장애에 부딪히지 않는 것으로 충분하지 않다. 연구실을 나가는 선택지 z_2를 선택한 가능세계에서도 교수가 스스로의 선택 실현에 장애에 부딪히지 않아야, 연구실에 머무르거나 연구실을 나간다는 이동의 자유 측면f 와 관련하여 교수는 자유롭다고 말할 수 있다.

따라서 비좌절로서의 자유 개념은 법적 자유 개념 기초로 부적합하다.

3. 비지배 자유의 통찰 수용

다음으로 Pettit의 비지배 자유 개념이 법적 자유 분석의 기초 개념으로 적합하지 않다는 점을 살펴보기 전에, Pettit이 불간섭 자유 개념의 결함으로 지적하는 바가 사실은 존재하지 않는다는 점을 먼저 검토하기로 하자.

Pettit은 비좌절로서의 자유보다 불간섭으로서의 자유가 우월하다는 점을 지적하고 나서는, 더 나아가 "불간섭으로서의 자유에 비하여 비지배로서의 자유를 찬성하여 논하는 것도 유사한 방식으로 가능하다."고 다음과 같이 주장한다.

1. Berlin과 함께, A와 B 사이의 선택에 있어, 두 선택지 모두가 열려 있는 경우에 자유를 향유한다고 가정해보자. 당신은 선호되는 선택지에서 간섭을 피할 뿐 아니라, 각 선택지 모두에서의 간섭을 피한다.
2. 위 가정에 의하여, 당신은 내가 간섭의 권력을 가지고 있으며, 나쁜 의지를 가지고 이 선택지나 저 선택지에 간섭할 성향이 있는 경우에는 선택의 자유를 향유하지 않는다.
3. 그러나 바로 그 가정에 의해, 나의 권력에도 불구하고, 만일 내가 어느 선택지에도 간섭하지 않는 성향을 가지고 있는 경우에 당신은 선

위한 양상논리학의 도구이다. 이 논문에서 언급하는 가능세계는, Pettit과 마찬가지로, 주체가 문제되는 선택을 다르게 했을 때 전개될 수 있는 가능한 사태들을 간편하게 언급하기 위하여 사용하였다.

택의 자유를 행사한다.

4. 만일 당신이 그 상황을 알고 있다면, 당신은 나의 간섭의 권력을 감소시키지 않으면서도 당신을 자유롭게 할 수 있는 것으로 보인다. 나에게 아첨함으로써 그리고 내가 당신이 원하는 대로 하게 내버려 두도록 만듦으로써.

5. 그러나 이것은 터무니없다. 당신은 나의 간섭 권력에 당신을 조화롭게 맞춤으로써 간단히 자유롭게 만들 수는 없다.

6. 따라서 원래의 가정, 즉 불간섭이 자유를 위해 충분하다는 가정은 거짓일 수밖에 없다.[35]

그러나 위 논증은 Berlin의 '불간섭으로서의 자유'가 부족한 자유 개념임을 논증하는 데 성공하지 못한다. 위 논증은 Berlin의 자유 개념에서 포착될 수 있는 것을 굳이 다른 개념을 써서 논했을 뿐이다. Berlin의 자유 개념이 가능세계의 경로들 모두에 놓인 장애를 감지한다는 점을 상기하라. 그러므로 Berlin의 자유 개념은 그 정의 자체로, '당신'이 간섭 권력을 갖고 있는 '나'에게 아첨을 하건 하지 않건 행위 경로가 열려 있는 경우(a)와 아첨을 해야 행위 경로가 열리는 경우(b)를 다르게 감지한다. 즉 아첨을 하는 가능세계와 아첨을 하지 않는 가능세계 모두에서 선택지가 열려 있는 사태(a)와, 아첨을 하지 않는 가능세계에서는 선택지가 닫혀 있는 사태(b)를 다르게 감지한다. 만일 '나'에게 아첨을 하지 않는 세계에서 또는 '나'에게 무례하게 구는 가능세계에서 내가 '당신'에게 간섭할 법적 권한이 있다면, '당신'은 그만큼 축소된 법적 자유를 누리는 것이다. 즉 가능세계들 중 일부를 굳이 자의적으로 구별하여 다른 개념으로 포착할 필요가 없다. '접합적 행위선택지'(Conjunctive options)[36]까지 포함한 해당

---

35) 같은 논문, 705면.

36) 접합적(接合的) 행위선택지는 두 개의 행위를 함께 할 수 있는 행위 경로를 의미한다. 행위 경로는 '노동을 하거나 하지 않을 수 있다'나 '혼인을 하거나 하지 않을

생활측면f와 관련된 모든 가능세계를 고려하면, Berlin의 불간섭으로서의 자유는 권력의 문제를 포착하기에 충분하다. 이 경우 접합적 행위 선택지는 아첨을 하지 않으면서 또한 선택한 행위를 하는 것이다. 따라서 아첨을 해야만 행위를 할 수 있는 세계는 접합적 선택지를 제거한 것이다. 그것은 '당신에게 현재로는 있지 않은 간섭 성향을 촉발하는 어떠한 행위를 하면서 접합적으로 내가 원래 하려고 했던 선택지를 행하는' 그러한 접합적 자유의 문을 닫은 것이다. 또는 '당신의 자의와 무관하게 내가 하려 했던 선택지를 행하는' 자유의 경로를 닫아놓은 것이다.[37)38)]

따라서 Pettit이 강조하고자 하는 논지는, '접합적 자유' 개념을 활용하여 '열린 문'의 은유를 그대로 유지하면서도 제대로 수용할 수 있다. 바로 어떤 선택지의 행사에 타인의 '자의(恣意)의 매개항(媒介項)'이 결부되어 있는 것은 그 매개항 만큼의 자유 제한이라는 것이다. 법적 자유 진술에서 '자의의 매개항'은 어떤 행위 경로가 열리는가 닫히는가 여부가 타인의 자의를 매개로 해서 결정됨을 의미한다. 이 경우 타인은 이쪽저쪽 어느 쪽이든 타당한 이유 없이도 선택할 수 있고, 그것에 따라 주체의 행위 경로의 열리고 닫힘이 달라지는 것이다. 이 개념을 활용함으로써 Pettit이 불간섭으로서의 자유에 혐의를 두었던 결함은 사라진다.

Pettit은 Berlin의 열린 문 모형에 '문지기'의 존재를 부가하여 자신의 자

수 있다'와 같이 하나의 생활측면과 관련해서 뿐만 아니라 '혼인을 한 상태에서 노동을 할 수 있다'와 같이 접합적인 생활측면과 관련해서도 검토될 수 있다. 왜냐하면 그 접합적 행위 경로가 열려 있는 사태와 닫힌 사태는 상이한 사태이기 때문이다.

37) 이 점은, *Republicanism and Political Theory*, by Cecile Labode, John Maynor et al., 곽준혁·조계원·홍승헌 옮김 『공화주의와 정치이론』, 까치, 2009, 제2장 "자유와 지배"; Matthew Kramer, *The Quality of Freedom*, Oxford: Oxford University Press, 2003 참조.

38) Joel Feinberg, *Harm to Others*, 207-208면은 철길 궤도 모델을 묘사하여 행위 경로 선택의 문 모델과 동형(同型)의 것을 자유의 기초 개념으로 옹호한 바 있다.

유 개념을 간명하게 설명한다.

　공화주의가 요청하는 것은 문이 열려 있는 것뿐만 아니라 그 문을 닫
을 수 있는 문지기가 없어야 한다는 것이다. 또는 그것을 고장내버리거나
숨기는 문지기가 없어야 한다는 것이다. (⋯) 당신이 이런 저런 문이 열려
있게 하기 위해 그의 선의에 의존해야 하는 문지기가 없는 경우에, 그 때
당신은 자유로운 것이다. (⋯) 반아첨(反阿諂) 가정의 설득력은, 그러한 문
들의 열림이 문지기의 은총에 의존해서는 안 된다는 것을 논증한다.[39]

　이 통찰은 중요하다. 그러나 이 통찰은 분석의 출발점부터 도덕화된 개
념(moralized concept)을 쓰지 않고서도 충분히 수용할 수 있다. 즉, ‘문지
기’는 Berlin의 개념을 이용한 법적 자유 기술에서, ‘자의의 매개항’이라는
문을 닫게 하는 요소로 포함될 수 있는 것이다.

　비지배 자유 개념이 포착하려는 자유 축소 사태가 불간섭 자유 개념에
의해 모두 포착됨은, 혼인퇴직제의 예에 의해 쉽게 이해된다. 현재는 법
률에 의해[40] 여성 혼인퇴직제가 금지되어 있다. 이제 이 법을 폐지한다고
하여보자. 이 법질서에서 여성 혼인퇴직제를 취업규칙으로 시행하는 회
사라는 것을 ‘알면서’, 또는 ‘결혼하면 퇴사하겠습니다’라는 문구를 넣은
근로계약서에 서명하여, 애초에 근로계약을 맺을 때부터 결혼하면 곧바
로 퇴직하는 것으로 합의하고 여성 노동자가 회사에 입사하는 경우를 생
각해보자. 이 경우 Hobbes적 자유 개념인 ‘비좌절로서의 자유’ 개념에 의

39) Philip Pettit, "The Instability of Freedom as Noninterference", 709면.
40) 남녀고용평등과 일·가정 양립 지원에 관한 법률(약칭: 남녀고용평등법) 약칭 [시행
2014.11.21.] [법률 제12628호, 2014.5.20., 일부개정]
제11조(정년·퇴직 및 해고) ① 사업주는 근로자의 정년·퇴직 및 해고에서 남녀를
차별하여서는 아니 된다. ② 사업주는 여성 근로자의 혼인, 임신 또는 출산을 퇴직
사유로 예정하는 근로계약을 체결하여서는 아니된다.

하면, 아무런 자유도 제한되지 않았다. '여성은 자유롭게 결혼퇴직제에 합의하였고, 따라서 결혼하면 퇴직하는 것은 자신의 자유 행사의 귀결이다'라는 식이다. 그러나 이 점은 결혼과 취업을 접합적으로 행사할 수 있는지 여부를 결정할 수 있는 법적 권한이 사용자에게 있는 법질서(R1)가 사용자에게 그러한 법적 권한이 없는 법질서(R2)와는 여성 노동자의 행위 경로에서 법적으로 열리고 닫힘이 서로 다르다는 점을 전혀 포착하지 못한다.

이 점을 빠짐없이 포착하기 위해서는 먼저 법문장(法文章)의 상이(相異)는 곧바로 법규범(法規範)의 상이를 의미하지 않는다는 점을 주의해야 한다. 법규범은 법명제[41]다. 명제(proposition)는 문장(sentence)과는 다르다. '책상 위에 사과가 오렌지의 왼쪽에 놓여 있다.'라는 문장은 '책상 위에 오렌지가 사과의 오른쪽에 놓여 있다.'라는 문장과 다른 문장이지만 동일한 명제를 표현하고 있다. '책상 위에 사과가 놓여 있다. 그리고 같은 책상 위에 오렌지가 놓여 있다. 그 사과는 그 오렌지의 왼쪽에 놓여 있다.'라는 말은 세 개의 문장으로 나뉘어져 있지만 그것이 표현하는 명제는 앞서 언급한 하나의 문장과 같다. 참이나 거짓, 타당하거나 부당한 것은 문장이 아니라 명제이며, 서로 논리적 관계를 맺는 것도 문장이 아니라 명제들이다.[42] 이처럼 "규범의 정체(正體)"는 규범 명제의 수준에서 찾아야 하기 때문에[43] 법규범의 총체는 법문장의 총체가 아니라 법명제의 총체이며,[44] 법적 결론의 총체는 동일한 법명제의 총체를 표현하는 법문장 표현의 교체만 가지고는 변경되지 아니하며, 상이한 법문장 표현을

---

41) Ronald Dworkin, 『법의 제국』, 17면에 의하면 "법명제(proposition of law)란 법이 허용 또는 금지하거나 수권하는 것에 관하여 규정한 진술과 주장"이다.

42) A. C. Grayling, 『철학적 논리학』(제3판), 33-34면.

43) Robert Alexy, 『기본권 이론』, 73-74면.

44) BVerfGE 34, 269 (286) 참조.

상이한 법규범으로 곧바로 간주해서는 안 된다.

이러한 점을 염두에 두고, 한 여성x가 A, B, C, D 회사가 있는 사회에서 입사를 결정하는 경우를 생각해보자. 이 중 A, B, C, D 회사 모두가 결혼퇴직제를 실시하고 있다면 이 여성은 결혼생활을 유지하면서 동시에 취업노동을 할 접합적 선택지가 없다. 따라서 불간섭으로서의 자유 개념에 의해, 여성은 결혼을 유지하면서 동시에 취업노동을 하려고 할 때, 궁극적으로는 국가 강제력에 의해 그 선택지를 박탈당하게 된다. 만일 결혼퇴직제가 유효한 사회라면, 회사는 계약을 지키지 않았다고 하여 노무수령을 거부할 수 있고, 임금도 지급하지 않을 수 있으며, 회사에 자꾸 들어오면 건조물침입죄로 고소할 수 있다. 그리고 이 모두는 법에 근거한 국가 강제력에 의해서 관철된다. (가능세계1)

다음의 경우로, A, B 회사는 결혼퇴직제를 실시하고 (즉 A, B 회사의 사용자는 결혼하면 퇴직한다는 문구를 넣지 않으면 애초에 근로계약을 맺지 않는다), C, D 회사는 실시하지 않는 (즉 C, D 회사는 결혼퇴직제를 실시할 수도 있었지만 현실에서는 실시하지 않는다) 약간 상이한 가능세계를 생각해보자. 이 경우 이 여성에게 결혼생활을 하면서 동시에 노동하는, '결혼과 노동'의 접합적 선택지는 C, D회사의 경우에로 축소되었다. (가능세계2) 그리고 그렇게 축소된 이유는 오로지 A, B회사의 사용자가 이 여성에게 결혼과 노동의 접합적 선택지를 박탈할 법적 권한이 있는 상태에서, 그 사용자의 의사(will)에 의해 그 선택지를 박탈하기로 결정했기 때문이다. 만약 A, B회사의 사용자가 마음을 바꾸어 먹어 그 선택지를 박탈하지 않기로 결정한다면, 여성은 A, B회사로도 결혼생활을 하면서 취업하는 선택지를 행사할 수 있다. (가능세계3) 또 가능세계 2에서는 C, D회사에서 접합적 선택지를 행사할 수 있기는 하다. 그러나 이것은 오로지 C, D회사가 그 접합적 선택지를 행사하도록 내버려두기 때문에 열린

문이다. 예를 들어 C, D 회사 역시 그 여성이 취업하기 전에 언제든 마음을 바꾸어 그 문을 닫아버릴 수 있다. (가능세계4) 따라서 (가능세계1 내지 4를 모두 포괄할 수 있도록)[45] 자유의 양상적 속성을 타당하게 고려한 이 여성의 자유는 다음과 같이 기술된다.

> (1) x라는 여성의 해당 사회에서 결혼 그리고 취업노동의 접합적 선택지는, 해당 사회의 생산수단을 보유한 사용자의 자의적 의사가 그 선택지를 허용하는 경우에만, 법적으로 열려 있다.

그리고 이 자유 기술은 법적 자유 기술이다. 왜냐하면 매개항의 내용을 확정짓는 사용자의 의사가 다를 경우, 여성의 선택지는 법적으로 배제되기 때문이다.

위 (1)과 같은 법적 자유 사태는 아래 (2)의 법적 자유 사태와는 다르다.

> (2) x라는 여성의 해당 사회에서 결혼 그리고 취업노동의 접합적 선택지는 법적으로 열려 있다.

이것이 존립하는 법적 사태가 빠짐없이 기술되도록 의도된 것이라면 이는 다음 (3) 문장이 표현하는 법명제와 동치이다.

> (3) x라는 여성의 해당 사회에서 '결혼과 취업노동'이라는 접합적 선택지는, 해당 사회의 생산수단을 보유한 사용자의 의사가 그 접합적 선택지 행사를 내버려두고자 하는 것이건 그렇지 않은 것이건 무관하게 열려 있다.

---

45) 가능세계 중 일부만을 살피고는 자유롭다고 단정하는 '비좌절로서의 자유 개념'이 빠지는 오류를 피하려면, 적절한 법적 자유 개념은 모든 가능세계를 포착해야 한다.

그런데 (1)과 (3)은 그 자유의 범위에서 명확한 차이가 난다. 그러므로 (1)의 법사태의 자유는 (3)과 법적 자유의 범위가 외연적 동치인 (2)의 법사태에서의 자유보다 축소되어 있다. 그것은 '사용자의 의사의 매개항이 접합적 선택지 행사의 조건으로 결부되어 있는 만큼' 축소되어 있다. 그리고 이 의사는 '사용자'의 의사이지, 기본권 주체인 여성 자신의 의사는 아니다. 그리고 사용자의 자의를 여성 노동자의 자유 행사 가능성에 결부시킨 것은 법에 의한 것이므로, 이 축소는 법적으로 객관적인 축소이다. 여성이 개인적 노력을 기울여도 사용자의 의사가 결혼과 취업이 동시에 이루어지는 선택지를 거부하면 그러한 자유를 향유할 수 없다. 그 행위 경로는 막혀 있다. 그리고 자유의 객관적 축소는 정당화되어야 한다. 그렇게 법적 행위 경로가 열리고 닫히는 것이 사용자의 의사에 달려 있도록 할 정당한 이유가 있지 않다면, 이 법질서는 헌법적으로 정당화되지 않는다. 왜냐하면 그 경우 사용자는 자신의 결혼선택에 관한 자유도 행사하고, 더 나아가 거기에 덧붙여 타인의 결혼선택에 관한 자유 몫까지 추가로 더 행사하는, 두 몫 행사로서 불평등한 자유 찬탈이기 때문이다.

다시 말해 어떤 자유의 행사에 '타인의 자의의 매개항'이 결부되어 있는 경우는, 그러한 매개항이 결부되지 아니한 경우에 비해, 가능한 접합적 행위 경로가 닫히는 만큼 이미 객관적으로 더 제한된 상태인 것이다.

이로써 불간섭으로서의 자유가 비지배로서의 자유가 포착하는 자유 제한의 경우를 모두 포괄할 수 있음은 논증되었다.

4. 비지배 자유의 논증 부적합성

그렇다면 왜 법적 자유 분석의 기초 '개념'으로 비지배 자유를 택해서는 안 되는 것인가?

기본권 제한 심사의 구조는 자유권의 잠정적 보호영역에서 출발하여

법적 제한을 포착하고 그 제한이 정당화됨을 논의하는 과정으로 이루어
진다. 비지배 자유 개념은 이 기본권 제한 논증의 출발점부터 결론 지점
에 이르기까지 시종일관 사용될 수 있는 개념으로는 적합하지 않다. 비지
배 자유 개념은 결론 부분, 즉 이미 정당화된 제한이 이루어지고 나서 남
은 부분인 확정적 자유만을 언급하기에 적합한 개념이다.

비지배 자유가 자유 제한으로 포착하는 조건을 살펴보자. "행위의 선택
가능성이 자의적으로 축소되지 않았을 때, 즉 예속화하고 지배하는 법에
의해 닫히게 되었을 때"라는 이 조건은, '자의성'이라는 중대한 평가 개념
을 포함하고 있어 이미 도덕화(道德化)된 조건이다.46) 즉, 규범적 정당성
을 자유 개념을 정의(定義)하는 요건으로 애초부터 구축해(build-in) 넣은
것이다. 그래서 '무엇이 비지배 자유다'라고 확인할 때에는 규범적 정당
화가 이미 끝나 있게 된다. 즉 자유 제한을 헌법적으로 정당화하는 논증
절차는 이미 완료된 상태일 수밖에 없다. 그런데 헌법의 논증대화, 특히
과잉금지원칙 심사의 논증구성은, 법적 자유가 연루되어 있음을 감지한
후, 법적 자유가 제한되었음을 먼저 확인하고, 그 다음으로 그러한 제한
이 정당화되는지를 살펴보는 형태로 되어 있다. 따라서 이러한 논증을 시
작하기에 사용할 개념으로 비지배 자유는 적합하지 않다. 이 점은 '간섭
이 자의적이지 않을 것'이라는 비지배 자유의 개념 요건이, '자유 제한이
정당화될 것'이라는 헌법적 논증이 필요한 곳 자체를 표현하고 있다는 것

---

46) Cecile Labode, John Maynor et al., 『공화주의와 정치이론』, 제3장 "권력과 부자유
는 어떠한 관계에 있는가"에서 Ian Carter는 "도덕화된 자유 개념은 여러 방해물들
이 도덕적으로 정당하다면 자유를 제한하는 것이 아니라고 주장"한다는 점에서 자
유 제한이 정당화 논증 출발점이 되는 기초 개념으로 부적절하다는 점을 지적한다.
이를테면 Pettit은 구속 영장마저도 사람들의 자유를 제한하는 것이 아님을 암시하
는 것으로 보인다. 비자의적인 이익을 추구하는 법에 의한 것인 한, 그것은 자의적
간섭이 아니기 때문이라는 것이다.

을 확인하면 분명해진다. 여기서 '자의적인 간섭'이냐 아니냐는 단번에 직관으로 파악할 수 없는 복합적인 논증에 의해 검토되어야 할 문제이므로, 자유 개념에 처음부터 구축해 넣기에는 대단히 부적절하다.

Pettit은 사람들 자신의 생각에 따라 그들의 이익을 따르는 데 실패하는 장애가 없다는 것이 자의적이지 않다는 기준이라고 암시한다.[47] 그러나 이렇게 자의성을 실제로 행위 주체가 보유한 이념에 따라 이해된 이익을 따르는 것으로 주관적으로 정의하면, 법의 정당성은 매우 제한된 수의 시민들에게만 성립하게 된다. Pettit의 가장 중요한 요건인 '자의성'이 실로 제한적 역할 밖에 하지 못하는 것이다. 예를 들어, '노동자들이 상호 의사 연락 하에 다 함께 일을 하지 않기로 결의하여 사용자의 업무가 원래 예정된 대로 돌아가지 못하게 하였다'는 것은 사용자의 영업의 자유에 대한 자의적인 간섭인가 아닌가? 반대로 그러한 노동자들의 집단행동을 금지하는 것이 노동자들의 단결 행위에 대한 자의적인 간섭이 되는 것인가? 이 문제에서 사용자의 '자신의 이념에 따른 자기 이익의 이해'와, 파업하거나 집단 퇴사하기로 한 노동자들의 '자신의 이념에 따른 자기 이익의 이해'는 서로 상충한다. 이 경우 어느 이해가 우선하는가? 이 점에 대해 Pettit의 분석되지 않은 '자의성' 요건, 또는 '주관적 이해에 따른다는 의미의' 자의성 요건은 아무런 해결도 해주지 않는다. 비지배 자유 개념에서는 자유란 자의적 간섭으로부터의 면제이기 때문에, 무엇인가가 자의적이냐 아니냐를 살펴볼 때 자유를 기준으로 삼을 수 없다. 그렇다면 자유이외의 어떤 다른 기준이 새로 들어와야 한다. 따라서 자유 제한의 정당

---

47) Philip Pettit, *Republicanism: a theory of freedom and government.* 『신공화주의 — 비지배 자유와 공화주의 정부』, 곽준혁 옮김, 나남, 2012, 74-75면에서 "자유로운 경우로 나에 대한 타인 혹은 기관(agency)의 간섭이 내 이익의 증진을 보장할 때에만, 그리고 이 경우에도 내가 공유하는 의견에 따를 것을 약속하는 조건하에서만 허용"되는 경우에는 "간섭을 지배로 볼 수 없다"고 Pettit은 말한다.

화 논증에서 자유는 전혀 등장하지 않게 된다. 그렇기 때문에 Pettit의 자유 개념은 실제 논쟁이 첨예하게 대두되는 자유 제한 논증에서 아무런 역할도 하지 못하는 텅 빈 기준이 되고 마는 것이다.48)

도덕화된 자유 개념을 기본권 제한 심사에서 사용하면 다음과 같은 선결문제 요구의 오류를 범하게 된다.

(1) 자유권 제한이 정당화되는지 살펴보자.
(2) 자유란, 자의적이지 않은 이유에서, 즉 공익을 위한 것이 아닌 이유에서 간섭당하지 않아야 하는 선택가능성이다.
(3) 해당 사건에서 제한된 선택가능성은 공익을 위해 제한된 것이다.
(4) 따라서 제한된 것은 자유권이 아니다.
(5) 따라서 자유는 애초부터 제한된 바가 없다.

이러한 논리적 오류를 범하는 자유 개념 활용은, 정당한 논증 없이 자유 개념을 처음부터 좁힘으로써 정부의 조치를 합헌으로 결론지으려는 목적으로 은밀하게 사용될 수 있다.49)

'자의의 매개항'에는 정당화되지 않는 것과 정당화되는 것 두 가지가 있다. 이 점은 '이미 규범적 요소를 두껍게 덧씌운 도덕화된 자유 개념을 선결문제 요구의 오류를 범함이 없이 분석의 기초로 사용할 수 없다'는

---

48) Gopal Sreenivasa, "A Proliferation of Liberties", (Review of *Republicanism: A Theory of Freedom and Government* by Philip Pettit), *Philosophy and Phenomenological Research*, Vol. 63, No. 1, 2001, 236면에서도 이 점은 신랄하게 지적된 바 있다.

49) Lawrence H. Tribe and Michael C. Dorf, "Levels of Generality in the Definition of Rights", *57 U. Chi. L. Rev.* 1057, 1990, 1096-97면에서 Lawrence Tribe 등이 비판한 *Michael H. v. Gerald D.* 491 U.S. 110, 124 (1989) 법정의견의 각주 4는 Scalia가 자유권의 잠정적 보호영역을 애초부터 제한의 사유인 정부 목적에 의해 좁히는 접근 방식의 위험을 보여준다.

것을 뒷받침해준다.

전자의 사례, 즉 정당화되지 않는 매개항 사례를 살펴보자. '여성의 결혼을 이유로 고용을 거부할지 여부에 관한 사용자 자의의 매개항'이 결부됨으로써 여성의 취업의 자유가 축소되는 것은 정당화될 수 없다. 우선 첫째로, 취업 희망자는 사용자의 기·미혼에 따라 사용자의 기업 운영을 거부할 능력도 없는 데에서도 알 수 있듯이, 자유가 불평등하게 주어지기 때문이다. 자의의 매개항 덕택에 사용자는 자신의 결혼 여부에 관한 자유도, 여성의 결혼 여부에 관한 자유도 행사하여 결과적으로 두 몫을 행사한다. 반면에 여성 노동자는 한 몫도 제대로 행사하지 못한다. 둘째로, 취로의 자유는 생계를 유지케 하고, 자아를 실현케 하는 통로가 되는 기본적 생활 영역이다. 기본적 생활 영역에 다른 생활 영역의 제한을 덧붙이는 것은 중대한 접합적 선택지를 축소하므로 특별한 정당화를 필요로 한다. 그래서 첫째 이유와 둘째 이유는 밀접하게 관련되어 있다. 즉, 생계를 유지하기 위하여 취로할 기본적 필요가 없었더라면 사용자는 두 몫을 행사하지 못하였을 것이기 때문이다.

이번에는 후자의 예, 정당화되는 자의의 매개항 사례를 살펴보자. 가장 분명한 경우로는 'X의 혼인이라는 행위 경로는, 오로지 다른 이들 중 누군가의 의사가 X와 혼인하는 것인 한에서 열려 있다'는 것이다. 이 경우 첫째로 자신과 혼인할 사람을 결정하는 선택권은 모두에게 동등하게 주어진 권한이어서 어느 누구도 두 몫을 행사하지 않는다. 둘째로, 이러한 매개항 결부(結付)를 부인하게 될 경우 X 본인도 타인이 원하는 대로 강제로 혼인당하는 법적 처지를 용인하게 되는 셈이므로 오히려 신체의 자유를 크게 침해당하게 된다. 이러한 경우는 너무나 명백해서 명시적인 정당화 문제가 사실상 제기되지 않는다.

약간 덜 명백한 경우로는, 친목 카드놀이모임의 신입회원을 원하는 특성을 가진 사람만 골라 가입시키는 경우다. 이때, 기존회원들이 미혼자의 입회만을 허용한다고 해보자. 이 경우 신입회원이 되고자 하는 자가 그 모임에 가입할 자유는 기존 회원들의 자의의 매개항이 결부되어 기술되기는 한다. 그러나 이러한 매개항 결부는 정당화된다.

첫째로, 여가 모임이나 친목 모임의 입회 수락이나 거부는 모든 사람들에게 동등하게 인정되고 행사되는 자유이다. 그리고 어떤 오락이나 어가 선용 모임, 친목 모임을 결성하고 운영할 자격은, 재산권의 불평등처럼 다른 권리의 불평등과 실질적으로 연결되어 있는 것이 아니다. 그래서 어느 누구도 두 몫을 행사하고 있지 않으며, 각자가 자신의 한 몫만을 행사하고 있다. 그래서 자의로 인해 친목 카드놀이모임에 입회가 거부당했다는 점을 문제 삼기란 어렵다. 친목과 사교란 뚜렷한 규범적 이유가 없이 같이 보고 싶은 사람들끼리 보는 것이기 때문이다. 둘째로, 친목 모임은 삶의 필수적 경로가 되는 영역이 아니다. 취업이나 교육과는 다르다. 그것은 어떤 사람들과 친해지고 싶은가, 어떤 주제로 모임을 갖고 싶은가, 어떤 분야의 활동을 하면서 여가를 보내고 싶은가라는 선관, 그리고 특정 선관을 취함으로써 달라진 생활양태에 따라 지나갈 수도 있고 지나가지 않을 수도 있는 선택적 경로다.

이처럼 '타인의 자의의 매개항' 자체가 자유 행사에 결부되어 있다는 것 자체는 자유 침해를 의미하지 않는다. 그 매개항은 정당화될 수도 있고 오히려 자유를 위해 필수적인 것일 수도 있다. 그러므로 '자의의 매개항'이 결부되어 있음은, 논증이 추가적으로 이루어져야 한다는 점만을 보일 뿐, 논증이 끝났다는 것을 보여주지 못한다. 그런데 Pettit처럼 "간섭은 있지만 지배는 없는 경우"[50]를 자유에 포함시킴으로써 처음부터 제한이 정당화되고 남은 행위 경로만을 자유로 지칭하게 되면, 이러한 논증의

---

50) Philip Pettit, 『신공화주의』, 76면.

출발점과 도달지점, 그리고 그 사이의 과정을 분명하게 구분하지 못하게 한다.

게다가, 비지배 자유에서는 '자의적 간섭'을 '의도적 권력에 의한 간섭'으로만 한정하고 있기 때문에, 비의도적으로 자유가 축소되는 경우를 포착하지 못한다. 비지배 자유는 반권력(anti-power)으로서의 자유와 상응하고, 권력은 의도와 의지를 포함한다. 그래서 과실(過失)에 의해 자유가 축소된 경우, 그리고 개별적인 상이한 목적을 가진 사람들의 행위가 합쳐 생긴 의도하지 않은 집합적 결과가 자유를 축소시키는 경우들을 포착하지 못하게 된다.[51] 반면에 행위 경로가 열리고 닫힘을 낱낱이 포착하는 본 연구에서 제안하는 자유 개념에서는, 이러한 경우들에서 야기되는 자유 축소 역시 모두 포착된다.

더 나아가, Pettit은 '자유가 있음'을 '자의적 간섭 가능성 없음'으로 규정하면서도, 그것과 '자유가 없음'(자의적 간섭 가능성 있음) 사이에 일도양단적(一刀兩斷的) 구분만 할 수 있는 개념적 도구만을 제공한다. 그러나 일도양단적 규정은 법적 자유에만 한정된다. 법적 자유가 보장되어 있다고 하더라도 '자의적 간섭의 가능성이 없다'는 것은 완전하게 보장되는 것은 불가능하다. 그러한 사실적 가능성은 개연성이나 확률의 문제도 포함하게 마련이다. 특히 국가가 아니라 제3자의 자유 침해 가능성을 고려하면 완전 보장은 불가능하고 확률만을 이야기할 수 있게 된다. 경찰력과 형사사법제도, 손해배상제도가 잘 갖추어진 사회라 할지라도 악의적인 범죄자가 무고한 사람을 특정 상황에서의 권력 우위를 이용하여 자의적

---

51) Cecile Labode, John Maynor et al.,『공화주의와 정치이론』, 제2장 "자유와 지배", 70면에서 Matthew H. Kramer는 Pettit이 '의도적인 간섭'에 선택지 축소를 한정시키는 조건을 비판하면서, 부주의에 의해 사람이 안에 있는 줄 모르고 감금하여을 경우에도 그 감금된 사람은 자유가 제한되었음(나갈 수 있는 선택지가 박탈되었음)은 분명하다고 비판한다.

으로 공격하는 것을 완벽하게 막을 수는 없다. 예를 들어 Pettit이 예로 자주 드는, 남성의 여성에 대한 폭력이나, 부모의 자녀에 대한 폭력과 같은 경우를 생각해보자. 남성이나 부모의 폭력을 가능케 하는 신체적 능력을 모조리 예방적으로 무력화하기 전에는 그러한 가능성 자체를 제거할 수는 없다. 국가가 할 수 있는 것은 그러한 확률을 낮추는 것이다. 그리고 이것은 구성원들 사이에 그러한 가해행위를 할 행위 경로를 법적으로 인정하지 않는 것 이상의 과제를 포함한다. 법적 자유에서는 그러한 가해행위가 법적으로 금지되는 것만이 문제된다.

법이 자유를 잘못 규정하고 있는 것과, 이미 법적으로 규정된 자유를 침탈당할 가능성이 있다는 것은 다르다. 그래서 헌법적 규율방식도 상이할 수밖에 없다. 전자는 자유의 경계를 합헌적으로 설정하라는 과제를 국가에 부여한다. 이에 반해 후자는 사실적으로 가능한 불법적 침탈에 대해 방비하고 피해를 구제하라는 과제를 국가에 부여한다.[52]

요약하자면 비지배 자유는 세 가지 결함이 있다. 첫째, 기본권 제한 논증에서 자유 제한을 포착할 수 있는 개념이 결여되어 있다. 둘째, '자의성'을 자유의 논의 차원에서 판단할 수 있는 방법이 결여되어 있고, 달리 체계적인 방법도 갖고 있지 않다. 셋째, 법적 자유를 규정하는 문제와 사실적 침탈 방지를 방비하는 문제를 혼동[53]한다. 결론적으로 자유권 제한 심사의 기초 개념으로는 비지배 자유 개념은 적절치 아니하다.

---

52) 즉 법적 자유가 부당하게 규정되어 있는 경우에는 규범이 제공되어야 하고, 이미 규정된 법적 자유가 사실적 침탈로부터 제대로 보호하고 있지 못할 때는 그 침탈을 방지할 수 있는 사실적 조건이 제공되어야 한다.

53) Gopal Sreenivasa, "A Proliferation of Liberties", 233면-235면에서 Gopal Sreenivasa 는 "비자의적 간섭은 전혀 자유의 상실이 아니라는" 논의는 "마치 사과를 넣을 장소를 확보하기 위해 오렌지가 멍이 들더라도, 어떠한 과일도 손상되지 않았다고 말하는 것과 같다."고 비판한다.

IV. 자유 개념의 단계적 구조

앞으로의 논의를 명확하게 하기 위하여, 본 연구에서 쓰일 자유 개념을 명료하게 밝히도록 하겠다.

제1차 개념, 최초의 출발점이 되는 개념은 '순수하게 기술적인 의미의 자유'(freedom in the purely descriptive sense)다. 이것은 오로지 1인칭 관점에서 모든 실존적으로 가능한 행위를 포괄한다. 즉 물리적 능력과 정신적 능력을 보유하는 신체를 가진 행위자 개인, 오직 그 개인의 관점에서 생각할 수 있는 모든 행위선택지다. 이것은 기본권으로서 자유권의 보호범위에 들어가느냐 여부를 따질 때에 최초에 들어오게 되는 순수한 기술적 개념이다. 즉, 이 자유에는 최소한의 규범적 의미도 들어가 있지 않다. 그러나 일상생활에서는 분명히 이것도 '자유'라는 단어를 써서 일컫기도 하며, 규범적 자유 개념이 배경으로 삼는 개념임에는 분명하다.

예를 들어, "'타인을 마음대로 살해할 자유(a)'는 자유(b)가 아니다"라는 격언에서 전단의 자유(a)는 기술적인 자유를, 후단의 자유(b)는 규범적인 자유를 의미한다. 이러한 기술적 의미에서 자유들은 규범적 의미가 전혀 들어가 있지 않으므로 자유권의 보호영역에 잠정적으로도 들어가지 않는 행위들을 포함하게 된다.

제2차 개념은 '잠정적 자유'(prima facie liberty)다.

이것이 바로 자유권의 잠정적 보호영역에서 말하는 자유 개념이다. 이 단계에서 자유는 법적 자유 개념으로 전환된다. 즉, 자유는 법적으로 금지되지 아니함, 또는 법적으로 허용되는 행위 경로의 의미를 획득한다. 그리하여, 1인칭 관점에서 상상할 수 있는 모든 가능태들의 실현을 막는 장애들을 모조리 포함시키지 아니하고 오로지 '법적 장애'만을 자유의 개

념의 구성 요소로 포함시키게 된다.[54]

2차 자유 개념의 다음 특성은, 이 자유가 2인 이상의 사람이 등장하여 관계가 문제될 때 등장한다는 점이다. 그렇기 때문에 이 자유는 바로 '타인에게 동등한 법적 자유를 인정하면서 수립가능한 모든 법적 자유'라는 형식적 호혜성(formal reciprocity)[55]을 갖게 된다. 그리고 이 형식적 호혜성(形式的 互惠性)을 만족하는 것이 최소한의 규범적 자유 개념(concept of liberty in the minimal normative sense)의 출발점이다. 즉 아직 확정적 자유로는 인정되지 아니한, 보호범위 안에는 잠정적으로 들어오게 되는 자유다.

타인에게 동등한 자유를 규범적으로 인정하지 아니하면서 본인에게만 그러한 자유가 있다고 주장하는 것은 수행적 모순이다. 왜냐하면 본인에게 자유를 인정해 달라는 것은 어떤 것을 공적으로 보호받고자 하는 것인데, 동시에 그 인정의 공적 가능성을 부인하는 셈이 되기 때문이다. 사적으로는(in private) 은밀하게 자신만이 그런 자유를 인정받았으면 하는 소망을 지닐 수는 있다. 그러나 그것을 공적으로 준수되어야 한다고 요구하는 순간, 이 주장은 다른 구성원들에게 정당성을 승인받고자 하는 규범주장이 된다. 그런데 근거 없이 자신에게만 특권을 할당받고자 하는 것은 언어 공동체의 구성원들에게 규범으로 승인될 아무런 자격을 갖지 못한다. 그리하여 이것은 '자유는 규범이다'라는 규범주장으로서도, '나는 z를 함에 있어 y라는 장애에 부딪히지 않을 자유에 대한 권리를 가진다'는 권

---

54) Joel Feinberg, *Harm to Self: Moral Limits of the Criminal Law*, New York: Oxford University Press, 1986, 63면의 Feinberg의 설명에 따르면, 실존적 가능태는 단순히 "실제의 또는 가능한 선택에 대한 효과적인 제약이 사실상 부재함"을 가리킨다. 반면에, 법적 "자유"는 법으로 "부과된(또는 권위가 부과한) 제약을 준수할 의무가 부재하다"는 것만을 가리킨다.

55) 자유 제한과 같은 부담을 부과하는 질서가 호혜성을 갖는다는 것은, 그 질서가 그것을 준수하는 당사자들에게 서로 이득이 된다는 것이다.

리주장으로서도 수행적 모순을 범하게 된다.[56)]

어떤 권리를 자신이 향유하고자 주장한다면, 그 권리를 타인에게 동등하게 인정하는 것을 거부할 수 없다. 그것은 권리가 규범이고, 규범은 그 속성상 공적 인정을 필요로 하기 때문이다. 이 점을 간과하는 종류의 주장은 논증대화에서 항상 공격당하고 무너지게 되는 종류의 주장이다. 그것은 형식적 보편화가능성(形式的 普遍化可能性)이라는, 규범이 되기 위한 최소한의 요건을 충족하지 못한다.

자유가 법적 자유가 되기 위한 최소한의 형식적 개념만으로 헌법상 자유권의 잠정적 보호범위를 정하는 이유가 있다. 그것은 형량이 요구되는 모든 곳에서 필요한 논증을 빠뜨리지 않기 위해서다. 즉 지배적인 관습이나 직관, 다수의 선호에 기댐으로써 결론을 논증 없이 선언하면서 자유의 보호범위를 축소하지 않기 위해서다. 자유 제한의 정당화에 필요한 논증을 낱낱이 명시적이고 명료하게 드러내기 위해서는, 법규범성의 최소 요건을 갖춘 것을 모두 자유권의 잠정적 보호영역으로 보는 것이 타당하다.[57)58)] 즉 간단히 어떤 정부 목적만을 언급함으로써 그 목적에 배치되는 행위를 기본권 보호영역에서 간단히 축출해버리는 것은, 논증책임을 기본권 주체에게 돌려버리는 논증 생략의 원인이 된다.[59)60)]

---

56) Thomas Hurka, "Review on *Justice for Hedgehogs* by Ronald Dworkin", *Ethics*, Vol. 122, No. 1, 2011, 188-194면 참조.
57) Robert Alexy, 『기본권 이론』, 367-371면의 좁은 구성요건 이론 비판 참조.
58) David L. Faigman, "Reconciling Individual Rights and Government Interests", 1543면.
59) 같은 논문, 1578면.
60) David Beatty, "Protecting Constitutional Rights in Japan and Canada", *The American Journal of Comparative Law*, Vol. 41, No. 4, 1993, 545-546면은 "헌법이 보장하는 권리와 자유가 무엇인가를 정의하는 기본적인 도구로 형량 원칙을 사용하는 법리"는 비례 원칙의 힘을 무화시킨다고 지적한다.

결론적으로 자유권의 잠정적 보호영역에 상응하는 2차 개념은 '타인에게 동등한 자유를 인정하면서 수립가능하다'는 형식적 호혜성 요건을 갖춘 '잠정적 자유'가 적합하다.

제3차 개념은 해당 종류의 사안에 대한 헌법적 검토를 모두 거치고 난 뒤에 확정적으로 보호되는 영역을 의미하는 '확정적 자유'(determinate liberty)다.

"자유(a)의 제한이 정당화된다면, 그것은 자유(b) 침해가 아니고, 자유 제한(a)이 정당화되지 않는다면 그것은 자유(b) 침해다"라고 말할 때, '제한'이라는 단어 바로 앞에 오는 '자유(a)'는 2차 개념인 잠정적 자유고, '침해(b)'라는 단어 바로 앞에 오는 자유는 3차 개념인 확정적 자유다.

이렇게 자유가 여러 맥락에서 쓰일 수 있다는 점을 염두에 두는 것은, 논의가 오해를 가져오지 않기 위해서도 유용하다. 논증단계별로 보면, 1차 개념은 '기술적 의미의 1인칭 관점의 자유'다. 2차 개념은, 2인 이상 구성원의 '동등한 인정'이라는 형식을 충족한 '잠정적 자유', 즉 자유권의 잠정적 보호영역이 된다. 제3차 개념은 결론부로 언급되는 자유다. 잠정적 자유 중에서 문제되는 생활측면의 맥락에서 자유 제한의 정당화를 심사한 뒤, 그 맥락에서 그 이유와 방식으로는 제한이 정당화되지 않는 부분이 3차 개념인 '확정적 자유'가 되는 것이다.

[표 2] 〈자유 개념의 단계적 구조〉

1차 개념	2차 개념	3차 개념
기술적 의미의 자유	잠정적 자유	확정적 자유
→ 형식적 보편화가능성을 보임으로써 2차 개념으로 이행(移行)	→ 제한 사유에 의해서도 그 제한이 정당화되지 않음을 논증함으로써 3차 개념으로 이행	

논증 과정에서 주로 등장하는 것은 2차 개념인 '잠정적 자유'다. 본 연구의 정식에서 언급되는 모든 '자유'는 2차 개념임을 밝혀둔다. 그러나 어떤 것이 잠정적 자유에 들어가느냐 여부가 문제될 때에는 1차 개념인 '기술적 자유' 역시 등장할 때가 있다. '확정적 자유'는 논증 결론부에 통상 등장하나, 선례로 확립된 것일 때에는 논증 과정에서 등장할 수 있다.

이상의 논의를 요약해보자. 기본권 제한 심사의 법익 형량은, 헌법규범이 제한 사유로 인정하는 논거가 제시되었는지를 살펴보는 것이다. 그리고 그러한 논거는 그 기본권 제한이 기본권 주체들이 지닌 지위들의 관계를 복구·유지·강화하는 구체화라는 점을 보이는 논거다. 그러므로 무엇이 적합한 논거로 적합한 논증단계에서 제시될 수 있는지를 알기 위해서는 기본권 규범이 명하는 기본권 주체의 지위와 그들 사이의 관계를 해명해야 한다. 따라서 자유권 제한 심사에서 법익 형량을 하기 위해서는 자유권의 구조를 알아야 한다.

법적 자유는, 행위자의 실제 의사와 무관하게 법적으로 행위 경로가 열려 있는 것이다. 경쟁하는 다른 자유 개념은 헌법적 논증에 사용하기에 적합하지 않다. 우선, 행위자 실제 의사가 좌절된 경우에만 자유롭지 않다는 비좌절로서의 자유 개념은 행위자가 억압에 적응한 경우도 자유롭다고 보므로 부적절하다. 다음으로, 자의적이지 않은 간섭을 받지 않아야 자유롭다고 보는 비지배로서의 자유 개념은 법문언이 명시적으로 금지하고 있지 않은 행위 경로도 법적으로 제한될 수 있다는 중요한 통찰을 말해주고 있기는 하다. 그러나 그 통찰은 위에서 정의한 법적 자유 개념에 충분히 수용될 수 있다. 게다가 제한의 정당화를 이야기하기 위해서는 제한되기 전의 자유를 언급할 수 있어야 하므로 비지배 자유 개념은 헌법논증에서 사용되기에는 적합하지 않다.

자유 개념은 단계적 구조를 가지며, 제1차 개념은 '1인칭 관점에서 실존적으로 가능한 행위의 경로 모두'다. 제2차 개념은 '타인에게 동등한 법적 자유를 인정하면서 수립가능한 모든 법적 자유'라는 최소 규범적 개념이다. 제3차 개념은 해당 종류의 사안에 대한 헌법적 검토를 모두 거치고 난 뒤에 확정적으로 보호되는 영역을 의미하는 '확정적 자유'다.

이제, 다음과 같은 중요한 물음을 다룰 수 있게 되었다. 자유권을 제한하는 사유로 제시되는 공익은 자유와는 이질적인 것으로 보일 때가 많다. 자유권 제한으로 상실되는 법익과 자유권 제한으로 달성되는 법익 둘 모두를 같은 논의 차원에서 다룰 필요성이 대두된다. 이로써 자유권을 제한하는 것으로 인정되는 논거인지 아닌지를 체계적으로 가려낼 수 있을 것이기 때문이다. 그리고 이 둘을 같은 논의 차원에서 다룰 수 있는 단초는 자유와 평등 규범에 내재하는 기본권 주체들 사이의 근본적 관계에 포함되어 있다.

제2절 자유권과 자유권 제한 사유의 논의 차원

I. 근본적 지위 탈취 금지 원칙

1. 논의 차원 통일의 실마리

자유권과 자유권 제한 사유를 어떻게 같은 논의 차원에서 다룰 것인가? 그 문제를 푸는 실마리는 세 가지다. 이 중 첫 두 가지는 이미 살펴본 바다.

첫 번째 실마리는 헌법논증이 타당하기 위하여 수행적 모순을 범해서는 안 된다는 것이다. 즉, 헌법이 규정하는 기본권 주체들의 근본적 지위를 탈취하거나, 기본권 주체들 사이의 근본적 관계를 훼손하는 규범주장은 타당하지 않다는 것이다.

두 번째 실마리는 평등한 자유가 인간 이익의 구조상 '누구에게 이익이 된다'를 파악하기 위한 기본적인 전제 조건이 되며, 또한 다양한 가치 선택에서 직면하는 통약 불가능성을 해소하는 발판이 된다는 점이다.

세 번째 실마리는 앞으로 살펴볼 바다. 이는 두 부분으로 나뉜다. 하나는 자유권을 자유 이외의 이유로 제한하는 것은 기본권 주체의 근본적 지위를 부인하는 탈취(奪取)라는 것이다.(탈취 논제) 다른 하나는 자유권이 관계적 성격을 갖고 있어서, '자유권'에 관한 주장은 '기본권 주체들 사이의 평등한 자유 관계'에 관한 주장으로 볼 수 있다는 것이다.(관계 논제)

이 세 실마리는 다음과 같은 해답에 이른다. 자유권에 관한 논거들은 기본권 주체들 사이의 평등한 자유 관계에 어떤 영향이나 충격을 주는가에 따라 평가될 수 있다. 해당 국가작용이 평등한 자유 관계를 복구·유지·강화하기 위한 구체화라는 논거는 수행적 모순을 범하지 않는다. 따라서 그 논거는 자유권을 제한할 수 있는 적합한 논거다. 반면에 평등한 자유 관계를 훼손함으로써 그러한 관계에 있는 기본권 주체의 지위를 탈취하는 논거는 자유권을 제한할 수 없는 논거다.

아래에서는 세 번째 실마리와, 이 세 실마리가 위와 같은 해답에 이르는 과정을 자세히 살펴보도록 하겠다.

2. Rawls의 우선성 규칙과 탈취 금지 원칙

먼저 세 번째 실마리의 첫 번째 부분(탈취 논제)을 먼저 살펴보겠다. 즉 자유권을 자유 이외의 이유로 제한하면 기본권 주체의 근본적 지위를 탈취하게 되는 이유를 밝혀보도록 하겠다. 이 부분에서 중요한 것이 바로 John Rawls가 '정의의 원칙' 사이의 서열을 정한 '우선성 규칙'의 본질에 대한 이해다. 즉 이 우선성 규칙은 본질적으로 '근본적 지위 탈취 금지' 원칙이라는 점에 대한 이해다.

Rawls는 정의의 역할을 "기본적인 사회 제도 내에서 권리와 의무를 할당하는 방식을 제시해주며 사회 협동체의 이득과 부담의 적절한 분배를 결정해준다."[61]는 것으로 명시한다. 이러한 Rawls의 정의 개념은, 그가 규명한 정의의 원칙과 그 우선성 규칙이, 한 사회의 권리와 의무를 할당하는 최종적인 법적 토대인 헌법의 근본적인 지위에 특히 부합할 것임을 드러내준다.[62][63]

---

61) John Rawls, 『정의론』, 37면.
62) Rawls는 애초부터 규범이 지니는 근본적 지위의 성격에 따른 네 단계를 상정하면서 그의 정의론을 구성하였다. 가장 상위의 단계에서 원초적 입장의 당사자들은 정의의 원칙을 채택한다. 그 다음 단계에서 정의의 원칙을 기초로 그리고 그 제한 하에서 시민의 기본권을 위한 체제를 포함한 헌법을 제정한다. 다음 단계는 헌법을

우선성 규칙의 적용대상이 되는 Rawls의 정의 원칙은, 우선순위 순서
로 배열하면 다음과 같은 세 부분으로 구성되어 있다.

제1원칙: 양립가능한 최대한의 평등한 자유 원칙[64]
제2원칙[65]의 두 번째 부분: 공정한 기회 평등의 원칙
제2원칙의 첫 번째 부분: 차등 원칙[66]

그리고 이 원칙들 사이의 관계를 확립하는 두 가지 우선성 규칙 중 제1
우선성 규칙(자유의 우선성)은 다음과 같다.

정의의 원칙들은 축차적 서열로 이루어져야 하고 따라서 기본적 자유
는 **자유를 위해서만 제한**될 수 있다. 두 가지 경우가 있는데,
(a) 덜 광범위한 자유는 **모든 이가 공유하는** 자유의 전 체계를 강화해
야만 하고,

준수하는 입법의 단계이다. 네 번째 단계는 법관과 행정관이 법규를 적용하는 단계
이자 시민들이 법규를 준수하는 단계이다. (같은 책, 268-273면 참조.)
63) 즉 헌법은 평등한 기본적 자유를 보장하고 정치적 결정 과정이 평등의 기반 위에
모든 사람에게 개방되도록 하는 "정당한 정치적 절차"이므로 (John Rawls,
Political Liberalism. 장동진 옮김, 『정치적 자유주의』, 동명사, 2008, 411면.) 제1원
칙은 제헌 사항에 필수적으로 포함되어야 하는 데 반해 정의의 제2원칙은 "일반적
으로 헌법적 제한으로는 부적합"하고 그러한 원칙의 구현은 "대표와 다른 헌법적
장치에서의 고정성을 보장"함으로써 하게 된다. (같은 책, 411면.)
64) "각자는 모든 사람의 유사한 자유 체계와 양립할 수 있는 평등한 기본적 자유의 가
장 광범위한 전체 체계에 대해 평등한 권리를 가져야 한다."(John Rawls, 『정의론』,
337면.)
65) "사회적·경제적 불평등은 다음과 같은 두 조건을 만족시키도록, 즉 (a) 모든 사람들
의 이익이 되리라는 것이 합당하게 기대되고, (b) 모든 사람들에게 개방된 직위와
직책이 결부되게끔 편성되어야 한다."(같은 책, 105면.)
66) Rawls의 정의의 원칙은 본문에서 언급된 순서대로 우선성을 갖는다. 즉 제2원칙의
두 번째 부분이 첫번째 부분보다 우선한다.

(b) 덜 평등한 자유는 보다 작은 자유를 가진 사람들에게 받아들여질 수 있어야 한다.[67]

성급하게 이 우선성 규칙을 읽어내는 이들은 자유의 원칙이 평등의 원칙보다 앞서는 편향을 보여준다고 비판하나, 이는 명백한 오독이다. 애초에 제1원칙에는 '평등한' 이라는 평등 규범이 들어가 있다. 또한 제1우선성 규칙에서도 '모든 이가 공유하는'이라는 부분과 '보다 작은 자유를 가진 사람들에게 받아들여질 수 있어야'라는 부분에 평등 규범이 내재되어 있다. '평등한 자유 원칙' 자체는 공정한 기회 평등이나 차등 원칙과 같은 차원에서 충돌하는 원칙이 아니다. 왜냐하면 위 세 원칙 그 근본 형태가 모두 '평등 원칙'이기 때문이다. 자유가 평등하고, 기회가 공정하게 평등하고, 불평등은 원칙적으로 금지되나 오로지 그와 같은 불평등 증가가 위계에서 가장 낮은 위치에 있는 사람에게 더 이익이 될 때에만 허용된다는 것은, 모두 평등 원칙으로 정식화된 것이다.

Rawls의 이 우선성 원칙이 담고 있는 핵심은 '탈취 금지' 원칙이다. 탈취 금지 원칙(奪取禁止原則)이란 타인의 자유를 탈취하여 자신의 경제적 이득과 같은 다른 가치를 증진시키도록 하는 정치적 행위를 금지하는 원칙이다.[68]

얼핏 보기에는 이런 탈취는 흔히 일어나기 힘들 듯 하다. 그러나 법익 균형 심사 구도를 그릇 설정하는 경우, 이러한 탈취는 부지불식간에 쉽게 발생할 위험이 있다.

'경제성장이라는 공공복리를 위해서 문화생활 향유의 자유를 제한한다.'와 같은 규범주장은 얼핏 보기에 문제없는 균형 판단의 구도(構圖)인

---

67) 같은 책, 337-338면. 강조는 인용자.
68) 같은 책, 214면에서는 "경제적 복지를 개선하기 위해 적은 혹은 불평등한 자유가 교환될 수 없다는 것"이라고 표현하였다.

제3장 자유권 제한 논의의 차원 159

것 같다. 그러나 이 구도는 사이비(似而非) 구도이다. 그것은 결국 문화생활을 더 하고 싶은 타인의 자유를 탈취하여 주장자가 경제적 이득을 더 얻고자 하는 결정을 대변하는 것이다. 왜 그런가?

자유는 기본적으로 개인들이 일정한 범위 내에서 여러 가치와 이익들을 자기 삶에서 어떻게 파악하고 조합할 것인가를 결정할 수 있다는 것이다. 그러므로 필요한 가치들의 '맞교환'(trade-off)은 자유로운 개인 각자의 삶의 영역에서 이루어진다. 즉, 사람들은 헌법규범이 보장한 근본적 지위 관계에 상응하는 각자의 권리 범위 내에서 적절한 조합을 결정하고 있다. 그러므로 각 구성원의 근본적 지위가 정해지면 사회적 수준에서 가치 교환의 결정을 할 필요는 존재하지 않게 된다. 만약에 여기에 추가적인 맞교환 결정력을 행사한다면, 이것은 누군가 다른 이의 결정권을 불평등하게 탈취하고 있음을 의미한다.

위에서 살펴본 문화생활의 자유 대 경제성장의 대립 구도를 살펴보자. 통상적인 경우 어떤 기본권 주체가 더 많은 시간 문화생활을 누리려면 다른 활동을 줄여야 한다. 반대로 돈을 더 많이 벌려면 문화생활을 좀 줄여야 한다. 어떤 사람은 덜 일하고 적게 벌며 더 많은 여가를 누리기를 바라고, 어떤 사람은 더 일하고 많이 벌며 더 적은 여가를 누리기를 바란다. 국민들은 문화생활의 자유와 경제적 이득의 조합(調合) 비율을 집단적으로 결정할 필요가 없다. 가치들의 조합은 자유로운 지위에 있는 각자가 자신에게 가장 적합한 방식으로 결정하면 그뿐이기 때문이다.

그러므로 이 경우 가치들에 대한 집단적인 조합(combination) 결정을 내리겠다며 이러한 법률에 찬성하는 사람은 자기 자신의 몫을 벗어나 다른 사람들이 각자에 대하여 갖는 몫까지 불평등하게 더 많이 행사하고 있는 셈이다. 타인의 여가 시간을 축소하는 법적 강제로 얻을 수 있는 추가적인 물질적 이득이 있다고 하자. 그런데 이 물질적 이득은 자신에게 주어진 자원과 기회를 투여하여 다른 이들을 설득하고 유도함으로써 획득할 수 있는 성격의 것이다. 예를 들어 다른 사람들에게 더 매력적인 노동조건을 제시하여 사람들을 고용하여 생산을 하고 경제적 이득을 얻을 수있다. 아니면 자기계발서적을 쓰거나 권유하여 더 많은 사람들이 근면하게 살아가도록 유도하여, 전반적으로 풍부해진 산업 생산물 덕택에 간접적인 이득을 볼 수도 있다. 반면에 문화생활의 자유를 경제적 이득을 위해 법적으로 제한하는 것은, 자유로운 지위의 불평등을 제도화하는 것이다. 그것은 기본권 주체의 근본적 지위를 부인하는 것이다. 그러므로 그것은 헌법규범으로서 정당성 주장을 할 수 없다.[69]

이 논지는 다음과 같은 가상적 사례를 통해 보다 분명하게 설명된다.

> A: (길을 가다가 한 사람을 잠시 멈추어 세우고는) 저기, 인상이 좋아 보이는군요.
> B: 네?
> A: 한 달에 얼마 버세요?
> B: 100만원 법니다. 당신이 무슨 상관이요?
> A: 합격입니다. 오늘부터 당신은 저의 노예입니다.
> B: 무슨 소리요?
> (건장한 사내들이 등장하며 B를 승합차량으로 데려간다)
> B: 이것 놔! 사람 살려!
> A: 당신의 '사람 살려'는 타당하지 않습니다. 왜냐하면 당신 삶의 처지는, 당신 삶에서 누릴 수 있는 가치들의 전반적인 측면에서 볼 때, 더 나아지기 때문입니다. 저는 노예들에게 매달 월급으로 500만원을 지급합니다. 그들은 그 월급으로 원하는 물건들을 살 수 있지요. 대신에 당신이 잃는 것은 여러 자유들뿐입니다. 이것이 법익의 손실

---

69) T. M. Scanlon, "Why Not Base Free Speech on Autonomy or Democracy?", *Virginia Law Review*, Vol. 97, No. 3, 2011, 545면.

임은 분명하지만, 제가 심리적으로 도달한 '법익 균형'에 따르면 소득의 400% 증가는, 그러한 자유의 향유 가치보다 훨씬 크기 때문에, 형량에 의해 정당화됩니다.

위 사례에서 자유를 제한당하는 당사자 B가 스스로 소득 400% 증가가 자유의 향유 가치보다 크다고 생각했다면, 그는 스스로 A와 고용계약을 맺고 그 시간 동안 다른 일을 하거나 여가를 누리지 아니하고, 더 많은 소득을 택했을 것이다. 그리고 그는 그 시간 동안 업무에 관한 A의 지휘·명령 하에 놓였을 것이다. 그러나 B는 그러지 않았기 때문에, A는 B의 자유를 탈취한 것이다. 여기서 A가 한 사람이 아니라 여러 사람이라고 해도, 설사 B를 제외한 사회 구성원전체라고 해도, 탈취의 성격은 변하지 않는다. 더 나아가 A가 추가로 제공하겠다고 한 것이 소득이 아니라 '미덕'이나 '진리', '아름다움'과 같은 가치라 할지라도 탈취의 성격은 변하지 않는다. 그와 같은 심원한 가치를 어떻게 평가하고 다른 가치와 어떻게 조합하여 조화롭게 추구할 것인가와 관련된 기본권 주체의 결정권을 다른 구성원이 찬탈하여 대신 행사하는 것이기 때문이다.[70] 그것은 심원한 가치 및 목표와 그것을 달성하는 여러 경로에 대한 자기결정이라는, 인간 존엄으로부터 나오는 근본적인 권리를 찬탈한다. 이로 인해 그 결정권을 대신 행사하는 이들과 찬탈당한 이들의 동등하게 자유로운 관계는 일그러진다. 이렇게 일그러진 관계를 주장하는 논의는 규범을 인정할 동

---

70) 참고로 Rawls의 우선성 규칙은 공정한 기회 균등의 원칙이, 차등의 원칙에 우선하도록 하고 있다. 이것 역시 탈취 금지를 표현한 것이다. 예를 들어 여성들이 모두 어떤 특정 직종에의 진출을 할 기회를 법에 의해 상실할 경우를 생각해보자. 그 대가로 여성들에게 그 직종에 취업했을 때보다 더 많은 소득을 안겨준다고 하더라도, 그것은 기회 균등 침해의 정당화가 되지 못한다. 그러한 법은 취업노동을 통한 자아실현과 더 많은 소득의 상대적 중요성에 관하여 선택할 궁극적 결정권을 다른 구성원들이 탈취한 것이기 때문이다.

등한 지위를 부인하는 것이므로 수행적 모순을 범한다.

따라서 탈취 금지 원칙을 위배하는 추론은, 그것이 법익 형량의 외관을 취하고 있다 하더라도 헌법논증으로 타당하지 않다. 바꾸어 표현하면, '문화생활의 자유 대 경제성장'처럼 탈취를 전제하는 논거는 자유권을 제한하는 논거로 부적합한 논거다.

근본적인 관계를 왜곡하는 주장은 수행적 모순으로 허용되지 않는다. 궁극적 결정권을 탈취하는 주장은 기본권 주체들의 근본적으로 자유롭고 평등한 관계를 왜곡한다. 그러므로 탈취 금지 원칙은 자유권을 제한하는 데 적합한 논거와 적합하지 않은 논거를 가려내는 중요한 기초가 된다. 그리고 자유권 제한 사안에서 '어떤 논거가 탈취 금지 원칙을 위배하는가'를 좀 더 자세히 규명하려면 자유권의 관계적 성격을 분석하는 일이 필요하다.

II. 자유권의 관계적 성격

1. 기본권 주체들 지위의 합일 확정

'자유'와 '공공복리'와 같은 규범을 실체화하여 대립시키는 식으로 논하면 평등한 자유 몫의 찬탈에 이르기 쉽다는 점은 이미 살펴본 바 있다. 그렇게 되는 정확한 이유는 자유권의 성격에 내재해 있다.

자유권은 관계적 성격을 갖는다.[71] 관계적 성격(關係的 性格)을 갖는다는 명제의 핵심은 다음과 같다. 한 명의 기본권 주체의 자유권을 확정(確

---

71) 이 부분의 논의는 자유권 제한 심사에서 법익 형량이 평등한 자유 관계의 훼손 심사라는 점을 뒷받침하는 세 번째 실마리의 두 번째 부분, 즉 '관계 논제'에 관한 것이다.

定)[72]하면, 그것은 다른 기본권 주체에게는 그 행위에 간섭하지 아니할 일정한 의무를 부과한다. 따라서 자유를 확정하는 것은 기본권 주체들이 서로에 대하여 권리로 주장할 수 있는 자유의 경계(境界)를 동시에 확정하게 된다. 경계는 불평등하게 그어질 수도 있고 평등하게 그어질 수도 있다. 그 경계는 국민들이 사적 행위를 통해서 그리고 집단적 의사결정을 통해서 다른 국민에게 어떤 것을 금지하거나 명할 수 있는 지위에 서는지도 알려준다. 그래서 자유권의 확정은 자유 경계의 확정을 통해 기본권 주체의 지위들 사이의 관계를 설정한다.(관계 논제) 이러한 논지를 이하에서 보다 자세히 설명하여 보겠다.

먼저, 법적 자유란 선택 가능한 행위 경로가 법적으로 열려 있다는 것임을 상기해야 한다.

그리고 함께 주의할 점은 '행위'를 '행위가 완료된 뒤에 얻을 수도 있고 얻지 않을 수도 있는 성취'와는 구분하는 것이다. 'A라는 공모전에서 1등을 할 자유'는 충분히 명료하게 분석된 자유 개념이 아니다. 왜냐하면 1등을 한다는 것은 다른 공모전 참가자의 상대적 수행 수준에 의존하여 결정될 결과의 성취이지, 그 자체가 행위 경로의 선택은 아니기 때문이다.

행위가 완료된 뒤에 얻을 수도 있고 얻지 않을 수도 있는 결과 성취를 행위와 구분하면, 어떤 행위의 자유는 항상 그 행위 경로에 대한 간섭을 배제할 수 있는 일정한 소극적 방해배제청구권(消極的 妨害排除請求權)을 수반하게 된다.

이것을 위에서 든 공모전 응모 예를 통해 자세히 살펴보자. 공모전에 응모하기 위하여 선택하게 되는 행위 경로의 갈림길은 응모신청서를 쓰느냐 마느냐 하는 것이다. 응모신청서를 쓸 수도 있고 쓰지 않을 수도 있

---

72) 자유를 제한하는 정당화 논증을 통해 확정적 자유를 도출하는 것을 간단하게 가리키는 용어로 '자유의 확정' 또는 '자유의 경계 긋기'라는 용어를 쓰기로 한다.

는 행위 경로가 있을 때 응모할 자유가 있다고 할 수 있다. 이 행위 경로 중 하나가 법적 장애로 인하여 막혀 있을 때 법적 자유는 없는 것이다. 이를테면 타인이 응모신청서를 쓰는 것을 물리적으로 방해할 법적 자유가 있다고 하자. 이럴 경우 응모신청서를 쓰는 것을 물리적으로 방해할 의사를 타인이 가지지 않는 한도에서만 응모 희망자는 법적 자유를 갖는다. 즉, 타인의 자의의 매개항 만큼 응모 희망자의 자유가 축소되도록 자유의 경계가 그어진 것이다. 이러한 고찰은 자유 제한 논증의 주제가, 다른 이익들을 고려하고 남은 고립된 물리적 양을 확정하는 문제가 아니라 정치적 질서에서 타인과 관계를 맺을 때 경계를 긋는 문제임을 보여준다.73)

자유의 경계를 그을 때 어느 한 주체의 자유 범위가 늘어나면, 타인에 대한 소극적 방해배제청구권의 범위가 늘어난다.74) 그 결과 타인은 그 소극적 방해배제청구권에 해당하는 의무를 지는 영역만큼의 자유 범위가 줄어든다.75) 그러한 불간섭의 의무는 다른 개인들이 질 뿐만 아니라 국가도 진다. 즉 기본권 주체들이 갖는 평등한 기본권적 자유가 확정되면, 일

---

73) 개인이 "양심의 자유"를 가질 때에는 이에 대응하여 "타인들이 간섭하지 않아야 할 법적인 의무"가 있다. (John Rawls, 『정의론』, 277면.)

74) 여기에서의 '행위'는 뒤에서 설명할 바와 같이 계약 행위나 혼인 행위와 같이 제도적 행위까지 포함하며 현상을 그대로 유지하는 수동적 행위까지 포함하는 것으로 보아야 한다. 따라서 행위에 대한 간섭은 제도적 행위나 상태에 대한 간섭까지 포함한다. Robert Alexy, 『기본권 이론』, 404면에서 지적했듯이 자유권은 상태와 법적 지위에 대한 보호까지 포함되는데, 이는 상태와 법적 지위에 대한 변동이 기본권 주체의 행위 경로를 변경시키기 때문이다. 예를 들어 집안에 도청장치를 설치하는 경우에는 타인에게 대화내용이 노출되지 않고서 행위할 수 있는 경로가 막히는 것이다. 또한 계약을 할 수 있는 법적 지위를 부인하게 되면 계약 행위라는 제도적 행위를 할 수 있는 행위 경로가 막히는 것이다. 따라서 여기서 1인의 자유권 확정이 소극적 방해배제청구권의 상호 확립에 의해 항상 관계적인 의미를 갖게 된다는 분석은, 제도적 행위 경로가 열리기 위한 방해배제청구권까지 포함하는 것으로 확장되어 이해되어야 한다.

75) Robert Alexy, 『기본권 이론』, 247면 이하 참조.

부 기본권 주체들은 설사 그 수가 다수라 할지라도 국가 기구를 통해서
나머지 기본권 주체들의 자유에 간섭할 수 없게 된다.

따라서 자유권의 확정은 기본권 주체들 사이의 관계를 이중으로 확정
한다. 첫째로는 기본권 주체들이 개인으로서 다른 기본권 주체의 법적 행
위 경로에 영향을 미치는 어떠한 행위를 할 수 있는 지위에 서는가를 확
정한다. 둘째로, 집단적인 정치적 의사결정에 의한 국가 행위를 통해 기
본권 주체에게 어떠한 것을 명하거나 금지할 수 있는 지위에 서는가를 확
정한다.76)

그렇기 때문에 자유권 제한의 논의는 1인칭 관점에서 파악한 가능한
행위 경로라는 차원에서 이루어져서는 안 된다. 그것은 자유의 관계적 성
격을 철저히 무시하는 것이기 때문이다. 자유권 제한의 논의는 기본권 주
체들의 평등하게 자유로운 관계라는 논의 차원에서 이루어져야 하는 것
이다.

2. 관계의 정당화 요청

특정 법률의 존부와 내용에 따라 법적 자유는 상이하게 확정될 수 있
다. 법적 자유의 경계 설정에 따라, 기본권 주체들 사이의 법적 관계는 달
라진다. 그리고 이 관계의 변화는 기본권 주체의 지위를 이전과는 다른
것으로 만들 가능성이 있다. 따라서 자유권을 변동시키는 국가작용은 그
러한 지위에 있는 기본권 주체들의 관계가 훼손되었는가의 문제를 항상
제기하게 된다.

법적 자유에 관한 어떤 입법은 기본권 주체의 근본적 관계를 복구·유

---

76) 자유의 관계적 성격에 관하여는 Philip Pettit & John Braithwaite, *Not Just Deserts:
   A Republican Theory of Criminal Justice*, Oxford: Oxford University Press, 1993,
   62-64면 참조.

지·강화를 위한 구체화 규정으로 도입된 것일 수 있다. 이 점이 논증으로 판명될 경우 그 입법은 기본권 규범에 부합하는 자유 제한이 된다. 반면에 법적 자유에 관한 어떤 다른 입법은 기본권 주체의 근본적 관계를 훼손하는 것일 수 있다. 이 점이 논증으로 판명될 경우 그 다른 입법은 기본권 규범을 위배하는 자유 제한이 된다.

헌법 제10조 및 제12조 내지 제22조에서는 기본권 주체의 동등하게 자유로운 지위를 보장하는 규범을 규정하고 있다. 특히 헌법 제10조는 모든 국민이 인간으로서 존엄과 가치를 갖고 행복을 추구할 권리를 갖고, 국가는 불가침의 기본적 인권을 보장해야 할 의무를 진다고 하고 있다. 헌법 제11조의 제1항에서는 평등한 지위를 규정하는 평등 규범을 규정하고 있다. 헌법 제11조 제1항의 "모든 국민은 법 앞에 평등하다."는 평등 규범은 자유를 규율하는 법에도 적용된다. 따라서 자유권 제한 입법은 기본권 주체의 불평등한 관계를 전제하는 이유에 기초해서는 안 된다는 것은 위 각 헌법 규정들에 내재한 규범이다.[77]

즉 헌법은 기본권 주체의 자유롭고 평등한 지위와 관계를 규정하고 있는 것이다. 그리고 앞서 살펴보았듯이 이러한 근본적 지위를 해석할 때에도, 논증대화를 무의미하지 않게 하기 위해서는 평등하고 자유로운 의사소통 주체들의 지위를 부인하여서는 안 된다. 그럴 경우 헌법에 규정된 모든 조항들은 수행적 모순을 범하는 해석에 의해 그 의미를 잃게 될 것이기 때문이다.

이러한 헌법 규정들은 기본권 주체들의 변동되는 관계를 심사하는 두

---

77) Cass R. Sunstein, "Public Values, Private Interests, and the Equal Protection Clause", *The Supreme Court Review*, Vol. 1982, 127-129면에서 Sunstein은 "평등 보호 조항이 막으려는 악"은 "원리에 기반하지 않은 자원과 기회의 배분"이며, 불평등은 모든 이들의 존엄과 기회를 존중하는 "공적 가치"(public value)에 기초하여야 한다는 점을 지적한다.

가지 척도를 제시한다. 첫째, 자유 제한이 정당화되는가의 논증을 시작하기도 전에 이미 기본권 주체가 자유롭지 않은 지위에 있는 것으로 보아서 안 된다. 둘째, 기본권 주체들을 서로 기본적 지위에서 불평등한 관계에 서는 것으로 보아서는 안 된다.

이러한 척도가 의미하는 바는 다음과 같다. 어떤 입법으로 자유권 제한이 정당화되는가를 따지는 논증은, 평등하고 자유로운 관계가 그 입법으로 훼손되지 않았는가를 따지는 논증이 된다. 즉, 법익 형량은 양적인 실체처럼 생각된 자유와 그 이외의 법익이라는 혼란스러운 차원에서 이루어져서는 안 된다. 법익 형량은 평등하고 자유로운 관계라는 차원에서 진행되어야 하는 것이다.

III. 평등하고 자유로운 관계

1. 논의 차원 통일 논증

법익 형량이 기본권 주체들의 평등하고 자유로운 관계라는 차원에서 진행되려면 해결되어야 하는 문제는 다음과 같다. 자유권 제한에서 형량 대상이 되는 공익은 어떤 방식으로 평등하고 자유로운 관계[78]라는 공통된 논의 차원에서 고려될 수 있는가?

위 질문에 답하기 위하여, 여기서 논증할 바는 다음과 같다. 즉, 아래의 일련의 논증이 성공할 경우, 기본권 제한으로 추구되는 이익과 기본권 제한으로 상실되는 이익은, 평등하고 자유로운 관계를 훼손하는가라는 논의의 차원에서 온전히 고려될 수 있다.

[78) 제한이 문제되는 자유권 자체는 이미 평등한 자유 관계임이 밝혀졌으므로, 별도의 논의가 필요하지 않다.

(1) 형량 대상이 되는 이익들의 보장 형식은 '법적 자유'의 형식이나 '자유의 가치'[79] 형식으로 기술될 수 있다. 그러므로 '법적 자유'와 '자유의 가치'가 평등한 자유 관계라는 같은 논의 차원에서 고려될 수 있다면, 겉보기에 다른 법익들은 같은 차원에서 체계적으로 논의될 수 있다.

(2) ① 자유와 자유의 가치는 상이한 개념이고, 특별한 경우가 아니라면 상이하게 다루어져야 한다.

② 자유와 자유의 가치는 통상 서로 충돌 문제를 제기하지 않는다. 통상적인 경우에는 자유의 가치 자체를 이유로 자유를 제한하는 경우, 그것은 평등한 자유 관계를 부당하게 훼손한다.

(3) 제한된 자유의 가치들은 일정한 여건에서는 법적 자유의 외연을 수축시킨다. 그리하여 평등한 자유 관계가 변형될 수 있는 위험을 제기한다. 그래서 그것은 평등한 자유 관계의 논의 차원에서 검토해야 하는 충돌 문제를 제기한다. 즉, 그와 같이 수축된 법적 자유의 외연으로 인해 발생된 법적 자유 관계가 과연 정당화되는가 하는 문제를 제기한다.

(4) 자유권 제한의 법익균형성 심사에서 제한되는 법익은 법적 자유다. 또한 이와 형량되는 공익은 다음의 둘 중 하나에 속한다. 첫째는 법적 자유의 형식으로 그 보장 형식이 진술될 수 있는 것에 속하는 이익이다. 둘째는 법적 자유의 외연을 수축함으로써 충돌문제를 제기할 수도 있는 자유의 가치로 보장 형식이 기술될 수 있는 이익이다. 결론적으로 자유권 제한에서 형량되어야 하는 법익들은 모두 평등한 자유 관계 논의 차원에서 고려된다.

'자유의 가치' 개념에 대한 설명, 그리고 이것이 자유와 갖는 관계에 대한 설명이 먼저 선행되어야 할 것이다. 그러므로 아래에서는 (2), (3)를 먼저 논증하고, 그 후에 (1)를 다루도록 하겠다. (4)는 (1), (2), (3)의 논리적

---

79) 자유의 가치는 자유의 체계가 정해주는 형태 내에서 자신의 목적을 추구하고 증진시키는 실제의 역량과 자원을 의미한다.

귀결이다.

2. 사영(射影)

본격적으로 (1) 내지 (3)의 명제를 논증하기 전에 먼저, 규범적 논증에서 다루어야 하는 고려사항들을 일정한 논의 차원으로 옮기는 방법을 설명하겠다. 그 방법을 본 연구에서는 '사영'(projection)이라고 칭하겠다.

사영은 본 연구의 맥락에서, '어떤 문제의 구조를 그대로 보존하여 그 문제를 좀 더 다루기 용이한 차원으로 옮기는 작업'으로 정의된다.

환원(還元)과 대조하여 이해하는 것이 도움이 된다. 환원은 어떤 것을 더 기초적인 단위로 설명해내는 작업이다. 사영은 환원(reduction)과 다르다.

사영은 법사례 해결에서 흔히 사용된다. 사소한 예로는, 글로는 한 눈에 들어오지 않는 소송 사안을 기호나 그림으로 표기하는 작업을 들 수 있다. 토지, 건물, 채권자, 채무자들을 기호로 표기하고, 화살표로 채권채무 관계를 표시하고, 상계된 채권은 사선으로 긋는 식이다.

사소하지 않은 대표적인 예가 바로 포섭(包攝)이다. 원고가 피고에게 돈을 빌려주었고, 금전대차 계약서에 기재된 지급 기한이 지나도록 돈을 받지 못하는 사건이 발생하였다고 해보자. 포섭을 통해, 법적 효과를 산출하는 법적 요건의 평면에 해당 사건이 사영된다. 이러한 사영에서는, 법적 결론을 달리하도록 만들 수 있는 사실들은 사영이 되지만, 그렇지 않은 사실들은 옮겨진 평면에서는 전경(前景)에서 보이지 않도록 뒤로 물러선다. 예를 들어 '원고가 피고보다 키가 더 크다', '피고에게 친한 친구가 있다'는 사실은 사영된 평면의 전경에서 물러난다. 그러나 법적 결론을 달리 만들 수 있는 다른 모든 사실들, 예를 들어 '원고가 피고에게 지급 기한을 늦추어주는 합의를 나중에 하고 별도 합의각서를 썼다'는 사실 등은 모두 전경에 그대로 옮겨지게 된다. 배경으로 잠정적으로 물러난 것들도, 전경에 부각된 사실들을 근거 짓는 논거로 관련되는 한, 다시 전경으로 나올 수 있다. 예를 들어, 피고의 친한 친구가 대리인으로 그 합의각서를 받아왔다면, 이 사실은 법적 요건의 틀에 맞추어 다시 전경으로 나오게 된다.

반면에 환원은 '이 사건의 소가(訴價)는 얼마이다'와 같이 어떤 기초 단위에 관련된 사실만을 고려하여 사안을 포착한다. 물론 모든 소송사건들은 '소가'라는 단위로 환원될 수 있다. 실제로 사물관할(事物管轄)을 나눌 때에는 이렇게 환원된 값을 기준으로 한다. 그러나 이렇게 사태를 기초 단위의 값으로 바꾸는 형태의 환원은, 법적 사안을 이루는 법적 관계를 그대로 담아내지 못하기 때문에, 특히 '관계사실(關係事實)'에 관한 정보가 소실된다. 예를 들어 원고가 피고에게 돈을 빌려주었으며 피고가 그 돈을 갚지 않았다는 원·피고 사이의 관계에 관한 사실들은 소실된다.

마찬가지로 규범적 문제를 다룰 때, 모종의 실체화된 개념으로 규범을 환원하면, 원래의 문제에는 담겨 있었던 규범적 힘이 상실된다.

여기서 '규범적 힘'은 해당 고려사항(consideration)이 규범적 논증의 결론을 다르게 만들 수 있는 힘이다. 그 힘을 갖는 고려사항은 어떤 규범주장에 대해 '아니요'라고 이의(異議)를 제기할 수 있는 잠재력이 있다. 이 힘을 전혀 갖지 못하는 것은 고려되지 않아야 하는 사항이다. 예를 들어 어떤 사람이 어느 지역 출신이라는 것은 그 사람이 국립 의료원에서 간호사로 임용되어야 하는가에 관하여 아무런 규범적 힘을 갖지 않는다. 그래서 다른 적격 요건을 모두 갖춘 그 사람을 임용하려는데, 출신 지역을 이유로 '아니요'라고 이의를 제기할 수 없게 된다. 이 사항을 고려하게 되면 오히려 결론이 부당한 것이 된다. 반면에 어떤 사람이 글을 이해하고 작성하는 능력이 낮다는 사실은 간호사 임용에 관하여 규범적 힘을 갖는 고려사항이 된다. 다른 고려사항들 역시 살펴보아야 하기 때문에 그것만 가지고 결론이 나는 것은 아니다. 그러나 규범적 힘을 갖는 고려사항들은 언제나 전체 결론을 바꾸게 할 잠재력은 최소한 갖고 있다.

환원이 규범적 힘을 부당하게 상실하게 한다는 것은 간단한 예로 설명될 수 있다. A와 B가 서로에 대하여 어떤 권리와 의무를 지는가의 문제에 직면한다고 해보자. 이때 이런저런 권리·의무 질서에서 발생하는 A의 효용과 B의 효용을 합한 총 효용을 계산해보고 최대 효용을 가져오는 권리·의무 질서를 결론으로 확정한다면 어떻게 되는가. 효용에 관한 것 이외의 고려사항들이 가진 규범적 힘들이 논의에서 빠지게 된다. 문제의 쟁점 구조가 그대로 옮겨진 것이 아니라 문제 자체가 변질된 것이다. 어떻게 권리와 의무를 설정하는 것이 A와 B의 관계를 둘 모두에게 정당성을 갖는 것으로 만드는가 하는 문제가 어느 사이엔가, A와 B로 이루어진 사회가 어떤 속성을 가져야 하는가, 얼마나 효용을 담을 수 있는가의 문제로 바뀌고 만 것이다. A와 B 사이의 정당한 관계 문제가, 사회나 공동체 같은 모종의 존재에 속성을 부여하는 문제로 변질된 것이다.[80]

이러한 문제 변질(問題 變質)로 고려사항의 규범적 힘이 소실되는 것은 전체 논증대화를 무의미한 것으로 만든다. 논증대화 참여자들 사이의 관계 문제 자체가 삭제된다. 그 결과 논증대화를 의미 있게 만드는, 논증대화 참여자들의 '아니요'라고 이의제기를 할 수 있는 동등한 지위가 부당하게 박탈되면서도 추론의 표면에는 전혀 등장하지 않게 된다. 그런 추론에서 나온 결론은 그래서 규범을 준수해야 하는 당사자에게 정당성을 갖지 못한다.

그런데 법익 형량이라는 규범적 추론의 주제가 이미 살펴본 바와 같이, A와 B 사이에 유지되어야 하는 근본적인 헌법적 관계가 훼손되었는가 여

---

80) Platon, *Euthydemos*. 김주일 옮김, 『에우튀데모스』, 이제이북스, 2008, 83-89면에 나타난 오류 참조.

부라면, 중요한 일은 A와 B 사이에 근본적으로 유지되어야 하는 관계에 관한 사항들은 오롯이 고려하는 것이다. 반대로 그러한 사항이 아니고, 오히려 고려되었을 경우 A와 B의 관계가 훼손되는 사항은 고려되지 말아야 한다.

따라서 법익 형량에서 논의 차원을 옮길 때에는 어떤 법익에 담겨 있는 '관계'는 그대로 보존되어야 한다. 그러므로 이루어져야 하는 작업은 환원이 아니라 사영이다.

그렇다면, 평등한 자유 관계라는 논의 차원으로 법익들을 사영할 때, 고려되어야 하는 사항들의 규범적 힘은 온전히 고려되도록 옮겨지고, 고려되지 않아야 하는 사항들은 옮겨지지 않는다는 점을 보인다면, 그 사영에 의한 해결은 타당성을 확립할 수 있게 된다.

3. 법적 자유의 외연

이제, 두 번째 예비설명으로, 자유의 가치와 자유의 관계를 다루기 전에, 자유를 평가할 때 빠지기 쉬운 오류를 피하기 위한 이론적 도구에 대한 설명이 필요하다. 그 오류란 자유의 외연이 분명히 서로 다른 사태인데도 그 두 사태를 구별하지 못하는 잘못을 말한다. 이는 가능한 선택지가 되는 행위 경로를 낱낱이 따지지 않고 막연하게 '자유롭다'는 말을 씀으로써 생긴다. 이 오류를 막는데 매우 적합한 것이 Frege의 외연(extension) 개념이다.

개념의 외연(外延)은 보통 그 아래 속하는 대상들을 말한다. 예를 들어 거북이란 개념의 외연은 존재하는 모든 거북이가 된다. 반면 Frege의 용어에서 개념의 외연은 일련의 쌍이다. 그 쌍 중 한 성원은 진리값이고 다른 한 성원은 대상이다. 예를 들어 말(馬)의 개념의 외연은 '해당 대상: 말에 해당함에 관한 진리값'의 쌍으로 이루어진다.[81]

부세팔러스: 참,
알렉산더: 거짓,
이클립스: 참.
줄리어스 시저: 거짓[82]

"전통적인 외연 개념과 비교해 볼 때, 이런 외연 개념의 분명한 장점은 모든 개념에 하나의 외연을 부여한다는 점이다. 전통적 설명에서는 유니콘이나 자기 자신과 같지 않은 것과 같은 개념이 어떻게 외연을 갖는지 알기란 어려웠다. 왜냐하면 어떠한 대상도 그런 개념 아래 속하지 않기 때문이다." 그러나 이 외연 개념에 의하면, 모든 개념은 외연을 부여받게 된다.[83]

Frege 외연을 활용하는 것은, 문제가 되는 생활측면과 관련된 행위 경로들 각각의 열리고 닫힘을 현재 행위자의 실제 의사와 관계없이 빠짐없

---

81) 이러한 외연의 이해는, 프레게가 개념(concept)을 함수(function)로 보는 데서 나온다. 프레게의 이해를 따르면, $x^2 = 1$과 같은 함수 자체의 값은, -1이나 1이 논항으로 투입될 때에는 참이 되고, 그 이외의 논항에 대해서는 모두 거짓이 된다. (Gottlob Frege, "Function and Concept", Brian McGuinness ed., *Collected Papers on Mathematics, Logic, and Philosophy*, Oxford: Basil Blackwell, 1984, 146면.) 프레게의 확장된 함수 이해에 따르면 (Frege가 개진한 함수 개념의 확대에 관한 설명으로는 김기영, "함수와 언어 ―프레게 언어철학 연구", 『독일어문학』 25집, 2004, 235-238면 참조.) 개념은 대상들이 그 속성과 특징에 의하여 속할 수 있는 것이며 (Gottlob Frege, "Concept and Object", 위의 책, 190면.) 비어 있는 부분에 논항을 투입했을 때 진리치를 값으로 취하는 함수다. (선우환, "프레게와 함수적 표현", 『哲學』 83집, 2005, 248면 참조.) 이를테면 '―는 말에 속한다'은 그 불포화된 부분 '―'에 논항을 대입하면 그 전체 진술의 진리치가 참 또는 거짓으로 결정되는 함수다. (Gottlob Frege, "Function and Concept", 146-147면.)

82) Anthony Kenny, *Frege: An Introduction to the Founder of Modern Analytic Philosophy*, 최원배 옮김, 『프레게 ―현대분석철학의 창시자에 대한 소개』, 서광사 2002, 163면.

83) 같은 책, 같은 면.

이 검토할 수 있어 유용하다. Frege의 외연은 개념에 속하는 대상으로만 이루어지지 않고, 개념에 해당하지 않는 대상과 거짓이라는 값까지 포함한다. 따라서 Frege 외연은 열려 있는 행위 경로뿐만 아니라 닫혀 있는 행위 경로까지 모두 포착하는 데 유용한 것이다. 해당 자유와 관련된 가능세계들을 모두 따져 묻게 되므로, 특정 가능세계만 검토하고는 부정확한 결론을 내리는 것을 피하게 되는 것이다.

자유 개념은, 자유의 외연을 확정하는 데 논리적으로 필수불가결한 3요소로 이루어진 개념(triadic concept)이다. 모든 자유에 관한 명제는 "x는 y로부터 z를 하기에 자유롭다(자유롭지 않다)"는 구성방식(format)으로 정련될 수 있다. 여기서 x는 행위주체이며, y는 방해조건이며, z는 행위이다. 자유 개념을 이렇게 이해하는 것이 타당한 이유는, 이 세 요소 중 어느 하나라도 진정으로 빠지게 되면 자유 개념이 활용된 진술을 지성적으로 이해하기 불가능하기 때문이다. 우선, 자유를 향유하는 주체가 없는 자유 진술은 이해가능하지 않다. 다음으로, 방해 조건이 있는 경우와 없는 경우를 구별할 수 없는 자유 진술은 그것이 참인지 거짓인지도 생각할 수 없게 된다. 마지막으로, 단수 또는 복수의 행위 선택지 없이는 주체의 의사결정을 통해 무엇인가를 선택하고 한다는 사태의 이해가 불가능하다. 얼핏 보기에 하나 이상의 요소를 빼고도 자유에 관한 진술이 이해 가능한 것처럼 보이는 경우가 있지만, 그것은 빠진 요소를 암묵적으로 채워 넣는 배경적 지식이 공유되고 있기 때문이다.[84] 다만 이러한 x, y, z라는 변항의 범위가 어떻게 되느냐에 대해서는 견해가 다를 수 있고, 그렇기 때문에 상이한 자유관(conception of liberty)이 발생한다. 이러한 이해에

---

84) 연회장에 놓인 맥주 앞에 쓰인 '자유롭게 마실 수 있는 맥주입니다.'에서는, '이 연회장에 있는 사람 누구나'(x), '돈을 내야만 한다는 제약으로부터'(y), '맥주를 마시는 행위를 하기에'(z) 자유롭다는 명제의 논리적 요소가, 연회장에서 공유된 배경적 지식 덕택에 생략된 것이다.

따를 때 통상 소극적 자유와 적극적 자유로 불리는 것은 각각 '－로부터
의 자유'와 '－를 향한 자유'에 대응하는 상이한 자유 개념을 일컫는 것
이 아니다. 동일한 자유 개념을 두고 x, y, z의 변항 범위에 대하여 견해를
달리하는 상이한 자유 관념을 일컫는 것이다.[85]

　Frege의 외연 개념을 이러한 자유 개념의 이해와 결합하여 보자. 그러
면 행위주체, 방해조건, 행위 3개의 구성요소로 특정된 행위 경로가 열려
있으면 참, 닫혀 있으면 거짓으로 확인하여 모든 행위 경로의 자유에 외
연을 부여할 수 있게 된다.[86]

　법적 자유의 내포(內包)는 법문언에 직접 규정된 내용과 조문의 배치[87]
이다. 그런데 두 법질서에서 직접적인 법문언이나 조문의 배치가 다르다
고 하더라도, 그 두 법질서에서 어떤 행위 경로의 법적으로 열리고 닫힘
은 동일하다면, 그 경우 그 행위 경로의 법적 자유의 외연은 동일한 것이
다.[88] 즉 법적 자유의 외연적 동치(外延的 同値)가 성립하는 것이다.

---

85) Gerald C. MacCallum, Jr. "Negative and Positive Freedom", 312-334면. Rawls 역
　시 이 개념을 받아들였다. John Rawls, 『정의론』, 275면 참조.
86) '이를테면 x가 y로부터 z를 함에 있어 자유롭다'라는 자유 개념은 (L[x, y, z]: 참)
　또는 (L[x, y, z]: 거짓)으로 표현될 수 있다.
87) 예를 들어 어떤 접합적 행위 선택지를 금지하는 명령은 하나의 법조문으로 표현될
　수도 있고, 멀리 떨어져 있는 두 개의 법조문으로 나뉘어 그 둘을 결합해서 해석하
　면 접합적 선택지를 금지한다는 결론이 도출될 수도 있다.
88) 예를 들어 다른 사람의 자의의 매개항에 의해 접합적 선택지의 행위 경로가 그만큼
　제한되는 외연을 갖는 법질서는 두 가지가 가능하다. 하나는 "a는 b의 재량적 의사
　가 그것을 허용하는 한도에서 p를 할 자유를 갖는다"고 직접적으로 규정하는 경우
　다. 다른 하나는 "a는 p를 할 자유를 갖는다"고 규정한 조문과 함께 "b는 p에 간섭
　할 무조건적 법적 권한을 갖는다"고 규정한 조문이 있는 경우다. 법규정 문언의 내
　용과 조문의 배치는 상이하지만 어떤 행위 경로가 법적으로 열려 있는가 닫혀 있는
　가에 관한 결론은 똑같다.

4. 자유와 자유의 가치의 상이성

예비적 설명이 이루어졌으므로 명제(2)부터 논증하겠다.

명제(2)는 두 부분으로 나누어진다.

> ① 자유와 자유의 가치는 상이한 개념이고, 특별한 경우가 아니라면 상
> 이하게 다루어져야 하며, 자유권 제한의 헌법적 형량은 '사유의 가
> 치' 차원이 아니라 '평등한 자유 관계' 차원에서 이루어져야 한다.
> ② 자유와 자유의 가치는 통상 서로 충돌 문제를 제기하지 않는다. 그
> 러한 통상적인 경우 자유의 가치 자체를 이유로 자유를 제한하면
> 평등한 자유 관계가 부당하게 훼손된다.

여기서 용어는 다음과 같이 정의된다.

자유는 주체에게 선택지가 되는 행위 경로들이 법적으로 열려 있음을
의미한다.

자유의 가치(worth of liberty)란 그 법적 자유를 활용하여 추구할 수 있
는 목적을 증진할 역량(力量)과 자원(資源)이다. 즉, 법적으로 열려 있는
행위 경로로 실제로 진행하여 나갈 수 있는 역량과 자원이다.[89]

명제(2) ①부분은 다음과 같은 세 이유에서 정당화된다.

첫째, 자유가 행위 경로의 선택 가능성이라면, 자유의 가치와 자유는
분명 상이한 사태를 진술하게 된다.[90] 어떤 행위를 실제로 할 수 있는 역
량과 자원을 곧 '자유'와 같은 것으로 보는 견해는, 여전히 남아 있는 다

---

89) John Rawls, 『정의론』, 278-279면에서 Rawls는 자유와 자유의 가치 자유는 "평등
  한 시민이 갖는 자유의 완전한 체계에 의해 표현되는 반면", "자유의 가치"는 "그
  체계가 정해주는 형태 내에서 자신의 목적을 증진시킬 수 있는 그들의 역량에 의존
  한다."고 그 차이를 표현하였다.
90) Isaiah Berlin, 『이사야 벌린의 자유론』, 155-156면 참조.

양한 행위 경로들을 무시하게 된다. 예를 들어 '중국어를 능숙하게 할 법적 자유'의 실제 행사는, 현재에는 중국어를 거의 하지 못해서 직접 행사의 여지가 별로 없다 하더라도, 그 가치를 향유할 여러 경로들은 여전히 남아 있기 마련이다. 그리고 그렇게 남은 경로들은 중국어를 하지 못하는 사람에게도 중요한 의미들이 있다. 예를 들어 중국어를 할 자유가 모든 이들에게 보장되어 있으면, 중국어 통역을 쓸 수도 있고, 중국어를 번역한 사람의 책을 볼 수도 있고, 중국어 학원에 등록하여 중국어를 배워 종국에는 중국어를 잘 하게 될 수 있는 행위 경로를 선택할 수도 있다. 따라서 지금 중국어를 하지 못한다는 자유의 가치 사태를 중국어를 할 법적 자유가 없는 사태와 등치(等值)시키는 것은, 그와 같은 여러 갈래로 열려 있는 경로들을 모두 없는 것으로 치부하므로 매우 부정확한 진술이 된다.91)

둘째, 일정 시점의 자유의 가치는 통상 예전의 자기 삶에서 자유 행사의 결과인 경우가 많다. 그리고 자유 행사는 여러 행위 경로 중 한 행위 경로를 택함으로써 생기는 결과를 의도하는 의식적 행위이기 때문에, 이러한 결과 차이를 무화시키는 것은 곧 자유 행사를 무의미하게 만드는 것이다.

앞서 든 '지금 중국어를 할 수 있는 자유의 가치'는 예전에 중국어를 공부할 것인가 아니면 그 시간에 다른 것을 할 것인가에 관하여 자유를 행사한 결과로 초래된 것이다. '현재 해외여행을 할 자유의 가치'는 해외여행을 위해 소득 중 일부를 부지런히 모았는가 모으지 않았는가에 달려 있다. 만일 이러한 상이한 행위 경로 선택에 따른 결과의 차이를 부인한다면, 개인들의 자유 행사라는 것은 아무런 의미가 없는 것이 된다. 그 어

---

91) Jon Elster, *Sour Grapes: Studies in the Subversion of Rationality*, Cambridge: Cambridge University Press, 1985의 "III.3. power, liberty and welfare", 125-133면, 특히 각주 55에서 Elster는 같은 취지의 논증을 하고 있다.

느 누구도 남과 달리 고민하고, 주의를 기울이고, 선택을 하고, 헌신함으로써 남과 다른 결과를 법적으로 보장받지 못하게 된다. 이것은 자유 자체의 의미 붕괴다. 상이한 자유의 가치의 많은 부분은 개인이 자신의 삶을 영위해나갈 책임에 속하는 선택들로부터 파생된 것이다. 즉 상이한 행위 경로를 거쳐 왔다는 자유 행사의 역사적 사실과 결부되어 있다. 그 역사적 사실에 따라 자유의 가치가 상이하게 되는 것은 법적 자유가 보장되고 행사된 결과이지, 법적 자유가 보장되지 않고 행사되지 않은 결과라고 할 수는 없는 것이다.

그리하여 불평등한 법적 자유가 발생할 경우에는 그러한 불평등은 필수적으로 정당화되어야 함에 비하여, 자유 가치의 불평등은 그 자체로는 정당화를 요청하지 않는다.

셋째, 자유의 가치를 자유와 동일하게 보면, 자유의 가치에 미치는 아주 상이하고 잡다한 요소들을 모두 자유 개념에 집어넣게 되어, '법질서에 의해 규정되는 자유', 즉 법적 자유를 다루고자 하는 논의의 의도에 합목적적이지 않게 된다. 법적 자유는 "x는 y로부터 z를 하기에 자유롭다"의 방해요소 y에 법의 장애만을 다루고자 하는 것이다. 중국어를 유창하게 할 수 있는 능력이나 IQ와 같이 현재의 역량과 같은 요소를 집어넣을 경우, 이것은 자유 개념을 법질서의 정당성을 따지는 규범적 작업에 부적합한 것으로 만들어버린다. 지능이나 의지력 같은 요소들을 집어넣어, 'x가 z를 하기에 지능이 낮아서, 의지력이 박약해서 자유롭지 않다'고 말한다고 하여도 그러한 형태로 기술된 것 자체로는 자유에 관한 법질서, 법규정[92]의 어떤 부분을 어떻게 유지하고, 수정할지에 관하여 어떤 결론을 주지 않는다. 오늘 해변에서 일광욕을 하기로 했는데 비가 몹시 많이 온다면, 일광욕을 할 수 없는 것은 사실이다. 그러나 날씨는 자유에 관한 법

---

92) 법적 자유에 관한 질서는 행위 경로의 법적으로 열리고 닫힘에 관한 질서이다.

규범으로 어떻게 교정해볼 수 있는 사태가 아니다.

법적 자유 분석은, 언제나 대안이 되는 여러 법질서를 배경으로 해서만 이루어질 수 있다. A질서에서는 열려 있는 선택지가 B질서에서는 닫혀 있다는 식으로 말이다. 반면에 비오는 날이라 일광욕을 할 수 없다는 것은, 어떤 법질서를 택하여도 여전히 닫혀 있는 행위 경로다. 불운한 사고로 뇌가 다쳐서 독서의 능력이 없어지게 된 사람에게 독서의 행위 경로를 제공할 수 있는 대안적 법질서는 없다. 따라서 그 행위 경로와 관련해서는, 인간의 규범적 질서에 의해 열린 행위선택지가 줄어들거나, 닫힌 선택지가 열리는 경우를 생각할 수가 없다. 또한 이를테면 선천적으로 노동능력이 통상적인 경우보다 낮은 사람과 관련하여 제기되는 규범적 문제가 규율하는 대상은, 그 사람의 선천적인 노동능력 자체와 관련하여 이미 발생한 사태 자체가 아니다. 규율되어야 할 문제는 그러한 구성원이 기본권 주체로서 평등하고 자유로운 관계를 다른 구성원과 맺으려면 국가를 통하여 어떤 대우를 받아야 하는가 하는 것이다.[93] 따라서 행위 경로가 법적으로 열리고 닫히는 것과 연결되지 않는 자연적 사태를 자유 개념에 집어넣는 것은, 규범적 분석의 초점이 빗나가도록 개념을 잘못 설정하는 것이다.

이 세 가지 이유에서 드러나듯이 자유 분석은 두 가지 유의점을 지켜야 한다. 첫째, 행위가 완료된 이후의 결과 성취와 결부되어 진술되어서는 안 된다. 둘째, 어떤 법적 장벽이 정당화되는 것인데도 계속 그 자유 상태를 비판하려면, 정당화되는 장벽 이전의 단계로 역진(逆進)하여 분석되어야 한다. y라는 장애가 합당하게 거부할 수 없는 법적 장애의 질서와 연관된 것이라면, 장애y와 부딪히기 이전 단계의 행위 경로 갈림길로 역진하여 분석 시점을 당겨야 한다. 이러한 역진을 하지 않으면 부정확한 진

---

93) John Rawsls, 『정의론』, 153면.

술을 하게 된다.

예를 들어 '가난한 사람은 비행기를 탈 법적 자유가 없다'라는 언명을 살펴보자. 이것은 부정확한 언명이다. 저축하여 비행기 표 값을 모으거나, 출장비를 회사로부터 지급받거나, 친구가 비행기 표 값을 대신 내어줘서 비행기를 타거나 하는 행위 경로가 여전히 열려 있음에도 닫혀 있는 것으로 서술했기 때문이다.

역진을 정확하게 수행하면 "사람은 비행기 표를 대가를 치르고 사서 소지하지 않는 경우에는 비행기를 타지 못하는 법적 제약을 받는다"는 법적 자유 기술(記述)에 도달한다. 이 지점에서 일견 문제 삼을 수 있는 것은 '비행기 표를 소지하지 않고서도 비행기를 탈 법적 자유'가 없다는 부분이다. 그런데 표 소지는 그 사람이 배정된 좌석을 받은 승객인지 여부를 알아보기 위해 필요한 조건이다. 따라서 그 법적 장애를 간단히 없애 버리는 원리를 수용할 수 없다. 순서대로 좌석을 배정하지 않으면 예측가능한 탑승 자체가 불가능하기 때문이다. 따라서 이 법적 장애 지점은 규범적으로 유효하게 문제 삼을 수 있는 자유 분석을 할 행위 경로 선택 지점이 아니다. 그 이전에 비행기 표를 그 사람에게만 팔지 못하게 하는 법 규정이 있는지를 보아야 한다. 그러한 법 규정이 없고, 단지 돈을 내지 않아서 표를 사지 못하였다고 해보자. 표를 사지 못한 까닭은 다른 사람들은 다들 돈을 내고 사는 표에 대하여 대가를 치르지 않은 것이다. 그렇다면 애초에 돈을 치른 사람에게만 표를 주는 원리가 일반적으로 거부할 수 있는 원리인지 검토하면 된다. 그런데 대가를 치르지 않은 사람에게도 표를 주어야 한다는 원리는, 광범위한 무임승차로 인하여 여객과 운송에 종사하는 사람들과 표 값을 치르는 사람들을 희생시키는 원리이다. 그러한 희생을 발생시키지 않고자 한다면, 용역의 대가를 치른 사람이 용역을 제공받을 수 있다는 일반적 원리를 받아들일 수밖에 없고, 그것이 비행기

여객 부문에 적용되는 것도 수용할 수밖에 없다. 따라서 그 법적 장애 역시 정당화된다. 그러므로 이전의 행위 경로 선택 시점으로 다시 역진하여 보아야 한다. 단순히 귀찮아서 표를 사지 않았다고 한다면, 그에게는 여전히 표를 살 행위 경로가 열려 있으므로 이의제기를 할 아무런 근거도 없다. 다른 한편으로, 지금 이 사람이 돈이 없다면, 그 사람이 돈을 구할 수 있는 경로 중 어떤 것이 막혔는지, 그리고 그 행위 경로를 막은 법적 장애가 일반적 원리에 의해 정당화되는지를 검토하여야 한다. 이렇게 역진하여 가다 보면, 취로하여 돈을 버는 행위 경로들이 선택지로 남아 있는 통상의 경우에 도달할 수도 있다. 이 경우는 비행기를 탈 행위 경로는 열려 있는 것이다. 반대로 신체적·정신적으로 노동능력이 크게 제한되어 스스로 돈을 벌 수 없는 상황에 소급할 수도 있다. 이 경우로 소급할 때에는 자유의 문제가 될 수 있다. 즉 이후에 논할, 자유의 가치 상태가 법적 자유를 제한할 수 있는 사유로 고려될 수 있는 예외적 상황에 해당할 수 있다. 왜냐하면 그에게는 비행기를 탈 돈을 마련할 수 있는 법적 행위 경로가 크게 수축되어 있기 때문이다. 타인의 자선에 의하지 않고서는 그는 비행기를 타고 이동할 수 없다. 그래서 이와 같이 수축이 확인되는 경우에는 비로소 그러한 예외적 사정이 있음에도 돈을 주고 표를 구입하여야만 이동할 수 있는 법질서, 또는 그러한 무능력자의 경우에 이동비용을 지원하지 않는 법질서의 정당성에 대해 자유의 관점에서 논증게임이 시작될 수 있다.

결론적으로 어떤 자유의 가치에 관한 사실이 자유 제한의 문제로 되려면, 그것은 평등한 자유의 관계 차원에서 쟁점화되어야 한다.

결국 위에서 살펴본 세 가지 이유94)에서 자유의 가치와 자유는 외연적

---

94) 첫째, 자유가 행위 경로의 선택 가능성이라면, 자유의 가치와 자유는 분명 상이한 사태를 진술하게 된다. 둘째, 일정 시점의 자유의 가치는 통상 예전의 자기 삶에서

동치 관계가 통상 성립하지 않으며, 자유의 가치에 관한 기술은 법적 자유에 관한 정확한 기술이 되지 못한다. 따라서 자유권 제한의 헌법적 형량은 '자유의 가치' 차원이 아니라 '평등한 자유 관계' 차원에서 이루어져야 한다. [명제(2)의 ① 논증]

5. 자유 제한의 원칙적 사유

명제(2)의 ②부분은, '평등한 자유'와 '자유의 가치'는 통상 충돌 문제를 제기하지 않으며, 그러한 통상적인 경우 자유의 가치 자체를 이유로 자유를 제한하면 평등한 자유 관계가 부당하게 훼손된다는 것이다.

그 이유의 핵심은 다음과 같다. 평등한 자유는 각자가 자신의 자유 가치를 얻고 조합하여 활용하는 토대가 된다. 그렇기 때문에 자신의 자유의 가치를 위해 타인의 평등한 자유를 축소하고자 하는 자는, 각자의 행위에 책임을 지고 스스로의 심층적 가치에 따라 삶을 추구해나갈 자격을 상대방에게서 박탈하는 것이 된다.

하나의 사례가 설명에 도움이 될 것이다. A는 중국어를 못하는데 B는 중국어를 아주 능숙하게 한다고 해보자. A는 '자유의 가치'를 평등하게 해야 한다는 주장을 내세워, B가 중국어를 활용하지 못하도록 할 수 없다. 왜냐하면 A 자신이 중국어를 못하게 된 것은, 스스로의 행위 선택의 결과가 집적된 것이기 때문이다. 그것은 자신의 여가와 정력이라는 자유의 가치를 자신의 선택에 의해 조합하여 산출한 결과 중 하나다. A는 중국어는 못하게 되었지만 중국어 공부를 하는 데 소요되었을 시간에 친구

자유 행사의 결과인 경우가 많다. 셋째, 자유의 가치를 자유와 동일하게 보면, 자유의 가치에 미치는 아주 상이하고 잡다한 요소들을 모두 자유 개념에 집어넣게 되어, '법질서에 의해 규정되는 자유', 즉 법적 자유를 다루고자 하는 논의의 의도에 합목적적이지 않게 된다.

들을 더 자주 만날 수 있거나 하는 등으로 다른 기회를 가졌을 것이다.
결국 A는 자신이 행사한 자유의 결과들은 그대로 보존하면서, 타인이 누
린 자유의 결과들은 무화하고자 하는 것이어서 자신의 삶의 기회비용
(opportunity cost)을 부당하게 전가하고자 하는 것이다. 기회비용(機會費
用)은 어떤 특정한 삶을 사느라 (그 삶을 추구하는데 직접 투여된 비용이
아니라) 누리지 못하게 된 다른 삶이 수반하는 가치다. 위 사례에서 A는
친구들을 더 자주 만나는 삶을 누렸다. 그러면서도 그에 따라 갖지 못하
게 된 중국어를 잘 하게 된 삶이 갖는 상대적 이점이라는 가치마저도 타
인에게서 박탈하는 방식으로 자기 삶의 기회비용을 전가하려 하고 있는
것이다.

따라서 통상적인 경우 자유의 가치 평등을 자유를 제한함으로써 관철
시키는 것은, 각자 자기가 좋다고 보는 삶을 추구한 결과를 무화(無化)하
고 자기 삶의 기획을 추구하여 생긴 기회비용을 타인에게 전가하는 부당
한 결과를 낳는다. 중국어를 잘하고 싶으면 스스로에게 주어진 법적 자유
를 토대로 중국어를 배우고 연습하면 될 일이다. 그것은 A 자신에게도 평
등하게 주어진 자유이다. B의 자유 행사는 A가 중국어 학원에 등록하고,
잠자리에 들기 전 중국어를 복습하는 등의 어떠한 행위도 간섭하지 않는
다. 이 경우 A가 중국어를 더 잘하게 된다는 자유의 가치 추구는, B의 자
유와 아무런 충돌 문제도 제기하지 않는다.

다만 A가 중국어를 배우고 싶은데 교육비가 부족한 경우에는 국가의
적극적 급부 의무가 문제된다. 여기서 매우 중요한 점은, 자유의 가치를
평등 원칙에 부합하는 보편적 원리[95])에 따라 증대시키는 국가의 적극적

---

95) 보편적 원리란 특정한 지역, 성, 인종을 편애하여 그들의 자유의 가치만을 증대시키
　　는 원리가 아니라 자유의 가치 측면 자체에서의 부족이나 결핍을 보전해주는 원리
　　이다. 이를테면, 자유의 가치가 어느 수준 이하인 경우로 내려가는 경우 어떤 기본
　　권 주체에 대하여도 최소한 그 수준 이상을 향유하도록 적극적으로 급부하는 원리

급부는 자유와의 충돌 문제를 통상 제기하지 않는다는 것이다.

국가의 적극적 급부는 생존과 최소한의 복지이익[96]의 보장에 관한 것일 수도 있고, 그 이상의 개선 이익들[97]에 관한 것일 수도 있지만, 어느 쪽이든 자유와의 충돌문제를 통상 제기하지 않는다. 왜냐하면 그러한 급부제공의 비용은 구성원들에게 공정한 과세의 원리에 따라 충당될 수 있기 때문이다. 그리고 공정한 과세 이전에 점유하고 있던 소득 자체는 그것에 대한 소유권이 아직 법적 권리로 확정된 것이 아니기 때문에 그 전부의 처분과 관련된 자유가 도출되지 아니한다. 따라서 과세가 특수한 신조나 포괄적 교설을 이유로 하여 불공정하게 이루어지거나, 진정소급의 형태로 이루어지지 않는 한, 자유의 문제는 제기되지 않는다.

헌법 제23조 1항 후문은 재산권에 관하여 "그 내용과 한계는 법률로 정한다"(헌법 제23조 제1항 후문)라고 하여 재산권의 내용 자체가 입법에 의해 형성되도록 정하고 있다. 이에 따라 헌법재판소는 "재산권이 법질서 내에서 인정되고 보호받기 위해서는 입법자에 의한 형성을 필요로 하며, 다른 기본권과는 달리 그 내용이 입법자에 의하여 법률로 구체화됨으로써 비로소 권리다운 모습을 갖추게 된다"[98]는 점을 여러 번 확인하였다.

과세 이전에 시장거래의 결과로 일시적으로 점유하게 된 재산을 마음대로 활용할 자유가 있다는 권리주장은, 그 재화가 전적으로 자신의 확정

가 그 한 예일 것이다.

96) 신체 건강과 기력, 정신을 사로잡는 고통 부재, 기괴할 정도의 외모 손상 부재, 최소한의 지적 능력, 정서적 안정, 경제적 안정, 적정한 환경, 최소한의 정치적 자유 등 기본적인 자유 행사가 가능하게 되기 위한 조건들의 충족.

97) 다양한 목적에 유용하게 쓰이는 일반화된 수단, 즉 고등교육의 실질적인 기회, 정서적 고양, 경제적 풍족, 상쾌한 환경 등등.

98) 헌법재판소 2010. 2. 25. 2007헌바131 등 결정. 그밖에도 헌법재판소 1989. 12. 22. 88헌가13 결정을 비롯하여 다수의 결정이 재산권의 입법 형성적 성격을 분명히 확인하고 있다.

된 소유권이 결부된 것임을 전제로 해야 한다. 그러나 그 전제는 성립하지 않는다. 그러한 전제가 성립한다는 착각은 시장 거래가 수많은 제도가 인위적으로 규정한 법질서의 바탕 위에서 이루어진다는 것을 보지 못한 결과로 생겨나는 것이다. 가수가 노래를 불러 시장에서 돈을 번다는 사실은, 노동을 하면 그 결과가 자연적으로 귀속되는 것 같은 착각을 가져온다. 그러나 이런 결과는 실은 더 많은 좋은 노래가 나오도록 유도하기 위한 목적 등으로 공연자의 지적 재산권을 법으로 인정하였기 때문에 가능한 것이다. 시장의 유형과 그 유형에 따라 성립되는 거래와 거래 결과는 정부가 제정해야 하는 법과 정책이 있어야 확정된다. 그러므로 사람들이 과세 이전의 소득에 대해서 어떤 자연적이고 본질적인 권리를 가지는 것은 불가능하다. 모든 사람들은 공정한 과세 이후에 그들에 남겨진 것에 대하여만 자격(entitlement)을 가진다.[99]

물론 일단 시장거래로 점유하게 된 것 중 일부가 세금으로 걷힌다는 일상 경험의 시간적 선후 순서 때문에 사람들은 자신이 무언가를 절대적으로 소유하고 나서 국가가 징수해간다고 착각하게 된다. 그러나 조합에서 업무집행조합원은, 조합 사무를 처리하면서 어떤 재산을 물리적으로 점유하게 되더라도 협동체인 조합의 수익 분할 이전에 그 재산에 대한 소유를 권리로 주장할 수 없다. 그가 시간적으로 먼저 현실적으로 점유하게 된 재산이라는 점은 그것에 대한 절대적 소유권을 주장할 근거가 되지 않

---

99) Liam Murphy and Thomas Nagel, *The Myth of Ownership*, New York: Oxford University Press, 2002, 31-37면. Murphy와 Nagel은 분배 규칙 이전에 완전한 소유권을 갖는다는 견해를 "일상의 자유지상주의"(everyday libertarianism)라는 이름을 붙여 비판한다. 분배의 규칙이 성립된 이후에 합법적 기대치(legitimate expectations)를 가질 수는 있지만, 그러한 규칙 이전에 자연적으로 선재하는 응분의 몫을 주장할 수는 없는 것이다. 왜냐하면 합의된 규칙이 없다면 그 응분이 어떤 종류의 것인지 어느 범위에서 존재하는지 파악할 수 있는 방도가 전혀 없기 때문이다.

는다. 마찬가지로 시장 거래로 점유하게 된 재산에 대하여 협동체인 국가
의 공정한 조세 이전에 그에 대한 완전한 소유를 권리로 주장할 수는 없
는 것이다.[100] 공정한 과세가 완료된 이후에야 그 재산을 활용하는 여러
행위 경로가 자유권의 보호범위에 속하게 되는 것이다.

　이처럼 과세 규칙의 적용 이전의 소득 자체는 온전한 재산권의 대상이
그대로 되는 것이 아니므로, 자기 소유 재산을 활용하여 행위할 자유와
공정한 과세는 충돌하지 않는다. 그러므로 자유의 가치의 증진은 원칙적
으로는 자유의 제한 없이 공정한 조세를 통해 조성되는 공적 재정의 활용
으로 이루어질 수 있다. 그렇기 때문에, 가난한 부모의 자녀인 A가 중국
어를 잘 할 기회를 가질 수 있도록 학교에 중국어 교사를 두는 비용이 공
정한 과세로 마련된다 하더라도, B의 중국어를 할 법적 자유는 제한되지
않고 제한될 필요도 없는 것이다.

　단순히 A와 B가 현재 중국어를 할 자유의 가치가 불평등하게 분포되
어 있다는 이유로, B의 중국어를 할 법적 자유를 제한하는 경우, 이것은
A와 B의 평등한 자유 관계를 훼손한다. B가 중국어를 잘한다는 자유의
가치를 얻게 된 것은 스스로의 선택에 의해 자신의 몫에 해당하는 자원들
을 조합하여 이룩한 일이다. 이 가치를 활용할 자유를 부인하거나 제약하
는 경우, B가 동등한 구성원으로 자신의 삶의 기획을 추구할 지위를 부인
하는 셈이 된다. 설사 B가 중국어를 쓸 수 없게 되어 그와 함께 고용시장
에서 경쟁관계에 놓인 A가 그만큼 유리해지는 이득이 있다 하더라도 그
렇다. 그러한 A의 이득은 탈취적 이득에 해당한다. A 자신은 자신의 심층
적 기획에 따라 삶을 영위하면서도 B에게는 그러한 권리를 부인하기 때

---

100) John Rawls, "The Basic Structure as Subject". 황경식·이인탁·이민수·이한구·이
　　종일 옮김, 『공정으로서의 정의』, 서광사, 1988, 제8장 "주체로서의 기본 구조"
　　참조.

문이다.

즉, 충돌 문제가 제기되지 않는데도 단순한 일부 구성원의 자유 가치의 수준 자체만을 이유로 다른 구성원의 법적 자유를 제한하는 것은, 법적 자유가 제한당하는 구성원들의 자유롭고 평등한 지위를 부인하는 것이다. [명제(2)의 ② 논증]

6. 법적 자유 외연의 수축

명제(2)에 의해 자유의 가치와 관련된 상황은, 그 상황이 평등한 자유 관계 자체를 변형시킨다는 점을 논증함으로써만 충돌 문제를 제기할 수 있다는 점이 확인되었다. 즉, 자유의 가치 상황은 오로지 그 특수한 상황 때문에, 평등하게 자유로운 관계의 논의 차원에서 기술되는 법적 자유가 수축되었음을 보일 때에만, 충돌 문제를 제기할 수 있다. 그렇게 보지 아니하면 자유 자체를 무의미하게 만들도록 자유 행사의 결과를 무화시키고, 일부 구성원이 삶을 추구하여 생긴 기회비용을 다른 구성원에게 전가하는 결과에 이르기 때문이다. 따라서 통상적인 경우에 자유 가치의 불평등한 분포 자체는 어떠한 규범적 힘을 갖지 않고, 자유 제한을 정당화할 수 있는 논거가 되지 못한다. 통상적인 경우에 그러한 힘을 부여하게 되면 기본권 주체들의 자유롭고 평등한 지위가 일그러진다. 자유 제한을 주장하는 측에 의해 자유를 제한받는 측의 자유롭고 평등한 근본적 지위가 부인당하는 것이다. 그래서 그러한 통상적인 경우 자유의 가치에 관한 사항은, 평등한 자유 관계라는 논의 차원으로 옮겨지지 않아야 한다.

그런데, 통상적으로는 자유의 가치는 자유와 충돌하지 않지만, 명제(3)이 다루는 특별한 경우, 즉 외연적 동치가 성립하는 경우에는 충돌 문제가 제기된다. 명제(3)은 다음과 같았다.

(3) 제한된 자유의 가치들은 일정한 여건에서는 법적 자유의 외연을 수축시킨다. 그리하여 평등한 자유 관계가 변형될 수 있는 위험을 제기한다. 그래서 그것은 평등한 자유 관계의 논의 차원에서 검토해야 하는 충돌 문제를 제기한다. 즉, 그와 같이 수축된 법적 자유의 외연으로 인해 발생된 법적 자유 관계가 과연 정당화되는가 하는 문제를 제기한다.

자유의 가치에 관한 사정이 평등한 자유 관계의 논의 차원에서 고려되어야 하는 특별한 경우란 바로, 자유의 가치 수준으로 법적 자유의 외연이 수축되는 경우인 것이다.

이 수축은 다음과 같은 경우 확인된다.

(i) 자유의 가치가 제한된 경우가, 가능한 행위 경로 면에서 자유가 제한된 경우와 아무런 차이를 보이지 않는다. 그리고 (ii) 그와 같은 수축이 각자가 선택을 해온 행위 경로의 기회비용에 의해서가 아니라, 법질서에 의해 확정된 것이다.

자유의 가치 수준으로 법적 자유 외연 수축의 경우에는, 그 행위와 관련된 법조문에서 어떤 행위 경로의 열리고 닫힘에 관하여 직접적인 규정은 두고 있지 않는 것이 보통이다. 그러나 자유를 제한하는 직접적인 법규정이 있는 가상의 법질서와 비교했을 때, 어떤 행위 경로의 법적으로 열리고 닫힘은 동일하다면, 그 경우 그 행위 경로의 법적 자유의 외연은 동일한 것이다.

어느 누구도 그 사람을 구조해줘야 할 의무가 없는 법질서 하에서 인적이 드문 곳에서 건설이 진행되다가 중지된 공사장의 맨홀에 빠져 의사연락 수단도 없이 옴짝달싹 못하게 된 사람의 경우를 생각해보자. 이 사람이 우연히 지나가는 단 한 명의 사람에게 구조를 요청했는데, 그 지나가는 사람이 만일 그 사람의 구조에 관하여 어떠한 행위를 하지 아니하여도 되는 법적 자유, 경찰에 고지조차 하지 않아도 되는 자유를 가지고 있다고 하여보자. 그리고 이 행인은 구조하지 않는 쪽으로 자신의 자유를 행사한다. 이 경우 맨홀 속의 사람의 가능한 법적 행위 경로를 낱낱이 살펴 그 열려 있음과 닫혀 있음을 확인하면, 자유의 가치(옴짝달싹 못하는 자유의 가치)로 기술되는 가능한 행위 경로와 외연이 동일하다. 그리고 이와 같이 행위 경로가 닫히게 된 것은, 행인에게 구조나 구조 담당자에게 고지할 의무가 부과되지 않는 법질서에 구조하지 않기로 하는 행인의 의사가 결합되어 확정된 것이다. 행인은 달리 선택하여 구조를 할 수도 있다. 따라서 맨홀 속의 사람의 법적 자유는 다음 진술이 표현하는 행위 경로의 외연과 동일하게 된다.

> (1) 맨홀 속의 사람 a는 지나가는 행인 b가 자의로 구조관련 행위를 할 때에만 오직 그 때에만 —함에 있어 자유롭다.

여기서 불포화된(unsaturated) 부분 '—'는 행인이 맨홀 속에서 나오는 것을 전제로 하여서만 비로소 열린 선택지가 되는 행위 경로들이 모두 포함된다. 구조 관련 행위를 b가 하지 않을 경우 그의 자유는 0으로 수축된다. 즉 그의 자유는 행인 b의 '자의', 즉 어느 한 방향으로 법에 의해 강제되지 않고 어느 쪽이든 선택할 수 있는 자의(arbitrary will) 내지는 재량적 의사(discretionary will)를 매개항으로 하는 구조를 갖게 된다.

주의할 것은, 여기서의 '자의'는 법사태를 묘사하는 순수 기술적(記述的) 개념 요소라는 점이다. 즉 행인과 같은 행위자가 작위와 부작위 어느 쪽도 자신의 의사에 의거해 선택가능하며 법적으로 강제되지 않는다는 기술적인 개념이다.[101) 따라서 어떤 법사태가 자의의 매개항이 결부되어

기술된다 하더라도, 그것 자체만으로 그것이 헌법규범적으로 부당하다는
함의는 도출되지 않는다. 예를 들어 어떤 이의 결혼의 자유는 항상 잠재
적인 결혼 상대방이 될 사람들의 재량적 의사의 매개항을 포함하여 기술
되지만, 그 매개항을 분리하여 제거하는 것이 오히려 위헌적인 법질서가
된다.

> (1)' 맨홀 속의 사람 a는 —함에 있어 법적 금지를 받지 않는다. 그리고
> (AND) 맨홀을 지나가는 행인 b는 자의로 a에 대한 구조관련 행위
> 를 할 수도 있고 하지 않을 수도 있는 법적 자유가 있다.

　이제 맨홀 속의 사람 a가 진행하며 갈 수 있는 법적 행위경로와 관련하
여 (1)의 자유 명제와 (1)'의 자유 명제의 외연을 살펴보면, '—'에 어떠한
행위를 넣어도 동일한 참, 거짓의 값이 나온다. 매개항이 되는 b의 자의가
구조 관련 행위를 하는 쪽이라면, 행위 경로는 열려 있으므로 두 명제의
각 외연은 그 진리값 부분에 참이 놓이는 일련의 쌍으로 이루어지게 된
다. b의 자의가 하지 않는 쪽이라면 두 명제의 각 외연은 그 진리값 부분
에 거짓이 놓이는 일련의 쌍으로 이루어지게 된다. 따라서 (1)과 (1)'의 법
적 자유의 외연은 동일하다.

　이렇게 법적 자유가 자유의 가치 수준으로의 수축된 법사태를 기술하
는 일반적인 형식은, 'x는 z를 함에 있어 자의의 매개항y의 실현방향이 한
쪽인 경우에만 법적으로 자유롭다'가 된다.102) 이를 일반적인 형식으로

---

101) 이것은 공화주의 자유관에서 사용되는 '자의적 간섭', 그리고 헌법의 심사 기준에
　　서 사용되는 '자의적인 차별'이나 '자의적인 제한'이라는 용어에서 사용되는 도덕
　　화된 개념과는 다르다. 도덕화된 '자의적인'이라는 개념은 '차별'이나 '제한'처럼
　　어떤 행위나 조치를 수식하는 용어이며, 그래서 '논의되는 맥락에서 충분하고 옳
　　은 이유가 없는'이라는 규범적인 개념 요소를 포함한다.
102) 이 형식으로 진술된 법적 자유 외연을 기술한 것이 타당한지 검사하는 방법이 있

표현하면 다음과 같다.

어떤 행위 주체 x_1는 다른 행위 주체 x_2, x_3, x_4, $\cdots$, x_n 중 일부가 자의로 행위 p를 할 때에만 오직 그 때에만 —함에 있어 자유롭다.

그런데 물론 자유의 가치 수준으로 자유가 수축되었다는 것만으로는 어떤 결론을 곧바로 함의하지는 않는다. 그것은 오로지 정당화 분석의 계기가 될 수 있을 뿐이다. 그러나 그것은 평등하게 자유로운 관계라는 논의 차원에서 충돌 문제를 제기할 수 있게 된다. 법적 자유의 외연을 제약하게 되는 '매개항'은 평등하고 자유로운 관계에서 정당화될 수 있어야 하는 것이다. 왜냐하면 그 관계에서 승인되지 않는 법적 자유의 외연 수축은 법질서에 의해 그 관계를 부인하는 것이고, 그러면 법규범의 타당성 승인을 위하여 충족되어야만 하는 동등하게 자유로운 지위라는 조건을 위배하는 결과가 되기 때문이다.

이 분석103)의 함의는 중대하다. 이질적인 법익으로 보여 같은 논의 차원에서 다루기 어려워 보이던 두 가지(법적 자유와 법적 자유의 가치)가, 자유의 가치 수준으로의 외연 수축 분석을 통해 같은 논의 차원, 즉 평등한 자유 관계의 차원에서 논의가 가능하게 되는 것이다. 이 함의는 다음 두 개의 조건문으로 표현할 수 있다. '만일 자유의 가치가 법적 자유 외연 수축을 가져오지 않는다면 그것은 자유 제한의 이유가 될 수 없다. 만일

___

다. 매개항y의 실현방향과 관계없이 여전히 열려 있는 행위 경로가 있어 z를 할 수 있다면, 법적 자유에 관한 그 기술은 부정확하다. 반면에 해당 법적 자유 기술에서 자의의 매개항y를 제거할 수 없다면, 매개항y가 결부된 만큼 법적 자유는 수축된 것이다.

103) 자유의 가치 수준으로 자유가 수축된 경우, 법적 행위 경로의 외연이, 그렇게 수축된 자유를 법으로 규정하고 법질서에서 갖는 외연과 동일하다는 분석. 그래서 평등한 자유 관계의 논의 차원에서 충돌 문제를 제기할 수 있다는 분석.

자유의 가치가 법적 자유 외연 수축을 가져온다면 그것은 평등한 자유 관계 차원에서 함께 논의할 수 있다.'

자유 가치 수준으로의 외연 수축이 발생했을 때, 논의되어야 대상은 관련된 법명제의 외연이 확정하는 수축된 자유다. 아울러 수축된 자유의 기술이 '자의의 매개항'을 포함할 경우 그 매개항 수용 여부에 관하여 '평등한 자유로운 관계'가 변형되지 않았다는, 정당화 논증이 이루어져야 한다.

이러한 자유 가치 수축이 발생하는 전형적인 경우는, 어떤 사람의 통상적인 삶을 영위하는 데 필수적이거나 중대한 기회를 열고 닫는 권리가, 다른 특정한 구성원들에게 불평등하게 부여되어 있을 때다.

예를 들어 1000명이 사는 폐쇄된 사회에서 그 사회의 토지를 10명이 모두 소유하고 있다고 하여보자. 그리고 이 소유권은 그 사회의 법적 질서에 의해 무제한적이고 배타적인 것으로 인정된다고 하여보자. 그 토지 위에서 살아가고 경제활동을 하기 위하여 모든 사람은 토지 소유권자와 계약을 맺어야 하고 그렇지 않으면 소유권 침해로, 즉 소극적 방해배제청구권 실행의 결과로 그 토지에서 법적으로 추방된다. 모든 사회 구성원에게는 혼인, 취미생활, 종교의 자유가 보장되어 있다. 그러나 이 사회에서 토지 소유자들은 자신의 토지를 사용하려는 나머지 990명에게 혼인, 취미생활, 종교를 이러저러하게 해야 한다는 내용을 포함한 계약을 체결할 법적 자유가 있다. 그래서 나머지 사회구성원들의 그런 자유들은 모두 토지 소유자들 자의의 매개항이 결부된 수준으로 수축되게 된다. 나머지 구성원들의 자유를 보장하는 법규정에 그러한 매개항이 명시적으로 표현된 경우와 마찬가지 결과가 되는 것이다. 그리고 이것은 토지 소유자들에게 그러한 계약을 유효하게 체결할 자유를 무제한적으로 부여한 법질서의 직접적인 결과다.

이 가상 사례에서 토지 소유자들의 자유는 나머지 구성원들의 자의를 매개항으로 기술되지 않는다. 반면에 나머지 구성원들의 자유는 토지 소유자들의 자의를 매개항으로 기술된다. 일방적으로 한 집단이 나머지 집단의 자유 몫까지 추가로 행사하고 있다. 이것은 명백히 불평등한 결과다. 일부 구성원은 자유의 두 몫을 누리고, 다른 구성원은 자유의 한 몫도 제대로 누리지 못한다. 따라서 이것은 평등한 자유 관계에서 이탈한 것이며, 이 이탈은 정당화되어야 한다. 따라서 다음과 같은 정당화 논제가 성립한다.

자유 가치 수준으로 수축된 법적 자유 외연의 정당화 논제: 어떤 법질서에서, 누군가의 법적 자유의 외연이 타인의 자의를 매개항으로 기술되는 경우, 그 매개항의 포함 여부는 평등하고 자유로운 기본권 주체들의 관계에서 정당화되어야 한다. [명제(4)의 논증 및 정당화 논제 제기]

7. 법익의 두 가지 기술 형식

1) 공통된 보장 형식

이제 마지막으로, 명제(1)을 논증하겠다.
명제(1)은 다음과 같았다.

(1) 형량 대상이 되는 이익들의 보장 형식은 '법적 자유'의 형식이나 '자유의 가치'[104] 형식으로 기술될 수 있다. 그러므로 '법적 자유'와 '자유의 가치'가 평등한 자유 관계라는 같은 논의 차원에서 고려될 수 있다면, 겉보기에 다른 법익들은 같은 차원에서 체계적으로 논의될 수 있다.

---

104) 자유의 가치는 자유의 체계가 정해주는 형태 내에서 자신의 목적을 추구하고 증진시키는 실제의 역량을 의미한다.

명제(1)은 형량 대상이 되는 이익들의 보장 형식은 '법적 자유'나 '법적 자유의 가치' 형식으로 기술될 수 있다는 것을 핵심으로 한다. 여기서 '기술될 수 있다'는 것은 그런 이익들이 법적 자유나 법적 자유의 가치 자체라는 뜻은 아니다. 단지 그 이익들의 보장 형식이 규범적 힘을 상실함이 없이 그와 같이 변환될 수 있다는 뜻이다. 예를 들어 테니스라는 여가 생활에 몰두하여 테니스에 고유한 독특한 감각을 경험하는 것은 자유나 자유의 가치 자체는 아니다. 그러나 그러한 여가 활동의 이익을 보장하는 형식은 여가 생활을 할 자유, 여가 생활을 할 자원과 역량이라는 자유의 가치 형식으로 기술될 수 있다는 것이다. 그리고 권리에 대한 '구조적 이해'에 따를 때, 중요한 것은 실체적 이익 자체가 아니라 이와 같은 이익의 보장 형식이다.

명제(1)은 평등한 자유 관계라는 논의 차원으로 법익들을 사영할 때 중간 고리 역할을 하는 명제다.

명제(1)이 성립함은 두 가지 방식으로 보일 수 있다. 그 두 가지 방식의 논의를 전개하기 위한 전제 명제가 있다.

> 명제(1)의 전제 명제: 기본권 제한 사안에서 형량되는 이익은 모두 기본권 주체를 포괄하는 이익이다. 즉 기본권 제한으로 상실되는 이익도, 기본권 제한으로 추구되는 이익도, 모든 기본권 주체가 공통으로 향유하는 보장 형식을 갖는다.

이 전제를 먼저 논증하여 보겠다.[105]

먼저 기본권 제한으로 추구되는 이익인 '공익'이 기본권 주체가 공통으로 향유하는 보장 형식을 가져야 함을 논하겠다. 이를 위하여 공익이란

---

105) 이 전제에 대한 논증은 이민열, "기본권 제한 심사에서 공익의 식별", 『법철학연구』 18권 2호, 2015에서 개진한 논의의 일부를 요약정리한 것이다.

"개인들이 공중의 구성원으로서 공통되게 보유하는 이익들이다."라는 명제를 귀류법적으로 논증하여 보겠다.106)

모든 기본권 주체가 공통으로 향유하는 이익과 절연된 이익이 공익으로서 있다고 가정해보자. 이러한 공익이 있다면, 그것은 다음 두 가지 경우 어느 하나에 속할 것이다. 첫째, 구성원 어느 누구에게도 이익이 되지 않는 경우. 둘째, 일부 구성원에게만 이익이 되는 경우.

먼저 첫째의 경우를 살펴보자. 이 경우 기본권 주체들은 어느 누구에게도 이익이 되지 아니하는 것에 의하여 보편적으로 공통적으로 이익이 되는 기본권을 제약 받으므로 명백히 불합리한 사유가 된다. 따라서 그러한 종류의 이익은 제약의 정당화는 애초부터 이루어질 수 없다. 게다가 기본권 주체의 이익과 절연된 공익을 상정한다는 것은 기본권 주체들의 삶과는 직접적으로도, 간접적으로도 연결되지 아니하는 모종의 초월적인 이익 향유자를 상정하는 것이다. 그런데 이 초월적 이익 향유자에 설사 '국가'나 '공동체'라는 이름을 붙인다 하여도 그런 이익은 기본권 제한 사유로 합리적 논증이 불가능하다. 어떤 이들은, 초월적 이익 향유자는 응집성과 통일성이라는 속성을 가지므로, 구성원들의 자기결정권을 제약하여 문화생활의 양식을 일치시킴으로써 이익을 향유한다고 주장할 것이다. 반면에 다른 이들은, 초월적 이익 향유자는 다양성과 풍부함이라는 속성을 가지므로, 구성원들이 다양한 문화생활 양식이 실험되면, 이익을 향유한다고 주장할 것이다. 상정되는 초월적 이익 향유자의 본성이 다르면 그 초월적 향유자에게 이익이 되는 것은 서로 다를 수밖에 없다. 그런데 초월적 이익 향유자의 개념상, 그러한 이익은 구성원들의 이익과 절연되어 있다. 따라서 그 이익을 구성원들의 이익에 기초하여 파악할 수가 없다.

---

106) Brian Barry, *Political Argument: A Reissue with a New Introduction*, New York and London: Harvester Wheatsheaf, 1990, 190면.

따라서 그 본성은 독단으로 규정될 수밖에 없다. 그리고 독단은 논증으로서 가치를 갖지 않는다. 그러므로 모든 기본권 주체의 이익과 절연된 공익이 있을 수 있다는 것은 참일 수 없다.

다음으로 둘째 경우처럼 공익이 공동체 일부에게 이익이 되고 다른 일부에게는 불이익만 되는 것일 수 있다고 하자. 그럴 경우 기본권 주체의 나머지는, 자신들에게는 부담만 되고 일부에게는 이득만 안겨주는 사유에 의해 보편적인 기본권의 이익을 제약 받으므로 그 사유를 정당한 것으로 볼 수 없다. 이를테면 구성원 일부의 이익인 '다수의 이익'을 '전체 이익'과 동치시키는 것은, 공중의 구성원(members of public)에서 일부 기본권 주체를 제외하는 것이다. 그런데 이것은 헌법 제10조[107])및 헌법 제11조 제1항[108])에 정면으로 반한다. 그러므로 공동체 일부에게는 이익이 되고 다른 일부에게는 불이익만 되는 공익이 있다는 것은 참일 수 없다.

따라서 '모든 기본권 주체가 공통으로 향유하는 보장 형식을 갖지 않는, 기본권 제한 사유가 되는 공익이 있다'는 명제는 타당하지 않다. 따라서 모든 공익은 기본권 주체가 공통으로 향유하는 보장 형식을 갖추어야 한다.

질서나 제도 자체는 곧바로 주관적 이익 형식으로 변환될 수 없다는 반론이 있을 수 있다. 그러나 도입될 수 있는 구체적인 질서나 제도를 실시했을 때와, 대안이 될 수 있는 다른 질서나 제도를 실시했을 때 기본권 주체들에게 직·간접적으로 이익의 차이는 발생하게 된다. 헌법에 규정된 추상적인 객관적 제도를 구현하는 데 입법자가 여러 방식을 택할 여지가 있다면, 그 여러 방식들 중 하나를 택함에 따라 기본권 주체들의 공통된

---

107) "모든 국민은 인간으로서의 존엄과 가치를 가지며, 행복을 추구할 권리를 가진다. 국가는 개인이 가지는 불가침의 기본적 인권을 확인하고 이를 보장할 의무를 진다."
108) "모든 국민은 법 앞에 평등하다. 누구든지 성별·종교 또는 사회적 신분에 의하여 정치적·경제적·사회적·문화적 생활의 모든 영역에 있어서 차별을 받지 아니한다."

이익은 변동하게 된다. 이는 이익의 개념 자체가 대안과 비교하여 차이나는 부분으로 규정되기 때문에 필연적이다. 이 점은 Brian Barry가 명확하게 밝힌 바 있다. 이익 판단은 (i) 주체 (ii) 행위 (iii) 대안이라는 세 가지 변항으로 이루어진 판단이다.[109] "이 삼각 관계의 구조는 공익 식별이 어떻게 가능한가라는 질문에 요긴한 역할을 한다."[110] "~이 이익이 된다"는 개념은 기준(criterion)이 아닌 규준(standard) 개념으로 필연적으로 대안과의 관계를 내포하는 개념이다. 예를 들어 '구직자 X에게는, 직장 B를 택하는 것이 이익이 된다'는 진술은 '구직자 X가 취할 수 있는 선택지 직장 A, C, 실업상태에 비해 B를 택하는 것이 이익이 된다'는 진술과 같은 뜻이다. 취업할 수 있는 다른 직장 A, C가 더 나은 곳일 때, 직장 B를 선택하는 것을 오직 실업상태와만 비교하여 이익이 된다고 판단하는 것은 개념을 잘못 사용한 것이다. 따라서 제도나 질서의 구현이 여러 방식으로 이루어질 수 있을 때, 모든 기본권 주체가 공통으로 향유하는 직·간접인 이익의 부분을 대안과 비교하여 지목할 수 있고, 이 부분이 자유나 자유의 가치 형식으로 기술될 수 있다는 점만 보이면 되는 것이다.

결론적으로 공익은 '모든 기본권 주체에게 P_1은 대안 P_2에 비해 공통으로 I라는 이익이 된다'라는 공통된 보장 형식으로 기술될 수 있는 이익이고, 그렇게 기술되는 것만이 기본권 제한 사유가 될 수 있는 공익의 자격이 있다.

이러한 고찰을 통해서 '공익 대 사익'이라고 편의적으로 언급되기도 하는 형량 대상이 실제로는 둘 다, 모든 기본권 주체가 공통으로 향유하는 보장 형식을 갖는 이익임을 알 수 있다.

때때로 기본권을 제한함으로써 추구되는 이익은 '공익'이고 기본권을

---

109) Brian Barry, *Political Argument*, 173-186면.
110) 김도균, "법원리로서의 공익", 171면.

제한당함으로써 그만큼 상실되는 이익은 '사익'이라고 언급되기도 한다. 그러나 '공·사익 형량'이라는 용어의 사용은 별론으로 하더라도, 그 용어로 인해 사고가 오도(誤導)되어서는 안 될 것이다. 즉 기본권 제한으로 추구되는 이익과 상실되는 이익을 동일 차원에서 논의하려는 체계적 식별을 게을리하는 위험에 빠져서는 안 된다.

이러한 위험을 피하기 위해서는, 기본권 제한 심사에서 형량뇌는 것은 언제나 기본권 주체 모두를 포괄하는 보편적인 보장 형식을 갖춘 이익임을 염두에 두는 것이 필요하다. 보편적인 보장 형식으로 기술할 수 없는 이익들, 즉 일부 분파나 개인에게만 특유한 범주나 원리로만 뒷받침되는 이익들은 형량 대상으로 식별되지 않는다.

즉, 기본권 제한으로 추구되는 이익도, 기본권 제한으로 상실되는 이익도, '모든 기본권 주체를 포괄하는 보편적인 보장 형식을 가진 이익'이다. 그러므로 형량 대상으로 식별되기 위해 중요한 것은 '그 이익이 결국 모든 개인에게 공유되는 보편적인 보장 형식으로 기술될 수 있는가, 아니면 일부 개인만을 편들어 그들에게만 이익을 귀속시키기 위해 다른 나머지 구성원들에게는 불이익을 주는 형식의 이익인가' 하는 점이다.111) 다수의 이익이라고 해서 보편적 보장 형식을 당연히 갖춘 것은 아니다. 다수파의 이익 역시 그 충족을 위해 "불편부당한 관점과 배치되는 행동"을 요구하기 때문에 일반이익에 어긋날 수 있다.112) 이러한 예와 같이 보편적인 기본권을 보편적이지 않은 이익을 위하여 제한하는 것은 그것에 의해 직접 구체적으로 혜택을 보는 이들이 다수이건 소수이건, 일반 이익이 아닌 분파적인 이익을 위한 입법이다. 자유롭고 평등한 시민들의 연합으로서 민

---

111) Johhn Stuart Mill, *Considerations on Representative Government*, 서병훈 역,『대의정부론』, 아카넷, 2012, 122면.
112) 같은 책, 123면.

주주의는 그때그때 우연히 힘을 쥐게 된 권력 있는 구성원들의 사사로운 지배와는 다른 것이기 때문이다.

따라서 우리는 추상 수준과 이익의 종류를 혼동하지 않아야 한다. 공익(public interest)과 사익(private interest)으로 언급되는 이익들이 추상 수준이 상이하게 놓인 채로 대비되는 경우가 있다. 이것은 부분적으로, 권리 제한의 근거를 '공익'으로 제한되는 권리로 인하여 박탈되는 것을 '사익'으로 대립시키는 관용적인 어법 때문이기도 하다. 이 어법 때문에 두 이익 사이에 질적인 차이가 있다고 생각하게 되면 다음과 같은 오류가 발생한다.

(1) 심사의 각 단계에서 한편에는 권리 주장자의 이익이, 다른 한편에는 공익이 놓인다.

(2) 개인이 누리는 권리의 이익은 사익이다. 그리고 사익과 공익은 서로 구별되며 실체적으로 질적으로 다른 이익이다.

(3) 사익인 권리의 이익과 공익을 비교해서 더 큰 쪽을 택해야 한다.

이것은 그 자체로 판단의 정당성을 침식시키는 구도다. 침식시키는 이유는 두 가지다.

첫째, 구별되고 실체적으로 질적으로 다른 이익을 비교한다면, 차원과 평면이 다른 것을 곧바로 비교하는 셈이 되어 그 합당성에 의심이 가기 때문이다. 이것은 마치 "'노란색'과 '달콤함' 중 어느 것이 더 무거운가? 노란색은 색깔이고 달콤함은 미감의 하나이므로 질적으로 다르지만 이 중 이 사안에서는 달콤함이 더 중대하다 할 것이다"라고 독단적으로 단언하는 외양을 가지게 된다. 이런 외양을 굳이 갖추고자 하는 것은 법적 논증을 일부러 불합리한 형태로 몰아가는 것이다.

둘째로, 공익이 모든 권리 주체에게 공통된 이익이라면, 그것은 어떤 방식으로든 직·간접적으로 권리 주체가 누리는 이익일 수밖에 없다. 그것을 기본권 주체와 절연(絕緣)된 이익으로 개념화하는 것은 오류다. 앞서 살펴보았듯이, 그렇게 되면 기본권 보장이라는 중대한 이익을, 직·간접적으로 아무런 이익도 되지 않는 것을 이유로 제한 받는다는 불합리한 결과를 초래하기 때문이다.

셋째로, 다른 한편으로 권리 주체의 이익이 정말로 전적으로 사적 이익에 불과하다면, 그 이익은 공적 질서(公的 秩序)로 보장될 이익이라 할 수 없다. 번역이나 암호 해독으로도 이해할 수 없는, 오로지 언어를 발명한 사람에게만 이해되는 사적 언어는 성립할 수 없다.113) 마찬가지로 어떤 이익의 보장이 같은 형식으로 공유될 수 있는 구조를 갖지 못한 채 전적으로 사적이기만 하다면, 그것은 '권리 질서'의 차원에서 보장해야 할 이익이라고 볼 수 없다. 보편적인 보장 형식을 갖지 못하는 이익은 타인에게 부담을 부과하고 자신만이 이익을 보거나 편파적으로 더 많이 이익을 가져가는 이익이다. 무임승차의 이익, 비용을 전가(轉嫁)하는 이익, 다른 구성원의 몫을 탈취(奪取)하는 이익이 이러한 이익에 해당한다. 예를 들어 어떤 사람이 다른 사람을 때려서 얻는 쾌감은 공통된 보장 형식을 가질 수 없는 사사로운 이익이다. 어느 누구도 자신의 신체가 타인의 쾌락을 위해 강제로 침해당하는 것을 감수할 수는 없기 때문이다. 반면에 자신이 좋아하는 표현물을 볼 자유는, 설사 각자가 구체적으로 보고 싶어하는 표현물이 서로 다르다 할지라도, 표현의 자유 및 정보에 관한 자기결정권이라는 공통된 보장 형식을 가진다. 따라서 기본권을 제한할 때 우리가 염두에 두는 제한되는 이익이란 특정 개인을 편드는 이익이 아니라, 일반적 이유를 기술하는 공통 범주를 활용하여 파악된 이익들이다. '사익'이라는 명칭으로 만연히 묶여 불리지만, 특정 개인을 편드는 이익은

---

113) Anthony Kenny, 『비트겐슈타인』, 249-251 참조.

추상 수준을 높였을 때도 기본권 주체에게 공통된 보장 형식으로 기술될
수 없는 이익인 반면, 기본권을 행사하는 이익은 기본권이라는 공통 범주
를 통하여 보편적인 보장 형식을 가지는 이익이다.

즉, 구체적으로는 상이한 내용을 갖지만 보편적 보장 형식을 갖는 사익
은 공익과 질적으로 상이한 이익이 아니다. 그것은 추상 수준을 잘못 고
정하여 생기는 착각이다. 기본권을 향유함으로써 누리는 '사익'들은 모두
에게 이익이 되는 기본권 규범에 의해 보장된 이익이며, 바로 그러한 규
범과의 결부를 통해 공공의 관점에서 보장되는 이익이다.

예를 들어 철수가 오늘 안양에 데이트를 하러 자유롭게 이동하고자 하
는 경우를 생각해보자. 물론 안양에 가서 데이트를 하는 그 구체적인 이
익은 철수의 이익이다. 그러나 그 이익은 '신체의 자유', '이동의 자유'와
같은 모든 이들에게 적용되는 공통된 권리 범주를 통해 보장되는 이익이
며, 그러한 권리의 보장으로 인해 누리는 이익은 보편적으로 모두가 누리
는 이익이다.

그리고 철수가 오늘 안양에 가서 데이트를 하는 것을 국가가 자의적으
로 간섭하여도 이의를 제기할 수 없게 된다면, 국가는 영희가 인천에 볼
일을 보러 가는 것도 자의적으로 막을 수도 있게 되고, 병철이에 대해서
도 마찬가지다. 병철이는 물론 '오늘', '안양에' '데이트하러' 가지는 않는
다. 그리고 병철이는 앞으로도 안양에 특별한 볼 일은 없다. 그렇다고 해
서 철수의 이동의 자유 보장 이익이 병철이의 이동 자유 보장 이익과 헌
법규범적으로 연결된 공익이 아니라 전적으로 사적인 이익이라고 보는
것은 완전한 착각이다. 그 착각은 추상 수준이 다른 범주를 같은 차원에
놓고 대립시키는 오류에서 비롯된다.114) 추상 수준이 다른 것을 대립시키

---

114) Aristoteles, *De Sophisticis Elenchis*. 김재홍 옮김, 『소피스트적 논박』, 한길사,
2007, 65면에서 지적된 오류 참조.

는 것은 오류이다. 무임승차적이고, 탈취적이고, 비용전가적인 원리에 기초한 이익은 모든 기본권 주체에게 공통된 이익이 될 수 없다. 반면 보장된 기본권을 통해 향유하는 이익은 모든 기본권 주체에게 공통된 이익이다. 그리고 모든 기본권 주체에게 공통된 이익이란 다름 아닌 공익이다. 예를 들어 범인을 효과적으로 잡는 이익도 공익이지만, 가택을 함부로 수색당하지 않을 권리의 이익 역시 모든 시민들이 공통되게 누리는 이익이다.

결론적으로, 기본권 제한으로 상실되는 이익 역시 모든 기본권 주체에게 보편적으로 보장되는 형식을 갖는 이익이라 볼 수 있는 것이다.

이상의 논의의 결론을 다음과 같이 정리할 수 있다. '기본권 제한의 잠정적 사유를 구성하는 공익(기본권 제한으로 추구되는 이익), 기본권 보장의 잠정적 사유를 구성하는 이익(기본권 제한으로 상실되는 이익) 둘 다 모든 기본권 주체를 포괄하는 보편적 보장 형식을 갖춘 이익이다.'

따라서 기본권 제한 심사에서 이익 형량은 질적으로 다른 차원에 놓이는 이익들 사이의 형량이 아니다. 그것은 '모든 기본권 주체를 포괄하는 공통된 보장 형식을 갖는 이익들 사이의 형량'이다. 즉 두 이익은 모두 보편적인 기본권 주체라는 같은 관점에서 식별되고 논의될 수 있는 형식을 가진 이익이다.

2) 자유의 형식과 자유의 가치 형식

이제 전제에 대한 해명이 되었으므로, 명제(1), 즉 모든 기본권 주체를 포괄하는 공통된 이익의 보장 형식이 자유의 형식과 자유의 가치 형식 어느 하나로 기술될 수 있음을 두 가지 방식으로 논증하여 보겠다. 그리고 이에 이어, 이러한 논지를 논박하는 반례(反例)는 생각할 수 없음을 보이겠다.

첫 번째 논증은, 인간 이익 향유가 '행위'를 통하여 매개되는 구조를 가지므로, 이익의 보장 형식은 자유와 자유의 가치라는 두 형식으로 기술될 수 있다는 것이다.

여기서의 '행위'는 자연적·물리적 행위에 한정되지 않고 제도적 행위까지 포함한다. 예를 들어 '혼인한다'는 제도적 행위는 결혼식을 올리고 혼인신고서를 제출하는 데 물리적 장애가 없을 뿐 아니라, 실제로 혼인을 하는 것을 의미한다. 물리적 행위가 수리거부와 같은 부당한 이유로 제도적 행위로서 성립하지 못하도록 방해받을 때 혼인의 자유가 분명히 문제된다. 또한 대통령 선거를 하는 데 A지역의 투표소에서는 유권자들이 기표용지를 함에 넣는 행위에는 아무런 물리적 장애가 없지만, 기표용지를 넣자마자 개봉하여 찢어버린다면 투표의 자유가 침해된다. 또한 찢지 않아도 아예 투표 집계에서 제외해버린다면 투표의 자유가 없는 것이다. 계약서를 쓰고 서명을 하여도 그 계약의 효력이 부인당한다면 계약의 자유는 심각하게 제약된 것이다. 취업을 위해 인터뷰를 하고 면접에 합격했는데도 불구하고 사원으로 인정되지 않는다면 취로의 자유가 제약된 것이다. 현대사회에서 인간의 행위는 수많은 제도를 배경으로 이루어지기 때문에 자유를 '행위가 간섭으로 강제 받지 않는 장애의 부재'로 정의할 때, 그 행위는 제도적 행위까지 포함하는 것으로 이해되어야 한다. 이 점을 흔히 망각하는 이유는, 제도가 생활의 환경으로 너무도 당연하게 여겨져서 제도적 행위를 자연적 행위로 착각하기 때문이다.[115] 헌법재판소 1997. 7. 16. 95헌가6 결정은 동성동본 금혼을 규정한 민법 809조 제1항이 "동성동본인 혈족사이의 혼인은 그 촌수의 원근(遠近)에 관계없이 일률적

---

115) 자유 논의에서 언급되는 행위는 물리적 행위뿐 아니라 제도적 행위를 포함해야 한다는 위 논의는 Lon L. Fuller, "The Case Against Freedom", Kenneth Winston ed., *The Principles of Social Order: Selected Essays of Lon. L. Fuller* (Revised Edition), Oxford, Portland, Or.: Hart Publishing, 2001, 315-330면을 참조한 것이다.

으로 이를 모두 금지하고 있고, 민법은 이러한 혼인을 취소혼의 사유(제
816조 제1호)로 규정하고 있을 뿐만 아니라 아예 그 혼인신고 자체를 수
리하지 못하도록 하고" 있는 "이 사건 법률조항은 헌법 제10조, 제11조
제1항, 제36조 제1항에 위반될 뿐만 아니라 그 입법목적이 이제는 혼인에
관한 국민의 자유와 권리를 제한할 '사회질서'나 '공공복리'에 해당될 수
없다는 점에서 헌법 제37조 제2항에도 위반된다 할 것이다."고 설시하였
다. 즉 신고를 수리하지 않음으로써 법률혼의 효력이 발생하지 못하게 하
는 규정을, '혼인의 자유'에 대한 제한으로 본 것이다. 이는 현대 사회에
서는 제도적 행위의 선택 가능성이 자유 논의에서 빠질 수 없음을 단적으
로 보여준다.

또한 행위는 쾌적한 방안에서 가만히 있는 것처럼 무언가를 수동적으
로 경험하는 상태에서 벗어나지 않고 내버려두는 소극적인 것일 수도 있
고, 종교 생활을 하는 것처럼 어떤 신조와 목적을 능동적으로 추구하고
구현하는 적극적인 것일 수도 있다. 그리고 그 양상(樣相)에서 작위적인
것과 부작위적인 것이 모두 포함된다.

행위의 개념을 이렇게 제도적, 소극적, 수동적 행위까지 포함해서 이해
할 때, 행위 경로의 열려 있음으로서의 '자유'의 의미는 Hohfeld의 '청구
권에 대응하는 의무 없음' 상태인 '특권'(privilege)과는 다르다. 청구권
(right)은 의무(duty)와 대응하고, 특권(privilege)은 권리 없음(no-right)에
대응하며, 형성권(power)은 타인의 처분에 법적 지위가 좌우되는 상태
(liability)에 대응하고, 면제권(immunity)는 형성권 없음(disability)에 대응
한다.116) '법적 자유'는 제도적 행위까지 포함해서 행위 경로가 법적 열
려 있다는 것이다. 그리고 이런 의미에서 '법적 자유'는 Hohfeld적 법적

---

116) Newcomb Hohfeld, *Fundamental Legal Conceptions as Applied in Judicial Reasoning*, David Campbell & Philip Thomas eds., Dartmouth, 2001, 12면.

기본요소로는 다원자적인 분자구조를 갖는다.117) 예를 들어 혼인의 자유
는 다음의 일련의 Hohfeld적 권리유형을 포함한다. 첫째, 혼인을 하지 않
거나 할 법적 의무가 없다는 특권이 있다. 둘째, 혼인을 하는 일련의 행위
에 부당하게 간섭하는 국가나 타인의 행위를 배제할 수 있는 소극적 방해
배제청구권(right)이 있다. 셋째, 혼인을 신고하면 혼인 신고의 효력을 발
생시키는 제도적 행위를 할 수 있는 형성권이 있다. 넷째, 타인이나 국가
가 함부로 혼인 신고의 법적 효력을 박탈할 수 없는 면제권이 있다. 계약
의 자유 역시 마찬가지다. 첫째, 계약 행위를 하지 않거나 할 법적 의무가
없다. 둘째, 계약을 하는 일련의 행위에 부당하게 간섭하는 국가나 타인
의 행위를 배제할 소극적 방해배제청구권이 있다. 셋째, 청약을 받고 승
낙을 하면 구속력 있는 효력을 발생시키는 제도적 행위를 할 형성권이 있
다. 넷째, 타인이나 국가가 함부로 계약의 법적 효력을 박탈할 수 없는 면
제권이 있다. Hohfeld의 특권을 '자유권'(liberty)이라고 부르는 경우도 있
으나, 이는 헌법상 자유권의 의미와 혼동될 수 있다. 헌법의 자유권은
Hohfeld적 법적 기본요소 여럿이 합쳐진 권리복합체다. 헌법상 자유권은
Hohfeld의 특권과는 분명히 다른118) 법적 기본요소의 복합체이며, 이 복
합체를 빠짐없이 분석하는 간명한 방법은, 물리적·제도적, 수동적·능동
적, 소극적·적극적 행위를 다 포함하여 '행위 경로'를 중심으로 분석하는
것이다.

---

117) 김도균, 『권리의 문법』, 24면 참조.

118) 그래서 일정한 방향으로 행위해야 할 의무가 없는 상태 그 자체는 Hohfeld 본인의
용어를 그대로 따라 '특권'(privilege) 또는 '의무 없음'(no-duty)라고 부르는 것이
적합하다고 생각된다. Hohfeld, *Fundamental Legal Conceptions as Applied in
Judicial Reasoning*, 20-21면은 자신이 말하는 privilege가 liberty와 가깝기는 하
지만, liberty라는 용어는 일반적인 정치적 자유(general political liberty)를 가리키는
말로 사용되기 때문에, 혼동을 피하기 위하여 privilege라는 용어를 쓰는 것이 적
합하다고 지적하고 있다.

결론적으로 이러한 분석의 틀에서 인간의 삶은 물리적·제도적, 수동적·능동적, 소극적·적극적 행위를 매개로 전개된다.

인간 삶을 전개하는 매개인 행위와 관련된 이익은 두 가지 중 하나의 형식으로 보장된다. 그러한 행위를 하거나 하지 않기를 선택할 수 있다는 자유의 형식이 하나다. 실제로 선택한 행위 경로를 통하여 달성하려고 하는 바를 더 잘 달성하게 해주는 자원·능력이라는 자유의 가치 형식이 다른 하나다. 형량 대상이 되는 법익들은 행위의 주체인 기본권 주체들이 직·간접적으로 누리는 이익에 속한다. 그러므로 그 이익은 행위를 매개로 향유된다. 따라서 그 이익은 자유와 자유의 가치 형식으로 보장될 수 있는 이익에 속한다.

두 번째 논증은, 앞서 논의했던 위계 구조를 가진 이익들이 모두 자유와 자유 가치라는 중 한 형식에 의해 또는 중첩적으로 보장된다는 점을 보이는 방식이다.

앞서 살펴보았듯이 이익들은 (i) 그때그때의 욕구, (ii) 수단적 욕구들, (iii) 일반적 복지이익 (iv) 심원한 목표들 및 가치들을 만족시키는 것과 관련하여 기술된다.

이러한 각 위계의 이익들은 한 측면에서는 자유의 형식으로 보장되는 이익으로 기술될 수 있다. (i) 자신의 더 상위의 욕구에 따라 그때그때의 욕구를 충족하거나 충족하지 않을 수 있다는 것은 그 사람에게 이익이 된다. (ii) 자신의 더 상위의 욕구에 따라 수단적 욕구를 충족하거나 충족하지 않을 수 있다는 것은 그 사람에게 이익이 된다. (iii) 일반적 복지이익을 어떻게 조합하는가를 선택할 수 있다는 것은 그 사람에게 이익이 된다. (iv) 심원한 목표 및 가치들을 선택하고, 유지하고, 수정하고, 반성할 수 있다는 것은 그 사람에게 이익이 된다.

이러한 각 위계에서 행위 경로가 닫혀 있던 것이 열려 있게 되면 이 측면의 이익들은 증가된다. 열려 있던 것이 닫히면 이 측면의 이익은 축소된다. 예를 들어, 가장 낮은 층위에서, 단 것을 먹고 싶다는 그때그때의 욕구를 충족하는 방향으로만 강제당한다고 하여도 이익에 저해(沮害)가 된다. 더 상위의 욕구에 따르면 단 것을 먹고 싶은 욕구를 충족하지 않을 수 있는 것이 더 이익이 되기 때문이다. 또한 가장 높은 층위에서, 이미 채택한 심원한 목표들 및 가치들을 유지하고 실현하는 방향의 행위만을 강제당하는 경우 이익에 저해(setback)가 된다. 왜냐하면 그 목표와 가치들이 진정으로 가치 있는 것인가를 반성할 기회를 박탈당하거나, 반성된 바에 따라 행위를 조정할 기회를 박탈당하기 때문이다. 결국 욕구를 상위 욕구에 따라 조정하고, 충족하거나 충족하지 않고, 수단들을 조합하고, 궁극적 목적을 반성하고 하는 이익들은 모두 그 보장 형식이 자유의 형식으로 기술될 수 있는 이익들이다.

이익의 각 층위에서 위와 같이 자유의 형식에 의해 보장되지 않는 것들은 모두 자유의 가치 형식으로 보장될 수 있다. (i) 그때그때의 욕구를 충족시킬 수 있는 역량이나 자원이 더 많은 것은 그 사람에게 이익이 된다. (ii) 수단적 욕구들을 충족시킬 수 있는 역량이나 자원이 더 많은 것은 그 사람에게 이익이 된다. (iii) 일반적 복지이익은 역량이나 자원을 더 많이 갖는 것이므로 그 자체로 자유의 가치다. 그리고 이러한 일반적 복지이익을 더 많이 갖게 되는 것은 (iv) 그 사람이 어떤 심원한 목표들 및 가치들을 가지든 간에 그 목표와 가치들을 충족시킬 수 있는 역량이나 자원이 증가하는 것이므로 이익이 된다.

즉 (iii) 층위의 일반적 복지이익의 증가는 어느 층위의 이익에 대해서도 더 나은 여건을 가져다준다. 이 층위의 이익인 생존과 최소한의 복지이익과 개선이익은 모두 자유의 가치 형식으로 보장될 수 있다. 즉, 실제로 자유를 행사할 수 있게 해주는 능력이나 자원이 줄어들면, 일반적 복지이익은 감소한다. 그러한 능력이나 자원이 늘어나면, 일반적 복지이익은 증가한다. 그리고 이에 따라 그때그때의 욕구나 수단적 욕구, 심원한 가치와 목표들을 이룰 수 있는 여건은 더 나빠지거나, 더 나아진다. 이것은 복지이익이 "각 개인이 꾀하는 일련의 단기적인 목표들을 달성하는 데 필요하다고 일반적으로 인정된 수단들이며, 또한 그 조건들의 종합적 실현은 개인이 기획하는 보다 장기적인 목표들의 성취에 필수적인 수단이 되므로 개인이 원하는가와 상관없이 이익"119)이 되는 조건들이기 때문이다.

결론적으로 이러한 이익의 위계 구조 내에서 그 보장 형식이 자유나 자유의 가치로 기술될 수 없는 이익은 존재하지 않는다.

만일 그 보장 형식이 자유의 형식이나 자유의 가치 형식으로 기술될 수 없는데도 형량 대상이 되는 법익이 있다면, 위 두 논증에 대한 반례가 될 것이다. 그러나 그러한 반례는 존재하지 않는다. 자유나 자유의 가치 형식으로 보장될 수 없는 이익을 모든 기본권 주체에게 이익이 된다고 하려면, 최소한 일부 구성원의 평등하고 자유로운 기본적 지위를 부인하여야 한다. 왜냐하면 변환하여 보아도 자유나 자유 가치로 그 보장 형식이 기술될 수 없는 이익은 특정한 신조나 관점에 입각하여야 비로소 이익이 되는 것이어서, 그 신조나 관점을 공유하지 않으면 이익으로 받아들일 수 없기 때문이다.

우리가 자유나 자유의 가치로 그 보장 형식이 기술될 수 없는 이익들을 생각해내는 순간, 그 이익들은 모든 기본권 주체의 공통된 이익이 될 수 없음을 알게 된다.

대표적인 경우가 일부의 구성원들만이 일원적인 가치나 목표, 생활방

---

119) Joel Feinberg, *Harm to Others*, 37면 (번역은 김도균, "법원리로서의 공익", 166면을 인용.)

식에 따르도록 하는 것이 이익이 된다고 주장하는 것이다. 이러한 이익은 정말로 자유나 자유의 가치 형식으로 보장될 수 없기는 하다. 예를 들어 특정 종교가 상정하는 신성한 존재와 접촉하는 이익 같은 것은 자유의 가치나 자유의 형식으로 기술되지는 않는다. 그 이익은 바로 그 종교를 믿어 신앙생활을 하지 않으면 누릴 수 없는 이익이고, 이 이익을 모두에게 틀림없이 향유케 하는 방안은 종교의 자유를 부인하는 정책을 포함하기 때문이다. 물론 그러한 정책을 지지하는 일부 구성원은 다른 구성원들에게도, 유일하게 옳은 그 종교를 믿어 신성한 존재와 접촉하는 것이 궁극적으로 '이익이 된다'는 표현을 쓸지도 모른다. 그러나 그것은 헌법적 형량의 대상이 되는 법익이 될 수는 없다.

명제(1)의 전제 명제를 통해 논했듯이, 헌법적 형량의 대상이 되는 이익은 모든 기본권 주체를 포괄하는 이익이어야 한다. 즉 그것은 "개인들이 공중의 구성원으로서 공통되게 보유하는 이익"[120]들이어야 한다. 따라서 그것은 공통된 이익을 보장하는 형식으로 기술될 수 있어야 한다.

그러나 '무엇이 좋은 삶이고 추구할 만한 것인가'에 관한 특정한 신조와 관념을 강제하는 것은 모든 기본권 주체를 포괄하는 공통 이익이 될 수 없다. 설사 그 특정한 신조를 지지하는 일부 구성원이 대다수라고 하더라도 말이다. 왜냐하면 나머지 기본권 주체의 동등하게 자유로운 지위를 부인하여야 그것이 이익이 된다고 기술할 수 있기 때문이다.

구성원 대다수의 이익은 자동적으로 공익이 되지 않는다. 이 둘을 그대로 같은 것으로 보는 견해를 "다수결 공익관"(多數決 公益觀)[121]이라고 한다. 다수결 공익관은 '대다수 기본권 주체에게 이익이 된다'는 명제와 '모든 기본권 주체에게 이익이 된다'는 명제를 같은 것으로 본다. 이 두

---

120) Brian Barry, *Political Argument*, 190면.
121) 김도균, "법원리로서의 공익", 173면.

명제를 같은 것으로 보려면 '일부 구성원은 기본권 주체가 아니다'라는 전제가 성립해야 한다. 그러나 이것은 헌법 제10조[122])에 정면으로 반한다. 따라서 두 명제가 같은 것이라는 것은 헌법규범으로서 거짓이다.[123] "공익을 향한 탐색은 우리로 하여금 모든 이들의 이익을 고려"할 것을 명하나, "공동체의 다수"는 "단지 부분"에 불과하다.[124]

'무엇이 좋은 삶이고 추구할 만한 것이며, 무엇을 내 삶을 살아가는 기초가 되는 진리로 삼아야 할 것인가'에 대하여 포괄적으로 답하는 신조와 관념을 '포괄적 선관' 또는 '포괄적 교설'(comprehensive conception of good)[125]이라고 한다.[126] 법익 형량은 헌법규범적 주장의 근본적 전제를 부인하는 수행적 모순을 범할 수 없다. 따라서 기본권 주체 각자가 자신의 포괄적 선관(包括的 善觀)을 자유롭게 형성하고 추구할 수 있는 평등한 지위는 형량 대상이 되는 이익 식별에 반영되어야 한다. 즉 특정한 선관에 입각해서만 이익이 되는 것은 기본권 주체를 모두 포괄하는 형식을 갖춘 법익이라고 할 수 없는 것이다.

법익의 보장 형식이 기본권주체를 모두 포괄하는 보편성을 가져야 한

---

122) "모든 국민은 인간으로서의 존엄과 가치를 가지며, 행복을 추구할 권리를 가진다. 국가는 개인이 가지는 불가침의 기본적 인권을 확인하고 이를 보장할 의무를 진다."

123) 다수결 공익관은 당파의 이익과 공익을 구별하지 못한다는 점에 관하여는 Alexander Hamilton, James Madison, John Jay, *The Federalist Paper*. 김동영 옮김, 『페더랄리스트 페이퍼』, 한울, 1995, No. 10. 참조.

124) William A. Galston, "An Old Debate Renewed: The Politics of the Public Interest", *Daedalus,* Vol. 136, No. 4, 2007, 18면.

125) 이것을 '포괄적'(comprehensive)라고 부르는 이유는, 삶의 전방향에 미치는 신조의 영향 때문이다. 반면에 기본권 주체가 서로 어떤 권리와 의무를 가져야 할 것인가의 문제는 그러한 포괄적 가치가 아니다. 예를 들어 종교의 자유는, 구성원들이 동일 종교를 믿지 아니하여도 합의할 수 있는 규범이다.

126) 가치관(價値觀)이 아니라 선관(善觀)이라는 용어를 쓰는 이유는, 가치관이라는 용어가 때때로 헌법이나 법률과 같은 정치질서의 정당성에 관한 판단을 주된 대상으로 하는 평가적 관점을 가리키기도 하기 때문이다.

다는 것은, 상이한 상황에 처한 모든 구성원에게 직접 돌아가는 구체적 이익에서 동일할 것을 요구하지 않는다. 즉 '결과 중립성'을 요하는 것이 전혀 아니다. 결과 중립성은 어떠한 기본권 보장이나 공익 추구와도 어울리지 않는다. 왜냐하면 그것은 타인의 기본권을 침해하거나 이익을 누릴 수 있는 타인의 동등한 자격을 부인해야지만 번성할 수 있는 선관(善觀)을 지지하는 이들에게 불리하게 작용할 것이기 때문이다. 그것은 단지 국가 정책의 정당화에서 특정한 포괄적 신조와 관념을 가진 사람들만 편들지 말 것을 요하는 '정당화에서의 중립성(neutrality in justification)' 또는 '불편부당성(impartiality)'을 구현할 뿐이다. 즉, 어떤 국가작용의 이유가 서로의 기본권이나 공중으로서 공통된 이익을 침해하지 □□□□□ 여러 삶의 방식에 대하여 국가가 등급을 매겨놓고는, 그 등급에 따라 차별□□를 하여 높은 등급의 삶의 방식을 진작시키려는 목적□□서는 안 된다□ 것이다. 그렇게 하는 것은, 펀드는 국가 정책으로 인□ 유리해지는 구□원들이 다른 구성원들의 기본권을 찬탈함으로써 이□을 확보하려는 □□기 때문이다. 이것은 모든 국민들이 존중받아야 할 존엄성을 받으□ 각자의 선택에 대하여 책임을 지닌다는 관점과도 어울리지 않는□이다.

　형량 대상이 되는 법익은 모두 어떤 선관을 취하느냐 상관□이 모두에게 이득이 되는 보장 형식을 갖춘 것이다. 예를 들어 결사의 자유가 보장되면, 보다 적은 결사나 보다 느슨한 결사에 속하는 삶을 추구하는 사람이나, 보다 많은 결사에 속한 삶 또는 보다 긴밀한 결사인 공동체 생활을 추구하는 사람이나 모두 이득을 본다.[127] 마찬가지로 국민건강을 도모하

---

127) 따라서 형량 대상이 되는 법익의 한 축인 기본권 자체의 보편적 이익을 제한하려면, 그 제한 사유 역시 보편적 보장 형식을 가지는 공통된 이익이어야 한다. 그것은 Rawls의 기초재와 같이 기본권 주체 개개인의 특수한 상황이나 특정한 신조 여부와 상관 없이 구성원 자격으로서 공통되게 이익이 되는 것이어야 한다. Will Kymlicka, "Liberal Individualism and Liberal Neutrality", *Ethics*, Vol. 99, No. 4,

는 환경 정화가 이루어지면, 어떤 신조를 실천하려든 간에 필요한 신체 건강이 도모되어 모두 이익을 얻게 된다. 헌법에서 규정된 기본권은 모든 기본권 주체에게 보편적으로 보장됨으로써 공통으로 이익이 된다. 헌법에서 규정된 공공복리·국가안전보장·질서유지(제37조 제2항), 공공필요(제23조 제3항), 주민의 복리(제117조), 환경보전(제35조), 국토의 효율적이고 균형 있는 이용 및 개발과 보전(제122조), 국민경제상 긴절한 필요(제126조), 국민경제의 발전(제127조)[128] 등과 같은 목적들도 모든 기본권 주체에게 공중의 구성원으로서 공통된 이익이다.

이렇게 형량 대상이 될 이익을, 특정한 신조나 관념을 편들지 않고 모든 기본권 주체에게 공통된 보장 형식을 갖는 이익으로 한정하는 것은 헌법에 명시된 두 개의 이념의 구현을 의미한다. 첫째, 기본권 주체는 행복추구권을 가진 존재, 선관을 스스로 설정하고 수정하거나 유지하는 그 자신이 목적인 존재이다. 둘째, 기본권 주체들은 자신의 삶을 추구하기 위하여 다른 구성원들의 몫을 찬탈하거나 그 비용을 다른 구성원들에게 함부로 전가해서는 안 되는 평등한 관계에 있는 존재이다.[129]

1989, 888-890면은 Rawls의 기초재(primary goods)에서 Kymlicka는 종교 공동체를 비롯하여 긴밀한 공동체를 꾸려 운영하고자 하는 이들도 그러한 공동의 삶을 추구하기 위하여 Rawls의 기초재가 필요함을 지적하였다.

128) 김도균, "법원리로서의 공익", 157면 참조.

129) Will Kymlicka, "Liberal Individualism and Liberal Neutrality", 893면은 다음과 같은 점을 지적하였는 바, 위 정식화는 그 지적을 헌법적 논증 차원으로 변환한 것이다. "기초재의 중요성에 대한 Rawls의 헌신은 따라서 소유적 개인주의(possessive individualism)의 증거가 아니라, 두 개의 고유한 이념의 증거이다. (a) 우리의 삶의 방식은 우리의 자율적인 선택을 반영하여야 하며, 우리에게 활용가능한 자원은 유연성이 있어야 한다. 그리고 (b) 우리는 우리의 선택의 비용에 책임을 지며, 따라서 무엇이 우리의 애착에 따라 사용할 수 있는 몫인지를 알려주는 어떤 기준이 있어야만 한다. 이 둘 중 어느 것도 사람들의 목적의 내용과 관련이 주로 있는 것이 아니다. 오히려 그것들은 개인과 그의 목적 사이의 관계에 관한 것이다. 즉, 개인의 목적은 다른 이에 의해 고정되거나 부과되는 것이 아니라, 그

위 두 규범은 헌법 제10조와 제11조에서 각각 명시적으로 규정되어 있다. 특정한 신조나 관념에 기반한 목적을 달성하려는 펀드는 원리에 기초한 이익은 헌법 제10조와 제11조를 위반하는 목적이다. 기본권의 이익은 보편적 이익이고, 이에 상응하는 보편적 기본권을 제한하는 사유는, 그 제한 대상에 상응하여 동일하게 보편적인 정당화에 기초하여야 하는 것이다.130) 즉, 법익 형량 대상이 되는 이익은 공통된 보장 형식을 기술할 수 있는 이익이어야 한다. 그래서 그 보장 형식이 자유나 자유의 가치 형식으로 변환되어 기술될 수도 없는 이익을 떠올리게 되면, 헌법 제10조와 제11조를 위반하는 이익 개념을 상정할 수밖에 없게 된다. 따라서 반례 제시는 실패한다.

결론적으로 기본권 제한 심사에서 형량 대상으로 식별될 이익은 모든 위계 층위에서 자유의 이익과 자유의 가치 이익 형식으로 그 보장 형식이 기술될 수 있다. 그렇게 기술될 수 없는 이익은 보편적 보장 형식을 갖지 못하고 일부 구성원이 다른 구성원의 이익을 일방적으로 규정하는 것이어서, 기본권 제한 심사에서 형량 대상이 되는 법익이 될 수 없다. 즉 형량 대상이 되는 이익은 무언가를 할 수 있거나 하지 않을 수 있는 법적 자유, 그리고 법적으로 자유로운 그 무언가 중 자신이 선택한 것을 실제로 할 수 있는 능력이나 자원이 증진되는 자유의 가치로 그 보장 형식이 기술될 수 있다.

이상과 같은 논의를 통하여, 명제(1) 내지 (3)가 성립함을 알 수 있게 되었다. 즉, (1) 형량 대상이 되는 이익의 보장 형식은 '자유' 형식이나 '자유의 가치'로 기술될 수 있다. (2) '자유의 가치'에 관한 사정은 통상의 경

녀의 자율적이고 책임 있는 선택의 대상이라는 것이다."
130) *Mayflower Farms, Inc. v. Ten Eyck*, 297 U.S. 266 (1936); *United States Dept. of Agriculture v. Moreno*, 413 U.S. 528 (1973) 참조.

우에는 자유를 제한하는 논거로서 고려되지 않는다. (3) 다만, 자유의 가치 수준으로 자유의 법적 외연이 수축하여, 자유를 제한하는 법 규정이 있는 경우와 다름없이 되는 경우에는 충돌 문제를 제기하며, 이때 자유의 가치에 관한 사정은 평등한 법적 자유의 관계의 논의 차원에서 고려되어야 하는 사항이 된다.

명제(2), (3)은 다음과 같은 점을 표현하기도 한다. 법적 사유를 제한할 수 있는 잠정적인 규범적 힘을 가지지 않는 이익들은 평등한 자유 관계의 변형(變形)과 관련된 것이 아니어서 논거가 되지 못한다. 잠정적인 정당화 힘을 가지는 이익들은 평등한 자유 관계가 잘못 변형되었다는 문제를 제기할 수 있는 논거가 된다.

그러므로 명제(4), '자유권 제한에서 형량되어야 하는 법익들은 평등한 자유 관계 논의 차원으로 옮겨질 수 있는 것들이며, 옮겨져서 논의되어야 한다'는 결론이 성립한다.

IV. 평등한 자유 관계 평면으로의 사영

자유권 제한 사안에서 형량 대상이 되는 법익을, 기본권 주체들의 평등하게 자유로운 관계가 변형되었는가 변형되지 않았는가를 검토하는 논의 차원으로 옮기는 이와 같은 방법은 다음과 같은 두 강점을 갖는다.

첫째, 자유권 제한의 사유로 고려하지 않아야 하는 사항들은 고려되지 않고, 고려해야 하는 사항들은 빠짐없이 고려된다. 둘째, 고려해야 하는 사항들은 같은 논의 차원에서 체계적으로 다루어질 수 있다.

이렇게 체계적으로 논의의 차원을 옮기는 방법을 '평등한 자유 관계 평면(平面)'에 법익 형량 문제를 '사영(射影)'한다고 간략하게 표현할 수도 있겠다.

평면(plane)이라는 단어는 그것이 형량되는 법익이 갖고 있는 모든 특성들을 모두 다 옮기지 않고 오로지 평등한 자유 관계에 관한 사항만을 옮겨 보인다는 것을 강조한다.[131] 이것은 평등하게 자유로운 관계가 잘못 변형되었다는 쟁점을 제기하지 않는 사항들은 이 논의 차원에서 고려되지 않음을 의미한다. 그런 사항들을 이유로 자유를 제한하게 되면, 오히려 정당한 관계를 훼손하면서 기본적 지위를 탈취하게 되기 때문이다. 앞서 살펴본 '탈취 금지 원칙'은 어떤 사항이 이 논의 차원으로 옮겨질 수 있는지 없는지를 판별하는 중요한 기준이다. 이 기준에 따라 규범적 힘을 갖고 있는 사항만이 평등하고 자유로운 관계의 논의 차원에서 고려되고, 그런 사항은 빠짐없이 고려된다는 의미에서 '사영'된다고 말하는 것은 적합하다.

그리고 이 논의 차원을 단순히 '자유의 차원', '자유 평면'이라고 부르지 않고 '평등한 자유 관계 평면'이라고 부르는 것은 이 논의 차원이, 앞서 헌법규범에 내재하고 있음을 확인한 다음 세 요소를 모두 포함한다는 점을 강조한다.

첫째, 자유권은 관계적 성격을 갖고 있다. 이 논의 차원에서는 항상 복수(複數)의 기본권 주체들이 문제된다. 그리고 자유권의 확정은 그 복수의 기본권 주체들 사이의 지위와 관계를 동시에 확정하게 된다. 둘째, 그 자유권이 내포하는 관계는 근본적으로 평등한 것이어야 한다. 셋째, 확정적 자유를 논증하는 과정은 이러한 평등하게 자유로운 관계를 변형하지 않으면서, 잠정적 자유의 체계를 구체화하는 과정이다.

---

131) 아파트 건물의 구조를 평면도에 사영하게 되면, 그 아파트의 방의 배치, 면적 등 그 평면도가 보여주고자 하는 사항들만이 명확하게 드러난다. 그러나 그 아파트를 면적 수치만으로 환원하는 것과는 달리, 다루고자 하는 사항들이 상실되지 않고 보존이 된다.

자유권 제한 심사에서 형량 대상이 되는 이익은 그 보장 형식이 둘 중 하나로 기술될 수 있다. 하나는 법적 자유다. 다른 하나는 자유의 가치다. 자유의 가치로 그 보장 형식이 기술되는 이익은, 그 자유의 가치에 관한 사정이 법적 자유의 외연을 수축시킬 때 자유권 제한의 논거가 될 수 있는 규범적 힘을 갖는다.

따라서 자유권 제한에서 형량되어야 하는 법익들은 평등하세 자유로운 관계의 논의 차원으로 옮겨질 수 있다. 이렇게 옮겨진 논의 차원에서 고려되지 않아야 할 것을 제한 사유로 삼는 것은 기본권 주체의 기본적 지위를 부인하는 것이다. 그리고 기본적 지위를 부인하는 것은 헌법규범 논증이 의미 있는 것이 되기 위한 조건을 위배하는 수행적 모순을 범한다. 수행적 모순을 범한 규범주장은 타당성을 갖지 못한다. 이렇게 수행적 모순을 범하지 않도록 형량 대상이 되는 이익들을 같은 논의 차원으로 옮기는 것을 평등한 자유 관계 평면으로의 사영이라고 부를 수 있다.

제4장

자유권 제한 심사관문과
법익 형량의 일반적 관문

제1절 자유 심사의 단계들

I. 심사관문 1: 동등한 양립가능성과 통합성

1. 내용과 양립가능성

이제 이러한 예비 작업들을 토대로 자유권 제한 심사에서, 제한의 정당한 사유가 되는 논거는 어떠한 단계에서 어떤 형식과 내용을 가져야 하는지를 파악할 단계에 이르렀다. 즉, 자유권을 제한하기 위해서는 반드시 통과해야만 하는 관문이 되는 원리들을 설정하고, 그 원리들이 제한 사유로 인정하는 열쇠가 되는 논거가 무엇인지를 알아낼 준비가 된 것이다.

이러한 관문이 되는 원리를 정식화하는 방법론의 핵심은, '그러한 원리를 인정하지 아니하게 되면 평등하게 자유로운 관계를 훼손하는 논거를 투입하게 되는가'를 살펴보는 것이다. 그런 논거가 투입된다면 수행적 모순을 범하게 되어 헌법논증이 시종일관 존중해야 하는 기본권 주체의 근본적인 지위를 부인하게 되기 때문이다.

이러한 전제들을 바탕으로, 평등한 자유 관계 평면에서 자유권 심사 관문들을 정식화하면 다음과 같다. 제1관문은 자유권 제한 심사의 출발점이다. 따라서 여기에는 제한의 논거가 될 수 있는 열쇠가 따로 없다. 다만 자유권 제한을 정당화하는 논증이 모두 이 관문에서 출발할 뿐이다. 그 이후 관문들은 모두 열쇠가 되는 논거를 관문이 되는 원리에서 알려주고 있다.

심사관문 1은 다음과 같은 질문들에 대하여 답하는 기초가 된다.

'평등하고 자유로운 관계의 변형이냐 아니면 복구·유지·강화냐를 검토
할 수 있는 잠정적인 기준선은 무엇인가?'

'사람들은 자신의 기본적 자유 자체를 처분할 수 있는가?'

'사람들이 자신의 의사에 따라 자신의 기본적 자유 자체를 포기하도록
법이 강제하거나 허용할 수 있는가?'

'지배권과 자유권은 교환될 수 있는가?'

'집단적 의사결정에 참여하는 권리와 자유권은 다른가?'

'공중도덕이나 사회윤리(제21조 제4항)는 자유 제한 논거로 어떻게 해
석해야 하는가?'

심사관문 1은 하나의 분명한 이념을 표현한다. 입헌 민주주의 국가는
모든 구성원을 평등하게 배려해야 하는 대원칙 하에서 법적 자유의 경계
를 그어야 하므로, 그 출발점은 양립가능한 자유가 평등하게 보장되는 것
이라는 이념을 말이다.

심사관문 1: 모든 기본권 주체는 다른 기본권 주체의 동등한 자유와 온
전히 양립할 수 있는 한, 자신과 가장 밀접하게 결부된 평등한 몫의 가장
광범위한 배경적 자유를 잠정적으로 갖는다.

심사관문 1의 가장 기본적인 형식인 동등한 양립가능성은 '일부 구성
원들에게 일정한 자유를 인정하는 것이, 다른 구성원에게 동등한 자유를
인정하지 않는 것을 함축하지도 전제하지도 않는다'는 것을 의미한다. 이
요건을 위배하여 출발점이 되는 자유의 체계를 설정한다면, 일부 구성원
을 다른 구성원보다 더 우월한 지위에 처음부터 놓는 것이 되거나, 준수
하면 자멸적(self-defeating)이 될 규범을 명하는 것이 된다.

살인 행위는 타인이 자신을 살해하는 경우에 행사가 불가능하므로 양
립가능하지 않다. 사기 행위는 다른 사람들이 정직하게 거래하고 신뢰한

다는 것을 전제로 하여서만 성립되는 행위이므로 사기의 자유는 양립가능한 자유가 아니다. 따라서 통상 중대한 해악을 가한다고 간주되는 행위, 자유를 파괴한다고 이야기되는 행위들의 선택 가능성은 이 단계에서 제외되게 된다.

다만, 여기서 양립가능성은, '자유 행사가 목표로 하는 결과 성취의 양립가능성'과 혼동해서는 안 된다. 대회에 응모하는 것은 자유의 행사를 통해 행위 경로를 선택한 것임에 반해, 대회에서 1등을 하는 것은 그러한 자유를 행사한 경쟁자들 중 한 사람만 달성하게 될 수밖에 없는 결과 성취다. 거리에서 타인을 관찰할 자유가 있다고 해서, 타인이 야구모자나 마스크를 벗어서 나에게 그 얼굴을 보여줄 의무가 있는 것은 아니다. 그런 의무를 인정한다면, 자신이 타인이 원하는 대로 노출하지 않을 자유권과 양립가능하지 않게 된다. 그러므로 타인을 관찰할 자유는 자신이 타인을 관찰할 때, 자신의 눈이 물리적으로 가려지거나, 폭행당하거나 하지 않는다는 의미에서 그 행위 경로 선택 가능성이 양립가능하게 주어질 수 있음을 의미하는 것이다. 마찬가지로 '직업의 자유'도 결과적으로 원하는 직업을 성공적으로 생계 수단으로 삼게 되는 결과까지 의미하는 것이 아니다. '통행의 자유'도 동일한 방향으로 가는 다른 사람들이 없는 상황에서 누릴 수 있는 이동 속도와 쾌적함까지 의미하는 것은 아니다. '양립가능성'은 '법적' 양립가능성을 의미하며, 한 쪽의 자유를 법적으로 인정하는 것이 다른 쪽의 자유를 법적으로 부인하는 결과를 갖지 않는다는 것을 의미하는 것이다.

2. 밀접하게 결부된 자유

'어떤 자유가 어떤 사람에게 가장 밀접하게 결부되어 있다'는 것은, '행위 선택의 주체와 행위 결과가 귀속되는 주체가 가장 높은 정도로 일치하도록 행위 선택의 통제권이 주어져 있다'는 것이다. 이 요건을 위배하면, 기본권 주체의 기본적 지위를 스스로 삶의 목적과 기획을 형성하고 추구하는 지위로 이해하지 않는 것이 된다. 대신, 그 삶의 목적과 기획의 선택과 추구가 타인의 변덕과 자의, 그리고 우연에 맡겨진 존재의 지위로 이해하는 것이 된다.

'가장 밀접하게 결부된 지유'를 설명하기 위해서는 '만인의 만인에 대한 노예 상태'라는 사고실험이 유용하다. 한 사회의 모든 사람들을 손에 손을 맞잡고 원형으로 선 후에 왼편에 있는 사람의 모든 행동의 자유를 오른편에 있는 사람에게로 양도한다고 해보자. 이것을 X—1 사회라고 칭하자. 이 사회에서 각자는 자기 왼편에 있는 사람이 어떻게 행동할지에 대하여 배타적 결정권을 갖는 대신, 자신이 어떻게 행동할지에 관하여는 전적으로 오른편에 있는 사람의 의사에 따라야 한다. 이 경우 행위와 가장 밀접한 관계에 있는 주체, 그리하여 그 결과를 가장 밀접하게 귀속받는 주체와, 행동을 결정하는 주체가 불일치하게 된다. 이로 인해 대단히 크고 광범위한 자유의 손실이 발생한다. 그 원인들 중 몇 가지만 들면 다음과 같다.

(i) 의사소통의 불완전성과 물리적 거리로 인한 손실
(ii) 행위와 가장 밀접한 관계에 있는 주체의 이해관심에 대한 진지한 고려의 결여로 인한 '진지하고 숙고된 판단'에 기초한 자유의 손실
(iii) 의사통일 조정의 어려움 가중으로 인한 손실 (물을 떠먹기 위해 왼편 사람에게 물을 가져오게 시켰는데 그동안 자기 오른편 사람이 자신에게 다른 심부름을 보내면, 기껏 왼편 사람이 물을 가지고 와도 다른 곳에 있기 때문에 물을 먹지 못하게 된다.)
(iv) 자신의 선택으로 생겨난 비용을 타인에게 전가(轉嫁)하고, 자신은 타인의 선택으로 발생한 비용을 부담하게 되는, 선택과 비용 부담

의 불일치로 인한 손실 (신체의 위험을 직면하는 것이 자신이 아니
므로 타인에게 매우 위험한 일을 시켜 그 이득을 얻고자 한다.)

(v) 자신이 숙고하여 받아들인 선관(善觀)에 맞추어 스스로 살아가지
못하고 타인의 선관에 의하여 꼭두각시가 되어 살아가야 함에 따
라 생기는 통합성(integrity)의 손실 (인생을 산다는 것은, 타인의 변
덕에 의해 구성되는 수동적 활동이 되고, 자신이 주재하여 통합된
서사를 써나가는 능동적이고 연속된 활동이 아니게 된다.)

그런데 이 자유의 손실들은, 각 행위 주체가 자신의 의지로 행동 경로
를 달리하고자 애쓴다 해도 어찌 해볼 도리가 없는 손실이다. 자신과 가
장 밀접하게 결부된 자유권 대신 타인에 대한 통제권이 1인분만큼 똑같
은 정도로 주어져 있다 할지라도, 그 통제권이 자신과 밀접하게 결부된
부분에 주어졌을 때보다 극도로 자유가 박약한 삶을 살게 되는 것이다.
이는 다음과 같은 결론을 시사한다.

(1) 자유는 행위 통제력이 형식적으로 평등하게 분포되어 있다는 것만
으로는 보장될 수 없다.[1] (즉, 이 만인의 만인에 대한 노예 사회에
서 모든 이는 각자 1인의 삶에 대한 온전한 통제권을 평등하게 쥐
고 있지만, 아무도 자유롭지 아니하다)

(2) 평등한 통제력은 선택의 주체와 행위 결과의 귀속 주체가 가장 밀
접하게 될 때, 즉 행위선택과 그 이득 수취 및 비용 부담이 가장 밀
접하도록 부여될 때 비로소 자유라고 할 수 있다.

(3) 다른 사람의 삶을 자의적으로 통제할 권한을 갖는 것은 자기 삶의
존엄성에 무언가를 더해주지 아니한다.

(4) 이미 자의적인 지배에 의해 잃어버린 자기 삶의 존엄성은 다른 사
람의 삶을 자의적으로 통제할 권한에 의해 회복되지 않는다.[2]

---

1) Isaiah Berlin, 『이사야 벌린의 자유론』, 124-125면 참조.
2) 예를 들어 위 가상적 사회에서 A가 터무니없는 곳에 물 한 방울을 사오라고 명령을

따라서 이러한 사회에서는 자유가 보장되어 있다고 볼 수 없다. 오히려 모든 이에게 적정한 자유는 아예 보장되어 있지 아니하고, 원래 자신에게 정당하게 속하지 아니하는 지배권만을 하나씩 갖고 있다고 기술하는 것이 적절하다. 사람들은 평등하게 자유로운 관계에 있는 것이 아니라, 서로 똑같이 지배하고 예속되는 관계에 있게 되는 것이다.

이러한 분석을 더 밀고 나가보지. 이번에는 위 사회 X―1에서 한 사람의 행위 또는 부작위에 대한 통제권을 바로 오른편에 있는 한 사람이 아니라 오른편에 있는 세 사람이 동시에 가진다. 세 사람은 추상적인 의미에서 지분을 가지며 (그러나 이 지분은 물리적으로 분할되지는 않는다), 이들의 의사가 충돌할 때에는 간단하게 다수결로 해결한다. 이 사회를 X―3 사회라고 하자. 이 사회에서 각 구성원의 행위 통제권은 세 사람에게 귀속된다. 또한 각자는 자신이 통제권을 행사할 수 있는 대상으로 세 사람을 거느리게 된다. 각자는 세 사람에게 속하고, 또한 다른 세 사람을 지배한다. 이 사회를 각자의 자유의 측면에서 도덕적으로 평가하면, 수정을 거치기 전의 X―1사회와 아무런 차이도 존재하지 않는다. 통제하는 대상의 숫자, 그리고 통제받아야 하는 주인의 숫자만 차이가 날 뿐이다.

이 X―3 사회는, 다시 각자 다섯 사람에게 예속되고 다섯 사람을 지배하는 X―5 사회로 변경될 수 있다. 역시 아무런 규범적 차이가 존재하지 않는다. X―7, X―9, … 등등으로 계속 변경해보자.

이런 변경이 계속되어 이제 전체 인구수를 P라 할 때, X―(P-1) 사회로 변했다고 하자. 즉 각자는 자기 자신을 제외한 나머지 구성원에게 예속되

___

내려서 온갖 고생을 했다면 B는 C에게 비슷한 명령을 내려 고생을 시킨다고 해보자. 그렇게 하면 심리적 위안은 될 수 있으나, 이미 B에게 저질러진 잘못(wrongs) 자체를 잘못이 아닌 정당한 것으로 전환시켜주지는 않는다. 그러므로 B가 존엄한 존재로 대우받지 못하는 지위는, 타인에 대한 통제력이 추가됨으로써 존엄한 지위로 복구되지 않는다.

고, 또한 나머지 구성원들에 대한 지배권을 갖는다. 이러한 통제 주체와 통제 대상의 수를 나란히 점차 확대하는 과정 중 어느 지점에서도, 자유의 측면에서 유의미한 규범적 차이는 발생하지 않았다. X—(P-1) 사회에서는 어떤 사람 A의 삶은 자기 자신만 빼고 다른 모든 이가 공동으로 통제한다. 물론 A는 자기 자신만 빼고 다른 모든 이들의 삶에 대한 통제의 지분을 가지고 있다. 그러나 A는 여전히 노예이고, 다른 이들도 마찬가지이다.

이제 마지막으로 X—(P-1) 사회를 X—P 사회로 변경해보자. 이 경우 모든 이들은 모든 이들에 의해 통제되고, 모든 이들은 모든 이들을 통제한다. 자기 자신에 대해서도 일정한 통제권을 갖지만 그 통제권은 사실상 없는 것과 마찬가지이다. 대규모 사회에서 사실상 어떤 사안에서도 개인의 투표가 결정적일 리가 없기 때문에 그 통제권은 1/P만큼 희석된다. 1/P은 자신의 행위를 뜻대로 결정짓는다고 보기에는 극소하게 희석된 힘일 뿐이다. 그러므로 자신이 어떻게 사느냐는 여전히 타인의 집합적 의지에 사실상 전적으로 달려 있게 된다. X—(P-1) 사회에서 X—P 사회로 변경되는 때에, 갑자기 자유의 상승이 질적으로 비약적으로 발생하지 않는다. 아무 차이가 없다. 그러므로 이 사회는 자유로운 사회로 볼 수 없다. 이 사회는 원래 출발점인 이념형(理念形)인 X—1 사회와 마찬가지로 만인이 만인에 대하여 노예인 사회다.3)

이 사고실험이 보여주는 바는 다음과 같다.

(1) 자기 자신을 포함하는 이들에 대한 통제권에 대한 공동 행사는 자

---

3) 이 분석은 Robert Nozick, *Anarchy, State and the Utopia*. 남경희 옮김, 『아나키에서 유토피아로』, 문학과 지성사, 1997, 359-361에서 제시된 노예의 우화를, 자유권 제한 논증 출발점이 되는 자유 체계라는 주제에 맞는 형식으로 변형한 것이다.

유의 보장이 아니다. 그것은 집합적 통제의 공동 행사다. 그러한 공동 통제권을 보유한다고 해도 삶의 핵심 영역에서 개별적으로 원하는 대로 목적을 설정하고 수단을 택할 자유가 보장되는 것은 아니다.

(2) 다수결 의사결정절차에 의해 삶이 어떻게 진행되어야 할지 공동체가 정하고, 그 절차에 항상 참여한다고 해서 자유가 보장되는 것은 아니다. 만인의 만인에 대한 노예제 운영에 노예주로서 약간의 지분을 가지고 참여하고 있을 뿐이다.

(3) 이러한 사회에서 다수 연합이 결성되어 소수의 소망이나 기획을 억압하는 경우에도 역시 모두가 노예다. 우선, 소수의 경우에는 자신의 소망이나 기획이 숫자가 모자란다는 이유로 금지되므로 이들은 명백히 노예상태에 있다. 다른 한편, 다수의 경우에도 현재의 선호에는 유일하게 열려 있는 행위 경로가 부합할지는 모른다. 그러나 다수 역시 어떤 소망이나 기획이 자신에게 적합한가를 진정으로 검토하고 이에 따라 행위를 조정하는 것이 불가능한 지위에 놓인다. 그러므로 그들 또한 노예상태에 있다. 이들은 다수에 속해 있다는 이유로 자유감(自由感)을 느낄지도 모른다. 그러나 그러한 자유감은 자신이 감금된 줄 모르는 사람이 느끼는 자유감과 마찬가지의 것이다. 그들은 양립가능하기 때문에 열려 있어야 하는 수많은 행위 경로가 객관적으로 닫힌 상태에 있기 때문에 자유롭지 않은 것이다.

(4) 따라서 기본권의 보장 영역과 정책적 합리성의 영역의 경계는, 소수 보호와 다수 보호의 경계와 일치하지 않는다.[4]

심사관문 1은 '통합성 검사'(integrity test)라고 부를 수 있다. 통합성 검사를 통과하려면 구성원의 삶이 이리저리 분절되고 해체된 조각의 자의적인 모음이 아니어야 한다. 즉 통합성 검사는, 스스로 형성하고 추구하

---

4) 즉, 다수 스스로의 잘못된 의사결정 과정으로 인해 다수 자신들의 기본권이 침해될 수 있다. 기본권 질서가 '소수 보호를 위한 것이다'라는 언명은 대강의 경험적 명제로 쓰일 수 있는 말일 뿐이며, 규범적 분석에서 독립적인 쓸모가 있는 기초명제가 되는 것은 아니다.

는 기획에 따라 자신이 주재하는 통합된 서사라고 볼 수 있기 위한 조건
을 검사하는 것이다. 그러므로 통합성 검사는 구성원들에게 주어진 통제
력이 타인을 지배하는 권한이 아니라, 자신의 삶의 기획을 공정한 틀 내
에서 추구하는 자유임을 보증하기 위해 필요하다.

정치적 결정에 똑같이 참여한다 하더라도, 그 결과는 통합성 검사를 통
과하지 못할 수도 있다. 즉, 정치적 참여 보장과 개별적 자유 보장은 서로
다른 규범이며, 이 둘을 혼동하여 섞는 논의는 정당화될 수 없다. 집합적
인 금지와 명령, 허용의 결정에 참여한다고 해서 자유로운 것은 아니다. 이
는 자유의 체계는 시종일관 근본적으로 자유롭고 평등한 지위를 전제하는
헌법적 논증에 의해 도출되어야지, 다수가 선호하는 가치의 우선순위나 중
요도에 의해 결단되었다는 사실에 의해 도출될 수 없음을 의미한다.

3. 가장 광범위한 자유

1) 근거 없이 축소된 지위 배제

'가장 광범위한 자유'라는 것은, 양립가능한 자유의 전범위에서, 어느
부분도 근거 없이 축소된 상태를 받아들이지 않음을 의미한다.

Rawls는 평등한 자유 원칙에 위배되는 두 가지 방식을 설명하면서 하
나는 "한 계층의 사람들이 다른 계층의 사람들보다 더 큰 자유를 가질 경
우"이고 다른 하나는 "자유가 당연히 그래야 할 것보다 덜 광범위한 경
우"라고 하였다.[5] 앞서 설명한 '평등한 양립가능성' 조건은 첫 번째 위배
를 범하지 않기 위해서 필요하고, 여기서 설명할 '가장 광범위한 자유' 조
건은 두 번째 위배를 범하지 않기 위해서 필요한 것이다.

여기서 '광범위함'은 '밀접하게 결부됨'을 선결조건으로 해서 이해되어

---

5) John Rawls, 『정의론』, 278면.

야 한다. 양립가능하며 밀접하게 결부된 자유들의 체계 중에서 가장 광범위한 자유를 보장하는 체계가 선정되는 것이다. 그래서 "가장 광범위한"(most extensive) 자유를 갖는다는 말은, 기수적으로 측정된 통제 기회 총량을 극대화한다는 의미가 아니다. 그것은 '타인이 아니라 자신의 행위와 가장 밀접한 결부된 자유의 전 체계(全體系)[6]를 상정할 때, 그것이 양립할 수 있는 한 자유의 전 체계상에서 정당화 근거 없이 출발부터 축소된 상태를 상정해서는 안 된다'라는 뜻이다.

H. L. A. Hart는[7] Rawls의 정의의 제1원칙[8]에 등장하는, '가장 광범위한'이라는 말이 '자유 총량(自由總量)을 최대화한다는 기수적인(cardinal) 발상을 전제하는 것이 아닌가'하는 비판을 제기한 바 있다. 자유를 기수적으로 측량할 수 있는 통제권 총량으로 보게 되면 여러 난점에 빠진다. 대표적인 난점으로, 1주일에 한 번 교회에 예배 가는 것을 금지하는 조치보다, 사람들이 매일 수십 번씩 건너던 도로에 횡단보도와 교통신호기를 설치하는 조치가, 금지하는 행위의 횟수가 더 많으므로 더 자유 제약적이라는 기이한 결과가 생긴다.[9] 그러나 여기서 제시된 '광범위함'은 기수적

---

6) '전 체계'는 '전체 체계'(whole system)의 줄임말로, 문제가 되는 특정한 자유만이 아니라 자유 전반을 고려한 체계를 말한다. 자유의 전 체계가 초점이 되는 이유는 간단하다. 예를 들어 공갈을 금지하는 법률은 공갈 행위의 경로만을 따로 떼어내어서 보면 행위 경로가 닫힌 것이지만, 공갈을 당하지 않고 자신의 재산을 활용하고 유지할 수 있는 행위 경로를 열기 때문에, 자유의 전 체계에서는 명백히 자유 상태가 개선된 것이다.

7) H. L. A. Hart, "Rawls on Liberty and Its Priority", Norman Daniels ed., *Reading Rawls*, Stanford: Stanford University Press, 1989, 230-252면

8) "각자는 모든 사람의 유사한 자유 체계와 양립할 수 있는 평등한 기본적 자유의 가장 광범위한 전체 체계에 대해 평등한 권리를 가져야 한다."(John Rawls, 『정의론』, 337면.

9) Charles Taylor, "What's wrong with negative liberty" in *Philosophy and the Human Sciences: Philosophical Papers*, Volume 2, Cambridge: Cambridge University Press, 211-229면 참조.

총량 계산과 관련된 이러한 난점에 빠지지 않는다. 그것은 단지 양립가능하며 밀접하게 결부된 자유의 범위 중에서 근거 없이 일부분을 배제한 체계를, 자유 논의의 출발점으로 삼지 않는다는 것을 의미할 뿐이다. 양립가능하며 밀접하게 결부된 동등한 자유는 잠정적으로 보장된 것으로 보고, 그것에 대한 제한은 단지 자유의 전 체계를 강화하는 경우에만 허용된다는 점을 명시한 것뿐이다.

이러한 이해에 따른다면, 예배 금지와 교통 신호기 설치에서 문제되는 것은, 그 각각의 제한이 자유의 전 체계를 강화하는 것으로 정당화될 수 있는가 아닌가의 문제만 남는다. 교통 신호기의 설치는 그런 정당화 논거가 있다. 즉, 애초에 상호 양립가능하지도 않고 안전하지 못한 행위 경로를 닫는 대신, 양립가능하며 안전하고 질서 있는 통행의 행위 경로를 열므로 자유의 전 체계를 강화하는 조치이다. 반면에 예배 금지는 양립가능한 가장 심원한 가치에 대한 행위 경로가 열려 있던 것을 부당하게 닫는 것일 뿐 아무런 정당화 근거가 없다. 이러한 추론에는 여러 종류의 행위 경로들을 용광로처럼 한 데 뒤섞어 기수적으로 측정하는 총량 평가가 필요하지 않을 뿐더러, 상이한 자유의 중요도를 가장 추상적인 범주에서 곧장 비교하는 평가를 할 필요도 없다.[10)]

자유 제한의 정당화 논증대화가 시작되기 위해서는 잠정적으로 보장된

---

10) 한편, Charles Taylor가 제시한, 자유의 인정에는 '질적 판단이 개입된다'는 명제는, 기수적으로 총자유량을 환산하는 방식으로 자유 문제를 판단할 수 없다는 점을 짚는데서 그 중심적 역할을 다한다. 어떤 자유 체계가 더 강화된 체계인가는 추상적인 자유 범주에 대하여 그 사회에서 공유된 질적인 중요성을 비교하여 간단히 이루어지는 것이 아니다. 차량의 교통이 복잡한 네거리의 중심에 서서 교통을 막고 종교적 설교를 하는 것을 제한하는 것의 헌법적 정당성에 대한 판단은, 어떤 사회에서 다수가 공유하고 있는 질적 중요성 판단을 반영하면 곧 끝나는 것이 아니다. 그럴 경우에는 통행의 자유가 질적으로 종교적 자유보다 열등하다는 질적 판단에 의해 곧바로 '설교 제한이 부당하다'는 결론으로 비약하게 될 것이다.

것, 즉 논의의 출발점이 되는 자유의 체계를 상정해야만 한다. '하루에 100km 이상 이동할 수 없다는 예외조건이 부가된, 양립가능한 이동의 자유'는 '그러한 예외조건이 없는 양립가능한 이동의 자유'보다 덜 광범위하므로 논의의 출발점으로 부적합하다. 이러한 판단에는 특별한 기수화가 필요하지도, 난점이 개입되지도 않는다.

2) 배경적(背景的) 제한과 비배경적(非背景的) 제한

이 부분의 논의는 '기본권적 자유 자체를 처분할 수 있는가' 또는 '자유권을 자신의 의사로 포기하는 것을 인정하는 법제도는 우리 헌법상 허용되는가'라는 질문과 특히 관련된다. 이 질문에 대한 답은 의미 있는 삶의 필수 조건에서부터 찾아나가야 한다.

의미 있는 삶을 살아가는 필수적인 조건이란, 삶의 주재자가 자기 자신일 수 있는 조건이다. 그런 조건이 갖추어졌을 때, 이러저러하게 살았다는 것이 스스로의 확신과 신념, 기획과 수행에 의해 써온 서사(敍事)라고 돌아볼 수 있으며, 앞으로의 삶도 자신이 써가는 이야기라고 전망할 수 있다. 자신은 A라는 이야기를 써나가고 있었는데, 타인이 그 이야기의 중간에 B를 집어넣을 수 있는 통제권을 가지게 되면, 통합성은 그만큼 뜯겨 나간다.

노예주가 노예의 모든 행위를 명령하고 간섭할 법적 권한이 있는 완전한 노예제에서만 통합성이 훼손되는 것은 아니다. 타인이 직접적인 행위 통제권은 없더라도, 삶의 기본적 필요를 충족시키기 위한 전부 또는 일부 조건을 철회한다는 위협을 적법하게 제기할 수 있는 권한을 타인이 갖고 있는 것만으로도 통합성은 훼손된다.[11] 예를 들어 직장에 다니려면 특정

---

11) 직접적 행위 통제권은 없지만 부당한 위협 권한에 의해 통합성이 극도로 훼손된 경우가 생명권 양도 계약이 법적으로 허용되는 사회다. Joel Feinberg, "Voluntary

한 정치적 신조를 믿어야 하고 믿지 않으면 고용관계를 종료한다는 위협을 사용자가 적법하게 제기할 수 있는 권한을 가진 사회에서는, 구성원의 정치적 삶의 통합성은 크게 훼손된다.[12]

또한 이러한 통합성 훼손은, 위협을 합법적으로 제기할 수 있는 권한이 전체 구성원에게 공유되고 있어도 마찬가지로 발생한다. 즉 타인의 삶에 대한 통제권이 평등하게 배분된 경우에도 그 사람들의 삶의 통합성은 극히 낮아진다. 타인의 의사에 의해 발동되는 제재의 위협 때문에 사람들은 자신이 계획하지 않은 일들, 자신이 동의하지 않은 일들을 해야 하고, 자신이 견지하지 않는 신념조차 믿는 척을 해야 한다는 점에서 동일한 종류의 훼손이 발생하기 때문이다. 이러한 삶에는 '진정성'(authenticity)이 결여된다.

진정성(眞正性) 있게 산다는 것은 자신의 상황에 적합한 삶의 방식, 즉 스타일을 찾고 만들어 나가는 책임을 진지하게 생각하고 수행하는 것이다.[13] 그리고 진정성 있는 삶을 살려면, 다른 이와 독립적인 관계가 보장되어야 한다. 독립적인 관계란, 서로가 동등한 지위에서 영향(influence)을 미치면서, 좋은 삶을 사는 배경이 되는 문화를 재생산하는 관계다. 반면에 각자의 삶에 대한 타인들의 지배(domination)가 불쑥불쑥 개입될 수 있는 관계는 설사 그 관계가 모든 구성원들 사이의 관계로 똑같이 정립된다 하더라도 지배와 피지배의 보편적인 상호 중첩 관계(相互重疊關係)가 될 뿐이다.[14]

Euthanasia and the Inalienable Right to Life", *Philosophy & Public Affairs*, Vol. 7, No. 2, 1978, 117면 참조.

12) 같은 논문 117면.

13) Ronald Dworkin, *Justice for Hedgehogs*, MA: Belknap Press of Harvard University Press, 2011, 209-210면.

14) 같은 책, 211-212면.

각자와 가장 밀접하게 결부된 평등한 몫의 배경적 자유를 양립가능하게 보장하는 상태가 성립되었다고 해보자. 이 자유 보장 상태에서, 자신의 몫을 타인에게 주고 타인의 몫을 자기 것으로 가져오는 통제권 몫의 상호 교환은, 상호적(相互的) 지배-피지배 관계의 창설에 해당한다. 이 관계의 창설은 상호적이기는 하지만 양측 모두에게 이득이 되는 호혜적(互惠的)인 것은 아니다. 오히려 그 반대다. 양측 모두의 근본적으로 자유로운 지위가 부인당하여 더 나빠지게 되는 변화인 것이다. 그러므로 전면적이건 부분적이건 이 변화를 도입하는 것은 규범 공동체 구성원들 사이의 근본적인 관계를 위반하는 수행적 모순을 범한다. 심사관문 1은 이러한 변화를 도입하는 것을 명시적으로 배제한다.

이 점을 명확히 한다는 점에서 심사관문 1은 "행위가 또는 그 행위의 준칙에 따른 각자의 의사의 자유가 보편적 법칙에 따라 어느 누구의 자유와도 공존할 수 있는 각 행위는 법적이다/권리가 있다/정당하다/옳다."[15]고 한 Kant의 정식을 온전히 담아낸 것이기도 하다. Kant가 염두에 둔 것은 평등하게 노예가 된 상태가 아니라 평등하게 자유인이 된 상태였다. 그렇기 때문에 Kant는 "엄밀한 법은 또한 보편적인 법칙들에 따라 어느 누구의 자유와도 화합하는 전반적이고 교호적(交互的)인 강제의 가능성으로서 표상될 수 있다"[16]고 말하였지, 법이 '어느 누구의 노예상태와도 화합하는 전반적이고 교호적인 강제의 가능성'이라고 말하지 않은 것이다. 따라서 나와 밀접하게 결부된 행위와 상태가 "보편적인 법칙에 따라 어느 누구의 자유와도 공존할 수 있을 때, 내가 그렇게 하는 것을 방해하는 자는 나에게 불법/부당함을 행하는 것이다. 왜냐하면 이러한 방해는 보편적

---

15) Immanuel Kant, *Die Metaphysik der Sitten: Metaphysische Anfangsgrunde der Rechtslehre.* 백종현 옮김, 『윤리형이상학』, 아카넷, 2012, 151면.
16) 같은 책, 153면.

법칙들에 따라 자유와 공존할 수 없기 때문이다."17)

그러므로 교호적인 노예상태를 배제하기 위하여 심사관문 1, 즉 통합성 검사는 '배경적(背景的) 자유'의 평등한 보장을 확고히 한다. 여기서 배경 (background)이라는 단어는, 그것이 자유를 이런 방향 또는 저런 방향으로 실제로 행사하기 위해서 필수적으로 시종일관 깔려 있어야 하는 조건이 자 토대라는 점을 강조하기 위하여 쓴 것이다. 이것이 바로 기본권으로서 자유에 해당한다. 이를테면 'X 국가의 국민에게는 정부를 비판할 자유가 없다'고 말할 때 언급되는 자유다. 이와 대비되는 '비배경적(非背景的) 자유'는 무언가를 추구하거나 얻기 위한 의도로 스스로 제한할 수 있는 자유다. 이것은 예를 들어 '직장인은 근무시간 동안에는 마음대로 근무지를 떠날 자유가 없다'고 말할 때 언급되는 자유다. 이 자유는 비배경적이기 때문에 제한된다 하더라도 다시 스스로의 행위를 통해 복구할 수 있는 것이 특징이다. 왜냐하면 배경적 자유를 지니는 지위가 시종일관 그대로 유지되고 있기 때문이다.

모든 사람들은 자신들의 삶의 기획을 추구하면서 이런 저런 방식으로 자유를 '비배경적으로는' 제한할 수 있다. 자유의 비배경적 제한은, 사실 배경적 자유를 특정한 방식으로 행사하는 것에 불과하다. 즉 스스로의 선택에 의해, 이후의 일정한 선택지에 일정한 결과를 결부시키는 것이다. 대표적인 것이 계약(契約)이다. 근로계약을 체결하고 취업을 하게 되면, 출근시간까지 출근해야 하고 퇴근시간까지는 사용자로부터 지휘·명령을 받으며 노동을 해야 한다. 그러나 이것은 취업으로 인해 얻는 대가와 결부된 제한이다. 만일 그 대가를 얻지 않기로 선택한다면, 그러한 제한을 받아들이지 않을 수도 있고, 특정한 사업장의 제한으로부터 벗어날 수도 있다. 즉, 직장에서 일하는 사람은 일하는 동안에도 여전히 이동의 자유,

---

17) 같은 책, 151면.

신체의 자유에 대한 포괄적인 배경적 자유를 보유한다. 이렇게 계속해서 배경적 자유를 유지하는 지위를 자유로운 기본권 주체의 근본적 지위(根本的 地位)라고 할 수 있다.

구성원들이 근본적으로 평등하고 자유로운 관계에 있는 입헌 민주주의 사회에서, 자유는 자발적인 계약에 의해 비배경적으로 제한될 수는 있다. 다시 말해 그 계약이 유효한 동안에는 일시적으로 일정한 방향의 행사가 포기될 수는 있다(can be waived). 그러나 자유권 자체가 근본적으로 포기될 수는 없다(can't be relinquished). 이 점을 통합성 검사는 확고히 한다.

권리의 행사 포기(waiving)와 배경적 권리 자체의 포기(relinquishing)의 차이는 다음과 같다.18) 권리의 행사 포기(行使抛棄)는, 그 권리에 수반되는 청구권을 적극적으로 행사하지 아니하는 것을 의미한다. 그래서 그것은 사실은 소극적으로 그 권리를 행사하는 것에 해당한다. 반면에, 배경적 권리 자체(自體)의 포기(抛棄)는, 그 권리를 보유하는 지위 자체를 박탈당하는 상태로 진입하는 것이다.

재산권 행사 포기의 예는, 자신이 소유하는 부동산의 무단침입자에 대하여 아무런 조치를 취하지 않거나, 무상으로 타인이 사용하도록 허락하거나, 증여를 해버리거나 하는 것이다. 이것은 사실은 권리를 소극적으로 행사한 것이다. 반면에 배경적인 재산권 자체의 포기를 인정하는 사회에서는, "법적으로 구속적인 방식으로 재산을 획득할 자신의 권리 자체를 공식적으로 포기"하게 되면 "그 사람은 대상을 점유하고 장소를 점할 수는 있지만 그것들을 결코 소유할 수는 없는(one could possess objects and occupy places but never own them)" 법적 지위에 처하게 된다. "그 사람은 이러한 측면에서 특수한 하위 계급의 구성원"이 되는 것이다.19) 그런데

---

18) 이 구분은 Joel Feinberg, "Voluntary Euthanasia and the Inalienable Right to Life", 115-119면의 설명을 따른 것이다.

우리 헌법 제11조 제2항은 "사회적 특수계급의 제도는 인정되지 아니하며, 어떠한 형태로도 이를 창설할 수 없다."고 규정하고 있다. 여기서 '특수계급'은 그 기본권적 지위가 선천적으로든 후천적으로든 다른 구성원에 비해 우월해지거나 열악해지는 것을 인정하는 법제도를 의미한다. '어떠한 형태로도'라는 명시적인 문언이 있으므로, 자기 의사에 의해서도 '하위 계급'에 속할 수 없음은 분명하다. 즉 우리 헌법은 기본권 자체의 자발적 포기를 허용하고 있지 않는 것이다.

심사관문 1은 이러한 배경적 권리의 상실을 허용하지 않음을 명시적으로 표현한다.

3) 전면적·부분적 노예계약의 배척

앞서 설명한 자유의 비배경적 제한 수용은 바로 자유권의 행사 포기이다. 회사의 직원은, 근무시간에 그 회사를 떠날 법적 자유가 여전히 있다. 다만 근무의 대가로 임금을 받는 근로관계를 유지하기 위하여 그 권리를 그 방향으로 행사하지 않는 것이다. 반면에, 배경적 권리 자체의 포기가 이루어지면 근본적 지위 자체가 변경된다. 포기가 이루어진 다음에는 자신의 의사와 관계없이 기본적 권리를 보유하지 않는 상태에 처하게 되는 것이다. 회사의 직원이 기간을 정한 근로계약을 맺고, 그 기간 중에 근로계약을 위반하여 결근하거나 근무를 그만둔다면 형사처벌을 하는 제도가 운영되는 사회가 있다고 하자. 그 경우 근로계약을 하는 순간, 근로자는 그 기간 동안은 신체의 자유나 근로의 자유라는 기본권 자체가 사라지게 된다.

이것은 기간이나 의무 면에서 전면적 노예계약, 즉 '타인의 항구적인 동산(permanent chattel)이 되기로 하는 노예계약'보다는 덜 포괄적이다.

---

19) 같은 논문, 116-117면.

그러나 그러한 근로계약이 구속력을 가지는 자유 제한 부분과 관련된 한, 그것은 여전히 노예계약의 성격을 갖는다. 즉, '부분적 노예계약(partial slavery contract)'이다.

전면적 노예계약과 부분적 노예계약은, 그 처분된 통제권의 범위만이 다를 뿐, 배경적 자유 자체를 넘겨주었다는 점에서는 동일하다. 권리를 행사하는 한 방식인 권리 행사의 포기(A)와 배경적 권리 자체의 포기(B)를 구분하게 되면, 전면적이건 부분적이건 노예계약은 자유롭고 평등한 관계에 어긋난다는 점이 명백해진다. 바꾸어 말하면, 노예계약을 허용하지 않는 법질서 L_1가, 노예계약을 허용하고 강제집행에 의해 뒷받침하는 법질서 L_2에 비해, 자유의 전 체계 면에서 더 우월하다는 점이 분명해진다.[20]

노예계약을 허용하지 않는 법질서 L_1에서 t_1 시점에 자발적으로 노예가 제공할 수 있는 서비스 묶음 P를 수행하고자 하는 자 S와 노예주로서 서비스를 향유하고자 하는 자 M이 있다고 하자. L_1에서 S가 t_1 시점에 자발적으로 그러한 서비스를 수행하는 데에는 아무런 장애가 없다. 그가 계속해서 서비스 P를 제공하고자 한다면, 계속해서 그렇게 제공하면 된다. 그 시점보다 이후인 t_2 시점에도 의사가 동일하다면, 똑같이 그렇게 서비스를 제공하는 상태에 남아 있을 수 있다. 그런데 서비스 P를 제공하던 사람이 이제 t_3 시점에서 떠나려고 한다고 해보자. 물론 이 법질서 L_1에서 M은 S를 처벌을 통해 잡아두지 못한다. 그러나 M은 S의 서비스 제공 약속을 신뢰하여 생긴 손해의 배상[21]을 청구할 수 있다. 그리고 S에게 추가

---

20) 노예제를 법적으로 뒷받침하는 법질서에서는 노예제를 법적으로 불허하는 법질서에 비해 각 행위자의 입장에서 자유의 면에서 나아지는 바가 없다는 점은 John D. Hodson, "Mill, Paternalism, and Slavery", *Analysis*, Vol. 41, No. 1, 1981, 60-62면의 논의를 활용한 것이다.

21) 이 손해는 정당한 신뢰를 위배하여 갑작스럽게 예고 없이 서비스 제공을 그만둔 사태와 상당인과관계가 있는 손해에 한정된다.

적인 대가를 제공하여 계속하여 S가 동일한 서비스를 제공하도록 유인할
수 있다. 또 S가 제공해왔던 서비스 P를 제공할 다른 S'를 그에 상응하는
대가를 지급하는 등의 방식으로 여전히 구인(求人)할 수 있다. 상대의 의
사와 무관하게 상대의 행위를 강제로 통제하는 권한은 원래 자신의 자유
몫이 아니다. 자신이 원하는 상대의 행위는 오로지 상대의 동의에 의해
제공되는 것이다. 그러므로 M의 자유 역시 아무것도 상실된 바가 없다.
제한되는 것은 오로지 S가 t_3시점에 떠나고자 할 때 그를 감금하고 폭행
하고 처벌하여 묶어두는 그러한 권한이 결부된 계약의 효력뿐이기 때문
이다. 즉 그가 잃은 것은, 상대의 동의에 의하지 아니하고 상대를 통제하
는 그러한 통제권 부분뿐이다. 그가 자신이 제공받을 서비스에 합당한 대
가를 제공하고자 한다면 M은 t_3시점에도 동의에 의하여 서비스를 제공할
사람을 여전히 찾을 수 있다. M은 어느 시점에 한 번 의사결정을 내린 S
를, 특정 시점 이후에는 그러기로 하는 S의 동의가 더 이상 존재하지 않
음에도 불구하고, 여전히 묶어둘 수 있는 통제력만을 잃은 것이다. 즉 M
의 자유는 기준선에 비해 전혀 악화되지 않았다. 그는 다른 이의 기본적
자유와 양립가능한 범위에서 원하는 바를 할 자유를 여전히 행사할 수
있다.

어떤 행위 경로의 문이 열리기 위해 어떤 문은 닫힐 수밖에 없다. 예를
들어, 교통 규칙에 관한 법률은, 자동차를 교통 신호를 무시하고 아무렇
게나 몰고 다닐 실존적으로 가능했던 경로의 문을 닫는다. 그러나 그러한
행위 경로의 문은, 안전하게 도로를 주행하고 도로를 건너는 자유의 문보
다 누구에게나 열등하게 평가된다. 마음대로 자동차를 모는 행위 경로는,
다른 사람들이 교통 규칙을 준수하는 것을 전제로 해야만 실제로 가능한
무임승차의 구조를 지니고 있어 양립가능하지 않고 또한 안전한 이동을
전제로 하는 삶의 모든 경로를 불가능하게 만들기 때문이다. 마찬가지로

노예계약을 유효하게 만들어줌으로써 열리는 삶의 일반적 경로는, 타인을 자신의 의지대로 지배하는 경로와 그러한 권력에 전적으로 내맡겨지는 경로이다. 그리고 이것은 평등하게 양립가능한 자유가 아니다. 이러한 지배-피지배 경로를 닫으면, 자신의 의사가 부합한다면 타인에게 어떤 서비스를 제공하는 부분의 경로는 여전히 남겨두면서도 자신의 의사에 반하여 타인에게 계속해서 통제당하는 그러한 경로만이 사라진다.

반면에 노예계약을 법체계 내에 포함하는 법질서 L_2에서는, S가 노예계약을 체결한 순간 S의 배경적 자유 자체가 사라진다. 그리고 t_3 시점 이후에 S는 자신의 의사가 떠나는 것임에도 불구하고 떠나지 못하도록 법에 의해 강제당한다. 즉 기본적 자유 박탈 상태가 법에 의해 관철된다. 한편, 법질서 L_2에서 M이 얻은 것은 S의 의사에 반하는 시점 이후에도 S의 행위를 통제할 권한 뿐이고, M 자신의 행위를 통제할 수 있는 자유를 새로이 추가로 얻은 것은 없다. 따라서 법질서 L_2는 기준선에 비해 자유가 악화된 상태다. M은 지배권만을 추가로 획득하고 S는 기본적 자유를 잃었기 때문이다.

한편, S와 M을 넘어서 제3자인 C까지 포함해서 분석해보아도 자유에 대한 위협은 법질서 L_2에서 두드러진다. 법질서 L_2에서 노예주M이 노예S에게 제3자인 시민C를 죽이라고 명령한다고 가정해 보자. 만일 노예S가 그 명령을 따르지 아니하면 노예주M은 노예S를 죽일 것이다. 따라서 S가 C를 죽이는 것이 금지되어 있다고 하더라도 S는 M에 의해 자의적으로 곧바로 죽임을 당하기보다는, C를 죽이고 발각되지 아니하고 목숨을 연명할 가능성에 도박을 걸 것이다. 이것은 시민C의 자유에 대한 위협의 심대한 증가다. 그런데 노예S가 시민C를 죽이고 발각되는 경우, S는 처벌을 면할 수 없다. 왜냐하면 제3자의 권리를 처분하는 것은 그러한 권리를 보유하지 않은 당사자들이 계약으로 정할 권한이 없기 때문이다. 그러므로

S는 자신의 행위에 대하여 책임을 져야 한다. 그런데 이것은 S는 자신의 행위를 통제할 수 없는 존재라고 법에서 정한 것과 모순된다. 따라서 법질서 L_2는 자유의 법체계로서 정합성이 없다. 그것은 각 구성원에게 행위의 책임을 묻는 법체계에서는 어떤 사람도 자기 자신을 다른 사람의 의지의 단순한 도구로 만들 수 없다는 원리를 어기는 것이다.

이것이 보여주는 바는 평등하고 자유로운 기본권 주체들이 정당한 것으로 인정하는 법체계에서는, 자율적인 행위자라 할지라도 그의 궁극적인 책임성(ultimate accountability) 자체를 양도할 수 없다는 것이다.22) 그런데 노예는 바로 궁극적인 책임성 자체를 법적으로 양도하게 된다. 배경적 자유 자체를 양도했기 때문이다. 따라서 애초에 배경적 자유의 양도 자체를 허용할 수 없다고 보아야 한다. 자신에게 가장 밀접하게 결부된 몫의 평등한 배경적 자유가 항상 근본적 권리로 보유되어야 한다는 것은, 평등하게 자유로운 사람들의 연합에는 필수적인 것이다. 그렇게 해야 자신의 삶의 기회비용을 타인에게, 노예에게도, 노예를 도구로 사용하여 영향을 미치는 다른 동료 시민에게도 불공정하게 전가할 수 없기 때문이다.

위와 같은 분석은 노예제가 부분적인 것으로 완화되어도 그대로 적용된다. 이를테면 노예계약의 기간이 한정된 것이라 할지라도 그 기간 동안의 자유 상태는 동일하게 악화된다. 이 두 경우 모두, 심사관문 1을 통과하지 못한다. 노예계약이 일정한 행위 영역에 한정된 것이라도, 그 영역의 자유 상태는 동일하게 악화된다.

결론적으로 노예제는 그것이 전면적이건 부분적이건, 배경적 자유를 양도하는 것이다. 이러한 양도는 자유의 전 체계(全體系)에 아무런 개선을 가져오지 않으면서 악화만 가져온다. 그리고 또한 궁극적 책임성과 결부된 자유로운 사람들의 평등한 관계를 일그러뜨린다. 이러한 관계를 법적

---

22) Joel Feinberg, *Harm to Self*, 71-74면 참조.

으로 인정하는 것은 기본권적 지위가 열악한 새로운 특수계급을 창설하는 것이다. 그러한 특수계급에 진입하는 것이 설사 자기 의사에 의한 것이라 할지라도 그것은 위헌적인 것이다.

4) 자유 포기 불인정

대한민국 헌법은 배경적 권리 자체의 포기를 허용하지 않는다. 이것은 권리 규정 형식에서, "권리 자체를 포기한 사람은 예외로 한다"는 예외 규정이 전혀 없이 "모든 국민은"이라는 문언을 명백히 사용하고 있기 때문이다. 앞서 살펴보았듯이, 기본권 주체들은 기본권을 적극적인 방식으로도 소극적인 방식으로도 행사할 수 있기 때문에 이러한 규정 형식은 모두에게 이익이 되는 자유의 체계를 명시하는 것이다. 개별 자유권에 관한 모든 규정은, 예를 들면 제12조 제1항 1문이 "모든 국민은 신체의 자유를 가진다."는 형식으로 규정되어 있듯이, "모든 국민은 ―의 자유를 가진다."와 같이 자유라는 권리를 평등이라는 헌법적 규범에 따라 부여하고 있다. 행위주체 a가 f에 관한 배경적 자유권 자체를 포기하여 그 만큼의 통제권을 타인 b가 갖도록 하는 것을 법이 가능케 한다면, 그 때 법질서는 다음과 같은 것이 된다.

> a는 스스로의 법률행위에 의하여, f의 자유를 갖지 않는다. a가 이제는 보유하지 않는 그 자유를 행사하는 경우 처벌받는다. 대신 a의 f에 관한 행위는 b가 통제한다.

그런데 이러한 법질서를 '모든 국민은 f의 자유를 가진다'의 헌법 규정과 조화시키려면, 'a는 국민이 아니다'라는 전제를 도입해야만 한다. 그러나 그 전제는 거짓이다. 또는 국민들은 '기본권적 지위에서 차등이 생길 수 있다'는 전제를 도입해야 한다. 이 전제 또한 헌법 제11조 제2항에 따라 거짓이다. 따라서 그 법질서는 합헌적인 질서일 수가 없다. 또한 구성원 일부가 배경적 자유권을 일시적 기간이라도 잃는 법적 사태도 합헌적인 법규범에 근거할 수 없다. '일시적으로 a는 국민이 아니다'라는 전제를 도입해야 하기 때문이다. 일정한 영역의 자유 자체를 배경적으로 포기하는 것은 전면적인 노예계약이 아니라 부분적인 노예계약에 해당한다. 이러한 계약은 헌법에 의해 승인되는 법적 효과를 가질 수 없다. 이를 법적으로 승인하고 집행하는 법률은 헌법에 위반된다. 이는 헌법 제10조가 "모든 국민은 인간으로서의 존엄과 가치를 가지며, 행복을 추구할 권리를 가진다. 국가는 개인이 가지는 불가침의 기본적 인권을 확인하고 이를 보장할 의무를 진다."고 규정하고 있는 데서도 재확인된다. 국가는 더 이상 평등한 자유를 가지지 못하는 기본적 인권을 침해하는 사태를 법적 사태로 고정할 권한이 없다. 오히려 그것을 법적으로 승인하지 아니하여 기본적 인권을 보장할 의무를 진다.[23)]

그러므로 우리 헌법 하에서 사람들은 노예로 자신을 팔 수 없다. 그리고 서로에 대한 형벌로 뒷받침되는 통제권을 교환함으로써 상호적 노예 상태에 진입할 수도 없다. 이러한 노예계약이나 부분적 노예 계약을 국가가 강제집행하거나, 그러한 계약 위반에 형벌을 부과한다면, 배경적 자유, 즉 기본권을 침해한 것이 된다. 그리고 이것은 자신의 몸에 속하지 아니

---

23) 이러한 이유에서 Kant는 "어느 누구도 하나의 계약에 의해 인격이기를 중단할 그러한 종속관계에 구속될 수는 없다. 왜냐하면 그는 오직 인격으로서만 하나의 계약을 할 수 있으니 말이다."고 한 것이다. 즉 이 입헌 민주주의 국가 내에서 누군가 더 이상 인격이 아니라 "소유물로서 매도"되어 소유물로서 취급되는 사태는 "있을 수 없는 것이다.—그러므로 그는 오직 성질상 그리고 정도에 있어서 규정된[일정한] 일[노동]들만을 하도록 고용될 수 있을 뿐이다."라고 하였다. (Immanuel Kant, 『윤리형이상학』, 290-291면.)

하고, 자기와 밀접히 관련 없는 타인에 대한 지배권을 누군가 취득하고 행사하는 대가로 국민의 자유권이 박탈되는 데 국가가 조력하는 것이다. 이것은 평등하고 자유로운 시민들의 관계를 확립하여야 하는 입헌 국가의 임무를 명백히 위배한 것이다.

서두에서 던졌던 '평등하고 자유로운 관계의 변형이냐 아니면 복구·유지·강화냐를 검토할 수 있는 잠정적인 기준선은 무엇인가?'에는 '모든 기본권 주체는 다른 기본권 주체의 같은 유형의 자유와 온전히 양립할 수 있는 한, 자신과 가장 밀접하게 결부된 평등한 몫의 가장 광범위한 배경적 자유를 잠정적으로 갖는다.'고 답할 수 있다. 다음으로, '사람들은 자신의 기본적 자유 자체를 처분할 수 있는가?', '사람들이 자신의 의사에 따라 자신의 기본적 자유 자체를 포기하도록 법이 강제하거나 허용할 수 있는가?', '지배권과 자유권은 교환될 수 있는가?'에는 명백히 '아니요'라는 답이 타당하다. '집단적 의사결정에 참여하는 권리와 자유권은 다른가?'는 '다르다'가 답이다. '공중도덕이나 사회윤리(제21조 제4항)는 자유 제한 논거로 어떻게 해석해야 하는가?'에 대해서는 '공중도덕과 사회윤리는 동등하게 양립가능한 보장이 불가능한 행위를 규제하는 공공규범'이라는 답이 도출된다. 전통도덕이나 다수의 개인윤리가 아니라 "공중" 도덕과 "사회" 윤리라는 문언이 이를 명시한다. 그것은 공중이 함께 조화롭게 살아가기 위한 정당한 자유의 경계를 의미한다. 따라서 이것은 다른 이의 자유를 직접 저해하는 간섭(interference) 뿐만 아니라 악취를 풍기거나 알몸 상태로 거리를 돌아다녀 주위 사람들에게 정신적 공격이 되는 부당방해(offense), 또는 싸움을 걸고 평화를 즉각 해치는 말(fighting words)을 규제할 수 있는 근거로 해석되는 것이 타당하다.

4. 헌법재판소 결정 분석24)

간통죄 규정의 위헌 여부에 관한 헌법재판소 2015. 2. 26. 2009헌바17
등 결정은 심사관문 1에 관한 것이다. 특히 이 결정은 '밀접하게 결부된
자유'가 각자에게 인정되는 것이 평등한 자유 관계의 출발점이며, 그러한
자유를 훼손한다는 사유가 아니라면 그러한 출발점에서 이탈할 논거가
되지 않는다는 점을 밝히고 있다. 그리고 이 결정은 기본권적 자유의 행
사를 특정 방향으로 하여 다른 방향으로의 행사는 포기할 수 있지만, 기
본권적 자유 자체를 포기할 수 없다는 점도 확인하고 있다.

위헌의견 중 다수의견의 논거를, 간통 처벌을 규정한 형법(1953. 9. 18.
법률 제293호로 제정된 것) 제241조가 합헌이라는 반대의견의 핵심 논거
와 대비하여 봄으로써, 위헌의견25)의 형량에서 결정적 논거가 무엇인지
효과적으로 살펴볼 수 있다.

법익 균형성 부분에서 핵심 쟁점은, 간통죄가 간통을 억지하는 효과가
어느 정도 있을 수 있다는 점을 전제했을 때26), 그 억지를 위해 형벌을
동원하는 것이 정당한가 하는 문제다.

이에 관하여 반대의견은 "심판대상조항으로 인한 행위규제는 법률혼

---

24) 관문에 따른 헌법재판소 결정들의 분류는 대략적인 것이다. 하나의 결정이 여러 개
   의 원리와 동시에 관련되는 경우가 흔하다. 그러나 주된 관련성을 기준으로 하여
   대표적인 결정들을 하나씩 살펴보기로 한다.
25) 여기서 분석하는 위헌의견은 재판관 5인의 위헌의견이며, 각각 이유를 달리 한 2인
   의 위헌의견이 있다. 반대의견과 정면으로 대립하는 것은 5인의 위헌의견이므로 이
   를 분석 대상으로 삼았다.
26) 어떤 행위를 형사법으로 금지하고 처벌을 계속하면, 그것을 전혀 금지하지 않았을
   때에 비해 추가적으로 억지되는 효과가 있으리라는 추정은 합리적이다. 즉, 이혼의
   소 제기를 고소 유지의 요건으로 하기 때문에 구체적 사건에서 혼인 유지를 더 잘
   하게 하는 이익은 없으나, 행위 자체를 억지하는 효과는 추가적으로 있으리라는 추
   정이 가능하다.

관계가 유지되고 있는 동안 간통할 수 없고, 법률상 배우자 있는 자라는 사실을 알면서 상간할 수 없다는 특정한 관계에서의 성행위 제한이다. 이는 간통행위자에 대하여는 스스로의 자유로운 의사에 따라 형성한 혼인관계에 따르는 당연한 의무이자 책임의 내용일 뿐"이라는 근거를 중요 논거로 제시하였다. 즉, 스스로의 의사에 따라 부담한 성실의무에 따라 제한된 행위를 하여 처벌받는 것이므로, 이것이 자기결정권의 침해가 될 수 없다는 것이다.

그런데 위헌의견은 법익균형성 항목에서는 "심판대상조항은 개인의 내밀한 성생활의 영역을 형벌의 대상으로 삼음으로써 국민의 성적 자기결정권과 사생활의 비밀과 자유라는 기본권을 지나치게 제한하는 것이므로, 결국 심판대상조항은 법익의 균형성도 상실하였다."고 판시하여 '지나치게'라는 정도 판단만을 함으로써 이 부분 논증을 정교하게 드러내지 아니하였다.

그 앞에 서술되어 있는 "형사처벌의 적정성 여부"라는 항목에서 서술된 다음과 같은 설시 부분도 만족스럽지 못하다. "개인의 성행위와 같은 사생활의 내밀영역에 속하는 부분에 대하여는 그 권리와 자유의 성질상 국가는 최대한 간섭과 규제를 자제하여 개인의 자기결정권에 맡겨야 한다. 국가형벌권의 행사는 중대한 법익에 대한 위험이 명백한 경우에 한하여 최후의 수단으로 필요 최소한의 범위에 그쳐야 한다." 이 설시 역시 "최대한 (…) 자제", "중대한 법익", "위험이 명백", "최후의 수단", "필요 최소한의 범위"라는 비중 은유들로 점철되어 있기 때문이다. 논증이 그와 같은 비중 은유를 종착지로 끝난다고 해보자. 그러면 반대 의견과 같은 입장을 개진하는 측에서는 간통죄가 규정이 바로 "자제"를 거듭한 후에도 정당화되는 것이며, "최후의 수단"이자 "필요 최소한의 범위"에 속한다고 충분히 말할 수 있다.

한 논지다.

이러한 취지는 "형사처벌의 적정성 항목"에서 다수의견이 "비록 비도덕적인 행위라 할지라도 본질적으로 개인의 사생활에 속하고 사회에 끼치는 해악이 크지 않거나 구체적 법익에 대한 명백한 침해가 없는 경우에는 국가권력이 개입해서는 안 된다는 것이 현대 형법의 추세이다."라고 한 바에서 표현되었다고 할 것이다. 여기서 중요한 것은 "해악"(害惡), "구체적 법익"(具體的 法益)이라는 개념들이다. 이 개념들은 자유 제한을 정당화하는 사유가 되는 논거로, 평등한 자유의 전 체계를 일그러뜨리고 악화시키는 해악을 의미한다고 볼 수 있다.27) 그런 해악이 없는 행위는 단순히 '비도덕적'이라는 이유만으로 형사처벌로 금지될 수는 없는 것이다. 그리고 그렇게 이해할 때에, 위헌의견의 판단은 반대의견의 판단에 비해 논증 가치에서의 분명한 우위가 드러난다.

심사관문1은 자유권 제한 논증을 공적인 것으로 만든다. 단순히 '성적 자기결정권'과 '일부일처제 혼인생활의 강화'라는 개념으로 언급된 것을, 실체화된 가치처럼 따져 비중을 가늠하는 것으로 보게 되면 '지나치게', '최대한 자제'와 같은 수사에 갇혀 논증 가치의 우위를 드러내지 못한다.

---

27) 이러한 이해에 따르면 동 결정과 관련된 헌법규범은 다음 여섯 가지로 압축할 수 있을 것이다. 첫째, 모든 사람들은 잠정적으로 동등하게 가장 자신과 밀접하게 결부된 자유들을 보유하는 데서 자유권 제한의 헌법 논증은 출발한다. 둘째, 따라서 그러한 자유들은 제약되어 있는 상태에 원래부터 있다고 선언되어서는 안 된다. 셋째, 어떤 자유 행사가 다른 자유를 제약하거나 수축시킨다는 논거가 아니라면, 즉 해악이나 구체적 법익을 침해한다는 논거가 아니라면, 불리한 영향이나 바람직하지 않은 결과 가능성의 중대만으로 기본적 자유가 제한되지 못한다. 넷째, 지배권을 서로 교환함으로써 쌍방향의 지배와 예속의 관계를 만들어내는 것은 자유의 전 체계 악화다. 다섯째, 별개의 목적을 가진 민사 제도를 수정하지 않으면서 형사 제도로 그 효과를 고치려고 하는 것은 적합한 논거가 아니다. 여섯째, 자기 규율을 위해 개별적인 방비책 마련이 가능함에도, 제3자까지 포괄하는 일반적 자유 축소를 일부 구성원이 주장할 지위에 있지 않다.

심사관문1은 일부일처제를 실현하는 여러 법질서 중 간통죄가 있는 경우와 간통죄가 없는 경우 사이에, 기본권 주체들의 자유와 자유로 그 보장 형식이 기술될 수 있는 이익이 차이나는 부분을 우선 식별하도록 한다. 그 다음 그렇게 식별된 이익의 추구가 평등한 자유 관계를 악화하는지 강화하는지를 살펴보게 한다. 간통죄의 경우 각 기본권 주체가 얻는 이익은 기본권인 자유권 자체를 포기하고, 그 대가로 타인에 대한 지배권을 얻는 것이다. 그러나 그러한 교환은 자유의 전 체계를 악화시킨다. 그리고 우리 헌법은 그러한 기본권 자체의 포기를 부분적이건 전면적이건 인정하지 아니한다. 따라서 간통죄 규정이 위헌이라는 의견은 합헌이라는 의견에 비해 수행적 모순을 범하는 논거를 사용하지 아니하고 적절한 제한 사유가 있는지를 살펴봄으로써, 분명한 논증 가치의 우위를 보인다고 할 수 있는 것이다.

II. 심사관문 2: 조정기제 활용의 우선성

1. 자유의 양립가능성 검토 방법

어떤 자유가 기본적 자유에 속하는가를 심사하는 제1단계의 방법은 '모두가 보편적으로 그러한 자유를 보유한다고 하여도 자유의 조건이 계속 유지될 수 있는가?'를 묻는 심사다. 이것을 보편적 향유 가능성의 심사라 부를 수 있다.

그런데 이 보편적 향유 가능성 심사를 잘못된 방식으로 수행하면, 양립가능한 자유들을 필연적으로 늘 충돌한다고 잘못 판단할 수 있다. 그래서 실제로 양립가능한 광범위한 자유보다 덜 광범위한 자유만을 기본권 주체에게 축소 인정할 위험이 있다. 심사관문 2는 이러한 위험을 방지하는

역할을 한다. 이러한 역할 때문에 심사관문 2는 헌법 제119조[28], 제123
조[29], 제127조[30] 등에서 규정한 국가의 임무를 실행하는 방법의 헌법상
한계와도 많이 관련된다.

심사관문 2의 내용은 다음과 같다.

> 심사관문 2: 자유의 양립불가능성은 조정기제의 작동을 고려하여 판단
> 해야 하며, 조정기제의 복구와 급부를 우선적으로 검토하지 않고서는 자
> 유를 제한할 수 없다.

심사관문 2는 기본권 주체의 지위가 근거 없이 축소될 위험 중 하나를
방지하기 위한 것이다. '모두가 보편적으로 그러한 자유를 보유한다고 하
여도 자유의 조건이 계속 유지될 수 있는가?'라는 질문에 대하여 잘못된
추론을 하여 답하면 '서울에서 살 자유도 인정되지 않는다'라는 결론에
이르게 될 수 있다. 이러한 그릇된 결론은 다음과 같은 사고 전개를 따라
나오게 된다.

---

28) 제119조 ① 대한민국의 경제질서는 개인과 기업의 경제상의 자유와 창의를 존중함
   을 기본으로 한다. ② 국가는 균형있는 국민경제의 성장 및 안정과 적정한 소득의
   분배를 유지하고, 시장의 지배와 경제력의 남용을 방지하며, 경제주체간의 조화를
   통한 경제의 민주화를 위하여 경제에 관한 규제와 조정을 할 수 있다.
29) 제123조 ① 국가는 농업 및 어업을 보호·육성하기 위하여 농·어촌종합개발과 그
   지원등 필요한 계획을 수립·시행하여야 한다. ② 국가는 지역간의 균형있는 발전
   을 위하여 지역경제를 육성할 의무를 진다. ③ 국가는 중소기업을 보호·육성하여
   야 한다. ④ 국가는 농수산물의 수급균형과 유통구조의 개선에 노력하여 가격안정
   을 도모함으로써 농·어민의 이익을 보호한다. ⑤ 국가는 농·어민과 중소기업의 자
   조조직을 육성하여야 하며, 그 자율적 활동과 발전을 보장한다.
30) 제127조 ① 국가는 과학기술의 혁신과 정보 및 인력의 개발을 통하여 국민경제의
   발전에 노력하여야 한다.

(1) 모두가 서울에 살 자유가 있는가?

(2) 보편적 향유 가능성의 심사 기준에 따라 생각해보자.

(3) 모두가 서울에 산다면 인구집중과 과밀로 어마어마한 도시 문제가 발생한다.

(4) 따라서 보편적으로 향유 가능하지 못하다.

(5) 따라서 서울로 거주를 이전하여 살 자유는 기본적 자유가 아니다.

이런 식의 논리를 따르면, 모두가 '간호사가 될 자유가 있는가?'라는 질문에 대해서도, 역시 모두가 간호사가 된다면 다른 직업을 수행하는 사람이 아무도 없어 사회가 운영이 되지 않으므로 이런 자유는 인정할 수 없다는 답을 도출할 수 있다. 이런 사고의 연쇄(連鎖)는 애초에 '자유'의 추상 수준을 조정기제(調整機制)를 포함시키지 않는 구체적인 수준으로 낮춰 생각했기 때문이다.

조정기제(coordination mechanims)는 구성원들의 행위 경로가 가장 광범위하고 밀접한 것을 중심으로 서로 덜 간섭하게끔 정돈하는 메커니즘이다. 이러한 역할을 하는 조정기제는 두 가지로 나뉜다. 첫째가 자기조정기제(自己調整機制)로, '어떤 영역의 활동 참여자들에게 상황에 대한 일정한 신호(signal)와 유인(incentive)이 주어져, 이를 참조하여 행위자들이 선택을 하고 행위를 바꾸기 때문에 불필요한 낭비가 발생하지 않도록 하는 메커니즘'이다. 대표적인 것이 가격(價格)에 의해 수요와 공급이 조정되는 시장기제(market mechanism)다. 다른 하나는 공적 조정기제(公的 調整機制)로, '행위자들의 행위가 서로 간섭할 수 있는 영역에서 활동의 기반과 권한, 제약과 부담을 명확하게 설정해주는 메커니즘'이다. 교통신호와 교통규칙이 대표적인 예다. 보행자가 횡단보도를 건너는 신호가 주어지면 차량은 통행할 수 없고, 차량이 진행하는 신호가 주어지면 보행자는 건널 수 없다. 공적 조정기제 덕택에 보행자나 차량은 행위들 간의 간섭과 충돌이 가능하다는 이유로 자유를 전면 제한받지 않고, 안전하게 통행하는 행위 경로를 조화롭게 진행할 수 있게 된다. 재산에 관한 권리질서도 이런 의미의 공적 조정기제 역할을 한다. 점유권, 유치권, 소유권, 저당권과 같은 권리들의 순서와 그 권리를 기반으로 취할 수 있는 행위들의 경계가 밝혀지면 구성원들은 이를 기반으로 경제적 이익의 추구나 기본 생활의 형성 같은 목적을 추구하는 행위 경로들을 예측 가능하게 진행할 수 있기 때문이다. 많은 경우 공적 조정기제는 자기조정기제의 전제가 된다. 재산에 관한 권리질서가 없으면 시장은 작동하지 않는다. 어떤 물품이 누구에게 속하는지를 알지 못하면, 신뢰하고 판매자에게 가격을 지불할 수도 없다. 재산에 관한 어떤 권리를 취득했을 때 그 행사가 어떤 경우에 간섭될 수 있을지를 알지 못하면, 재산의 가격을 산정하는 것도 어렵게 된다.

공적 조정기제를 급부하고, 자기조정기제가 작동할 수 있는 여건을 복구하는 일은 따라서 구성원의 양립가능한 동등한 자유를 보장하고자 하는 국가의 우선 과제가 된다. 이러한 과제의 우선성을 무시하면 광범위한 자유 축소를 잘못 정당화하게 된다. 즉, 아이가 적어진다 싶으면 여성에게 강제 임신을 시키고, 인구가 과밀하다 싶으면 강제 이주 시키고, 간호사가 많아진다 싶으면 어느 연령대부터는 간호사 시험을 치지 못하게 하는 식의 자유 제한이 분별(分別) 없이 가능하게 된다.

따라서 "공적 규제와 입법"의 타당성을 검토할 때 던져야 할 물음은, "모든 사람들이 X를 한다면 어떻게 될까?"가 아니라, "X를 하는 것을 모든 사람에게 허용한다면 어떻게 될까?"[31]다. 후자가 바로 '모든 사람들이 X에 대한 자유를 보유한다면 어떻게 될 것인가'의 물음에 상응하는 것이다. 전자의 물음에 담긴 논리적 오류는 추상 수준(abstraction level)의 잘못

---

31) Joel Feinberg, "The Forms and Limits of Utilitarianism", *The Philosophical Review*, Vol. 76, No. 3, 1967, 368-381면.

된 설정에 놓여 있다. '—을 할 자유'라는 것은 하나의 범주이며, 각 범주는 그에 상응하는 추상 수준을 갖는다. 추상 수준을 전혀 통제하지 않는다면, 원리상 정합적인 판단도, 보편적인 관점의 도입도 불가능하다.

가장 구체적인 수준으로 자유 행사 범주의 추상 수준을 낮춘 후, '모두가 그 행위를 할 수 있는가'라고 물으면, 수많은 행위자들이 바로 그 행위를 할 때 일시와 장소가 물리적으로 항상 중복되므로 애초에 모든 행위가 허용불가능하게 된다. 예를 들어 '2017년 1월 15일 오후 2시에 서울역 광장에 서 있는다'를 모든 행위자가 수행할 수 있는가라고 묻는다고 해보자. 답은 물리적으로 불가능할 뿐더러, 용인할 수 없는 위험도 발생한다는 것이다. 그런데 이 동시 수행가능성의 질문을 자유의 질문으로 오해하면, 서울역 광장에 설 자유는 없다는 결론이 나온다. 이런 식으로 생각하면 상상할 수 있는 모든 자유는 보편적으로 양립가능하지 않다는 기이한 결론이 나온다. 이러한 기이한 결론을 피하기 위해서는 아래에서 설명할 다섯 가지 정식에서 표현된 범주 통제가 필요하다.

2. 구체화 정식들

아래 정식들은 심사관문 2를 구체화한 것이라 볼 수 있으며, 무엇이 이 관문이 표현하는 원리에서 인정하는 자유 제한 사유가 될 수 있는 논거인가를 더 구체적으로 알려준다.

> 정식 1: 자유의 범주는, 보편적인 기본권 주체의 관점에서 공유되지 않은 특수한 포괄적인 종교, 형이상학, 가치관 중 하나만을 담도록 정해져서는 안 된다.

행위자들의 활동 경계를 정당하게 설정하려면, 잘못된 범주에 기초하여 양립불가능성을 도출하여서는 안 된다. 자유의 범주를 특정한 신조에 입각하여 정의할 경우, 다른 신조에 입각한 자유의 행사는 그렇게 정의된 자유와 양립가능하다고 부당하게 판정된다. 이러한 판정 위에서 조화로운 공존을 도모하는 과제는, 전부 아니면 전무의 근본적인 승인이나 배제를 수행하는 과제로 변질된다. 이러한 잘못된 판정의 위험을 피하기 위하여 정식 1이 필요한 것이다.

예를 들어 종교의 자유는 적절한 범주가 될 수 있는 반면에, 기독교의 자유 또는 무신론의 자유는 적절한 공적 범주가 될 수 없다. 모든 시민들은 타인의 권리를 침해하지 않는 한 자신의 삶을 이끌어가는 이유를 자유로이 검토하여 행동하는 존재로서 동등하며, 선관에 관한 특정한 관점을 취하지 아니하였다는 이유로 차별적인 자유만을 할당받아서는 안 되기 때문이다.

자유권 논증을 포함한 규범적 논증에서는 일반적 이유를 기술할 수 있는 공통 범주가 필요하다. 기본권 주체들은 특정한 표현 내용 자체의 가치, 그리고 특정 종교의 진리성 여부나 특정 신앙생활의 가치에 대해서는 격렬히 의견을 달리하지만, "자기 표현을 위한 기회", "자신의 종교 또는 무종교의 신조에 따라 살아갈 기회"라는 범주로 포착되는 이익의 중요성에는 동의할 수 있다. 이러한 동의가 상이한 가치관을 가진 개인들 사이에 기본권 규범을 토대로 한 상호작용을 가능케 한다.[32] 다시 말해 "다른 이들이 받아들일 수 있는 정당화의 형식을 발견하려는 도덕적 목적은, 그러한 범주들을 발전시키고 우리의 사고에서 그것들이 중심적인 역할을 하게끔 하는 압력을 가한다."[33]

따라서 자유의 양립가능성을 검토할 때는, 자유가 누군가를 편들 수 있

---

32) T. M. Scanlon, *The Difficulty of Tolerance*, 184면.
33) 같은 책, 185면.

는 특수한 한정기술[34], 숨겨진 고유명사, 자의적인 기준선을 포함하지 아니하도록 일반성과 보편성을 갖는 범주의 수준에서 파악되어야 한다.[35]

> 정식 2: 자유의 양립가능성은 그 영역에 존재하거나 도입될 수 있는 조정기제를 포함하여 판단되어야 한다.

사유는 주위 여건의 변화를 관찰하고 선택하여 자기책임으로 어떤 결과를 감수하는 것을 포함한다. 서울에 인구가 과밀하면 주거비가 비싸지고, 공기가 나빠지고, 교통이 혼잡해지는 등 여러 여건이 나빠지고 비용이 올라가기 마련이다. 그리고 이러한 비용들은 시장을 비롯한 자기조정기제에 의해 선택 여건의 변화로 반영되게 된다. 간호사를 지망하는 사람이 많아지면 간호사 자격을 갖고도 실업상태에 처한 사람이 많아지게 될 것이며, 그 분야의 임금도 떨어지게 될 것이다. 자유 충돌의 혐의가 제기되는 사안이 이렇게 조정기제 작동이 가능하다면, 이 기제를 포함하여 양립가능성을 살펴보아야 한다.

> 정식 3: 조정기제가 결함을 가지고 있다면 국가의 우선적 조치는 공적 조정기제를 제공하거나 자기조정기제를 복구·보완하는 것이어야 한다.

예를 들어 일부 사인의 공갈과 협박에 의해 일부 경매절차가 훼손되면 경매를 금지하고 국가지정가격 매도를 할 것이 아니라, 공갈과 협박을 처

---

34) 여기서 말하는 특정한 한정기술이란 '한국에서 가장 키가 큰 사람'이나 '몸무게가 50kg 미만인 사람'과 같이 고유명사를 언급하지는 않았지만 결국 모든 기본권 주체를 포괄하지 못하는 이유에서 사람을 특정하는 기술(description)을 말한다.
35) John Ralws, 『정의론』, 188-190면.

벌하고 예방하여 자유로운 경매절차를 복구하여야 한다. 일정한 표현을
했을 때, 표현을 한 사람을 살해하겠다는 협박을 실효성 있게 반복적으로
하는 집단이 있다면, 표현하는 사람의 생명권과 표현의 자유권이 양립불
가능하다고 판단해서는 안 된다. 그것은 양립가능한 표현의 자유를 침해
하려는 협박을 공적으로 인정하여 추론하는 것이기 때문이다. 이 경우 해
결은 표현하는 사람을 보호하고, 협박하는 집단을 처벌하는 것이다. 즉
조정기제의 작동 불능은 통상 그 작동을 방해하는 여건을 조성하는 행위
나 상황이 있기 마련이다. 이러한 행위나 상황은 교정의 대상이지 규범적
추론의 고정된 전제가 되어서는 안 된다. 그럴 경우 다른 구성원들이 양
립가능한 자유를 임의로 축소시킬 권한을 장애를 일으키는 일부 구성원
에게 주는 셈이 된다. 또는 자유 체계를 강화할 수 있는 방안을 놓아두고
악화하는 방안을 택하게 되어 국가의 자유 보장 임무에 어긋나게 된다.

정식 3은 또한 동일한 시공간에서는 양립 불가능한 행위들을 공정한
할당과 배분 규칙을 통해 전체 공동체의 삶에서 조화시킬 수 있는 방안을
찾을 것을 요구한다. 따라서 시공간의 배분, 그리고 그 배분과 결합될 수
있는 권리 규칙을 통하여 조정이 될 수 있는 자유 행사를 일괄적으로 충
돌하는 것으로 보고 전면 금지하는 것은 허용되지 않는다. 시끄러운 음악
연습, 락 공연, 흡연, 일부나 다수에게 불쾌한 그림이 실려 있는 책의 탐
독과 같은 활동들은 이러한 시공간(時空間) 배분 조정기제를 통하여 자유
의 적정체계를 마련할 수 있다. 그럼에도 곧바로 그 활동 전체를 금지하
는 것은 양립가능한 범위보다 덜 광범위한 자유로 근거 없이 축소시키는
것이다. 동일한 시공간에서 이루어질 경우에는 충돌하는 행위 경로들이
라도, 적절한 조정을 통해 그 기회에 있어 조화로운 배분이 가능하다면,
그러한 배분을 먼저 꾀해야 한다.

정식 3에서 말하는 조정기제가 작동하지 않는 경우로는 다음과 같은

유형을 생각해볼 수 있다.

> 유형 1: 남들이 규칙을 준수해야만 발생하는 혜택만을 보고 자신은 규칙 준수 부담은 지지 않는, 무임승차 전략을 제재하는 제도가 없다.
>
> 유형 2: 자신의 선관을 추구하는 데 마땅히 드는 기회비용을 타인에게 전가(轉嫁)하는 것을 제어하는 제도가 없다.
>
> 유형 3: 어떤 공익을 달성하기 위해서는 특정 종류의 행위의 한도(限度)나 특정 종류의 부담의 몫이 정해져야 하는데, 이 한도와 몫이 지금은 정해져 있지 않다.

유형 1은 규칙 자체는 고지되어 있지만, 규칙을 준수할 유인(incentive)이 없는 경우다. 가능한 방안은 두 가지다. 규칙을 준수할 수 있을 때에만 혜택을 볼 수 있도록 하거나, 규칙을 어겼을 때 제재를 하면 된다. 국가가 이런 제도를 마련하지도 않고서, 그 부문의 행위 전반을 금지하는 경우 심사관문 2를 통과하지 못한다.

유형 2의 경우에는 자유의 경계가 불공정하게 그어져 있다. 예를 들어, 사용자가 종교 전파 활동을 보다 효과적으로 하기 위하여, 종교예배에 의무적으로 노동자들을 참석하게 하고, 이를 어기면 징계한다고 해보자. 그런데도 이를 법질서에서 유효한 징계로 인정하는 경우, 자유의 경계는 불평등하게 그어져 있는 것이다. 사용자는 종교 자유의 두 몫을 행사하고 노동자는 취로와 종교 자유를 함께 행사하지 못한다. 이 경우 해결책은 종교활동의 금지나 취로의 금지, 사업운영의 금지가 아니다. 바로 이러한 비용 전가를 하지 못하게 하는 법해석이나 입법이 타당한 대응이다. 즉 피용자들에 대한 지휘·감독권에 종교 참석 의무를 부과하는 것은 명시적으로 제외하는 것이다. 이것은 평등하고 자유로운 관계가 현실적으로 왜곡되어 있는 것을 복구하는 조정이 필요한 사안이다. 그 복구를 하지 않고 이런저런 폐해가 있으므로 전체 범주의 자유를 금지시키는 경우 그것은 자유의 전 체계를 악화시킨다.

유형 3은 다음과 같은 세 요건이 성립하는 경우다. 첫째, 어떤 활동이 긍정적 가치와 부정적 가치를 동시에 지닌다. 둘째, 그 활동이 어떤 한도를 넘어서면 부정적 가치가 더 크다. 셋째, 그런데 각자에게 주어진 한도의 범위가 정해져 있지 않다. 이 경우는 일률적으로 그 활동을 금지시킬 것이 아니라 그 한도를 국가가 정해주어야 한다.

보통 공익 저해 행위는, 행위 자체가 전적으로 나쁜 것으로 오해되기 쉽다. 그러나 현실에서 공익 저해 행위가 양면성을 가지고 있는 경우가 많다. 게다가 특정 당사자의 특정 행위 때문에 어떤 공익이 침해되었다고 보기도 어렵다.

그래서 유형 3에 속하는 사안들을 '복합적 불확정 사안'(complex indeterminate case)이라 부를 수 있다. 복합적 불확정 사안(複合的 不確定 事案)이란, 보호법익에 수많은 복합적 행위와 불확정적인 인과관계가 관련되어 있기 때문에, 보호하고자 하는 법익이 어떤 특정 행위 또는 특정 행위들에 의해 일의적으로(invariably) 침범된다고 할 수 없는 사안이다. 그래서 이런 사안에서는 국가가 공적 조정기제를 제공하고, 그 위에서 자기조정기제가 작동할 수 있도록 하는 것이 필요하다.

단순 침해 사안(simple violation case)과 비교하면 복합적 불확정 사안의 특성이 잘 드러난다. 단순 침해 사안은 다른 구성원들의 자유를 축소시킨다고 바로 집어낼 수 있는 어떤 이의 행위나 재량권을 지목할 수 있다. 이를테면 사람을 폭행·협박하고 재물을 탈취하는 자의 행위가 강도 피해자의 자유를 침해한다. 다른 유형은 다른 이의 '자의의 매개항' 만큼 자유 제한이 성립하는 사안이다. 이런 사안에서는 매개항이 되는 '자의'를 행사하는 주체를 특정할 수 있다. 결혼퇴직제를 실시하는 사용자가 여성 노동자의 결혼의 자유를 제약한다. 이런 사안에서 해결책은 일의적이다. 즉 자유 탈취를 금지하는 것이다. 자유 탈취 금지는 보호법익이 되는 자유 보장의 필수조건이다. 그리고 양립가능한 자유 질서 속에 편안하게 안착될 수 있다. 강도죄를 규정하여 강도를 전면적으로 금지한다. 그리고 결혼퇴직제를 실시하지 못하게 하고 결혼의 자유를 여성 노동자에게 돌려준다. 강도를 금지하지 않고 자유를 보장할 수 없고, 결혼퇴직제를 허용하면서 결혼의 자유를 평등하게 보장할 수 없다.

이와는 다른 구조를 지닌, 복합적 불확정 사안의 대표적인 것이 바로 누적적 공해(accumulative public bads) 사안이다. 이 사안은 다음과 같은 특성을 갖는다.

> (i) 해악의 문턱 수준이 수많은 당사자들의 합동적이거나 연속된 기여를 통해 근접되고, 도달되고, 초과된다.
>
> (ii) 이 기여들은 그 양에서 불균등하며, 주의의 정도에서 같지 아니하며, 사회적 가치에서도 같지 아니하는 행위들에서 나온다.
>
> (iii) 오염 해악과 관련하여, 각 기여는 그 자체로는 해악이 없다. 문턱 수준에 가까운 지점으로 환경의 조건을 이동시키는 경우를 제외하고는
>
> (iv) 이 누적적 결과들이 해악 문턱을 넘어서게 되면, 그 행위들은 공공 해악을 구성하여, 거의 모든 이들이 공유하는 필수적인 순 이익을 저해하게 된다.
>
> (v) 이 오염에의 기여를 낳는 대부분의 행위들은 다른 측면에서는 이롭다. 그래서 그러한 활동들이 전적으로 금지되면, 공중에게 귀착되는 해악은 현재 산출되는 해악만큼 크거나 더 클 것이다.[36]

---

36) Joel Feinberg, "Environmental Pollution & The Threshold of Harm", *The Hastings Center Report*, Vol. 14, No. 3, 1984, 30면.

누적적 공해를 낳는 예로 차량 운행을 들 수 있다. 자동차는 통근 자동차, 구급차, 운송 트럭, 버스 등 현대 산업 생활에 필수적인 용도로 쓰이지만 동시에 대기를 오염하는 배기가스를 배출한다. '대기 오염에 의해 저해되는 건강의 이익'이 분명 존재 하지만, 그 이익이 자동차 운행을 전면적으로 금지할 정도로 개별 자동차 운행 행위 하나에 의해 곧바로 일의적으로 저해된다고 볼 수는 없다. 절대적으로 깨끗한 환경이란 현대 산업 사회에서 존재할 수가 없기 때문에, 유지해야 할 대기 청정 수준은 공적 논의를 통해 정해질 수밖에 없다. 그리고 깨끗한 대기에 의해 증진되고 유지되는 건강이라는 이익을 누리고자 하는 구성원들 어느 누구도, '건강에 나쁜 영향을 미치거나 미칠 가능성이 있는 모든 오염물의 산출 금지'라는 원리는 보편적 원리로 받아들일 수는 없다. 그것은 현대 사회에서 사실상 모든 행위를 금지당하는 것이기 때문이다.

위와 같은 사안에서는, 어떤 행위가 타인의 법익을 침해하는 행위라고 확정하기 위해서는 두 단계의 사전 조치가 필요하다. 첫째, 국가가 적정한 오염 수준을 정한다. 둘째, 그 오염수준을 달성하기 위해 각종 제도를 통해 책임을 할당한다. 이러한 조치가 실행되어 그렇게 할당된 책임을 위반하는 경우에만, 그 개개의 오염행위는 타인의 법익 침해라고 볼 수 있다. 그러한 기준이 설정되고 책임이 할당되기 이전에는 어떤 행위가 양립 가능한 동등한 자유의 범위를 이탈했다고 확정적으로 이야기할 수 있는 사전적 기준(prior standard)은 존재하지 않는다.[37]

즉 이러한 사안에서는 민주적 조정 이전에 평등한 자유 관계 차원에서 곧바로 논의하여 문제를 해결할 기준을 정할 수 없다. 이러한 특성은 심사관문 2에서는 다음과 같이 표현된다. '민주적 조정을 통해 기준을 설정하고 책임을 할당하지 아니하고, 어떤 이익에 저해가 있다는 점만을 이유

---

37) 같은 논문, 30-31면.

로 곧바로 전면적으로 그 활동을 금지하는 것은 허용되지 아니한다.'

결국, 조정기제가 작동할 수 있는 사안에서는 조정기제의 원활한 작동을 먼저 가능케 하는 것이 우선순위가 된다. 공적 조정기제를 제공하고, 자기조정기제의 장애를 제거하는 것이다. 조정기제의 결함을 그대로 내버려둔 채, 자유가 공익을 해하므로 금지한다고 하는 것은 자유를 침해하는 것이다. 그것은 양립가능성에 대한 잘못된 이해 때문에 근거 없이 축소된 자유를 부여하게 되는 추론에 기초한 조치다.

다만 공적 조정기제를 제공하거나 자기조정기제를 복구·보완하는 동안에, 기본권 주체의 더 중요한 자유 축소가 발생할 고도의 개연성이 있는 경우가 있을 수 있다. 이때는, 이를 입증함으로써 조정기제의 원활한 작동 이전까지 일시적인 강제수단에 기대는 것을 정당화할 수 있다. 만일 이를 입증하지 아니하면 심사관문 2는 통과하지 못한다.

독일연방헌법재판소는 약국판결38)에서 직업 개시에 대한 객관적인 제한에 대해서, "극히 중요한 공동체 이익에 대한 증명가능하고 고도의 개연성이 있는 중대한 위험 방어만이" 정당화 근거가 되며, 그 밖의 공동체 이익 촉진이나 사회적 형평 배려는 불충분하다고 설시한 바 있다. 특히 직업 개시의 자유와 같이, 자기조정기제에 대한 고려가 중요한 자유권 제

---

38) BVerfGE 7, 377 (407). 본 사안에서 헌법소원청구인은 1940년 이후 개업면허를 취득한 약사였다. 1956년 그는 Oberbayern에서 약국 개업을 하려고 영업허가를 신청하였는데, 이 신청이 거부되었다. 그 근거는 바이에른의 약국법(Apothekengesetez)이었다. 위 법은 제3조 제1항 (b)는 영업 허가의 요건으로 "(b) 약국의 경제적 기반이 확보되고 인근에 있는 약국의 경제적 기반을 침해하지 않을 것"을 규정하고 있었다. 즉, 인근 지역에 약국이 충분히 있으니 개업을 할 수 없다고 한 것이었다. 이러한 약국법 규정은, 조정기제를 고려하지 않은 대표적인 자유 제한 입법이다. 소비자와 공급자의 상호작용으로 적정한 약국 수가 조정되는 기제를 전혀 고려하지 않고, 한 지역에 무제한적으로 약국이 난립하는 것이 초래하는 비용을 곧바로 자유 제한의 근거로 삼은 것이다.

한 사안에서 이러한 '중요한 공동체 이익', '고도의 개연성이 있는 중대한 위험'과 같은 개념을 심사관문 1에 맞추어 논증대화의 구조로 분설해보면, 다음과 같을 것이다.

(1) 기본권 주체는 조정기제가 작동할 수 있는 사안이라는 점을 논증한다.
(2) 입법자는 조정기제가 이론상 작동할 수 없는 사안이라는 점이나,[39] 조정기제가 작동 장애에 빠졌다는 점을 논증한다.
(3) 기본권 주체는 조정기제를 제공·복구하여 장애를 제거하는 다른 대안이 있음을 논증한다.
(4) 입법자는 해당 기본권 제한 입법으로 달성하려는 공익이, 조정기제의 제공·복구를 기다릴 수 없는 급박한 자유의 축소나 자유의 가치 수준으로의 법적 외연 수축이나 그 위험을 피하기 위한 것임을 입증한다.
(5) 이후 논증대화의 계속 (…)

결국 심사관문 2의 정식 3은 세 가지를 표현한다. 첫째, 조정기제가 작동할 수 있는데 장애로 인해 원활한 작동이 저해되고 있다면, 장애를 이유로 한 자유 축소는 곧바로 정당화되지 않는다. 둘째, 자유 제한 조치에 앞서 장애의 유형에 적합한 장애 제거 방식을 통한 조정기제의 급부와 복구가 우선해서 이루어져야 한다. 셋째, 그러한 조정기제의 제공과 복구가 지연되는 동안 다른 자유 축소가 급박하게 발생할 수 있다면, 이를 입증해야 한다.

다음으로 정식 4를 살펴보자.

정식 4: 조정기제가 작동하고 있고, 특별히 규범적으로 제거되어야 할

---

39) 이를테면 공기 오염 사안에서는, 소유권과 같은 권리를 할당으로써 사인 간 협상과 계약, 보상과 배상이 제대로 이루어질 수 없다.

장애를 발견할 수 없다면, 그에 따른 결과가 다수가 원하는 결과가 아니라 할지라도, 명령이나 금지 또는 중대한 불이익 부과를 통해 자유를 제한할 수 없다.

이 정식은 '탈취 금지 원칙'의 또다른 표현이다. 조정기제가 온전히 작동하고 있고 각자 자신의 기본권을 자기 판단에 따라 행사하고 있다면, 어느 누구도 다른 사람의 자유에 지해가 되고 있지 않다. 그런데 단지 그 집합적 결과가 일부 구성원들이 원하지 않는 상태라고 해서 자유 자체를 제한한다면, 그들은 자신들이 원하는 결과를 얻기 위해 타인의 자유 몫을 탈취하는 것이다. 이것은 마치 자신이 경제적 소득을 더 많이 얻기 위해 타인의 문화생활의 자유를 탈취하는 것과 마찬가지다. 조정기제가 더 이상 제공되거나 복구할 것이 없을 때에도 결과의 조정이 필요할 때가 있다. 그러나 그 방식은 공정한 과세를 통해 조성된 공적 재정을 통한 급부의 형식이어야 한다.

중요한 예를 한 가지 들어보자. 출산율이 떨어진다고 하여 출산을 하지 아니한 독신에게 공직 출마 금지를 하거나, 징벌적인 미혼세(未婚稅)를 부과하는 것40)은 허용될 수 없다. 이 경우, 국가가 할 수 있는 자유에 관한 조치는 조정기제에 관한 것뿐이다. 이 부분 논증대화의 구조는 다음과 같다.

(1) 입법자는, 출산율을 높이기 위해 재생산의 권리에 대한 간섭이 필요하다고 논한다.

(2) 정식 3이 부과하는 입증 책임에 의해, 출산율을 떨어뜨리는 불리한 여건, 즉 일과 양육이 양립가능하지 않은 노동여건, 자녀교육에 대

---

40) 실제로 동일 소득을 버는 미혼은 현재 법제 하에서도 기혼보다 많은 세금을 내고 있다. 그러나 이는 부모의 부양 부담에 대한 합리적 고려에서 나온 것이자, 아동의 기본적 필요를 공공적으로 충족하기 위한 제도의 부수적 결과이지, 선택에 간섭하기 위해 의도된 불이익 결부 정책의 결과가 아니다.

한 과한 부담 등을 직접 교정하는 노력을 다하였는가를 묻는다.

(3) 만일 조정기제가 장애를 겪고 있다고 입법자가 판단한다면, 입법자는 조정기제를 제공하거나 복구할 의무를 선결적으로 수행하여야 한다. 또는, 그 복구를 추진하는 일시적인 기간 동안에 회복할 수 없는 긴급한 공공 해악의 발생의 개연성을 입증하여야 한다. 그러나 출산율의 저하는 장기간에 이루어지는 사회경제여건의 변화이고, 이것이 미치는 주된 효과는 경제적인 것이다. 그 경제적 효과는 수많은 행위자의 자기 몫의 행위가 결합하여 산출되는 여건의 복합적 결과로 발생되는 것이다. 그것은 자유 제한의 사유가 되는, 긴급한 공공 해악 발생 방지가 아니다. 즉 자유의 축소나 자유의 가치 수준으로의 법적 자유의 외연 수축이나 그 급박한 위험을 피하기 위한 것이 아니다. 그 목적은 오히려 출산을 강제함으로써 생기는 경제적 이득을 다른 구성원들이 추가로 얻기 위한 것이다. 그러므로 이는 경제적 이득을 위해 다른 이들의 자유를 상실케 하는 탈취이다. 이것은 평등하게 자유로운 관계를 훼손한다.

(4) 입법자가 출산 결정에 간섭하기 이전에, 복구해야 할 장애가 더 이상 없다고 판단한다면, 이는 규범적으로 제거되어야 하는 장애를 조정기제가 겪고 있지 않다고 입법자가 판단한 것이다. 그리고 조정기제가 공평하게 작동하고 있다면, 각자는 자신의 평등한 기본권 범위 내에서 선택을 한 것이다. 그 결과의 어떤 측면이 일부 구성원의 관점에서 소망스럽지 않다고 해서 그 결과를 강제로 달리 하기 위한 방편으로 자유를 직접 제한할 수는 없다. 그것은 심사관문 1에 천명된 원칙, 즉 양립가능한 평등한 자유의 원칙을 위배하기 때문이다. 따라서 입법자는 자유를 제한하지 아니하는 방식, 이를테면 국가의 급부를 통해 결과를 조정할 방안을 찾아야 한다.

비슷한 예를 살펴봄으로써 위 논점을 강화할 수 있다. 국민 각자가 종교의 자유를 행사한 결과 특정 종교가 대다수 사회구성원들이 믿는 종교가 되었다고 해보자. 다원적인 종교 생활이 이루어지는 사회에 비해, 이

렇게 절대 다수의 구성원들의 종교가 동일한 것이 된 사회는 여러가지 부
정적으로 평가할 점들이 있을지도 모른다. 그러나 그러한 점들을 막기 위
해서 종교의 자유 자체에 간섭할 수는 없다. 그러한 사회를 우려하는 사
람들 역시 기회를 가졌다. 즉, 그들 역시 종교의 자유를 행사하여 다른 사
람들에게 자기 자신이 모범이 되는 생활양식을 창출하고 설득하고 토론
하는 등의, 동등한 시민의 자격에서 영향을 미칠 기회를 가졌고 여전히
가지고 있다. 그러한 각자의 자유 행사의 결과로 생긴, 비용 전가가 없는
각자의 자유 행사가 모여 생긴 집합적 결과를 변경하기 위하여 자유 자체
를 제한하는 것은 허용될 수 없다. 왜냐하면 그것은 일정한 신앙 분포 상
태를 결과로 원하는 이들이 자신의 소망을 관철하기 위해 다른 구성원들
의 동등하게 자유로운 지위를 탈취하는 것이기 때문이다. 즉 그것은, 스
스로 가장 심원한 가치에 관하여 반성하고 목적을 설정하는 존엄한 존재
로서의 기본권 주체의 지위를 부인하는 것에 해당한다. 동등한 시민의 자
격에서 각자의 선택에 영향을 미칠 기회를 동등하게 계속 가져왔고 가지
고 있는 상태에서 그 집합적 결과를 교정하려는 이는, 이제는 평등하게
자유로운 관계에 있는 시민의 관점에서 벗어난다. 전 사회를 굽어 살펴
'적합성'과 '부적합성'을 따져 다른 구성원의 결정권까지 대신 행사하려
는 지위에 은연중에 서게 되는 것이다.

　논의하던 재생산(再生産)에의 간섭 문제로 돌아와 보면, 헌법 제36조
제1항은 "혼인과 가족생활은 개인의 존엄과 양성의 평등을 기초로 성립
되고 유지되어야 하며, 국가는 이를 보장한다."고 하고 있다. 즉, 혼인과
가족생활은 "개인의 존엄"을 "기초로 성립되고 유지되어야 하며", 바로
이 점을 "국가는 (…) 보장한다."고 규정하고 있다. 그리고 개인의 존엄에
대하여 헌법은 제10조에서 "모든 국민은 인간으로서의 존엄과 가치를 가
지며, 행복을 추구할 권리를 가진다. 국가는 개인이 가지는 불가침의 기

본적 인권을 확인하고 이를 보장할 의무를 진다."고 하고 있다. 그런데 아이와 애착을 형성하고 아이를 양육하고 교육하는 것은 그 자체가 고유한 삶의 의미 중 하나이다. 그러한 삶의 의미를, 어느 시기에 얼마만큼 누릴 것이며, 그로 인해 삶의 다른 가치의 향유를 얼마만큼 희생할 것이냐는, 인생에 관한 가장 심원한 결정 중 하나다. 뿐만 아니라 재생산에 관한 결정은, 존재하지 않던 존재를 이 세상에 오게 할 것인가에 관한 선택이다. 그것은 그 존재가 이 세상에서 어떤 삶을 살 것인가에 관한 평가, 세계에 관한 가장 근본적인 평가를 전제로 한다.[41] 이러한 삶의 의미와 가치 및 평가에 깊이 뿌리박고 있는 선택권을 무시하고, 타인의 신체를 통제함으로써 경제적 이득을 추가적으로 누리고자 하는 목적은 나머지 구성원들의 근본적 지위를 부인하는 것이다. 그러므로 이런 목적을 추구하는 요구에 부합하지 않으므로 징벌적으로 불이익을 주는 조치는 인간 존엄에 위배된다.

이 점은 이러한 정책이 효과를 발휘하는 상황을 그려본다면 매우 분명해진다. 징벌적 미혼세가 효과를 발휘하여 태어난 사람이 언젠가, 자신을 세상에 오게 한 결정의 이유를 부모에게 물을지도 모른다. 그에 대해 부모가 철저히 솔직하게 대답한 말이 다음과 같다고 해보자. "그건 말이다. 우리는 여러 삶의 의미와 가치에 대해 깊이 생각해 본 결과, 우리 자신의 삶에 대한 최선의 결정이, 아이를 낳지 않는 것이라고 생각했단다. 그렇지만 국가가 징벌적 세금을 부과하기 시작했고, 이것이 효과가 없자, 효과가 있게끔 더욱 더 세율을 올리니 삶이 힘들어서 견딜 수가 없었단다. 그래서 바로 세금을 덜 내기 위해서 너를 낳은 것이란다."

그러한 이유에 의해 아이들이 태어나게 된다는 것은 부인할 수 없다. 왜냐하면 징벌적 미혼세(未婚稅)가 의도하는 구성원들의 삶의 선택이란

---

41) 이호용, "낳지 않을 자유와 자기결정", 『세계헌법연구』, 16권 3호, 2010, 219면 참조

바로 정확히도 이러한 이유에서 이루어지는 것이기 때문이다. 모든 정책은 효과를 의도한다. 효과가 없는 경우를 상정하여 그 정책의 비례성을 평가하여서는 안 된다. 따라서 이 경우 그 정책이 의도하는 바는 심원한 차원의 국민 개개인의 가치 결정을 국가가 부과한 제재로 뒤집는 것임을 부인할 수 없게 된다. 특히 여성이 자신의 육체로 아이를 직접 임신한다는 점을 고려하면, 이는 국가가 세금을 통해 임신을 간접적으로 명령하는 규범, 또는 신체의 자유를 임신을 하는 방식으로 행사하지 않는 사람을 차별하는 규범을 입법한 것이어서 헌법 제12조 제1항의 신체 자유권 역시 침해한 것이다.

이상의 논의에서 드러난 것들은, 한 쪽에서는 사회의 전반적인 이득을 놓고, 다른 쪽에서는 자유를 제한하는 이득을 둔 채, 심리적으로 중요성을 가늠해보는 환원적 작업에서는 전혀 드러나지 않는 논거형식과 논거구조다. 왜냐하면 그런 환원적 작업에서는 기본권 주체들 사이의 평등한 관계에서 시선을 놓치기 쉽기 때문이다. 즉 공동체 전체의 속성을 이런 저런 것으로 규정하고 싶어하는 초월적 입장에 서게 되기 쉽다. 그것은 실제로는 동등한 기본권 주체들의 관계를 왜곡하는 탈취를 주장하는 입장이 되는 것이다. 심사관문2의 정식 4는 집합적 결과의 바람직함과 바람직하지 않음에 관한 사항이 곧바로 자유 제한의 논거가 되지 못하게 한다. 즉 탈취적 주장에 해당하는 논거를 걸러내는 역할을 한다.

이상과 같은 정식 1 내지 정식 4의 구체화 정식에서 인정되는 논거로 자유가 제한되는 경우, 양립가능한 광범위한 자유의 잠정적 보호영역은 일정한 조정을 겪게 된다. 그러나 이 조정은 기본권 주체들의 평등하게 자유로운 관계를 구체화하는 것이지 훼손하는 것이 아니다.

3. 헌법재판소 결정 분석

심사관문 2는 조정기제의 존재나 복구, 급부를 우선적으로 고려하지 않고, 이를 무시한 양립불가능성을 논거로 곧바로 자유를 제한할 수 없다는 내용이다.

심사관문 2에 관한 첫 번째 사례로, 헌법재판소 2005. 10. 27. 2003헌가3 결정을 꼽을 수 있겠다. 이 결정은 의료광고를 전면적으로 금지하는 자유 제한을 하기 위해서는 특별한 사유가 있어야 한다는 점을 보여준다. 즉, 그 제한의 합헌을 주장하려면, 의료 공급자와 수요자 사이에 광고를 통하여 선택에 도움을 받는 조정기제를 제대로 설정할 수 없는 사정이 있고 그 사정을 제거할 수 없어 자유의 축소가 발생한다는 위험을 입증했어야 한다는 것이다.

동 결정은 의료광고를 전면 금지한 이 사건 조항에 관하여 다음과 같이 판단하였다. "보호하고자 하는 공익의 달성 여부는 (…) 의료소비자가 어느 정도 보호될 것인지, 과잉진료나 부적절한 진료가 얼마나 예방될 것인지, 의료인 간의 불공정 경쟁이 어느 정도 방지될 것인지는 불분명하다." 반면에 "의료기관이나 의료인의 표현의 자유와 영업의 자유의 제한은 적지 않다." 왜냐하면 "의료인의 기능과 진료방법과 같은 중요한 의료정보의 유통제한은 의료인에게 자신의 기능과 진료방법에 관한 광고와 선전을 할 기회를 전면적으로 박탈함으로써 표현의 자유를 제한하고, 의료인이 다른 의료인과의 영업상 경쟁을 효율적으로 수행하는 것을 방해함으로써 직업수행의 자유를 제한하고 있다. 나아가 이 사건 조항은 소비자의 의료정보에 대한 알 권리를 제약하"기 때문이다.

달성하려는 공익이 '불분명'하다는 설시는, 그것이 통상의 조정기제 작동의 장애를 복구한다거나, 복구하는 시점까지의 자유에 대한 급박한 위험이 있다는 점을 명확하게 논하지 못했음을 지적한다고 이해할 수 있다.42) 즉 조정기제의 복구를 거치지 않고 곧바로 자유를 제한하는 조치의 문제를 지적한 것으로 이해될 수 있다.

결론적으로 동 결정은 이러한 사안에서 국가는 진실된 정보의 유통이 이루어지도록 규제를 하여 조정기제가 정상적으로 작동하게 하는 것이 선결과제라는 점을 짚은 것이라 하겠다. 즉, 자율성 조건을 훼손시킬 수 있는 허위·과장광고와 선전을 규제하고 제재하는 것만으로는 방지할 수 없는 자유에 대한 위협이 있지 않는 한, 조정기제를 보완하는 조치를 취하지도 아니하고 곧바로 전면적으로 정보의 표현과 수신의 자유를 금지하는 것은 허용될 수 없는 것이다.

헌법재판소 2000. 4. 27. 98헌가16 등 결정은 전면적 과외교습 금지를 위헌으로 선고한 결정이다. 이 결정은 심사관문 2를 기준으로 논거를 가려낼 때 그 논증 가치의 우열이 드러나는 대표적인 결정이다.43)

동 결정은, 겉으로는 법익 비중 은유에 따른 표현으로 그 판단의 이유를 설명하는 것처럼 보인다. "법익의 균형성의 관점에서 보더라도", "입법자가 법 제3조를 통하여 실현하려는 공익인 '고액과외교습의 방지'가

---

42) 또한, 동 결정에서 '중요한 의료정보의 유통제한'을 문제 삼은 부분은, 이러한 조정기제 작동을 금지함으로써 뒤에서 설명할 심사관문 3 (2)의 자율성 조건이 오히려 악화됨을 지적한 것이기도 하다. 자율성 조건은 다음과 같은 것이다. 첫째, 능력 측면에서 이유에 근거하여 행위할 수 없게 만드는 장애가 없다. 둘째, 관계 측면에서 이유를 검토할 능력이 보장되는 관계에 있고, 이유에 근거하여 실제로 행위하는 것이 보장되는 관계에 있다. 이런 자율성 조건이 훼손되지 않았는데도 기본권 주체를 다른 주체가 대신 결정을 내려줘야 하는 사람으로 다루면 자유로운 주체로서 기본적 지위를 부인하는 것이다.

43) 또한 뒤에서 설명할 심사관문 6, 즉 자유의 가치 수준으로 법적 자유 외연 수축을 보이지 않으면, 자유의 가치에 관한 사정만으로 곧바로 자유를 제한할 수 있는 논거로 사용할 수 없다는 점을 지적한 결정이기도 하다. 즉 학습 능력이나 소득에 관한 사정은 곧바로 다른 구성원의 학습의 자유 제한의 사유가 될 수 없음을 밝힌 것이다.

(…) 오늘의 교육현실과 같은 예외적인 상황을 인정하더라도 그 비중이 그다지 크다고 보기 어렵고, 기본권의 제한을 통하여 얻는 공익실현의 구체적인 효과, 즉, 고액과외교습의 억제효과도 불확실하다. 이에 반하여 법 제3조에 의하여 초래되는 기본권제한의 효과 및 헌법이 지향하는 문화국가의 실현을 저해하는 효과는 매우 크다."면서, "결국 법 제3조는 그 제한을 통하여 얻는 공익적 성과와 제한이 초래하는 효과가 합리적인 비례관계를 현저하게 일탈하고 있다고 하겠다."고 한 것이다.

그러나 어떤 법익이 더 크고 작다는 심리적 상태를 제시하는 데 그치게 될 경우에는 당장 해당 결정의 반대의견이 제시한 것과 같은, 대립하는 비중 판단으로 논박을 받게 된다. 반대의견은 입법목적이 되는 법익 중대성을 강조해서 지적한다. "이 사건 법률조항은 학교교육과정과 직접 관련되는 초·중·고등학생의 개인 과외교습을 제한하여 공공성을 가진 학교교육의 정상화를 도모하고 학생들로 하여금 균등하게 교육을 받을 권리를 실현하는 데 그 목적이 있다. 우리가 학교교육의 정상화를 다른 어느 것에도 비견할 수 없을 정도로 중요하게 여기는 이유는, 학생의 창의력을 계발하고 자유와 책임이 무엇인지를 배우며 민주시민으로서 필요한 협동심과 공동체의식을 기르는 터전이 바로 학교라는 움직일 수 없는 사실 때문이다." 반대의견은 뒤이어 개인교습 과외를 하지 못하게 되는 법익은 반면 그에 비해 사소하다는 판단을 제시한다. 여기까지 드러나는 의견의 대립은 결국 둘 중 어느 법익을 중대하다고 볼 것인가라는, 공적으로 접근 불가능한 심리적 비중 가늠에 최종적 근거가 있는 것 같다.

그러나 법정의견이 반대의견에 대응하여 덧붙인 추가 의견은 더 나은 근거를 보여준다. 반대의견에 대한 이 재반박은, 헌법규범을 서로 충돌하는 실체화된 가치로 보는 반대의견이 독단이라는 점을 지적한다. "반대의견은 사교육인 과외교습문제를 논함에 있어서, 국민을 사회·경제적 강자

곧 가진 자와 약자로 나누면서, 이에 맞추어 자본주의와 사회주의(사회복지국가), 자유권과 사회권 등으로 가르고, 후자의 입장에 서서 '사회·경제적 강자의 경제적 자유권(…)에 대한 적극적인 제한이 불가피하고, 사회·경제적 약자는 이 제한을 통하여 사회권을 향유하여 인간다운 생활을 영위할 수 있게끔 되는 것' 이라고 한다. 그리고 이와 같은 논리를 과외교습 문제에 그대로 대입(代入)하여, 과외교습을 하는 국민은 전자로, 이를 할 수 없는 국민은 후자로 나누고, 이어서 과외교습을 원칙적으로 허용하여야 한다는 위헌론은 전자 편에 선 것이고, 이를 금지하여야 한다는 합헌론은 후자 편에 선 것으로 보고 있다. 그러나 이와 같은 이론은 우리나라의 기본질서인 자유민주주의 원리에 비추어 논리적 비약이거나 독단적 견해라 아니할 수 없다."

여기서 지적된 반대의견의 핵심 오류는 '실체화의 오류'다. 즉, 반대의견은 평등하고 자유로운 기본권 주체들의 관계라는 논의 차원에서 논의하지 않았다. 사회국가원리를 하나의 실체적인 가치로 상정하고 자유권이라는 또 다른 실체적 가치와 대립하는 것으로 이해한 것이다. 그런 다음 무게 은유를 통하여 결론에 도달하였다. 법정의견은 이런 추론방식은 부당하다는 점을 지적한 것이다.

반대의견과 같은 논박에 의하여 형량의 교착 상태가 발생하지 않기 위해서는, 형량의 언어는 무게의 은유를 전면에 내세워서는 안 된다. 형량은 오히려 무게 은유 배후에 있는 실질적인 추론을 엄밀하게 드러내야 한다. 이를 위해서는 오히려 추가의견에서 짚은 부분, 즉 자유 제한을 위하여 적합한 논거형식이 있고, 그에 따른 논거가 제시되지 못했다는 점을 부각하여야 했다. 실제로 법정의견의 핵심은 추가의견에서 나타난 다음과 같은 설시에 있다.

"헌법은 (…) 개인이 자유를 행사함으로써 필연적으로 발생하는 사회

내에서의 개인 간의 불평등을 인정하면서, 다른 한편, 사회적 기본권의 보장을 통하여 되도록 국민 누구나가 자력으로 자신의 기본권을 행사할 수 있는 실질적인 조건을 형성해야 할 국가의 의무, 특히 헌법 제31조의 '교육을 받을 권리'의 보장을 통하여 교육영역에서의 기회균등을 이룩할 의무를 부과하고 있다. 따라서 헌법 제31조의 '능력에 따라 균등한 교육을 받을 권리'는 (…) 교육영역에서의 사회적 급부의 확대와 같은 국가의 적극적인 활동을 통하여 사인 간의 출발기회에서의 불평등을 완화해야 할 국가의 의무를 규정한 것이다. 그러나 위 조항은 교육의 모든 영역, 특히 학교교육 밖에서의 사적인 교육영역에까지 균등한 교육이 이루어지도록 개인이 별도로 교육을 시키거나 받는 행위를 국가가 금지하거나 제한할 수 있는 근거를 부여하는 수권규범이 아니다. (…) 경제력의 차이 등으로 말미암아 교육의 기회에 있어서 사인 간에 불평등이 존재한다면, 국가는 원칙적으로 의무교육의 확대 등 적극적인 급부활동을 통하여 사인 간의 교육기회의 불평등을 해소할 수 있을 뿐, 과외교습의 금지나 제한의 형태로 개인의 기본권행사인 사교육을 억제함으로써 교육에서의 평등을 실현할 수는 없는 것이다."

이 설시는 두 가지 중요한 원칙을 짚고 있다. 하나는 심사관문 2에 표현된 정식이다. 국가가 자유 자체를 제한하기 전에 공정한 조정기제의 왜곡을 가져온 장애를 적합한 방식으로 제거해야 한다. 경제력의 차이 등으로 더 많은 교육을 받거나 받지 않기로 하는 결정에 정당화되지 않는 왜곡이 발생한다면 국가의 적극적 급부를 통해 그 왜곡을 해소하여야 하는 것이다.

다른 하나의 원칙은 자유의 가치(worth of liberty) 형식으로 기술되는 법익을 증진하기 위하여 국가가 원칙적으로 준수해야 하는 제약을 보여준다. 위 설시는 자유 가치의 불평등 자체만으로는 자유 제한을 원칙적으

로 할 수 없다는 점을 지적한 것이다. 자유의 가치에 관한 사항은 그로
인해 법적 자유의 외연이 수축되었다는 점을 보여야 비로소 자유를 제한
할 수 있는 잠정적 논거가 된다. 그리고 그 잠정적 논거는 그러한 수축이
부당하다는 점을 추가로 논증하여야, 자유를 제한할 수 있는 확정적 논거
가 된다. 이러한 점을 전혀 논하지 않는 한 심적으로 자유 가치 불평등을
힘주어 강조한다고 해서 그 원칙적으로 부적합한 논거가 점차 비중이 늘
어나 갑자기 적합한 논거로 변모하는 것이 아니다.44)

그렇게 옮겨질 수 없는 사항은, 자유를 직접 제한할 수 있는 사유가 되
기 위한 규범적 힘을 갖지 못한다. 자유의 가치는 원칙적으로 국가의 적
극적 급부를 통해 보편적인 원리에 따라 증대되어야 한다. 교육의 자유에
내포된 가능성을 실제로 충족시킬 수 있는 역량과 자원이 부족한 기본권
주체들에게 그러한 역량과 자원을 증대시켜주는 것이다. 그리고 그 적극
적 급부는 공정한 조세 부과를 통하여 재정을 마련하고 그 재정을 집행하
는 방식으로 이루어진다. 이러한 방식은 원칙적으로 자유와 충돌을 일으
키지 않는다.

역시 심사관문 2에 관한 것으로, 주세법 제38조의 7 등에 대한 위헌제
청 사건에 관한 헌법재판소 1996. 12. 26. 96헌가18 결정이 있다. 동 결정
의 법정의견은, 경제의 자유 제한 사유로 독과점 규제, 지역경제육성, 중
소기업 보호가 근거가 될 수 있음을 확인하면서도, 이러한 이익들을 곧바
로 실체화하여 중요성을 가늠하는 방식을 취하지 않았다. 이 결정은 이
공익들의 중요성을 부인하지 않으면서도, 그 공익들을 추구하는 방식이
헌법적인 한계를 넘어서서는 안 된다는 점을 확인한 것이다. 즉, 자기조

---

44) 따라서 동 결정은 자유의 가치 형식으로 기술될 수 있는 공익이 자유 제한의 사유
가 되기 위해서는, 심사관문 6을 먼저 통과하여야 한다는 점을 설시한 것이라 이해
할 수 있다. 즉 자유의 가치가 법적 자유 외연 수축을 가져온다는 점을 입증해야
한다는 것이라 볼 수 있다.

정기제의 장애를 제거하는 방식이 헌법상 경제 조정과 육성의 원칙적인 방식임을 확인한 것이다.

첫째로, 독과점규제에 대해서는, 헌법 제119조 제2항은 독과점규제라는 경제정책적 목표를 개인의 경제적 자유를 제한할 수 있는 정당한 공익의 하나로 명문화하고 있음을 확인하면서도, 독과점규제의 목적은 경쟁의 회복에 있다는 점을 분명히 확인하였다. "따라서 독과점규제의 목적이 경쟁의 회복에 있다면 이 목적을 실현하는 수단 또한 자유롭고 공정한 경쟁을 가능하게 하는 방법이어야 한다." 따라서 독과점규제로 인해 제한되는 자유는 자기조정기제의 공정한 작동에 방해가 되는 행위 경로의 선택 가능성이다. 이것은 자기조정기제의 회복이 경제적 자유의 규범 구조에 적합한 가치 실현의 방법임을 적시한 것이다.

그런데 독과점규제를 추구하는 방식이 독과점을 고착화하는 자유 제한이라면 이것은 자기조정기제를 무시한 국가 조치가 된다. "주세법의 구입명령제도는 전국적으로 자유경쟁을 배제한 채 지역할거주의로 자리잡게 되고 그로써 지역 독과점현상의 고착화를 초래하므로, 독과점규제란 공익을 달성하기에 적정한 조치로 보기 어렵다." 즉 공정한 시장경쟁의 회복이라는 자기조정기제 복구·보완의 사유가 아니라면, 만연히 '독과점규제'라고 공익 개념을 단순히 언급한다고 해서 영업의 자유 제한에 적합한 논거가 되지 않는다는 것이다.

둘째로, 동 결정은 지역경제육성에 대해서도 마찬가지로 조정기제를 포함하여 자유 제한을 논의하는 적합한 형식의 논거를 요구하고 있다. "구입명령제도를 통하여 지방소주업체를 경쟁으로부터 보호하고 그 결과로 각 도에 하나씩의 소주제조기업이 존재한다는 것 그 자체만으로는 헌법 제123조의 '지역경제의 육성'이란 공익을 의미한다고 보기는 어렵다. 입법자가 개인의 기본권침해를 정당화하는 입법목적으로서의 '지역경제'

를 주장하기 위하여는, 각 지역에 하나의 기업이 더 존재하는 것이 지역 경제에 어떠한 의미로든 기여를 한다는 지극히 당연한 사실을 넘는, 문제되는 지역의 현존하는 경제적 낙후성이라든지 아니면 특정 입법조치를 취하지 않을 경우 발생할 지역간의 심한 경제적 불균형과 같은 납득할 수 있는 구체적이고 합리적인 이유가 있어야 한다.”

즉 해당 조치가 조정기제의 복구나 보완을 위한 것이거나 아니면 조정기제가 복구될 때까지의 특정 지역의 경제적 자유의 수축에 대처하기 위하여 급박한 것임을 논증할 책임을 분명하게 지우고 있는 것이다.

셋째로, 중소기업의 보호에 관하여도 마찬가지 방식의 추론을 통해 기본권 제한의 사유로 적합한 논거인가를 따진다. 먼저 동 결정은 중소기업 보호를 헌법 제123조 제3항이 규정한 공익임을 확인하면서도 자유 제한이 원칙적으로 공정한 조정기제의 복구와 창설을 위한 것이라는 논거일 것을 요구하고 있다. “중소기업의 보호는 넓은 의미의 경쟁정책의 한 측면을 의미하므로, 중소기업의 보호는 원칙적으로 경쟁질서의 범주 내에서 경쟁질서의 확립을 통하여 이루어져야 한다. (⋯) 중소기업의 보호란 공익이 자유경쟁질서 안에서 발생하는 중소기업의 불리함을 국가의 지원으로 보완하여 경쟁을 유지하고 촉진시키려는 데 그 목적이 있으므로, 이 사건 법률조항이 규정한 구입명령제도는 이러한 공익을 실현하기에 적합한 수단으로 보기 어렵다.”

이것은 모두 자도소주 구입명령이 심사관문 2를 통과하지 못함을 논하고 있다. 즉 독과점규제, 지역경제육성, 중소기업보호와 같이 심판대상 조항을 뒷받침한다고 언급된 공익이 정말로, 공정한 경쟁을 위한 조정기제를 복구하거나 급부하는 것에 관한 논거인가를 살펴본 것이다. 공정한 경쟁을 위한 조정기제를 복구, 급부하는 것이 아니라 오히려 존재하는 조정기제를 악화시키는 것은, 자유 제한의 적합한 논거가 아님을 확인하고 있는 것이다.

이 결정은 헌법규범 논증이 헌법규범 원리를 매개로 하여 이루어진다는 점을 보여준다. 즉 단순히 자유의 이익과 독과점규제 등의 이익을 실체화하여 비중을 따지지 않고, 헌법규범들이 설정하는 관문을 통과하는 열쇠가 되는 형식의 논거가 제시되었는가를 따진 것이다. '중소기업 보호란 중소기업의 실체적 이익이고 이 이익을 증진하기 위하여 경쟁을 금지한다'는 원리는 소비자에게 더 나은 용역과 재화를 제공하지 않고 조정기제에 장애를 설정하는 국가 규제를 통해 이득을 얻으려는 무임승차를 양산하는 원리다. 이런 원리는 평등하고 자유로운 관계에 있는 기본권 주체가 그 관계를 준수하기 위해서는 합당하게 거부할 수밖에 없는 원리이다. 그렇게 거부될 원리를 '중소기업보호를 위해 오직 이 사안의 경우에는 공익이 우선한다'는 식으로 정식화해서 특정 시장의 사업자들에게만 적용하는 것은, 헌법규범들의 일관된 구조를 무시하고 개별적인 우선순위규칙을 만들어내어 선언하는 것에 불과하다. 이것은 법치주의에 반한다. 그리고 논증의 측면에서도 퇴락이다. 그런 규칙이 왜 나왔는가를 물으면 단지 '심리적 비중 가늠의 결과가 그러하다'는 답변 밖에 제시되지 못하게 된다. 왜냐하면 헌법적인 우선순위규칙이 제도화하는 자유의 불평등은, 그 불평등 체계에서 가장 불리한 위치에 처한 소주시장의 사업자들에게도 자유의 전 체계 측면에서 더 이익이 되는 원리를 근거로 해야 하는데, 그러한 근거가 없기 때문이다. 따라서 이는 아무런 근거 없이 원래 평등하게 그어졌던 자유의 경계를 불평등하게 변형한 것으로, 자유권의 침해가 될 수밖에 없는 것이다. 이 점은 동 결정에서 "본질적으로 동일한 상황에 처한 다른 모든 중소기업을 제외하고 오로지 소주시장의 중소기업만을 보호하려고 하는 것"이 자의적이라 하며 평등원칙 위반도 선언한 점에서도 확인되는 바이다.

헌법재판소 1999. 7. 22. 98헌가5 결정은 바로 위에서 살펴본 자도소주 구입명령 제도 위헌 결정과 거의 동일한 유형의 법률인데도 정반대의 결론이 내려진 결정이다. 이렇게 같은 유형임에도 불구하고 정반대의 결론이 내려진 사안들은 특별한 해명의 필요성을 제기한다.[45]

위 98헌가5 결정은 탁주의 공급구역제한제도를 규정하고 있는 주세법 제5조 제3항에 관하여 재판관 5인의 위헌의견이 있으나 법률의 위헌결정을 위한 심판정족수에는 이르지 못하여 합헌 결정을 한 사안이다. 그런데 헌법규범을 가치로 실체화하여 중요도를 부여하고 분모와 분자에 넣어 비중을 가늠하는 방식으로 중요도측정공식을 이 사건에 적용해 보면, 논증의 우열이 공적으로 드러나지 않게 된다. "영업의 자유가 갖는 추상적 중요도를 더 크게 볼 것인가, 아니면 영세사업자보호와 지역경제보호라는 가치가 갖는 추상적 중요도를 더 크게 볼 것인가를 둘러싼 가치평가가 이미 작동되고 있다는 것이다. 이러한 점 때문에 이익형량은 '직관에 바탕을 둔 비합리적 결단'에 불과하다는 비판이 가해진다."[46]

96헌가18 결정과 98헌가5 결정의 두 사안은, 시장의 상품이 소주냐 탁주냐 하는 점만이 다를 뿐, 국가가 경쟁금지 조치를 취하여 중소기업을 보호 등을 공익으로 언급한 동일한 유형의 사안이다. 그럼에도 비중 은유에 머물러 있는 도구만으로 사안을 분석하고 결론을 도출할 때에는 이러한 사안은 결론은 항상적으로 불확정적인 상태에 놓일 수밖에 없다. 기본

---

45) 이 둘 중 어느 한 판단이 논증가치에서 우월하다는 점을 체계적 논증에 의해 보일 수가 없다고 해보자. 또는 한쪽의 우월성을 논증한다고 말은 하지만 자세히 들여다 보면, 어떤 법익에 중요성을 부여하는가 하는 점에서 한쪽에 단순히 찬동하고 있을 뿐이라고 하여보자. 그런 경우, 법익 형량은 스캔들 상태에 빠져있음을 자백하는 것이다. 그러므로 이 98헌가5와 같은 결정이 과연 본 연구의 법익 형량에 대한 논증대화적 해명에 의해 체계적으로 비판될 수 있는지를 살피는 것은 중요한 일이다.
46) 김도균, 『권리의 문법』, 281면.

권 주체의 자유롭고 평등하다는 근본적 관계 왜곡을 주시하는 일반적 심사관문에 부합하는 개별적 심사관문을 통과해야 한다는 점을 명확히 해야 이러한 상태를 벗어날 수 있다. 그리고 그 점을 명확히 하였을 때에는 탁주공급구역 제한 제도에 관한 98헌가5 결정에서 대립한 것은 '추상적 중요도'에 대한 재판관 개인의 가치 판단의 문제로 소급하지 않는다. 그래서 이론적으로 논증가치의 우열을 판단할 수 있다.

98헌가5 결정의 위헌의견과 합헌의견이, 공익으로 거론한 이익의 항목 자체가 다르다는 점이 지적된 바 있다. 즉 합헌의견은 "국민보건위생보호+영세사업자보호+지역경제육성+독과점규제+주세보전"을 공익으로, 위헌의견은 "국민보건위생보호"만을 공익으로 보았다는 것이다.47) 이러한 공익 식별의 차이 역시 그 논증적 측면의 우열을 판별할 수 있다. 공익은 해당 국가 조치로 달성되는 추가적으로 달성되는 어떤 이익이다. 이 이익을 사태 기술의 측면을 달리하여 여러 가지 이름으로 부름으로써 부풀릴 수는 없다. 그래서 영세사업자보호, 지역경제육성, 독과점규제는 같은 이익의 다른 이름일 뿐이다. 즉, 경쟁을 제한함으로써 생기는 이익을 영세사업자 보호 이익이라고 하고, 이러한 지역 영세사업자 보호를 지역경제 육성이라는 다른 이름으로 부르고, 영세사업이 활성화되니 독과점규제라고 이름붙인 것이다. 대안과 비교하여 추가로 달성되는 이익은, 주류산업의 지역별 사업자가 경쟁제한 조치에 의해 경쟁으로부터 추가로 보호되는 이익이다. 그리고 지역별 영세사업자가 보호된다는 효과 자체는 위헌의견과 합헌의견이 모두 인정하였으나, 위헌의견은 그러한 효과는 자유를 제한하는 논거가 되는 보장 형식을 갖추지 못하였다는 점을 밝힌 것이다. 게다가 합헌 의견과 같이 주세보전을 법익균형성에서 고려해야 할 논거로 보는 것 역시 자유 제한에 적합하지 않은 논거를 인정하는 것이다.

---

47) 같은 책, 280-281면.

관련 행위자는 법에 의해 정해진 세금을 이미 내고 있다. 자유를 제한하면 그에 더하여 추가적인 세금을 걷을 수 있다는 점은 행위를 금지하는 이유가 될 수 없다. 그러면 세금을 더 징수할 수 있다는 사유로 일부 구성원을 자유를 제한할 수 있다는 것이 되기 때문이다. 이는 결국 나머지 구성원들이 공정하게 부과되는 만큼의 세금을 덜 내기 위해 타인의 자유를 탈취하는 것이다. 이러한 분석은 동 결정에서는 법정의견이었던 합헌의견이 재정의 충당과 같이 자유 제한의 논거로 전혀 적합하지 않은 논거까지 용광로에 쓸어 넣음으로써 수행적 모순을 범하고 있음을 보여준다.

경제의 자유를 제한하는 데 적합한 논거인, 규제가 없는 법질서가 오히려 평등한 자유 관계를 왜곡시킨다는 논거를 제대로 제시하였는가 아닌가를 살펴보는 추론방법으로 어느 쪽 판단이 옳은가를 판정할 수 있는 것이다. 그리고 이 사안에서는, 그러한 적합한 논거가 제시되지도 않았는데 자유 제한을 합헌으로 본 의견이 잘못된 것이다. 이 사안은 자도소주구입명령 제도의 사안과 같은 유형인 사안인데도 불구하고 96헌가18 결정이 올바르게 요구한 그러한 형식의 논거가 제시되지 않았기 때문이다.

III. 심사관문 3: 닫혔던 자유의 문 열기

1. 내용

자유 제한의 사유는, 자유 또는 자유 외연 수축의 문제를 제기함으로써, 평등한 자유 관계라는 논의 차원으로 옮겨진다. 그럼으로써 그 사유는, 결국 '주장된 방식으로 일정한 자유를 제한하는 것이 오히려 자유의 전 체계를 강화한다'는 내용의 사유가 된다. 일정한 자유를 제한하는 법률은 일정한 행위 경로를 닫는 것이다. 그렇다면 그렇게 행위 경로를 닫는 것이 자유의 전 체계(whole system of liberties)[48]를 강화하는 것일 수 있는가? 그에 대한 판단 기준을 제시하는 것이 심사관문 3이다. 심사관문 3의 핵심 이념은 두 가지다. 첫째, 어떤 규제가 일정한 행위 경로를 닫으면서 동시에 더 나은 행위 경로를 연다면 그것은 자유의 전 체계 강화다. 둘째, 어떤 규제가 행위 경로 선택의 전제 조건인 자율성의 흠결을 복구하거나 보완함으로써 평등한 자유 관계를 복구하는 것이라면 자유의 전 체계 강화다. 이 두 이념을 구현하는 심사관문 3의 내용은 다음과 같다.

　　심사관문 3: 자유의 전 체계 강화 심사 ― 새로운 규제질서를 구축하여 비로소 마련되는 자유 상태가, 규제질서 없는 자유 상태보다 자유의 전 체계를 강화할 경우 자유 제한은 정당화된다. 정당화는 다음 두 조건 중 어느 한 조건을 충족함으로써 이루어진다.

　(1) 더 나은 행위 경로를 여는 조정적 대체 조건: ① 일정한 유형의 행위가능성을 금지함으로써 비로소 가능하게 되는 유형의 행위선택지가 존재하며 그리고 ② 일반적 협동과 공존을 위하여, 새롭게 가능하게 된 행위선택지 유형의 필요성을 합당하게 거부할 수 없다. 합당하게 거부할 수 없는 대표적인 경우로, (i) 닫힌 행위 경로보다 새롭게 가능하게 된 행위 경로가 더 광범위한 후속 행위 경로를 가능하게 하는 것일 경우 (ii) 닫히게 된 행위 경로가 공공악재(public bad)나 무임승차적 성격을 갖거나, 새롭게 행위 경로를 여는 것이 공공재(public good)의 구조를 갖는 경우가

---

48) John Rawls, 『정의론』, 277-278면의 설명에 의하면 "자유의 전 체계(全體系)"는 기본적 자유들이 "하나의 전체로서, 하나의 체계로서 고려된다"는 것을 의미한다. 그러므로 기본적 자유가 "오직 자유 자체만을 위해서, 다시 말하면 동일한 자유나 상이한 기본적 자유가 제대로 보호되는 것을 보장하고 하나의 자유 체계를 최선으로 조정하기 위해서만 제한될 수 있다."는 원칙을 구현하는 매개개념이다. "물론 이러한 체계는 언제나 대표적인 평등한 시민의 관점에서 평가되어야 한다."

있다. 공공재의 구조를 갖는 경우란, 새롭게 가능하게 된 행위 경로가 닫힌 행위 경로에 비하여 자신의 가치관을 더 심층적이고 자유롭게 반성하여 발전시켜 나가며 이에 따라 합리적으로 행위하는 데 더욱 필요한 행위 경로인 경우나, 공정한 협동의 조건들을 이해하고 적용하며 이를 통해 타인과 소통하고 협력하기 위해 더욱 필요한 행위 경로일 경우에는 새로운 행위 경로를 여는 경우다.

(2) 약한 후견주의 조건 : 기본권 주체의 드러난 의지에도 불구하고 일정한 유형의 행위 경로를 막는 간섭이 다음 세 조건을 동시에 만족한다. ① 간섭이 사태 이후에 간섭받았던 기본권 주체에게 합리적으로 정당화 가능하여야 한다. 다만 기본권 주체가 자율성 요건 중 능력 측면을 지속적으로 결여하고 있을 때(예를 들어 지적 장애나 지적 장애에 상응하는 이성의 훼손을 수반하는 정신병)에는, 해당 기본권 주체의 일반적 복지이익(general welfare interest)[49]의 관점에서 최소한을 보장하거나 개선하기 위한 것이라는 정당화가 대신 요구된다. 최소한의 복지이익 보장이나 개선이익 입증은 적정한 청문절차(due hearing process)를 통해 이루어져야 한다. 그리고 이 청문절차에는 기본권 주체의 이익과 상반되는 이익을 가질 가능성이 없는 대리인이 참여해야 한다. ② 일정한 행위 경로를 막는 간섭은, 기본권 주체의 자율성 조건의 명백한 결여 때문에 그 자신의 합리적인 고려와 결정으로 선택할 수 없었다는 근거에서 정당화된다. ③ 그

---

49) 신체건강, 심각한 고통 제거, 지적능력 유지, 정서적 안정 유지, 적절한 사교 관계(우정이나 동료 관계) 유지, 경제적 안정성, 적절한 환경, 최소한의 자유 향유. 예를 들어 정신병에 걸려 자신의 머리를 자꾸 벽에 부딪히는 사람을 안정시키기 위해, 그런 행동을 보일 때마다 자리에 고정하는 경우는 최소한의 복지이익인 심각한 고통을 제거하기 위해서 필요하다. 더 나아가, 그 정신병 환자에게 더 나은 의료제공을 위해, 그 질병에 더 전문화된 병원으로 옮기는 것은 환자 자신의 선택에 의하지 아니하였다고 하더라도, 개선이익을 보장하기 위한 것으로 정당화될 수 있다.

간섭은, 간섭받는 이의 심층적인 목적과 기획을 형성하거나 수정하거나
유지하는 능력에 불이익한 영향을 주지 않아야 하며, 행복추구권의 행사
에 의해 구성원들이 형성·유지·수정하는 심층적인 신조와 목적에 중립적
인 판단에 의하여 인도되어야 한다.50)

 (1) 부분을 '더 나은 행위 경로를 여는 조정적 대체' 조건, (2) 부분을
'약한 후견주의' 조건이라 부른다.

2. 행위 경로의 조정적 대체

 심사관문 3의 (1) 부분의 타당성을 먼저 살펴보겠다. 사람들의 물리적
으로 가능한 행위를 아무 것도 막지 않는 상태, 즉 아무런 규제 질서가
없는 상태가 가장 높이 평가되는 자유 상태일 수는 없다. 왜냐하면 그러
한 상태에서는 공존과 협동을 위해 필요한 행위가능성들이 닫혀 있기 때
문이다.

 일정한 여건에서 일정한 유형의 행위를 제한하면 이전에는 가능하지
않았던 유형의 행위가 가능하게 되는 경우가 있다. 그렇게 열리게 된 새
유형의 행위 가능성이 모두에게 공존과 협동을 위하여 더 나은 자유 상태
를 가져다준다고 해보자. 그러면 그것은 자유의 전 체계가 강화된 것이
다. 따라서 닫힌 유형의 행위 제한은 모두에게 정당화된다. 반면에 그 규
제가 새로운 행위선택지의 문을 열더라도, 새로 열린 문이 모두에게 더

---

50) Rawls,『정의론』, 336-337면에서 "이성과 의지의 명백한 부족이나 결여에 의해 정
    당화되어야 하며", 상충하는 포괄적 선관에 따라 그 지침이 달라지지 않도록 "기본
    적 선에 대한 해명에 의해 지침이 주어져야 한다"고 표현하고 Thomas M. Scanlon,
    "Rawls' Theory of Justice", 1031면에서 Scanlon이 재확인한 Rawls의 후견주의 원
    칙을 우리 헌법에 따른 기본권 제한 심사에 맞게 변형한 것이다.

나쁜 행위 경로라면 그것은 자유의 전 체계를 악화한 것이다. 악화된 자유의 전 체계를 모두가 받아들여야 한다면, 그 중 누군가의 지위가 불평등하고 부자유로운 지위로 상정되었음에 틀림없다. 그러므로 그 체계를 받아들이기를 강요하는 것은 수행적 모순을 범한다. 따라서 심사관문 3의 (1)을 무시하는 논거는 자유 제한의 논거로 부적합한 논거이다.

자유 전 체계 강화를 위한 행위 경로 대체(代替)의 대표적인 예로는, 회의나 토론에서 발언의 순서와 발언시간 제한 규칙을 정립하는 경우51), 신호등을 설치하여 교통사고를 막는 경우, 도로나 등대와 같은 공공재를 건설하기 위하여 완전보상을 하고 재산권을 수용하는 경우를 들 수 있다. 이러한 예들에서 마음대로 원하는 시간에 원하는 대로 떠들 자유, 아무데서나 아무 때나 도로를 건널 자유, 한번 구입한 재산을 원하는 때까지 계속 사용할 행위 경로는 닫힌다. 그러나 대신에 정연하게 자신의 생각을 알리고 타인과 의견을 교환할 자유, 교통사고의 위험 없이 안전하게 건널 자유, 교통정리가 되는 도로나 등대를 통해 안전하게 이동하는 행위 경로가 열리게 된다. 이러한 경우, 닫힌 행위 경로는 보다 광범위한 후속 행위 경로와 연결되지 않는 행위 경로다. 반면에, 새롭게 열리게 된 행위 경로는 보다 광범위한 행위 경로를 가능케 하는 사전(事前) 경로가 된다. 예를 들어 발언 순서 규칙이 없다고 해보자. 발언이 정연하게 이루어지지 않고 서로가 하는 말을 제대로 알아들을 수 없게 된다. 그러면 그 발언을 기초로 하여 진행하려고 했던 광범위한 후속 과업이 불가능하게 된다. 반면에 제대로 전달되지도 않고 중구난방 발언을 하는 행위 경로에는 그 이후에 이어지는 행위 경로가 없다. 서로의 발언을 제대로 충분히 알아듣지 못해 더 이어질 행위가 없어지기 때문이다. 사람들이 협동과 공존을 하려면 서로를 이해하며 정보와 입장을 교환하는 의사소통은 필수적이다. 그러므

---

51) John Rawls, 『정의론』, 277면.

로 의사소통을 원활하게 하는 행위 경로를 여는 것은 공공재적(公共財的) 구조를 갖는다.

즉, 이러한 행위 경로의 조정적 대체는 '모두에게 더 나은 행위 유형의 가능성'을 안겨주는 것이다. 그래서 공존과 협동을 위한 조건으로서 더 나은 자유의 체계를 제공해주는 것이다. 심사관문 3의 (1)에서 열리고 닫히는 문의 중요성은 객관적 긴절성에 의해 평가된다. 단순히 한 개인이나 심지어 다수가 우연히 일치하여 공유하는 주관적 선호에 의해 결정되는 것이 아니다.[52]

심사관문 3의 (1)의 요건과 판단 기준은, 행위 경로들의 우열을 '중요성에 관한 질적 평가'를 한다면서 은밀한 편견이나 자의적 직관에 기초해서 심사할 위험을 배제한다. '어떤 행위 경로가 더 광범위한 후속 행위 경로로 이어지는가', '어떤 행위 경로가 협동과 공존 과제에 더 긴절한가' 하는 판단 기준을 중심으로, 행위 경로의 열고 닫음이 공공재적 성격을 갖출 것을 요구하기 때문이다.

행위 경로의 조정적 대체(調整的 代替)가 자유의 전 체계를 강화하는 전형적인 유형을 살펴보면서 논증대화의 단계적 구조를 해명해보자. 대표적인 유형으로는 무임승차 상태를 바꾸는 것이다. 무임승차는, 규제가 없어서 모든 사람들에게 다 함께 더 나은 이득을 가져다주는 행위 경로가 닫혀 있어서 발생한다. 이 상태에서 사람들이 각자 합리적인 행위를 하다 보면 결국 더 나쁜 결과를 가져다주는 행위 경로만 열려 있게 된다.[53] 이

---

52) Thomas Scanlon, *The Difficulty of Tolerance*, 74면에서 Scanlon은 객관적 긴절성이 선호 강도와 구별된다는 점을 다음과 같이 설명하고 있다. "누군가가 그의 신에게 바치는 기념물을 건축하기 위해 기꺼이 어느 정도 음식 섭취를 줄이고자 하는 사람이 있다는 사실이 그의 기획에 다른 이들의 조력을 요구하는 권리주장이 먹을 것을 충분히 달라고 도와달라는 권리주장과 동일한 강도를 가지게끔 만들지는 않는다."

때, 자유 제한을 정당화하는 논증을 하는 측은, 제한이 없는 상태가 무임 승차 상태라는 논거를 제시할 수 있다. 반대로 자유 제한이 기본권 침해에 해당한다는 논증을 하는 사람은 두 가지를 논할 수 있다. 첫째, 새로운 규제가 새로운 행위 경로를 여는 측면이 없다. 둘째, 무엇이 좋은 삶인가에 관한 특정한 신조를 개입시키지 않으면 닫힌 행위 경로보다 열린 행위 경로가 더 좋다고 볼 이유가 없다. 즉, 특정한 신조를 신봉하는 사람이 아닌 국민들에게는 그런 변화가 공공재적 성격을 갖는다고 볼 이유가 없다.

현실적으로 열악한 균형 상태가 이미 발생했다는 논거만 적합한 것으로 인정되는 것은 아니다. 그러한 균형 상태가 발생될 가능성이 있고 그 가능성을 실현하게 되는 불공정한 비용과 이득의 귀착이 발생하고 있다는 점도 심사관문 3의 (1) 조건을 충족하는 열쇠가 될 수 있다. 무임승차가 실제로는 아직은 상당한 수준 이하로 유지되고 있어서 공공재 공급과 수혜에 아직까지는 문제가 없다 하더라도, 명확한 행위 조정이 이루어지지 않으면 언제든 무임승차가 확대될 수 있다. 그래서 현실적으로 더 나은 행위 경로가 크게 막히지 않더라도 예방적으로 무임승차를 미리 규제하여, 공정하게 비용을 부담하는 행위 경로를 확고히 한다는 것도 논거로 적합하다.

투표하지 아니할 자유의 제한을 살펴보자. 가상적으로 투표율이 현격하게 떨어져 가고 있는 사례를 생각해보자. 투표의 경우에는 자기조정기

---

53) 이것을 파레토 열등한 내쉬 균형(Pareto-inferior Nash Equilibrium)이라 할 수 있다. 파레토 열등하다는 것은, 한 체계에 비해 다른 체계에서는 어느 누구도 나아지지 않으면서 일부 구성원들의 상황이 더 나빠짐을 의미한다. 그리고 내쉬 균형이라는 것은 다른 행위자들이 전략을 바꾸지 않는 전제에서는 어떤 한 행위자도 전략을 바꿀 유인이 없어서, 외생적 충격이 없으면 내생적으로는 변하지 아니하는 균형 상태이다. 자유 체계로서 파레토 열등하다는 것은, 신뢰하는 협동과 규제를 통해 새로운 행위 경로를 열어서 달성할 수 있는 대안 상태에 비해, 현 상태가 모든 참여자들에게 더 열등한 경우를 말한다.

제가 없다. 왜냐하면 투표 자체의 성격상 투표권을 매매하는 것이 허용되지 않기 때문이다. 매표(賣票)를 허용하는 원리를 도입하면 평등한 참여권을 규정한 헌법의 원리에 정면으로 위반한다. 매표는 '민주주의가 공정하게 작동하기 위한 목적 자체'에 위반되어 민주주의의 정당성 자체를 사라지게 한다. 그러므로 투표를 하지 아니하는 행위[54]를 제한하는 규제, 사용자가 투표 시간을 노동자에게 주지 않는 등으로 '투표의 자유'를 사실상 저해한 경우에 불이익을 주는 규제는, 정당화되는 자유 제한이다.[55][56]

입헌 민주주의 사회의 '공존과 협동'이라는 기본적 과제는 닫히고 열리는 행위 경로의 공공재적 성격 여부 판단에 규준이 된다.

'공존(共存)'이라는 과제는, 가장 심층적인 가치와 목표에 관련된 자유에 우선성을 부여한다. 그 이유는 두 가지다. 첫째, 공존이란 다원적(多元的)인 선관을 가진 사람들이 함께 조화롭게 사는 것을 주된 목적으로 한다. 둘째, 그때그때의 욕구를 충족시키기 위한 행위, 수단적 욕구를 충족시키기 위한 행위, 일반적 복지이익을 조합하는 행위는 조정기제를 통해 양립가능하고 공정한 방식으로 쉽게 조정이 가능하다. 그래서 서로 상이

---

54) 물론 이 경우 투표소에 가서 기권표를 던지는 행위는 정치적 의사 표현으로 허용된다. 여기서 규제되는 것은 투표소에 가서 투표한다는 번거로움을 지지 않기 위해 아예 민주적 의사표현에 참여하지 않는 행위다.

55) 최장현, "의무적 선거참여제도의 헌법적 정합성", 『법학논총』 32집 1호, 2012. 108-109면도, 법익 균형성 분석 부분에서, 민주질서의 유지에 필수불가결한 선거권자의 책무가 표현하는 협동이라는 과제에 비추어, 투표하지 않을 자유는 무임승차적 성격을 갖고 있다는 점을 논거로 제시하고 있다. 아무도 투표를 하지 않아 민주주의가 형해화되고 소수 열성적인 집단에 의해 통치가 좌우되는 현상은 자유의 전 체계 입장에서 더 퇴락한 것이기 때문이다.

56) Richard J. Arneson, "Mill versus Paternalism", *Ethics*, Vol. 90, No. 4, 1980, 471-72면에서 제시된 사례 역시, 더 나은 선택지를 여는 자유 전 체계 강화에 해당하는 것으로 볼 수 있다.

한 포괄적 선관을 가진 사람들이 자신의 심층적인 선관을 반성하고 발전시킬 수 있는 행위 경로가 동등하게 더 열리기 위해 그때그때의 지나가는 욕구들 중 일부가 동등하게 닫히는 것은 일반적으로 자유의 전 체계를 강화한다. 반대로 말하면 일시적인 그때그때의 지나가는 욕구(passing wants)를 충족시킬 수도 있고 충족시키지 않을 수도 있다는 행위선택지를 열기 위하여, 심층적인 목표와 가치들을 반성하고 선택할 수 있는 행위선택지를 닫는 것을 허용되지 않는다. 그것을 허용하면, 다른 사람이 선관을 추구할 때 충족이 제약되는 자신의 그때그때 욕구를 제시함으로써 간단히 금지를 설정할 수 있게 된다. 그런데 어떤 구성원의 심원한 가치를 추구하는 행위가 다른 구성원의 그때그때 욕구를 충족하는 행위에 부딪히는 경우는 대단히 흔하다. 그래서 후자의 행위 경로를 열기 위해 전자의 행위 경로를 닫는 것을 간단히 허용하게 되면 공존은 불가능하게 된다. 그러한 행위 경로의 열고 닫기는 더 나빠진 자유 상태로 가게 됨이 분명하다. 왜냐하면 인간 이익의 위계구조로 인해, 그때그때의 욕구 충족은, 그러한 욕구를 충족하는 것이 심층적인 목표와 가치들을 실현시키는 방향에 어긋나지 않을 때에야 이익이 되기 때문이다. 그때그때 욕구 충족을 위해 심원한 목표와 가치를 선택하지 못하게 되는 사회에서 사람들은 모두가 더 적은 이익과 삶의 의미를 누리게 된다. 그러므로 심층적인 목표와 가치들을 반성하고 선택하여 이에 따라 합리적으로 행위하는 필요한 행위 경로를 동등하게 열면서 그때그때의 욕구 충족을 하는 행위 경로를 일부 시공간에서 제한하는 것은 모든 기본권 주체의 관점에서 공공재적 성격을 갖는다.

마찬가지로 '협동(協同)'이라는 과제는, 구성원들의 관계를 근본적으로 규율하는 질서를 공정한 것으로 유지하고 개선하는 데 필요한 자유에 우선성을 부여한다. 그래서 협동의 조건이 되는 행위 경로를 훼손하거나 어렵게 만드는 그때그때의 욕구를 충족하는 행위 경로를 닫는 입법은 자유의 전 체계 강화가 된다.[57] 가장 간단한 예가 계약을 어기면서 동시에 아무 책임도 지지 않는 행위 경로가 닫히는 것이다. 법률행위에 의해 성립된 약속이 구속력을 가지게 되면 일정한 손해를 배상하지 않고는 그 약속을 어길 수 없게 된다. 그러나 이러한 구속을 부과해야 계약을 신뢰하고 협동하는 행위 경로가 열린다.

이러한 우열 관계 판단의 기준은, 개별 기본권을 별도로 규정하는 형태로 이미 헌법에 상당한 정도로 구현되어 있다. 예를 들어 헌법 제21조 제1항은 집회의 자유를 개별 기본권으로 규정하고 있다. 이것은 '협동'과 '공존' 과제를 위하여 이루어지는 자유들 사이의 조정을 헌법이 큰 틀에서 이미 명시적으로 결정했음을 보여준다. 정책을 비판하거나 입안할 것을 촉구하는 집회를 하는 것은 그때그때의 욕구에 부합하는 일정한 행위 경로를 닫는다. 예를 들어 행인들에게 '어떤 장소를 지날 때 평소처럼 혼잡을 경험하지도 구호 소리를 듣지도 않고 걸어가는 행위 경로'를 닫는다. 그러나 이와 같은 그때그때의 욕구를 충족하는 행위 경로의 제약을 걷어내기 위하여 공공장소에서의 집회를 하지 못하도록 자유 경계를 긋는다고 해보자. 그러면 각자의 정치적 신조를 추구하고 실현할 행위 경로 및 현재의 질서를 공정하지 못한 것이라 비판하고 개선을 함께 촉구할 행위 경로를 희생하게 된다. 이러한 도치된 우열판단을 일반적 원리로 받아들이는 경우, 공존과 협동이라는 가장 근본적인 과제를 수행할 수 있는

---

57) 공존과 협동이라는 근본적인 과제를 기준으로 하여 행위 경로의 공공재적 성격을 판별하는 것은, Rawls가 John Rawls, 『정치적 자유주의』, 299-315면에서 기본적 자유를 파악하고 그 우선성을 판정하는 기준이 되는 인간상에 관한 설명으로 제시한 바를 변형한 것이다. '선관을 합리적으로 추구할 능력'에 관한 설명은 '공존'이라는 과제에 상응한다고 할 수 있고, '정의를 향한 도덕적 능력'은 '협동'이라는 과제에 상응한다고 볼 수 있다.

자유는 거의 남지 않게 될 것이다. 그 결과 공적 의사소통이 아닌 자의적인 행위를 통하여 평등하고 자유로운 관계를 훼손할 여지가 크게 늘어나게 될 것이다.

헌법재판소 2000. 10. 30. 2000헌바67 결정은 "집회의 자유는 개인의 인격발현의 요소이자 민주주의를 구성하는 요소라는 이중적 헌법적 기능을 가지고 있다"고 하였는데, 이는 '선관 추구 능력'(인격발현)에 상응하는 '공존'이라는 과제, 그리고 '정의를 향한 도덕적 능력'(민주주의)에 상응하는 '협동'이라는 과제가 중심 규준이 됨을 보여준다. 이 중심 규준을 통해 열리고 닫히는 행위 경로의 우열을, 특정한 포괄적 신조에 입각하지 않으면서도, 합리적으로 논증할 수 있게 되는 것이다.

따라서 이러한 자유들 간의 우열 판단의 규준은 어느 시기 어느 장소의 다수가 공유하는 '중요성에 대한 단순한 심리적 일치'에 의해 주어지지 않는다. 그 규준은 시종일관 자유롭고 평등한 관계의 왜곡 금지라는 기준의 구체화로 주어지는 것이다. 그리고 이 점이 바로 개별 자유권으로 규정된 자유들에 특히 주의를 기울여 자유의 전 체계 조정을 하여야 하는 이유가 된다. 그러나 이것은 추상적인 범주 차원에서 자유권 간의 서열을 정하는 것도 아니며, 중요하지 않은 자유권이라 하여 자유 이외의 사유로 제한될 수 있다는 것도 아니다. 주장되는 조정적 대체가 자유 전 체계 강화임을 논증하려면, 공공재적 구조를 갖는다는 논거를 제시해야 한다는 차원에서 오로지 이야기되는 것임을 유의해야 한다.

반대로 심사관문 3 (1)에서 자유의 전 체계 악화로 판정되는 대표적인 유형 두 가지를 살펴보자. 자유 제한이 위헌임을 주장하는 측은 그 규제가 이 유형 중 어느 하나에 속함을 입증하여 논증에 성공할 수 있다.

첫째 유형은, 새로운 선택지를 창출하지 아니하고 선택지를 닫기만 하는 규제다. 예를 들어, 에너지 절약 및 치안 유지를 위하여 24:00시부터

04:00시까지 통행금지를 실시한다고 해보자. 이 경우 새롭게 열린 행위 경로는 없다. 열려 있던 행위 경로의 중 상당부분이 닫히게 될 뿐이다. 설사 이런저런 인과적 경로를 통하여 추가로 어떤 이득들이 발생함은 지적할 수 있을지 모른다. 그러나 그것이 직접 새롭게 열리는 법적 행위 경로가 아닌 한, 그것은 평등한 자유 관계 평면에 사영될 수 있는 이익이 아니다. 그래서 그런 규제를 인정하는 것은 일부 구성원의 자유 이외의 이익을 위해 다른 구성원의 자유를 제한하는 것이다. 이것은 여러가지 이익들을 자신의 결정권 범위 내에서 어떻게 조합하고 선택할 것인가에 관한 궁극적 결정권을 찬탈한다. 즉 '탈취 금지 원칙'에 어긋난다. 따라서 구성원들 사이에 다른 이의 궁극적 결정권을 찬탈할 수 있는 지위를 전제하지 않고서는 이런 이익 추구를 위해서는 자유를 제한할 수 없다. 그러므로 심사관문 3의 (1)에 의해 자유 제한을 정당화하려는 측은, 새롭게 열린 법적 행위 경로가 있음을 항상 논증해야 한다.

심사관문 3의 (1)에 의해 거부되는 규제의 둘째 유형은 '일부 구성원을 편드는 우열 판단'이다. 즉, 특정한 신조를 가진 사람들에게만 더 우월한 것으로 받아들여질 수 있는 행위 경로를 열기 위하여 다른 사람들의 행위 경로를 일률적으로 닫는 것이다. 또는 특정한 계급을 창설하여 다른 사람들을 누리지 못하는 특별한 행위의 가능성을 향유토록 하기 위해 나머지 구성원들에게 동등한 행위의 가능성을 닫는 것이다.[58]

---

58) 헌법 제11조 제2항은 한정된 특별한 형태의 특수계급 제도만이 아니라 어떠한 특수계급의 창설도 금지하고 있다. 이는 기본권 보장에서 차등을 두는 집단을 창설할 수 없음을 의미하는 것이다.

3. 약한 후견주의 원칙

1) 자율성 상실에 대한 대응

이제 심사관문 3의 (2) 부분을 살펴보자. 이 부분은, 간섭 당하는 사람의 이익을 위해 이루어지는 간섭이 세 요건을 갖출 것을 요구한다.

첫째, 자율성 조건 회복 이후에 간섭당한 사람의 선관에 비추어 합리적으로 정당화 가능할 것.

둘째, 간섭 당시 자율성 조건이 명백하게 결여되어 있을 것.

셋째, 간섭은 심원한 가치와 목표에 중립적일 것.

약한 후견주의(weak paternalism)는, 강한 후견주의(strong paternalism)과 대비되는 의미에서 쓰인 것이다. 후견주의(後見主義)는 간섭당하는 사람의 이익을 위해 다른 사람이 대신 일정한 범위의 결정을 내려주는 간섭을 정당하게 할 수 있다는 이념(idea)이다. '대신 결정을 내려줄 수 있는 사안의 범위가 무엇이며 어떤 요건을 갖추어줘야 하는가'에 대한 답변에 따라, 후견주의는 전혀 다른 성격을 갖게 된다. 강한 후견주의는 평등한 자유로운 관계를 부인하는 이념임에 반하여, 약한 후견주의는 평등한 자유로운 관계를 구체화하는 이념이다.

강한 후견주의는 간섭당하는 사람이 특별히 의사결정 능력에 문제가 없음에도 불구하고 무지나 성품의 결함, 올바르지 못한 주위 환경 때문에 좋은 삶을 살지 못하는 경우에, 좋은 삶을 살게 하기 위하여 거의 모든 범위의 결정을 대신 내려줄 수 있다는 이념이다. 즉 그것은 대신 결정을 내려주는 다수나 권력을 가진 사람들이 소수나 권력이 없는 사람들보다 두 몫의 결정권을 갖는 관계에 선다는 것을 전제로 한다. 따라서 강한 후견주의에서 후견주의 정책으로 추구하는 목적은 그 자체로 평등하고 자유로운 관계를 위배하는 것이다.

반면에 약한 후견주의는 오로지 자유의 전 체계를 유지하거나 강화하

기 위하여 불가피한 간섭만을 허용한다. 즉 그것은 간섭당하는 주체의 의
사결정 능력의 결함을 필요조건으로 하여 발동된다.

강한 후견주의에서는 '개인 x에게 —이 이익이 된다'는 판단이 권력을
가진 구성원 또는 다수 구성원에 의해 이루어지게 된다. 따라서 강한 후
견주의를 받아들이는 체계에서 법익 형량 추론은 이익에 대한 규정에서
부터 일그러지게 된다. 왜냐하면 개인 x는 그것이 자신에게 이익이 되지
않는다고 하는 '아니요' 발언을 하는데, 그 발언을 무시하고 일방적으로
'이익이 된다'고 해버리기 때문이다. 이것은 기본권 주체들의 근본적 관
계를 해석하면서 수행적 모순을 명시적으로 범하는 것이다.

A와 B 두 당사자가 계약을 체결한다고 해보자. 이때 '이 계약이 위반되
었는지 여부는 A가 판단한다. 따라서 계약이 위반되었다고 A가 판단하지
않는 한, B는 스스로 계약 위반을 이유로 한 소를 제기할 수 없다.'라는
부제소특약을 넣는다. 이 특약은 B가 그 계약을 맺는 것을 거부할 수밖에
없도록 한다. 왜냐하면 어떤 사람도 계약 위반인지를 판단할 권한을 양도
하면서 그 계약이 구속력을 가지는 것을 자신에게 이익이 된다고 생각할
수 없기 때문이다.59) 이러한 이치는 기본권 주체들 사이의 관계를 근본적
으로 규율하는 사회적 협약인 헌법에도 적용된다. '모든 구성원들의 이익
은 공정하게 고려되어야 한다'는 헌법규범을 도입한다고 해보자. 이 규범
은 당사자들이 자신의 이익이 침해받았다는 판단을 스스로 계속 보유할
것을 전제해야만 합의될 수 있다. 강한 후견주의는 '모든 구성원들의 이
익은 공정하게 고려되어야 한다. 단, 무엇이 구성원들에게 이익이 되는지
는 일부 구성원이 규정할 수 있다.'라는 규범을 한꺼번에 도입하는 것을
의미한다. 그런데 이러한 내용의 규범은 평등하고 자유로운 의사소통 주

---

59) Sheldon L. Leader, "Free Speech and the Advocacy of Illegal Action in Law and
    Political Theory", *Columbia Law Review*, Vol. 82, No. 3, 1982, 422면.

체들 사이에서 승인될 수 없다. 왜냐하면, 그 규범문의 후문이 전문을 무의미한 것으로 만들기 때문이다. 일부 구성원이 '다른 구성원에게 무엇이 이익이 되는가'를 규정할 수 있다면, 그 다른 구성원들은 자신들의 이익이 공정하게 고려되지 않았다는 이의를 제기할 수 없는 상황에 놓이게 되기 때문이다. 따라서 강한 후견주의는 법익 형량 주장으로서 수행적 모순을 범한다. 그것은 기본권 주체들의 이익을 공정하게 고려한다고 하면서, 동시에 그 이익 자체를 불공정한 방식으로 정의하기 때문이다. 반면에 자율성 조건이 명백하게 결여되어 있을 때에만 회복 이후에 간섭당한 사람의 선관에서 정당화 가능한 것일 때에는, 의사결정 능력의 훼손에 대한 방비로서 도입이 합리적인 협약이다.

그러므로 근본적으로 자유롭고 평등한 관계를 부인하는 수행적 모순을 범하지 않는 헌법규범은 강한 후견주의는 거부하고 약한 후견주의를 받아들이게 된다. 자유권 규범의 해석으로서, 강한 후견주의는 기본권 주체들 사이의 불평등한 관계를 전제하므로, 타당하지 않다. 반면에 약한 후견주의는 그러한 관계를 전제하지 아니하고 오로지 평등한 관계에서 객관적으로 취약한 상황을 대비하여 합리적인 방비책을 세우는 것이므로 타당한 것이다.60)

심사관문 3의 두 번째 부분인 약한 후견주의(weak paternalism)의 정식은 자유의 가치 구조에 내재한 것을 표현한 것이다. 그 이유를 설명하여 보자.

자유의 제한은 자유 행사의 범위를 제한하는 것이다. 자유 행사란, 열려 있는 행위 경로들 중 어느 하나를 택하는 것을 의미한다. 그런데 기본권 주체가 가치 있게 여길 자유 행사는, 일정한 조건이 성립된 자유 행사다. 이러한 조건이 결여되어 있을 때에는, 실제로 택하게 되는 행위선택

---

60) 같은 논문, 434면.

지가, 기본권 주체의 이익을 저해할 가능성이 높다. 그 기본권 주체의 심층적인 목적과 기획의 내용이 무엇이건 간에 말이다. 즉, 타인이 규정한 목적과 기획에 저해가 되는 것이 아니라, 바로 행위자 자기 자신의 심층적인 목적과 기획에 저해가 된다. 행위자와 다른 포괄적 선관(善觀)을 가진 사람의 관점에서가 아니라 행위자 본인의 관점에서 이익이 되지 않는다.

그것이 결여되었을 때 자유 행사가 가치를 잃어버리게 되는 조건이란 바로 '자율성'(autonomy)이다. 자율성 조건이 만족되지 못할 때 우리는 자신에게 적합한 것을 고르지 못하게 된다.

자율성 조건은 두 측면에서 해명될 수 있다.

첫째, 능력 측면.

자율적이라는 것은 그 사람이 이유에 근거하여 행위할 능력이 있다는 것이다.

예를 들어 수술 중이라 마취 상태에 빠진 사람은 그런 능력이 없다. 만취한 상태 또는 심각한 정신병에 걸린 상태에서 재산을 처분하는 계약을 한 사람 역시 그런 능력이 없다. 이유(理由)를 검토할 수 없게 만드는 객관적 결함이 있기 때문이다. 그런 결함이 없어야 그 사람의 행위를 자율적 행위라고 할 수 있다. 여기서 이유를 검토한다는 것은 자신의 심원한 가치들을 숙고하고, 그 가치들에 비추어 여러 대안을 비교하고 행위를 조정하는 활동을 말한다.[61]

둘째, 관계 측면.

어떤 사람이 다른 사람과의 관계에서 자율적이라는 것은, 두 가지로 나뉜다.

우선, 이유를 검토할 능력이 부당하게 축소되지 않을 권리가 보장되는 관계에 있어야 한다. 즉 다른 사람들이 그 사람의 선택 능력을 부당하게

---

61) 같은 논문, 438면.

감소시키는 외부적 영향을 끼칠 지위에 있지 않아야 한다. 예를 들어 약물주입, 거짓말, 세뇌, 잠재의식적 메시지에 지속적으로 노출시키기, 정보 삭제, 검열 같은 일을 다른 사람이 얼마든지 할 수 있다면, 그 사람은 자율성을 갖추지 못하게 된다.

다음으로, 이유에 근거하여 실제로 행위하는 것이 보장되는 관계에 있어야 한다. 특히, 타인이 보기에 적합하다고 보는 이유가 아니라 자신이 적합하다고 생각하는 이유에 근거하여 행위할 수 있어야 한다. 일정한 이유에서 행위하지 않으면 이런저런 불이익을 부과한다고 위협하는 강제력이 있다면 이런 관계는 무너진다. 또한 검토 대상이 되는 이유들을 보지 못하도록 다른 사람들이 관련된 정보들을 제거하거나 변형하거나 가려져 보이지 않게 할 수 있는 경우에도 이런 관계는 무너진다.[62]

이러한 능력이나 관계가 결핍되거나 왜곡되었을 경우에는 선택되는 행위 경로는 자신의 목적과 기획에 비추어 해가 될 가능성이 크게 된다. 혹한의 겨울에 만취한 행인이 피곤하고 귀찮아서 보도 위에 그대로 드러누워 버리는 경우, 그 행인에게는 능력 측면에서 자율성이 결핍되어 있다. 이 행인은 보도 위에 그대로 드러눕는 행위 경로를 선택하기는 하였다. 그러나 그 행위 경로는 막다른 골목으로 향한다. 곧 사망하거나 심각한 동상에 걸리는 것이다. 그리고 건강이나 생명의 상실은 행인 자신의 심층적인 기획이나 목적이 무엇이라고 하여도 그 행인의 이익에 반하는 것이다. 그렇다면 이 드러누운 행인의 뿌리치는 손을 무릅쓰고 경찰이 따뜻한 주취자보호실로 옮겨 보호하면서 건강을 살피는 공무를 수행하는 것은, 행인의 자유의 전 체계를 강화하는 것이다.

관계 측면 자율성 상실의 극단적인 예는 노예계약과 같은 형태로 자신의 삶에 대한 근본적인 통제권을 타인에게 넘겨버리는 것이다. 이것은 심

---

62) 같은 논문, 438면.

사관문 1에 의해 허용되지 않는 상태이다. 그래서 심사관문 1은 노예계약
을 무효화한다. 그런데 노예계약이 무효임이 법적으로 확인되어도 현실
적으로 지배되는 상태에서 벗어나지 못하는 경우가 있다. 이때 노예상태
로의 진입 자체는 스스로의 동의에 의한 것이지만, 진입 이후인 현재의
상태는 자율성이 아예 상실된 상태이다. 심사관문 3의 (2)는 감금당하고
폭행당하는 상태에서 벗어나도록 국가가 사실상의 노예주의 자유를 제한
하는 것을 평등한 자유 관계를 복구하는 일임을 확인한다.

　관계 측면 자율성 상실의 좀 더 전형적인 예는, 어떤 행위를 하길 바라
게 되는 이유에 관하여, 타인에 의해 무지하거나 현혹된 상태에 처하게
되어 자신의 권리에 속하는 것을 위험에 빠뜨리게 되는 경우다. 판매자가
물품을 판매할 의사나 능력이 전혀 없으면서 기망하여 구매자에게 대금
을 받는다고 해보자. 구매자는 분명히 대금을 지불할 의사가 있고, 그러
한 자신의 의사에 따라 대금을 지불한다는 행위를 선택하였다. 그러나 그
행위는 구매자의 심층적인 목적과 그에 따라 설정된 중간 수준의 기획이
무엇이건 간에, 그것을 저해한다. 왜냐하면 사기꾼인 판매자의 기망에 의
해 자율성이 박탈되었기 때문이다. 이 경우 실제로 자신의 의사대로 선택
을 해도, 자신에게 적합한 것을 오히려 고르지 못하게 되었다. 특히 판매
자와 구매자 사이에는 정보의 비대칭성이 존재하고 구매자가 실제로 피
해를 입기 전에 그 비대칭성을 극복할 수 있는 다른 방안이 없다. 이로
인해 사기꾼인 판매자는 타인의 몫에 속하는 재산을 마치 자신의 것처럼
취하는 지위에 서게 된다. 그러한 관계는 평등하게 자유로운 관계를 일그
러뜨린다. 마찬가지로 놀이기구와 같은 서비스를 제공하면서 그 위험성
에 대한 안전장치를 제대로 해 놓지 않는 경우에도, 타인의 몫에 속하는
재산과 신체를 자신의 것처럼 탈취하는 관계에 서게 된다. 집에서 일상
용품으로 쉽게 만들 수 있는 소형 폭탄 제조법을 인터넷에 올리는 경우도

같은 원리에 의해 제한이 정당화된다. 그러한 제조법을 알게 된 이는 다른 이의 생명·신체에 대하여 위협을 가할 수 있는 탈취적인 힘을 지니게 된다. 따라서 이러한 정보의 전파는 평등한 자유 관계를 일그러뜨리는 것이다.[63) 따라서 사기나 과장광고, 안전을 규제하는 질서는 관계 측면의 자율성을 보충함으로써, 자유의 전 체계를 강화한다.

그러나 이러한 사안이 아닌 일반적인 사상이나 견해·정보의 교환 사안에서 관계 측면의 자율성 원칙은 규제를 반대하는 방향으로 작동한다. 왜냐하면 어떤 사상·정보·견해를 택하는가는 신체의 안전이나 재산과 달리 이를 수용하는 사람의 사상과 견해에 따라 그 이익을 달리 평가할 여지가 있기 때문이다. 신체의 안전이나 재산이 침해당했다는 점은 정치적으로 심원한 분쟁 없이 판단할 수 있고, 행위 선택 당시에는 이를 몰랐던 행위 주체 자신의 관점에서 이 판단에 동의할 수 있다. 반면에 견해가 틀렸다는 점 자체는 정치적 합의의 의제가 되기 어려운데다가, 행위 선택에 간섭당한 이후에 행위 주체 자신의 관점에서 이 판단에 동의하기가 힘들다. 그래서 다원적인 사회에서는 이러한 사상·정보·견해를 틀렸다는 이유로 검열하거나 삭제하는 것은 '모든 기본권 주체를 포괄하는 공통 이익'이 되지 못한다. 더욱 중요한 점은 재산권이나 신체의 안전을 탈취하는 일과 직결되지 않는 사안에서, 각자 진실로 믿는 사상·정보·견해를 주장하고 수령하고 비판적으로 검토하는 일은 각자의 몫으로 양립가능한 영역이라는 점이다. 그렇기 때문에 어느 누구도 다른 사람에게 속하는 바를 탈취하고 있지 않다. 평등한 자유 관계가 일그러지지 않는 것이다

오히려 다수가 국가의 강제력을 통해 일정한 정보와 견해가 소통되지 못하도록 규제할 경우에 평등한 자유 관계가 일그러진다. 그러면 모든 구성원들의 의사결정은 그런 규제에서 허용된 정보와 견해에만 기초해서

---

63) 같은 논문, 429면.

이루어지게 된다. A, B, C 견해 모두를 아는 경우 어떤 사람이 C를 가장 좋은 견해로 생각한다고 해보자. 그리고 C 견해를 진지하게 믿게 되면 CS이라는 후속 행위를 할 가능성이 높다고 해보자. CS라는 후속 행위가 직접 제한되어 있지 않다 하더라도, C에 관한 정보가 심각하게 제한되어 있다면 그 사람의 삶은 그만큼 다른 사람에 의해 조종되는 셈이다. 그런데 자신의 삶을 자신이 적합한 이유라고 생각한 바에 따라 기획하고 꾸려나가는 권리는 평등하고 자유로운 관계의 입헌 국가에서 가장 궁극적 결정권이다. 즉, 사람들이 행위의 적합한 이유를 생각해볼 자료를 공유하지 못하도록 하는 다수나 권력이 있는 사람들이 그 사람의 궁극적 결정권을 탈취하는 셈이다. 따라서 이것은 관계 측면에서 자율성을 오히려 침해한다.

이러한 논증은 일반적인 사상·견해·정보에 대하여 철저한 회의주의 (skepticism)를 전제하지 않는다. 회의주의(懷疑主義)는 평등한 자유 관계를 기초로 한 권리 질서가 타당한 것으로 논증될 수 없다는 결론으로 귀결되므로 규범의 영역에서 곧바로 수행적 모순을 범한다. 게다가 사실의 영역에서도 과학적 진리를 전제로 수많은 일상생활을 영위하고 있는 사람들의 실천과도 모순된다. 심사관문 3의 (2) 조건은 진리란 존재하지 않는다는 회의주의가 아니라, 다만 사상·견해·정보에 대한 규제가 특별한 탈취의 위험을 가져온다는 점을 반영한 것이다.

또한 이 조건은 사상(思想)의 자유시장(自由市場)이 언제나 작동할 것이라는 절대적 낙관을 기초로 하지 않는다. 사상의 자유시장 논거는, 그 자유시장이 작동하지 않는 반례[64](counter examples)를 들자마자 표현의 자유와 알 권리에 대한 공격자로 돌변할 수 있다. 근본적으로 사상의 자유

---

64) 예를 들어 생물학에서 확고히 확립된 사실들을 부인하는 종교적 교설이 널리 퍼질 수 있으며, 이는 민주주의 국가 여러 곳에서 벌어지고 있는 일이기도 하다.

시장(free market)이라는 은유 자체가 이론적 문제를 갖고 있다. 경제학 이론에서는 완전경쟁시장과 그 작동 원리 및 결과에 대하여 잘 확립된 이론이 있다. 그러나 무엇이 완전한 사상의 자유시장인지에 관하여는, 이에 상응하는 이론이 없다. 그래서 특정한 규제를 찬성하는 어떤 사람도, '그 규제 도입이 자유시장경제에서 소유권 침탈을 금지하는 법처럼, 사상의 자유시장이 작동하기 위한 전제조건'이라는 비유를 끌어댈 수 있다. 또한, 모종의 '완전 자유시장' 모델에만 명확하게 기반하여 현재의 사상 분포 상태의 좋고 나쁨을 평가할 수도 없다. 단지 견해의 타당성에 대한 독립적인 내용적 기준을 가지고 어림짐작으로 그 결과가 전반적으로 그래도 나은 편이라는 평가를 제시할 수 있을 뿐이다. 그러면 다른 독립적인 내용적 기준을 가진 논자는, 어림짐작으로 규제가 있는 편이 더 나은 편이라는 평가를 또한 독단적으로 제시할 수 있다. 이로써 '자유시장'이라는 은유를 둘러싼 여러 주장들은 실은 논증가치의 우열을 판별할 수 없는 스캔들에 빠진다.65) 이와는 달리 심사관문 3의 (2)는 각자가 다른 이의 양립가능한 동등한 권리를 침해하거나 탈취함 없이 스스로 믿는 바를 표현하고 교환하고 형성하는 경우, 설사 그 결과가 진리의 관점에서 만족스럽지 못하더라도 평등하게 자유로운 관계는 일그러진 바가 없다는 점에 주목한다.

2) 강한 후견주의의 거부

심사관문 3의 (2)가 자유의 가치 구조에 내재적인 관문이지, 임의적으로 덧붙인 관문이 아니라는 점은, '입헌적 지위의 불평등을 막는 탈취 금

---

65) 사상의 자유시장이 아무런 판정기준을 제공하지 못하는 공허한 비유라는 위 설명은 David A. Stress, "Persuasion, Autonomy and Freedom of Expression", *Columbia Law Review*, Vol. 91, No. 2, 1991, 349면의 논의를 참조한 것이다.

지 원칙'이 바로 이 약한 후견주의 원칙에 반영되어 있다는 점에 의해서
도 확인된다. 즉, 간섭당하는 사람을 위하여 간섭한다는 정당화는 시종일
관, 다원적인 심원한 가치 및 목표에 중립적일 것이 요구된다. 자율성 조
건의 결여 보충과 관련되지 아니하고 단순히 특정 선관에서 보았을 때
'더 나은 사람'으로 만들어준다는 이유는 이 관문을 여는 열쇠가 되는 종
류의 논거가 아니다.

예를 들어 매우 신실한 특정 종교인의 관점에서 보았을 때에는, 정말로
인생에서 중차대한 이치를 다른 이가 깨닫지 못하고 있고, 그 종교를 믿
었을 때 더 나은 사람이 된다고 진지하고 신실하게 주장할 수 있다. 그러
나 그 종교인에게는, 동료시민에게 동등한 시민으로 자신의 신조를 설득
하고 모범을 보임으로써 언제든 영향을 끼칠 기회가 있다. 그리고 다른
사람들 역시 동등한 시민으로서 대등한 기회를 갖고 있다. 이러한 상황은
공정하며, 평등하고 자유로운 시민들의 관계에 정확히도 부합하는 법질
서의 상황이다.

그렇기 때문에 특정 신조에 비추어 다른 신조에 따르는 삶이 타락하였
다거나 제대로 된 것이 아니라거나 품위가 없다는 등의 이유로 자유를 제
한하는 것은, 정당화될 수 없는 지위를 전제로 한다. 자신에게 주어진 동
등한 몫을 넘어서서 다른 사람의 몫에 속하는 결정권을 찬탈할 지위에 있
다는 전제가 깔려 있는 것이다. '타락한 삶의 표본을 보임으로써 타인에
게 부정적인 영향을 끼친다'는 논거 역시 같은 종류의 논거다. 왜냐하면
이 논거가 간섭의 이유가 된다는 것은, 다른 사람의 양립가능한 선관을
타락한 것으로 규정하고 금지함으로써 각자 문화에 영향을 미치고 기여
하는 것을 불평등하게 막을 권한이 다수나 권력을 가진 구성원들에게 헌
법적으로 부여되었다는 전제를 깔고 있기 때문이다. 그리고 이 전제는 그
런 권한을 갖는 지위에 서는 관계를 나머지 구성원들과 맺고 있음을 함의

한다. 그런데 이 함의는 평등하고 자유로운 모든 기본권 주체에 대한 정당화라는 헌법논증의 전제를 부인한다.

이것은 강한 후견주의, 또는 제한된 의미로 정의된 법도덕주의(legal moralism)가 자유제한의 이유로 헌법상 허용되지 않음을 의미한다. 여기서 말하는 법도덕주의(法道德主義)는 "형법을 수단으로, 다른 이에게 해악(harm)도 정신적 부당방해(offense)66)도 야기하지 않는 특정한 행위 유형을, 그러한 행위들이 다른 종류의 악(evils)을 야기한다는 근거에서 국가가 금지하는 것은 도덕적으로 정당성이 있다."67)는 입장이다. 법도덕주의의 이유로는 전통적인 삶의 양식을 보전할 필요, 도덕을 강제할 필요, 부당한 이득을 막기 위한 필요, 완전한 인간 성품을 고양하기 위한 필요가 제시된다.68)

그러나 이와 같은 목적들은 자유롭고 평등한 시민들의 공동체인 현대 입헌 민주주의 국가의 정당성 있는 목적이라 할 수 없다. 이것은 시민들을 일종의 다수나 국가가 지정한 덕목을 담는 그릇이자 지정한 신념과 성품을 실천하는 용기(容器)로 보는 것이다.

물리적 환경이나 신체적 상해에 대한 보호를 위해 국가개입이 허용되는 것처럼 정신에 대한 보호를 위해 국가개입이 형사적 수단으로 허용된다고 할 수는 없다. 정신의 계도는 신체 안전의 보호와 같지 않다. 왜냐하면 "신체적인 상해(physical injury)는 모든 보통사람의 복지이익(welfare interest)에 저해(setback)가 되는 데 반해, 성품에 대한 해악은 그 사람의 이익에 저해가 되지 않"기 때문이다. "그 사람이 성품의 탁월성에 대한

---

66) 정신적 부당방해는 악취를 풍기거나 소음을 내는 것과 같이 다른 구성원들이 통상적인 행위를 하기 위해 필요한 정신적 집중과 안정을 저해하는 행위이다.
67) Joel Feinberg, *Harmless Wrongdoing: Moral Limits of the Criminal Law*, New York: Oxford University Press, 1990, 3면.
68) 같은 책, 3면.

사전적인 이해관심이 없었다면 말이다."69) 복지이익은 사람들이 어떤 심원한 목표와 가치를 택하든 관계없이 이익이 되는 것이다. 반면에 특정한 성품을 추구해야 한다는 것은 그 성품을 추구하는 심원한 목표와 가치를 전제로 해야만 이익이 된다. 따라서 그러한 심원한 가치를 채택하지 아니한 기본권 주체들에게 그 성품을 고양한다는 이유로 형사적 수단을 쓰는 것은 정당성이 없는 것이다. 그것은 일부 기본권 주체가 다른 기본권 주체에게 어떤 정신을 가져야 하는지를 대신 결정해줄 지위에 있음을 의미하기 때문이다.70)

동성애와 같은, 지배적인 사회규범으로부터의 일탈은 사회에 꼭 필요한 공유된 도덕을 붕괴시켜 사회를 해체하는 해악을 가져오므로 다수는 이를 처벌할 권한을 갖는다는 주장이 있기는 하다. 그러나 이러한 사회 해체 논제는 개념의 혼동에서 온 것이다. 사회가 유지되려면 일정한 기본적 사항에 관한 공유된 도덕이 필수적이라는 사실로부터, 특정 시점에 공유된 모든 특정 도덕관념이 곧 사회 그 자체이거나 사회를 보호하기 위하여 필수적인 것이라는 결론은 따라 나오지 않는다.71) 공유되어야 할 필수적인 도덕이란, 상호 존중 하에서 공존과 협동을 가능케 하는 규범이지, 그 체계 내에서 일부나 다수가 공유하는 포괄적 신조가 아니기 때문이다. 그리고 상호 존중과 협동을 가능케 하는 규범 중 핵심이 평등하고 자유로운 관계를 유지해야 한다는 원칙이다. 그러므로 특정 시점의 사회에서 지배적인 신조를 강제적으로 관철하기 위하여 공존과 협동의 필수 조건을 깨는 것은 자멸적(自滅的)이고 도치(倒置)된 생각이다.

원래 다수에게는 다수가 전체 인구 구성에서 차지하는 만큼 사회의 분

---

69) 같은 책, 17면.
70) 같은 책, 79-80면.
71) 이것은 H. L. A. Hart, *Law, Liberty and Morality*. 이영란 옮김, 『법, 자유, 도덕』, 나남, 1996, 70-71면의, Devlin의 사회 해체 논제에 대한 논박의 내용이다.

위기와 기풍에 원하는 대로 영향을 미칠, 다른 집단보다 더 큰 기회가 있다. 강제적인 입법을 동원하는 것은, 자기들의 몫으로 주어진 그만큼의 큰 기회를 넘어서, 다른 사람의 권한과 기회마저 탈취함으로써 목적을 추구하는 것이다. 평등하게 자유로운 구성원의 지위는 단지 공식적인 투표를 통해서만 자신의 삶의 여건에 기여할 수 있는 데 한정되는 지위가 아니다. 삶의 여건을 구성하는 전반적인 분위기와 가치에 각자가 윤리적인 판단에 따라 기여할 수 있다는 것도 그 지위의 중요한 부분이다. 그리고 법도덕주의는 그러한 기본권 주체의 지위를 부인하는 것이다.[72]

삶의 여건을 형성하는 기풍과 분위기의 분포는 설사 '一도덕'과 같은 명칭을 단다 하여도, 국가가 강제할 정당성 있는 그런 의미의 도덕이 아니다. 그것을 자유롭고 평등한 구성원에게 보편적인 규범으로 승인될 자격이 있다는 의미에서 도덕이라 부르는 것은, 편견, 단순한 정서적 반응, 합리화, 의견 따라하기를 규범적 논거와 혼동하는 것이기도 하다.[73] 이러한 혼동에 기반한 논증은 자유를 제한하는 국가의 강제를 근거 짓는 논거가 될 수 없다.[74] 즉 그것은 자유 제한에 관한 규범적 논증대화에서 제시

---

72) 김대홍, "이슬람 후두드 형벌과 비례성의 원칙 — 절도죄의 신체절단형을 중심으로", 『法史學硏究』 41호, 2010은 자유를 제한할 수 있는 사유가 법도덕주의적인 것으로 확장되면 비례의 원칙이 전혀 다른 것으로 변질된다는 점을 시사한다. 이슬람법에서는 종교와 이성에 대한 침해 역시 법익 침해로 포함되는 확장적 해석을 취한다. (위 논문, 262면) 이렇게 올바른 종교와 올바른 이성에 어긋나는 것을 처벌하게 되는 경우, 이를 규정할 수 있는 권한이 있는 일부 구성원이 다른 일부 구성원으로부터 신앙생활과 이성의 사용에 관한 근본적인 결정권을 찬탈하게 되거나, 구성원 상호 간에 찬탈이 이루어지는 결과가 생긴다.

73) Ronald Dworkin, *Taking Rights Seriously*, 염수균 옮김, 『법과 권리』, 한길사, 2010, 제10장.

74) Ronald Dworkin, *Freedoms's Law: The Moral Reading of the American Constitution*, Cambridge: Harvard University Press, 1997, "Introduction: The Moral Reading and the Majoritarian Premise", 25-26면에서 Dworkin은 민주적 공동체의 요건 중 하나로 구성원들은 도덕적 독립성을 가질 수 있어야 한다는 것이 포함됨을 논하고

될 수 있는 적합한 논거가 아니다.

헌법적 논증대화에서는 단지 '사실로서 지배적인 것'은 법규범명제로 편입될 수 없다. 어떤 생활측면에 대한 지배적인 기풍과 분위기, 의견이 진지한 비판적 규범논증에 의해 뒷받침되는 것이 아니라 인류학적·사회학적 의미에서 널리 퍼져 있다는 것은 단지 사실에 불과하다. 그러한 사실을 근거로 그 기풍과 분위기를 계속 지배적인 것으로 그대로 고정하거나 더 나아가 전일적(全一的)으로 관철시킬 권한이 있다고 주장하는 것은 탈취를 주장하는 것이다. 자기가 이미 자신에게 주어진 자유를 활용하여 행사한 몫의 결과에 만족하지 못하자, 타인의 자유 몫까지 탈취하여 그 이상의 것을 성취하고자 하는 것이다.

결혼 전에 동거를 하는 것이 바람직한 것인가 아닌가 등에 대해 다수가 이를 입법하고 형사법으로 강제하는 것은, 다수의 결정이 정당성을 가지기 위한 조건 자체를 뒤집는 것이다. 어느 누구도 자신의 근본적인 결정권을 언제든 찬탈하고 위태롭게 할 수 있는 지위에 다른 구성원이 선다는 점을 받아들일 수 없다. 그러한 불평등한 관계를 전제로 해야 성립되는 논거는, 정당화 논거로 제시될 수 없음을 심사관문 3의 (2)는 명시하고 있는 것이다.

결론적으로, 행위자의 실제적 의사에 반하는 방식으로 그 행위자의 이익을 위하여 간섭하는 국가작용은, 그것이 심사관문 3의 (2) 자율성 조건 셋[75]을 동시에 만족시킴을 논증함으로써 합헌성을 주장할 수 있다. 반면에 위헌성을 주장하는 측은 그 조건 중 하나가 결여되어 있음을 입증하여 위헌성을 논증할 수 있다. 왜냐하면 그러한 조건 중 하나 이상의 결여는,

---

있다.
75) 첫째, 자율성 조건 회복 이후에 간섭당한 사람의 선관에 비추어 합리적으로 정당화 가능할 것. 둘째, 간섭 당시 자율성 조건이 명백하게 결여되어 있을 것. 셋째, 간섭은 심원한 가치와 목표에 중립적일 것.

그 국가작용이 궁극적 결정권의 탈취를 통하여 평등하고 자유로운 관계를 왜곡한다는 점을 보여주기 때문이다.

4. 헌법재판소 결정 분석

헌법재판소 2000. 3. 30. 99헌마143 결정은, 심사관문 3이 표현하는 헌법규범을 보여주는 결정이다. 동 결정은 '숙취해소용 식품'이라는 표시를 하지 못하도록 금지하는 법률에 관한 것이었다.

동 결정은 해당 법률이 두 가지 점에서 심사관문 3의 (1) 조건을 충족하지 못함을 지적한다. 첫째, "식품에 숙취해소 작용이 있음에도 불구하고 이러한 표시를 금지하면 숙취해소용 식품에 관한 정확한 정보 및 제품의 제공을 차단함으로써 숙취해소의 기회를 국민으로부터 박탈하게 된다." 둘째, "숙취해소용이라는 뜻의 표시를 금지하는 것은 나아가 보다 나은 숙취해소용 식품을 개발하기 위한 연구와 시도를 차단하는 결과를 초래한다." 즉, 가능했던 행위 경로는 닫으면서, 그보다 우월한 행위 경로를 하나도 열지 못한다는 점을 지적한 것이다. 그리고 그러한 경우에는 자유의 전 체계 강화라고 볼 수 없는 것이다.

더 나아가 해당 결정은 심판대상 조항이 심사관문 3 (2) 부분도 통과하지 못하였음도 짚고 있다. 심사관문 3 (2)는 약한 후견주의 원칙이다. 동 결정은 간섭받는 행위자 자신의 이익이 연루되어 있음은 인정한다. "다만, 숙취해소용 식품을 과신한 나머지 과음을 하게 되는 부작용이 발생할 수도 있다." 그러나 그러한 이익을 위한 간섭이 심사관문 3 (2)의 조건을 충족시키지 못하였음을 뒤이어 지적한다. "그러나 이러한 문제는 본질적으로 소비자의 건전한 판단과 책임에 맡길 일이지, 국가가 여기에까지 직접 개입하는 것은 적절하지 아니하다. 국가로서는 숙취해소용 식품을 과신하여 과음하면 건강을 해친다는 내용의 경고 문구를 숙취해소용 식품

등에 의무적으로 병기하도록 하는 정도의 정책수단을 취할 수는 있다고 하겠으나, 이를 넘어 숙취해소용 식품임을 나타내는 표시를 일체 금지하는 것은 교각살우의 과잉제한이라고 아니할 수 없다."

무엇이 숙취해소용 식품인지 아닌지 무지한 상태를 강제당하는 것은, 첫째, 간섭이 사태 이후에 간섭받았던 기본권 주체에게 합리적으로 정당화 가능하지도 않는다. 둘째, 지식을 갖춘 상태보다 열등한 무지한 상태를 강요함으로써 자율성 조건을 더 악화시킨다. 셋째, 좋은 생활양식에 관하여 각자에게 주어져 있는 판단을 탈취하여 대신 행사함으로써 중립성 조건을 위배한다. 따라서 자율성 훼손이 발생한 경우 자유의 전 체계를 더 강화하기 위해 개입하는 약한 후견주의의 원칙에서 요구하는 바를 충족하지 못한다.

따라서 동 결정은 단순히 행위자의 이익을 위하는 점이 있다는 점만을 언급함으로써 정보의 교환을 금지하는 간섭이 정당화될 수 없다는 점을 확인한 것이다. 정당화되는 규제는 허위·과장 광고나 재산이나 신체 등에 피해가 발생하기 전에는 극복할 수 없는 정보비대칭성을 발생시키는 광고의 규제에 국한된다. 그 이상은 오히려 관계 측면의 자율성을 악화시키는 것임을 지적한 것이다.

헌법재판소 2004. 7. 15. 2003헌바35 등 결정은 심사관문 3 (1)의 '(1) ① 일정한 유형의 행위가능성을 금지함으로써 비로소 가능하게 되는 유형의 행위선택지가 존재하며 그리고 ② 일반적 협동과 공존을 위하여, 새롭게 가능하게 된 행위선택지 유형의 필요성을 합당하게 거부할 수 없다.'는 부분을 통과하는 열쇠가 되는 전형적인 논거를 보여준다.

동 결정의 쟁점 중 하나는 건설업자가 부정한 방법으로 건설업의 등록을 한 경우 건설업 등록을 필요적으로 말소하도록 규정한 건설산업기본법 제83조 단서 중 제1호 부분이 직업의 자유를 침해하는지 여부였다. 이에 대하여 헌법재판소는 표면적으로는 직업 자유 제한 정도보다 공익의 비중이 더 크다는 비중의 언어를 사용하였지만 중요한 부분은, "부정한 방법으로 등록을 하여 건설업을 영위한 자의 경우 이 사건 법률조항으로 인하여 추가적으로 발생하는 기본권의 제한이 없을 뿐만 아니라 헌법상 기본권에 의하여 보호받을만한 이익도 사실상 거의 없다"는 점을 지적한 부분이다. 부정한 방법으로 등록을 한 건설업자가 부실시공을 하는 것은, 그러한 건물을 소유, 임차, 거주하는 기본권 주체의 자율성 조건을 위배한다. 안전하지 못하게 시공된 건물은 그러한 공간 안에서 살아가는 기본권 주체들의 행위 경로를, 그들이 통제하지 못하는 방식으로 위협한다. 이와 같은 복합적·불확정 사안에서는 민주적으로 결정된 안전성을 관철하기 위한 절차·실체 규정들이 모두 준수되는 것이 자유의 전 체계를 강화한다. 즉 부정한 방법으로 등록을 한 자의 시공을 금지함으로써 비로소 민주적으로 심의된 안전 수준을 누리는 행위 경로를 보존할 수 있는 행위 선택지가 가능하게 된다. 그렇다면 복합적·불확정적인 자유 수축 위험을 방지하기 위하여 공적인 논의와 조정에 따라 공정하게 책임을 할당함으로써 생긴 자유 제한은 받아들여야 한다. 왜냐하면 그와 같은 공적 기준이 정해지고 이에 따라 책임이 할당된 뒤에는, 그 책임을 위배하는 것은 다른 이의 자유에 대한 침해로 볼 수 있기 때문이다. 그리고 그러한 자유의 침해를 가져오는 행위의 제한은 자유의 전 체계 강화다.

이처럼 직관적으로 간단하게 비중 판단으로 소급해버리는 것처럼 보이는 사안 역시, 분석을 통해 '평등한 자유 관계' 논의 차원에서 합리적 논증을 구축할 수 있다. 이러한 상대적으로 쉬운 사안에서 확립되는 논거구조와 논거형식을 체계화하는 것은, 이보다 상대적으로 어려운 사안에서의 문제 해결에 큰 도움이 될 것이다.

IV. 심사관문 4: 불평등으로의 이동 정당화

1. 근본적 관계를 위한 불평등

동일한 유형의 행위에 대해 구체적인 처지에 따라 법적 자유가 평등하게 주어지지 않을 수 있다. 예를 들어 근로자는 사업장을 임의로 이탈하면 손해배상 책임을 질뿐이지만, 공무원은 근무지를 임의로 이탈하면 직무유기를 이유로 처벌받는다. 일반 사인(私人)은 자신의 재산이나 전과를 공개당하지 않고 직업생활을 할 자유가 있지만, 선출직 공무원이 되고자 하는 자는 재산과 전과를 공개해야 한다. 이러한 불평등은 어떤 경우에 정당화되고 어떤 경우에 정당화되지 않는 것인가? 심사관문 4는 이러한 사안에 관하여 추론하는 방법을 알려주는 것이다.

> 심사관문 4: 평등 경계에서 불평등 경계로의 이동은 정당화를 필요로 한다. 그리고 그 정당화는 불평등 질서에서 가장 적은 자유를 가진 사람에게도 기본권 주체의 관점에서 공유하는 자유의 전 체계 측면에서 이득이 되는 것이어야 한다. 즉, 불평등 경계로의 이동을 근거 짓는 원리를 거부하게 되면 그 구체적인 불평등 질서에서 가장 적은 자유를 가진 사람에게도 자유의 전 체계 측면에서의 악화를 가져온다는 점을 논증함으로써 자유 제한의 정당화 논증은 성공한다.

심사관문 4를 Rawls를 인용하여 '자유권(自由權)에서의 차등원칙(差等原則)'(difference principle in liberty rights)이라 부를 수 있다.

근본적으로 자유로운 존재로서 기본권 주체들의 평등한 관계가 준수되려면 가장 포괄적인 목적과 그것에 대한 수단이 되는 목적을 스스로 이유를 검토하여 선정할 자유는 평등하게 보장되어야 한다. 그리고 타인의 자유 몫을 찬탈하지 아니하려면 자유는 자유를 이유로 하여서만 제한되어

야 한다. 그러므로 자유 이외의 어떤 바람직한 재화나 가치를 증대시킬
수 있다는 이유로는 소수에게 불리한 자유 제한이 정당화될 수 없다. 사
람들은 자신에게 주어진 자유를 행사하여 다른 사람의 동의를 얻어내어
자신이 더 원하는 가치를 추구할 수 있기 때문이다. 이것을 넘어서서 소
수의 자유를 제한함으로써 다수가 자유 이외의 가치를 추가로 취하는 것
은 설사 그것이 모두가 참여한 정치적 의사결정을 통해 이루어졌다 하더
라도 타인의 몫을 찬탈하는 것이다. 따라서 어떤 법적 자유의 불평등은
오로지 자유로운 지위의 더 근본적인 평등 관계를 강화하고 유지하기 위
한 것일 때에만 받아들여질 수 있다. 즉, 이때 제시되어야 하는 논거에는
제약이 있다. 그 자유의 제한이, 더 근본적인 평등한 자유 관계를 복구·유
지하거나 강화하기 위한 것임을 보이는 논거여야 하는 것이다.

2. 권력 남용에 대한 방비

권력에 대한 방비책으로서 자유를 제한하는 것은, 더 근본적인 평등한
자유 관계를 유지·강화하기 위하여 일부 생활측면에서 불평등한 법적 자
유가 정당화되는 대표적인 경우다.

고위직 공무원의 비위 행위에 대하여 공개적으로 보도하는 것은, 자신
의 과오가 만천하에 공개되지 아니하고 재사회화할 자유를 다른 시민들
에 비해 그들에게는 적게 부여하는 것이다. 그러나 이러한 공개를 금지하
는 원리는, 오히려 근본적인 평등한 자유 관계에 대한 위협을 증대시킨
다. 우선 큰 권력을 보유하는 공직 담당자에 대한 시민들이 선택할 자율
적 기초가 심각하게 훼손된다. 다음으로 부패의 탐지가 수사로 이어지고
수사가 다시 적절히 기소와 판결로 이어지는 과정이 권력의 영향으로 인
해 왜곡되기 쉽게 된다. 뿐만 아니라 그러한 왜곡을 탐지하고 방지할 공
적 구제책이 없게 된다. 왜냐하면 권력은 바로 그런 공적 구제책을 오염

시키기 쉽기 때문이다. 그 결과 권력형 비위 행위에 기본권 주체의 보편적 지위는 취약해진다. 결과적으로 법적 자유의 외연은 그 법제도를 발동시키는 권력을 가진 소수 구성원의 자의의 매개항이 결부된 상태로 바뀐다. 왜냐하면 제도를 자의적으로 운용하는 것에 대한 감시의 기제가 사라졌기 때문이다. 이는 심각하게 자유가 축소된 질서를 초래할 수 있다.

즉, 여기서 하나의 생활측면만 떼어내서 표면적 법적 자유의 동일함에만 주목하면 더 근본적인 관계의 그림을 보지 못하게 된다. 법적 자유는 제도적 권한의 불평등과 연계해서 살펴야 한다.

공무원들은 다른 동료 시민들이 갖지 못한 특별한 권한을 갖고 있다. 예를 들어 경찰은 수사권과 체포권을 가지고 있는 반면에 다른 동료시민은 그러한 권한을 갖고 있지 못하다. 판사는 영장 발부권을 갖고 있지만 나머지 동료 시민은 그러한 권한을 갖고 있지 못하다. 이러한 권한의 불평등한 분배는, 오로지 그것이 그 불평등의 위계에서 가장 낮은 지위를 차지하고 있는 사람을 포함하여 모든 시민에게 이득이 되기 때문에 허용되는 것이다. 그 이득이란 바로 그러한 전문적인 공공질서의 집행이 독립적이고 전문적인 판단에 의해 공정하고 원활하게 이루어지는 이득이다. 만약 이러한 이득을 주지 않는 불평등이 있다면, 그 불평등은 정당화되지 못한다. 그것은 부패를 발생시키는 불평등이 된다. 부패(corruption)란 공공의 이익을 위해 불평등한 권한을 부여받은 사람이 그 권한을 사사로운 이득을 위해 불공정하게 남용하는 것이다. 사회가 불평등한 권한을 소수에게만 준 이유는 모든 이들의 보편적인 이득을 위해 그 기능수행을 의탁한 것이다. 그런데 이 권한은 불평등한 것이기 때문에, 권한을 부여받은 이가 자신의 사사로운 이득을 취하거나 불공정한 대우를 하거나 타인의 권리를 침해할 가능성이 항상 결부된다. 이 가능성은 법적으로 실효성 있게 제어되어야 한다.

남용되면서도 법적으로 실효성 있게 제어되지 않는 권력은 지배 권력 (支配權力)이다. 지배 권력(power of domination)은 자유에 직접적인 충격을 준다. 지배 권력은 정당화되지 않은 원리에 기초하여 자의적으로 간섭할 불평등한 통제권을 지니는 것을 의미하기 때문이다.76) 그리고 그런 통제권을 지닌 이와 함께 사는 구성원은 언제든 자의적으로 간섭당할 처지에 놓이게 된다. 따라서 기본권 주체의 자유는 실효적으로 제재받지 않는 권력자의 자의적 간섭 의사가 매개항으로 결부된 상태로 축소된다.

따라서 부패를 억제할 방비책은 불평등한 법적 권한을 합당하게 수용하는 조건이 된다. 그래야 공적인 권한이 불평등하게 배분되면서도, 그 공적 위임의 결과로 평등하고 자유로운 헌법적 관계를 변형되지 않기 때문이다. 제어 없이 제도적 권한을 위임하는 체제는 참주정(僭主政)이다. 참주정 하의 주체는 평등하고 자유로운 지위가 아니라 참주의 변덕에 예속되는 지위에 놓인다. 그렇다면 불평등한 권한을 도입할 때, 특별한 권한을 가지지 못한 기본권 주체는 대항권한(countervailing power)을 실행할수 있는 제도를 가져야만 한다. 대항권한(對抗權限)은 소수에게 불평등하게 부여된 제도적 권한이 모든 이의 이익을 위하여 정당하게 행사되고 있는가를 감시하고 교정할 수 있는 권한이다. 그리고 이 권한은 실효성이 있어야 한다. 그렇지 않고서는 애초에 평등하고 자유로운 주체는 불평등한 권한을, 서로의 근본적 지위 관계를 왜곡하지 않고서는 도입할 수 없다.77)

---

76) Phiip Pettit, "Freedom as Antipower", 578면.
77) 같은 논문, 589-590면에 의하면 대항권한은 세 전략으로 구현될 수 있다. 첫째, 권력자의 자원 활용을 규제함으로써 권력 없는 자에게 보호를 제공하는 것, 둘째, 권력 없는 자에게 스스로 활용할 수 있는 자원을 부여하는 것, 셋째, 지배 권력의 전횡으로부터 구성원을 보호하는 규제를 도입하는 것이 그것이다. 심사관문 4는 세 번째의 전략을 구현한 것이다.

고위직 공무원은 다른 기본권 주체들은 갖지 않는 지위에서 정보, 자원, 기회를 활용할 수 있다. 민주적 권위가 자의적 지배 권력으로 변형되지 않기 위해서는 그러한 정보, 자원, 기회를 사용하는 과정이 투명하게 공개되어야 한다. 왜냐하면 고위직 공무 담당자들은 인적 네트워크로 결합되어 있으며 서로의 비위 행위를 숨겨주기 쉬운 여건에 있기 때문이다.

정보와 통제권의 비대칭성에 의하여 생기는 자의에 의한 관계 변형을 억제하는 방안 중 필수적인 것이 있다. 정보와 통제권을 갖지 못한 이에게 부패 억제의 방비책을 주는 방안이다. 그것은 권력자의 자원 활용을 규제함과 동시에, 국민들에게 비위 행위자들을 신속하게 가려내고 지속적으로 감시할 수 있는 제도적 자원을 제공한다. 그러한 방비책이 없는 법질서보다는, 그러한 방비책이 있는 법질서에서 구성원들의 자유는 더 잘 보장된다. 즉, 그것은 보편적인 기본권 주체의 관점에서 자유의 전 체계를 강화한다. 따라서 이 특정 측면의 법적 자유에서는 가장 적은 자유를 부여받는 사람 역시 그러한 자유의 불평등 경계를 합당하게 거부할 수 없다. 자신이 우연히 불평등한 권한을 부여받은 사람이라는 특정한 관점은 근거로 삼을 수 없다. 그 특정한 관점에서 나온 논거는 '일반적 이유'를 제시하지 못함으로써 기본권 주체 모두의 근본적 관계를 무시하기 때문이다.

반면에 연예인이나 유명 스포츠 선수가 누군가와 비밀리에 사귀고 있다거나 전과가 있다는 사실을 보도하는 것을 허용하는 것은 적합한 논거가 없다. 일반인과 연예인 사이에 사생활의 자유가 불평등하게 부여되어 있다면, 그런한 불평등은 정당화되어야 한다. 그러나 그러한 법적 불평등 때문에 근본적으로 평등하고 자유로운 관계가 유지된다거나 강화된다는 논거가 없다.

연예인이나 유명 스포츠 선수의 사생활을 더 알게 된다고 하여, 그 연예인 등도 함께 누리는 보편적인 자유의 전 체계가 강화되지 않는다. 그들은 다른 사람들은 갖고 있지 못한, 다른 사람들의 법적 지위를 변경시키는 결정을 내릴 법적 권한을 제도적으로 부여받은 사람들이 아니다.

어떤 사람도 단지 자신이 다수 공중의 관심이 되었다는 이유로 자신의 사생활이 원하지 아니한 상태에서 공개되는 규범을 일관되게 지지할 수는 없다. 우연히 지하철에서 누군가에게 우스꽝스러운 모습으로 찍혔거나, 외모가 출중하거나 하는 다양한 이유로 집중적인 관심의 대상이 될 수 있다. 대중의 관심의 대상이 되는 것은, 그 시점의 대중의 우연한 심리에 의해 결정된다. 그런데 특정 시점의 심리적 상태 분포는 권리 제한에 필요한 일반적인 이유가 되지 못한다. '공중의 관심의 대상이다'는 사실 자체는 자유 제한에 적합한 논거가 되지 못한다. 그것을 적합한 논거로 인정한다면, 일부 구성원은 자신의 심리 상태를 이유로 다른 구성원의 사생활의 자유를 불평등하게 축소시킬 지위에 있다는 전제가 성립해야 한다. 그러나 그 전제는 평등하고 자유로운 관계를 훼손한다.

따라서 사생활의 자유와 표현의 자유의 외견상 충돌 문제에서 진정으로 쟁점이 되는 것은 '공중의 관심의 대상인가'가 아니라 '공중의 정당한 관심의 대상이 될 자격(資格)이 있는가'다. 공중의 정당한 관심의 대상이 될 자격이 있는 정보는, 그 정보가 알려지지 않음으로 인해 평등하고 자유로운 관계가 일그러지게 되는 정보다.

만일 단순히 공중의 관심 대상이 된다는 이유만으로 사생활의 비밀이나 개인의 자기정보결정권이 침범될 수 있다는 규범을 받아들인다고 해보자. 그러면 결국 모두가 원하는 자유의 상태보다 더 열악한 자유 상태에 빠진다. 왜냐하면 서로가 서로의 사생활을 동의 없이 공개하는 상태를 일반적으로 받아들여야만 하기 때문이다. 이것은 자기 인격을 타인의 비난이나 압력에 휘둘림이 없이 발전시킬 수 있는 영역이 사라진다는 것을 의미한다. 이것은 보다 밀접하게 결부된 자유를 보호하는 심사관문 1의 출발점에서 아무런 정당화 없이 이탈하는 것이다. 다른 한편, 동일한 원리가 자신들(일반 다수 공중)에게는 적용되지 않고 연예인 등에게만 적용된다는 예외 규정을 헌법규범에 임의로 담을 수는 없다. 그것은 자의적인 불평등 단서다. 따라서 모든 개별 기본권 주체에게 정당화로 제시될 수 있는 일반적 논거가 될 수 없다. 그것은 예외 규정에 의해 예외로 치부된 이들을 논증대화 참여자에서 배제한 주장이어서 법치주의에 어긋나기 때문이다. 그리고 이것은 근본적으로 평등하고 자유로운 관계 해석이라는 헌법규범 논증의 성격에 모순된다.78)

심사관문 2는 불평등한 법적 자유의 관계를 보다 근본적인 헌법적인 관계의 유지와 강화 논거로 정당화할 것을 요구한다. 그럼으로써 무분별하게 자유 제한의 논거로 잘못 사용될 수 있는 사유들을, 적합한 사유와 구분할 수 있게 해준다.

3. 헌법재판소 결정 분석

심사관문 4는 자유의 전 체계 강화 심사다. 법적 자유의 평등 경계에서 불평등 경계로의 이동은 정당화를 필요로 하며, 그 정당화는 불평등 질서에서 가장 적은 자유를 가진 사람에게도 시민의 관점에서 공유하는 자유

---

78) 심사관문 3과 심사관문 4에서 더 우위로 판별되는 자유 상태는, 대체적으로 안정적 입헌 민주주의 시민의 인간상을 기준으로 했을 때 더 우위로 판별되는 자유 상태와 일치한다. 즉, 자유롭고 평등한 시민들이 각자 정의감의 능력과 선관 추구 능력이라는 최고차적인 이해관심과 관련된 능력을 행사하고 보존하고자 하는 목적에서 고르는 자유질서와 동일하다. 이러한 대체적 기준은 J. Rawls, *Political Liberalism* (Expanded Edition), 333면 등에서 나타난 "기본적 자유" 판별과 형량 기준이다. 김도균, "Rawls 정의론의 법학적 함의: 기본권 형량의 측면에서", 법철학의 모색과 탐구, ―심헌섭 박사 75세 기념논문집 간행위원회―, 법문사, 2011에서는 Rawls의 이 기준을 가지고 헌법적 형량에의 적용을 모색하고 있다.

의 전 체계 측면에서 이득이 된다는 것이어야 한다.

헌법재판소 2004. 8. 26. 2003헌마457 결정은 금연구역 지정 의무를 규정한 국민건강증진법 시행규칙 제7조의 위헌 여부에 관한 것이다. 동 결정은 열리고 닫히는 행위 경로의 우열을 평가하는 추론방식을 보여준다.

동 결정에서는 문제되는 행위 경로가 동시에 열릴 수 없어서 조정이 필요함을 먼저 짚었다. 즉 "흡연자와 비흡연자가 함께 생활하는 공간에서의 흡연행위"가 기본권 충돌 상황임을 짚었다. 그런데 "흡연권은 위와 같이 사생활의 자유를 실질적 핵으로 하는 것이고 혐연권은 사생활의 자유뿐만 아니라 생명권에까지 연결되는 것이므로 혐연권이 흡연권보다 상위의 기본권"인 기본권 충돌 상황에서는 "상위기본권우선의 원칙에 따라 (…) 흡연권은 혐연권을 침해하지 않는 한에서 인정되어야 한다"고 결론 내렸다.

같은 시공간에서 구성원들이 바라는 행위 경로가 충돌할 때, 흡연자의 행위 경로가 원칙적으로 뒤로 물러나는 표면상의 불평등은 어떻게 정당화되는가. '불평등 질서에서 가장 적은 자유를 가진 사람에게도 더 나은 자유의 전 체계를 가져다준다는 점'을 논증할 것을 요구하는 심사관문 4는 보다 명료한 이해의 틀을 제공해준다.

헌법재판소는 추상적으로 두 권리를 실체화하고 그 서열을 모든 상황에서 관철시킨 것이 아니다. 그런 식으로 추론하게 될 경우, 건강에 영향을 미치는 모든 행위가 금지되어 기본권 주체들은 사실상 거의 모든 자유를 금지 당하게 될 것이다. 헌법재판소가 지적했듯이 "여러 공중이 회합하는 장소로서 금연구역을 지정할 필요성이 큰 시설에 한하여 금연구역을 지정"하는 것은, 혐연권을 내세워 흡연권 자체를 제거하는 것이 아니다. 이 결정에서는 "흡연자와 비흡연자가 생활을 공유하는 곳"이어서 흡연권과 혐연권을 조화시킬 방법이 없는 사안이 문제된 것이다. 그리고 이 경우 혐연권을 우선하는 결정은 '어떤 기본권 주체의 행위가 다른 기본권 주체가 삶의 필연적 경로로 공유하게 되는 공간에서 건강·수명·생명에 침습적(侵襲的)인 추가적인 악영향을 가하는 경우에는, 그러한 침습 (intrusion)이 없는 여건에서 행위할 자유가 우선한다'는 원리에 근거한다. 만일 이 일반적 원리를 거부하면 흡연자는 자유의 전 체계 측면에서 그 처지가 악화된다. 그 경우 다른 주체들이 주거지 근처에서 공장을 운영하면서 폐기물을 그대로 내보내며 침습적인 효과를 발생시켜도 그러한 행위를 제한할 원리를 잃어버리게 되기 때문이다. 그러면 그는 공장 운영자 등의 자의에 의해 안전한 주거의 자유가 결정되는 지위에 놓인다. 그러므로 그런 지위를 일반적으로 받아들일 수는 없다. 따라서 이 결정은 심사관문 4를 통과할 논거가 제시되었음을 확인한 것이다. 혐연권과 흡연권 사이의 법적 불평등은, 자유의 전 체계를 강화하는 방비책이 되는 헌법규범에 의해 정당화된 것이다.

아울러 이 결정은 "흡연자가 비흡연자에게 아무런 영향을 미치지 않는 방법으로 흡연을 하는 경우에는 기본권의 충돌이 일어나지 않는다"고 하여, 적정한 공간적 분할이 조정기제 역할을 하는 경우에는 추가적으로 자유 제한을 할 필요성을 인정할 수 없다는 점을 분명히 하여 심사관문 2 역시 헌법규범 원리로 시사하고 있다.

헌법재판소 1999. 11. 25. 95헌마154 결정은 노동조합이 정당에 정치자금을 기부할 수 없도록 한 정치자금에 관한 법률 제12조 제5호를 위헌으로 선언하면서 심사관문 4 및 심사관문 3에 의한 관문심사로 이해할 수 있는 설시를 한 바 있다. 즉, 사용자단체는 기부가 허용되는데, 노동자단체에는 기부를 금지하는 것은 불평등한 법적 자유의 인정이다. 이러한 불평등한 법적 자유는 특별한 정당화를 필요로 한다. 동 결정은 해당 법률을 위한 그런 정당화는 없음을 지적한 것이다.

그 특별한 정당화란, 그런 불평등한 법적 자유 체계에서 가장 적은 자유를 누리는 기본권 주체가, 그런 규제가 없을 때보다 보편적인 기본권 주체의 관점에서 자유의 전 체계가 더 잘 유지·강화된다는 점을 보이는 것이다.

동 결정은 먼저 정당국가에서 정당에 영향력을 행사하는 중요한 방법이 정치자금의 기부라는 점을 확인한다. 그래서 "오늘날 사회단체 중 가장 중요한 역할을 하는 이익단체"인 "노동자단체와 사용자단체"가 정당에 정치자금 기부를 하는 것은 민주주의에 내포된 자연스러운 정치적 자유 행사임을 우선 짚었다.

그리고 나서는 "이 사건 법률조항으로 말미암아 노동단체는 정치자금을 기부하지 못하는 반면, 사용자나 사용자단체는 법이 정한 범위 내에서 자유롭게 정치자금을 기부할 수 있으므로, 사용자나 사용자단체는 기부금을 통하여 정당에 보다 큰 영향력을 행사할 수 있다."고 불평등한 법적 자유가 있음을 확인하였다.

이 확인은 이러한 불평등한 자유에 대한 정당화를 요청한다. 그러나 그러한 정당화는 없다. 겉으로는 정당화로 제시된 논거가 있기는 하다. 그러나 이 논거들은, 심사관문 4를 통과할 수 있는 논거가 되지 못한다. 즉 정치적 자유를 불평등하게 제한할 수 있는 적합한 논거가 되지 못함을 헌법재판소는 명확히 했다.

첫째로 대의 민주주의 정당국가에서 정당에 사회단체가 영향을 미치지 못하는 사태 자체를 목적으로 하는 것, 즉 "노동단체가 (…) 모든 정치적 활동을 해서는 안 된다는 사고에 바탕을 둔 입법목적은" 자유를 제한하는 정당성 있는 사유가 아니다. 여기서 입법이 추구하는 이익은 노동조합의 정치자금 기부를 금지함으로써 추가적으로 달성되는 효과로 식별된다. 만연히 '노동단체의 정치화방지'란 개념이 포괄하고 연상시키는 모든 이익으로 생각하는 것은 형량 대상이 되는 이익의 식별을 잘못한 것이다. 그런데 그러한 효과는 노동조합을 통해서 노동자로서 사회·경제적 지위 향상을 위해서는 정치자금 기부 형식으로 정당에 영향을 행사하지 못하게 하는 효과이다. 이 효과의 달성은 노동자가 단체를 통하여 행사하는 정치적 영향력이 커지는 데 반대하는 구성원에게는 사사로운 이익이 될 수 있을지는 모른다. 그러나 모든 기본권 주체를 포괄하는 공통된 보장 형식을 벗어난다. 이를 자유 제한의 사유로 인정하는 경우, 일부 구성원은 다른 구성원이 정치적 영향력을 행사할 수 있는 자유를 탈취할 수 있는 관계에 선다는 전제를 도입해야 한다. 그러나 그 전제는 헌법규범 논증으로서 수행적 모순을 범한다.

둘째로, 정부에서 제시한 다른 논거 두 가지도 더 적은 정치적 자유만을 부여받은 노동단체와 그 소속 노동자들에게도 더 나은 자유의 전 체계를 가져다준다는 점을 보여주지 못함을 지적하였다.

무엇보다도 입법자가 든 "노동단체 재정의 부실이나 단체 구성원의 과중한 경제적 부담"이라는 자유의 가치에 관한 사항이 자유 제한의 논거가 되기 위한 조건을 갖추지 못했음을 지적한다. "현재 노동단체의 재정이 건실하지 못하다는 것은 노동단체가 현실적으로 정치자금을 기부하는 것이 어렵다는 것을 의미할 뿐, 노동단체에 대한 정치자금의 기부금지를 정당화하지는 않기 때문이다. 다시 말하면 노동단체의 재정이 빈약하다는 것은 노사단체가 근로조건에 관한 사적 자치를 통하여 근로조건을 형성함에 있어서 사적 자치가 기능할 수 있는 조건인 '세력의 균형'이나 '무기의 대등성'이 근로자에 불리하게 깨어졌다는 것을 의미할 뿐, 이에 더하여 국가가 사회단체의 정치헌금 가능성을 노동단체에게 불리하게 규율함으로써 다른 사회단체에 비하여 노동단체의 지위를 더욱 약화시키는 것을 정당화하지는 않는다."

이 설시는 불평등한 자유의 가치 분포를 이유로, 그러한 자유의 가치를 적게 가지고 있는 주체에게 자유의 체계를 더욱 불리하게 악화시키는 것은 허용될 수 없음을 분명히 한 것이다. 이를 허용한다면, 가난한 사람은 자유의 가능성을 실제로 충족할 자원이 더 적다는 이유로 부자보다 더 적은 정치적 법적 자유만을 인정받아야 할 것이다. 따라서 이것은 오히려 자유의 가치가 적은 이에게 더욱 축소된 자유만을 인정하는 것으로 거꾸로 된 해결책이다. 자유의 가치가 부족한 이에게 필요한 것은 전혀 다른 유형의 보호다. 하나는 자유 가치 부족을 기화로 타인의 자의가 법적 자유의 외연을 축소시키지 못하도록 하는 규제다. 다른 하나는 적극적 급부를 통하여 자유의 가치 불평등을 완화하는 것이다. 법적 자유를 오히려 적게 인정하는 것은 이 중 어디에도 속하지 않는다.

제한을 정당화하기 위해 노동부장관이 제시한 다른 하나의 논거인 "노동조합의 자주성을 보호하기 위해서"라는 논거에 대한 설시는 심사관문 3의 (2) 부분인 '약한 후견주의 조건'을 충족하지 못했음을 지적하여 답한 것으로 이해될 수 있다. "사회적·경제적으로 같은 상황에 있고 정치적으로 같은 목적을 추구하는 노동자들이 (…) 그들의 자유의사에 근거하여 그들의 지도원칙에 따라 노조활동을 함으로써 국민의 정치적 의사형성과정에 영향력을 행사하려고 하는 것은 노동조합의 자주성과는 직접적인 관련이 있는 것이 아니다."

국가가 기본권 주체의 자유의사에 따른 자유 행사를 제약하면서 그것이 오히려 간섭당하는 주체의 '자주성'을 보호하기 위해서라고 성공적으로 논증하기 위해서는 특별한 요건을 입증해야 한다. 만연히 '자주성'이라는 말을 덧붙인다고 해서 정당화되는 것이 아니다. '행위가능성을 막는 간섭은, 기본권 주체의 자율성 조건의 명백한 결여 때문에 그 자신의 합리적인 고려와 결정으로 선택할 수 없었다는 근거에서 정당화'될 수 있어야 하는 것이다. 그러나 노동조합이 그 단체적 의사에 따라 정치적 의사 형성을 하고 영향력을 행사하는 경우 자율성 조건의 결여는 존재하지 않는다. 오히려 정치적 자금 기부를 비롯한 정치활동의 자유를 노동조합에게서 박탈함으로써 관계 측면에서 자율성 조건을 명백히 악화시킨다.

동 결정은 사용자단체와 노동단체를 자의적으로 다르게 취급하여 "이 사건 법률조항은 평등원칙에도 위반"된다고 확인했는바, 이 역시 평등한 자유에서 불평등한 자유로의 이동이 정당화 사유가 있어야 자유 제한이 합헌이이 될 수 있다는 점을 재확인하는 것이다.

동성동본인 혈족 사이의 혼인을 금하고 있는 민법 제809조 제1항을 위헌 결정한 헌법재판소 1997. 7. 16 95헌가6 등 결정은 심사관문 1 및 심사관문 4와 관련된다.

이 사건에서 반대의견은 국가공동체의 이익이나 다수의 이익을 기본권 주장을 하는 개인과 대결시켰다. 법정의견은 이러한 대결이 부당한 구도임을 지적하였다는 점에서 주목할 가치가 있다.

이 사건에서 반대의견의 핵심은, 국민의 자유는 양립가능한 광범위한 동등한 자유가 아니라고 주장한 것이다. 즉, 기본권 주체의 자유가 애초부터 자유와는 전혀 다른 이유에서 축소된 출발점을 갖고 있다고 주장한 것이다.

반대의견은 그 축소된 출발점의 사유로 '전통문화의 계승'을 들었다. "행복추구권은 전통문화의 계승이라는 한계 내에서만 보장되고 있음이 헌법규정상 분명하다. (…) 헌법은 국민의 기본권을 규정하기에 앞서 헌법 제9조를 두어 전통문화의 계승에 관한 국가의무를 규정하고 있다. 즉 헌법 제9조는 「국가는 전통문화의 계승 …… 에 노력하여야 한다」라고 규정하여 국민의 모든 기본권은 위 제9조 소정의 국가의무와의 상관관계 하에서 보장됨을 분명히 하였다."

이것은 국가의 임무와 권한이 근본적으로 먼저 존재(先在)하고, 그 임무와 권한이 차지하고 남은 잉여 부분에 국민의 기본권이 자리하게 된다는 주장이다. 즉, 국민의 자유권은 '전통문화의 계승'에 부합하는 범위 내에 속한다고 인정되어 허락된 부분에 한정된다는 것이다. 이것은 헌법 질서가 기본권 주체들 사이의 평등하고 자유로운 관계를 유지하는 규율하는 규범임을 부인한다. 이러한 부인은 논리적으로 잘못된 형량의 구도에서 나온다. 구성원의 이익이 한 편에 놓이고 다른 한편에는 구성원의 이익과는 절연된 국가공동체라는 초월적 이익 향유자의 이익이 놓인 구도말이다. 이는 국가의 임무와 과제, 권한이 기본권 주체들의 이익을 공통된 이익을 보호하면서 기본권 주체들 사이의 관계를 유지·복구·강화하기 위하여 주어진다는 점을 망각한 것이다.

'전통 문화 계승을 위하여 노력하여야 한다'는 헌법규범은 '국민의 기본권의 범위는 전통 문화의 계승에 부합하는 범위로 축소된다'는 헌법규범과는 전혀 다른 것이다. 첫째로, 국민의 기본권을 존중하면서도 전통 문화 계승을 위하여 노력할 수 있는 방도가 매우 광범위하게 존재한다. 국가는 전통문화재를 지정하고, 유적과 유물을 공적으로 조성된 재정을 통하여 보호하고 관리하고, 전통예술과 기술의 계승에 공적으로 지원하고, 전통문화의 관람과 체험을 무료 또는 적은 대가만 내고 할 수 있도록 하고, 공영방송과 교육기관을 통해 전통 문화에 보다 많은 사람들이 접할 수 있게 할 수 있다. 둘째로, 국민 개인의 의무는 국가의 의무를 그대로 반영하는 것이 아니다. 국가는 종교적으로 중립적이어야 할 의무를 진다. 그러나 국민 개인은 종교의 자유를 갖는다. 국가의 의무의 특수성은, 국민 전체를 포괄하는 이익을 추구할 공적 과제에서 나온다. 그 본질을 논증할 수도 없고 본질을 정해도 아무런 정당화 힘을 갖지 못하는 초월적 이익 향유자의 이익에서 나오는 것이 아니다.

그리하여 법정의견은 이러한 추론방식을 거부하는 분명한 반대의 견해를 제시하였다. "헌법 제9조의 정신에 따라 우리가 진정으로 계승·발전시켜야 할 전통문화는 이 시대의 제반 사회·경제적 환경에 맞고 또 오늘날에 있어서도 보편타당한 전통윤리 내지 도덕관념이라 할 것이다." 이것은 심사관문 1이 자유권의 출발점이 되는 원칙이자 심사관문 3 (2)의 자율성 조건을 확인할 수 있다. "보편타당한"이라는 조건은, 입헌 민주주의 국가에서 헌법이 정한 각 기본권 주체의 심층적인 신조를 형성하고 추구할 지위를, '전통윤리 내지 도덕관념'이라는 명목을 내세워 굴절시키지 않는다는 조건을 의미하기 때문이다.

반대의견의 논리를 그대로 따라가면, 헌법 제9조의 훨씬 뒤에 위치한 헌법 제20조 제1항의 "모든 국민은 종교의 자유를 가진다"에서 의미하는 "종교" 역시 전통문화에 부합하는 종교만을 의미하게 될 것이다. 왜냐하면 반대의견의 논리에 의하면 모든 기본권 조항의 자유는 전통문화의 계승과 상관되어 잉여적으로 규정될 뿐이기 때문이다. 그러므로 건국 이후에야 널리 보급되기 시작한 종교는 제한하고, 조선 시대 초기로 거슬러 올라가 그 기원을 찾을 수 있는 종교는 허용하는 식의 해석이 관철될 것이다. 결국 이것은 '전통문화에의 부합' 정도에 따라 자유를 불평등하게 보장한다는 것이어서, 전통문화에 대한 태도를 자신의 포괄적 교설에서 어떻게 취하고 있는가에 따라, 어떤 국민은 일등국민으로 다른 국민은 이등국민으로 대우하는 것이다. 그리고 이러한 불평등한 대우를 천명하는 명제는 모든 기본권 주체의 근본적으로 동등한 자유로운 지위라는 헌법규범 논증의 전제에 어긋난다. 따라서 수행적 모순을 범하는 논거다. 그러므로 그 명제는 헌법규범으로 논증에 투입될 수 없다.

전통문화를 다수 구성원들이 규정하고, 그 문화에 부합하는 것만을 자유로 인정하는 것은 국가기구를 매개로 한 탈취다. 일정한 문화의 분포 상태를 그대로 유지하기 위하여, 심층적인 가치와 목표를 선택할 가장 밀접하게 결부된 자유 몫을 다른 구성원들이 찬탈하는 것이다. 이것은 심사관문 1 '통합성 검사'(integrity test)를 통과하지 못한다.

반대의견은 "이 제도가 아직도 존치되어야 한다는 것이 국민총의임"과 "동성동본금혼제도는 우리 민족이 오랜 관습으로 지켜 내려와 혼인에 관한 전통문화의 하나로 뿌리를 내리고 있고 그에 상응한 행동결정의 정당성이 의식되고 있"다는 점을 논거로 든다. 그러나 이것은 명제태도와 명제를 구분하지 못한 것이다. 그 결과 표출적 진술과 규범적 진술의 타당성 요구를 혼동한 것이다. 규범에 대한 다수 구성원들의 태도는 그 규범 자체가 아니다. 그리고 규범을 정당한 것으로 만들어주는 적합한 논거가 자동적으로 되는 것도 아니다. 이것을 구분하지 못하게 되면 헌법재판의 기능은 완전히 몰각된다. 왜냐하면 다수의 선호가 다른 이의 자유 몫을 찬탈하고자 하는 의사를 포함할 경우에도, '공동체의 문화' 같은 개념만 경유하면 보편적인 기본권을 제한할 수 있는 사유로 둔갑할 수 있기 때문이다. 이러한 오류가 생기는 이유는 기본권 제한 정당화 논증의 주제를 놓쳤기 때문이다. 그 주제란 바로 다수가 소수에 대하여 정치기구를 통하여 다른 사람들의 자유와 양립가능한 혼인의 자유를 대신 행사할 그러한 관계에 서는가이다.

누군가를 사랑하고 그 사람과 혼인을 하는 것은 바로 그 혼인하는 사람들에게 가장 밀접하게 결부된 몫이다. 만일 아무런 유전적 문제를 가져오지 않는 남계혈족의 8촌을 넘는 동성동본과 결혼하는 것이 자신의 선관에 비추어 부적절하다고 생각한다면 누구나 그러한 결혼을 하지 않을 양립가능한 자유가 있다. 자신의 혼인의 자유도 행사하고 다른 이의 혼인의 자유 몫도 일정방향으로는 금지함으로써 대신 행사하려는 '총의'는 탈취적인 총의다. 그러므로 그 총의를 자유권 제한 사유로 반영하는 것은 근본적으로 자유롭고 평등한 관계를 훼손한다.

자신에게 가장 밀접하게 결부된 자유 몫은 자기 자신들의 혼인의 자유다. 이 점을 부인하지 않는 한, 이러한 양립가능한 자유가 다른 구성원들에게도 동등하게 부여되는 것 역시 부인할 수 없다. 그리고 간단히 자신들은 동성동본이 아니고 그들은 동성동본이라는 점만 지적하는 것은 결론을 되풀이한 것이지 불평등을 정당화한 것이 아니다. '전통문화'라는 개념이나 그것이 지배적인 혼인문화라는 사실만 가지고는 심사관문 4를 통과하지 못한다. 불평등한 자유 체계에서 더 적은 자유를 부여받은 사람에게 더 자유가 광범위해지거나 강화된다는 점을 전혀 보이지 못하기 때문이다. 오히려 그런 것을 법적 자유의 불평등 근거로 인정하게 된다면, 전통문화에 부합하지 않는다고 규정된 심원한 목표나 가치, 생활양식을 가진 기본권 주체들의 자유로운 지위는 더 악화된다.

이처럼 근거 없이 탈취적 총의(總意)를 인정하는 경우, 그것은 구성원들 중 일부를 열등한 존재로 보게 된다. 이것은 구성원들이 동등한 존엄을 가진 존재라는 헌법규범을 부인하게 된다.

이 점을 법정의견은 놓치지 않고 헌법 제36조 제1항에 따라 "모든 국민은 스스로 혼인을 할 것인가 하지 않을 것인가를 결정할 수 있고 혼인을 함에 있어서도 그 시기는 물론 상대방을 자유로이 선택할 수 있는 것이며, 이러한 결정에 따라 혼인과 가족생활을 유지할 수 있고, 국가는 이를 보장해야 하는 것"이라고 강조하였다.

모든 국민은 동등한 혼인의 자유를 갖는다. 혼인제도와 가족제도는 초월적인 이익 향유자의 본성에 따라서가 아니라 인간 존엄성 존중에 의해 규정되어야 한다. 즉, 혼인을 할 상대방을 자유로이 선택할 자유를 좋아하게 된 상대방이 우연히 남계혈족의 동성동본인가에 따라 불평등하게 부여하는 것은 인간 존엄에 어긋난다. 그런데 이 사건 법률은 "그 금혼의 범위를 동성동본인 혈족, 즉 남계혈족에만 한정하여 성별에 의한 차별을 하고 있는데 이를 시인할만한 합리적인 이유를 찾아볼 수 없으므로 헌법 상의 평등의 원칙에도 위반되는 것이다." 그것은 여러모로 헌법규범으로 받아들일 수 없는 사유로 불평등한 자유를 인정하는 것이다.

궁극적으로 이 사건 법률은 "동성동본인 혈족은 서로가 아무리 진지하게 사랑하고 있다고 하더라도 또 촌수를 계산할 수 없을 만큼 먼 혈족이라 하더라도 혼인을 할 수 없고 따라서 혼인에 있어 상대방을 결정할 수 있는 자유를 제한"한다. 이것은 궁극적 결정권에 대한 탈취다. 그러므로 "'인간으로서의 존엄과 가치 및 행복추구권'을 규정한 헌법이념 및 규정과 '개인의 존엄과 양성의 평등'에 기초한 혼인과 가족생활의 성립·유지라는 헌법규정에 정면으로 배치된다."

결국 국가가 일정한 문화나 관습을 계승하고 풍부하게 하기 위해 동원할 수 있는 정책적 수단은, 불평등한 자유 관계를 창설하는 수단일 수는 없다. 또한 기본권 주체의 통합성을 파괴하는 수단일 수도 없다.

V. 심사관문 5: 부담의 공정성

1. 심사가 필요한 사안

자유 제한 논의는 양립가능한 가장 밀접하게 결부된 몫의 광범위한 자유에서 출발한다. 그리고 그 논의는 조정기제도 충분히 고려한 범주를 활용한다. 그리고 자유 제한의 목적이 다른 더 우월한 행위 경로를 열기 위한 것이거나, 불평등하게 축소된 자유를 동등하게 복구시키기 위한 것이다. 그렇지만 그런 목적을 위해서 동원된 수단이 자유 제한의 부담을 불공정하게 부과한다면, 그것은 모든 기본권 주체의 입장에서 평등한 자유 관계를 유지·복구·강화한 것이라고 볼 수 없다. 불공정하게 부담을 더 많이 진 구성원은 평등한 자유 관계에서 처지가 더 나빠지게 되기 때문이다. 이 점을 방지하기 위한 것이 심사관문 5다.

> 심사관문 5: 어떠한 사람도 자유 전 체계 강화에 필요한 자유 제한에 있어 불공정한 부담을 지지 않는다. 타 기본권 주체의 자유를 축소하거나 수축시킬 수 있는 제도적 권한의 불평등과 결부된 남용을 제한하기 위한 규제는 공정한 부담의 원칙을 어기지 않는다. 반면에 남용과 관련되지 아니하는 부분의 자유까지 더욱 불평등하게 제한받는 경우, 그 기본권 주체는 희생(犧牲)된 것이다.79)

이 관문을 통과하는 열쇠는 '문제되는 구체적인 부담 부과가, 모든 기본권 주체를 포괄하는 공정한 부담 배분의 원리에 기초한 것이기 때문에 희생된 것이 아니다'라는 논거다. 따라서 이 관문을 '희생의 원칙 심사'라고 부를 수 있다.

---

79) Ronald Dworkin, *Sovereign Virtue*. 염수균 옮김, 『자유주의적 평등』, 한길사, 2005, 제3장에서 제시된 '희생의 원칙' 심사를 헌법적 형량에 맞게 수정한 것이다. 심사관문 5를 구성하면서 참조하였던 Dworkin의 원래 정식은 다음과 같다. "그것은 어떤 사람도 희생되지 않았을 때, 즉 시민들이 보유하고 있는 자유의 가치가 적어도 그들이 변호가능한 분배에서 가졌을 무제약적 자유의 가치만큼 클 때 자유가 침해되지 않았음을 주장한다. 또한 어떤 사람이 희생되었을 때 평등이 향상될 수 있다는 것도 부정한다." 그러나 이 정식은 정치철학적 지침으로는 충분히 이해가능한 것이지만, 헌법적 기준이 되기에는 이론적으로 불확정인 개념(undeterminate concept)인 "변호가능한 분배"(advocable distribution)를 포함하고 있다. 변호가능한 평등주의적 분배란 시장기제 이전에 사전적 평등이 이룩되고 "실업, 저임금, 불운에 대비한 보상적 보험을 포함하고 있는 재분배의 프로그램들"이 작동하는 분배상태다. 헌법상 자유권 제한의 비례성 심사는 평등한 자유 평면에서의 관계 왜곡을 헌법규범에 근거하여 살피는 것으로 그 역할이 제한되므로, 이와 같은 개념을 피하면서도 충분히 실질적인 기준을 구성할 수 있다면, 그러한 구성을 따라야 할 것이다.

심사관문 5는 심사관문 4의 '불평등한 자유 경계의 설정은 가장 적은 자유를 보장받는 사람에게 평등한 자유 경계보다 더 나은 자유의 전 체계로서 받아들여질 수 있다면 정당화된다'는 정식의 한 측면을 특별히 강조하면서 구체화한 것이다. 이것을 별도의 관문 원리로 설정한 이유는, 이 관문심사가 주로 문제되는 사안의 특수성 때문이다.

자유가 침해되는 사태나, 일부 구성원의 자유의 가치 수준으로 자유가 수축되고 그 수축이 헌법적으로 교정되어야 할 사태가 발생했다고 해보자. 그러면 그 침해와 수축을 제거하는 과제를 부담할 사람이 필요하다. 이 경우 두 가지 경우에는 자유를 제한하는 수단은 부담의 공정성을 쉽게 충족한다. 첫째, 자유를 직접 침해하는 자를 특정할 수 있는 경우. 둘째, 자의의 매개항을 통하여 다른 이의 자유 몫을 찬탈하여 행사하는 사람을 특정할 수 있는 경우. 이 두 경우에는 그러한 침해와 찬탈이 일어나지 않도록 자유의 법적 경계를 설정하면 된다. 그러면 정당화되지 않은 제한에 직면하였던 기본권 주체는 이제는 평등한 자기 몫의 자유를 행사할 수 있게 된다. 타인의 자유를 직접 침해하고 있던 자는 자신의 양립가능한 자유와 동등한 자유를 침범하지 못하게 되었을 뿐이다. 자신의 자의로 타인의 자유 몫까지 대신 행사하고 있었던 사람, 또는 국가 기구를 통하여 다른 이의 자유 몫을 찬탈하고 있던 주체는, 그러한 찬탈을 이제 하지 못하게 될 뿐이다. 이것은 애초에 출발점이었던 양립가능한 동등한 자유의 지위로 돌아온 것이다. 그러므로 평등한 자유 관계의 복구·유지·강화를 위한 자유 제한 부담은 이 경우 공정하게 부과된 것이다.

그러나 이와 같은 침해 대 피침해의 구도와는 상이한 구조를 갖는 사안이 있다. 이 경우에는 자유 축소를 가하는 침해자를 간단히 곧바로 특정할 수 없다. 또 '자의의 매개항'을 떼어내어 두 몫 행사를 못하게 할 사람을 간단히 특정할 수도 없다. 국가 기구를 통하여 집단적 지배를 하던 부분을 간단히 제거할 수도 없다.

이와 같은 사안에는 두 유형이 있다.

첫째는 공해를 수반하는 유용한 행위들이 다수 주체에 의해 각자 이루어져 그 공해가 문턱 수준을 넘어 자유의 축소를 가져오는 '복합적·불확정 사안'이다. 이러한 사안에서는 앞서 설명한 세 단계의 조치가 필요하다. 첫 단계에서는 각종 제도를 통해 공해의 감수할 수 있는 기준을 정한다. 그 다음 단계에서는 그 기준을 넘어서 공해가 산출되지 않도록 각 구성원에게 공정한 책임을 할당한다. 마지막 단계에서 그 할당된 책임을 지키지 않으면, 그것은 자유 침해 행위로 본다.

이러한 복합적 불확정 사안에서 공정하지 않은 책임을 할당하게 될 경우에 심사관문 5를 위배하게 된다. A가 신발 공장을 운영하고 B가 우산 공장을 운영한다고 해보자. 그러면 두 공장에게 할당되어야 할 공해 감소 책임은 공정하게 배분되어야 한다. 단지 '신발'이나 '우산'이라는 생산 물품의 차이 때문에 공해배출의 상한선을 A의 경우는 $\frac{x}{2}$로, B의 경우에는 x로 설정하는 것은 불공정한 책임 할당이다. 또는 생산과정에서 동일한 공해를 발생시키는 두 사업자에 대하여 환경정화부담금을 A에 대하여는 y액만큼 부과하고 B에 대하여는 $\frac{y}{2}$만큼 부담시키는 것 역시 불공정한 책임 할당이다. 공정하지 않은 책임 할당은, 한 사람의 행위의 자유를 불평등하게 축소한다. 자유 제한의 사유 자체는 모두에게 공통되는 이익인 공해 방지의 이익이다. 그리고 감수할 수 없는 공해는 안전한 주거생활·교통생활 등의 광범위한 행위 경로를 제거하기 때문에 이 이익은 평등한 자유 관계에서 규범적 힘을 가지는 논거다. 그러나 그 논거의 제시만으로는 논증이 끝나지 않는다. 이러한 구조의 사안에서는 자유 제한 부담 자체가 공정해야 한다. 그러나 헌법규범적으로 일관된 원리에 기초하지 않고, 단지 표면적인 차이를 이유로 부담을 불공정하게 분배한다면 자유의 전 체계는 강화되지 않는다. 책임의 할당이 편파적이므로, 한 주체는 더 광범위한 자유를 갖고 다른 주체는 덜 광범위한 자유를 갖게 되기 때문이다.

이러한 자의적 차별은 주체뿐 아니라 사안을 기준으로 하여 이루어질 수도 있다. 복합적 불확정 사안 S_1과 S_2가 있다고 해보자, S_1의 경우에는 곧바로 전면적으로 그 활동을 금지하고 S_2의 경우에는 민주적으로 공적 기준을 설정하고 그 기준에 따라 공정하게 책임을 할당한다고 해보자. 그러면 설사 S_1의 경우에 그렇게 행위를 전면 금지함으로써 얻어지는 자유의 이익이 있다 하더라도 S_1과 관련된 행위자의 자유를 S_2에 관련된 행위자에 비해 불공정하게 축소한 것이다. 이것을 정당화하려면 '그 외 상황도 동일한 구조를 갖고 있으나 오로지 S_1 상황에 관련되는 행위자만이 전면적 금지로 자유 전 체계 강화의 부담을 집중적으로 부담한다'는 원리가 받아들여져야 한다. 그런데 그것은 S_1 상황에 주로 관련되는 사람들까지 포괄하는 보편적인 기본권 주체의 관점에서 자유의 진정한 전 체계 강화가 아니다. 그것은 이유 없이 그 상황에 관련되는 이들을 보다 열등한 존재로 보는 것이다.

두 번째 유형은 자유의 가치 수준으로 자유가 수축되었지만, 다른 이의 결정권 몫을 탈취하는 이를 지목할 수 없는 경우다. 어떤 기본권 주체가 통상적인 기능이 훼손되어 삶에서 기본적으로 필요한 행위 경로의 외연이 수축된 경우가 대표적이다.

거동이 불편한 장애인은 그러한 장애가 없는 사람을 기준으로 설계된 대규모 운송수단인 버스나 지하철을 혼자 타는 것이 대단히 어렵다. 개별적인 교통수단은 비용이 훨씬 더 많이 들어간다. 그러나 장애인이기 때문에 노동능력이 심각하게 훼손되어 오히려 비용을 부담할 자력은 더 적다. 이 이중의 난관 때문에 장애인은 다른 사람들이 임의로 자신을 도와준다는 선택을 할 때에만 이동할 수 있는 행위 경로만이 남게 될 수 있다. 그런데 일상생활을 영위하기 위해 이동은 필수적인 행위 경로다. 이 필수적 행위 경로의 대부분이 다른 사람들의 선의를 매개로 해서 열려 있는 것이다. 그러므로 매개항이 결부되지 않은 상태에 비해 법적 자유의 외연이 수축된 것이다. 따라서 이것은 자유를 제한할 수 있는 규범적 힘을 갖는다.

그러나 한 가지 문제가 있다. 장애인 이동의 행위 경로는 이동의 자유를 탈취한 사람에 의해 닫히게 된 것이 아니다. 그 사람의 광범위한 후속 행위 경로를 열어줄 사람을 공정하게 특정할 수도 없다. 결혼퇴직제가 합법으로 인정되어 여성 노동자가 혼인의 자유와 취로의 자유를 접합적으로 행사하지 못하는 경우와 대조해보자. 이 경우 사용자가 두 몫을 행사하여 혼인의 결정권을 탈취하고 있으므로, 사용자가 자의를 행사하지 못하도록 규제를 하면 된다. 즉 결혼퇴직제를 무효로 하면 된다. 인적이 드문 곳의 맨홀에 빠진 사람의 곁을 유일하게 지나가게 된 행인이 있는 경우와도 대조해 보자. 이런 경우 이 행인은 거의 부담이라고 할 수 없는 신고의 부담만을 진다. 게다가 이 부담은 전체 구성원들 사이에 확률적으로 동등하게 부과된다. 그래서 이러한 행인에게 신고 의무를 부과하면 부담의 공정한 부과가 이루어진다.

반면에 장애인의 이동 자유 외연의 축소 같은 사안에서는, 자유 경계의 재설정으로 간단히 문제를 해결하기 어렵다. 장애인의 이동 행위 경로의 수축을 복구하기 위하여 자유의 경계가 재설정될 사람을 공정하게 지목하기 어렵다. 예를 들어 출발지에서 도착지에 이르기까지 매번 이동을 보조할 의무가 있는 사람을 이웃 중에서 지목할 권한이 부여한다고 해보자. 이동 보조 의무는 그 의무 이행의 방식 이외의 자유를 제한한다. 장애인이 이동을 필요로 할 때는 다른 행위를 하지 못하고 그 이동을 보조하는 행위를 해야 한다. 그러면 장애인의 이웃은 단지 그 거주의 우연한 위치로 인하여 취약한 위치에 있는 기본권 주체의 수축을 해결할 과제를 자신들만 맡게 된다. 그것은 공적인 과제임에도 불구하고, 구성원 일부에게만 자유를 제한하는 방법으로 배타적으로 부담이 부과된 것이다.

다른 예로, 고통에서 벗어나기 위해서 진통제가 꼭 필요한 환자를 생각해보자. 이 환자는 노동능력의 훼손으로 인하여 진통제를 제값을 주고 살 돈을 벌 수 없다. 물론 이 환자가 약을 구입하기 위하여 물리적으로 대면하는 사람은 약사다. 약사가 공짜로 환자에게 약을 준다면 환자는 그런 수축에서 일정 정도 벗어나게 된다. 그렇다고 해서 약사에게 무상으로 약을 환자에게 주어야 할 의무를 부과하는 것이 곧바로 정당한 자유 제한이 되는 것은 아니다. 그것은 직업의 자유 제한의 부담을 불공정하게 부담하는 것이 되기 때문이다. 다른 직업을 가진 사람들은 자신들이 제공하는 용역과 재화가 필요한 사람에게 무상으로 제공할 행위를 강제 받지 않는다. 즉 자신의 노고와 비용을 투여한 것을 대가를 받고 제공할 행위 경로가 닫히지 않는다. 이러한 사안에서 공정한 부담은 공정한 과세를 통해 조성된 재원으로 환자를 지원하는 것이다. 이러한 지원책을 통해 직업에 상관없이 모든 구성원은 그 환자의 자유 외연 수축을 회복하는 데 기여할 공동의 부담을 지게 된다. 이와 같은 공정한 대안이 있기 때문에 약사가 환자와 직업적으로 대면하는 밀접한 관계에 있다는 것 자체는 그 자유 제한의 부담이 공정하다는 논거가 되지 못한다. 공적 과제 수행의 부담을 약을 조제한다는 사회적으로 유용한 행위를 하는 특정 업무를 자신의 직업으로 수행하는 사람에게만 집중적으로 지우는 것이 된다. 직업 수행을 대가 없이 하도록 임의로 강제당할 원리를 보편적으로 받아들일 수 없다.

결론적으로, 탈취적 지배를 하고 있는 사람을 지목(指目)할 수 없는 이러한 사안에서, 일정한 기본권 주체를 임의로 지목해 자유 제한의 부담을 부과하는 것은 자유롭고 평등한 지위들의 관계를 굴절시킨다.

2. 국가의 조정을 통한 공정한 부담

자유 탈취자를 지목할 수 없는 사안에서는 자유의 외연 수축을 완화하고 교정하는 과제는 국가가 적극적 급부를 통해 수행해야 한다. 그러한 적극적 급부는 두 유형으로 나뉜다. 첫 번째 유형은 '일정한 정도의 침해적 효과를 수반하는 유용한 행위들을 어떤 범위에서 할 수 있는가'를 조정해주는 책임 할당 기능(responsibility-assignment function)을 갖는 규범 급부(規範 給付)다. 두 번째 유형은 취약한 구성원에게 자원을 지원하고 여건을 개선해주는 조치다. 이 조치는 사실적 급부(事實的 給付)에 속한다.

이 두 유형의 의무가 국가에게 부과됨으로써, 모든 기본권 주체들은 전부 또는 일부 구성원의 자유 외연 수축을 완화시키는 데 기여할 동등한 부담을 진다. 첫째로 공해 배출처럼 서로의 자유를 복합적으로 수축시키는 상태를 개선할 때 동등한 부담을 진다. 둘째로 삶에서 기본적으로 필요한 행위 경로의 외연이 수축된 취약한 구성원에 대하여 그 수축을 완화시켜 주는 동등한 부담을 지게 된다.

따라서 심사관문5의 희생 원칙은 두 측면에서 작동한다. 첫째, 자유 제한의 형식으로 책임을 할당받을 때 불공정을 배제한다. 둘째, 공정한 조세 부과와 재정 집행을 통해 국가가 취약한 구성원에게 자원을 지원하고 여건을 개선할 수 있음에도 그러한 조치를 취하지 아니하고 직접 일부 구성원에게 자유 제한의 부담을 부과하는 것을 배제한다.[80]

모든 기본권 주체들이 분담해야 할 국가의 공적 과제 부담에서 자신들만 빠지겠다고 주장하는 것은 무임승차적 이익이다. 그것은 공익이 아니라 사사로운 탈취적 이익이다. 이러한 이익을 위하여 국가가 적극적 급부

---

[80] Josef Isensee, "Gemeinwohl und Staatsaufgaben im Verfassungsrecht". 이덕연·강태수 편역, 『언어와 헌법 그리고 국가』, "헌법국가에서 공공복리와 국가의 과제", 신조사, 2013, 468-469면 참조.

는 하지 않고 일부의 자유만을 불공정하게 자유를 제한하는 것은 정당성
이 없다.

반면에 자유의 전 체계를 강화하기 위하여 모두가 동등한 부담을 지는
규제는 그러한 희생을 수반하지 않는다. 대표적인 경우가 선거비용의 상
한을 정하는 규제다. 이 규제는 선거에 나서는 사람 본인이 통상적인 방
식으로 동원할 수 있고 모금할 수 있는 액수를 초과하는 비용을 쓰지 못
하게 제한한다.81) 이러한 규제는 정치적 주장의 타당성과는 무관한 재력
의 불평등 관계가 정치적 대표의 불평등으로 투영되는 것을 막기 위한 것
이다. 그것은 그러한 재력을 가지고 있는 사람들을 '희생'시키는 것이 아
니다. 왜냐하면 그 사람들 역시 다른 시민들과 동등한 정도의 재원을 영
향력 발휘에 사용할 수 있기 때문이다. 정치적 영향력은 그 주장하는 바
의 설득력과 신뢰성에 따라 결정되어야 하지 누가 더 부자냐 아니냐에 따
라 결정되어서는 안 된다. 더 많은 돈을 투입할 재력이 있는 사람이 지지
하는 정책이라고 해서 그 정책이 곧 타당한 정책인 것은 아니기 때문이
다. 게다가 그러한 불평등한 재력의 투영이 권리 질서를 확정하는 정치를
매개로 이루어지는 것은 특별한 위험을 낳는다. 정치과정은 법적 자유를
결정한다. 정치과정을 통해 늘 새롭게 경계가 설정되는 법적 자유는 불평
등한 재력의 영향 때문에, 불평등하게 왜곡될 위험이 크다.

재산의 불평등한 배분은 일정한 합의를 전제한다. 재산권은 제도적 권
한이다. 그리고 상이한 규모의 재산에 터잡아 구성원들 사이에 동등하게
보유되고 있지 않는 제도적 권한이 발생한다. 누군가를 채용하고 징계하
고 해고할 권한은, 누군가를 고용하여 결합시킬 생산수단을 소유하고 있

---

81) 공직선거법 ([시행 2015.3.31.] [법률 제12946호, 2014.12.30., 타법개정])은 제119
조 제1항에서 선거비용을 정의하고, 제121조 제1항에서 선거비용제한액을 선거별
로 산정하여 규정하고 있다.

는 사람만 행사할 수 있다. 그러한 권한 행사의 불평등이 허용되는 것은, 그러한 불평등이 평등하고 자유로운 근본적인 관계에 위배되지 않기 때문이다. 즉 그러한 불평등은 그것을 허용하는 것이 자유의 체계에 손상을 가하지 않기 때문에 수용되는 것이다. 그런데 그 불평등에 터잡은 권한의 사용이 근본적 관계를 왜곡하는 경우에는, 그것은 "특권 남용"이 된다. 예를 들어 정리해고의 객관적 요건이 성립하고, 노동자 5명 중 누구를 정리해고 대상자로 선정하더라도 그 자체로는 불법이 아닌 경우를 생각해보자. 이러한 경우라고 하더라도, 사용자가 그들 모두에게 휴일에 대가 없이 사용자의 집 마당의 잔디를 깎으라고 시킨 다음, 이 부당한 명령을 거부한 사람을 그 명령을 거부했다는 이유로 정리해고 하는 것은 특권의 남용이다. 왜냐하면 이는 사용자에게 다른 사람들에 대한, 평등하고 자유로운 관계에서는 수용할 수 없는 형태의 통제력을 부여하는 것이 되기 때문이다.[82] 마찬가지로 정치적 대표를 선출하는 제도적 과정에, 재산권의 불평등한 분배에 터잡은 권한 행사가, 정치적 대표의 불공정성을 야기하는 경우, 이것은 불평등을 받아들이는 전제를 깨는 것이다. 재산의 불평등이 정치적 대표 과정의 공정을 깨뜨리는 것은, 큰 규모의 재산을 보유한 사람에게, 정치적 대표를 간접적으로 매수할 수 있는 통제력을 열어두는 것이기 때문이다. 그리고 이러한 통제력은 평등하고 자유로운 관계에 있는 구성원들이 수용할 수 없는 통제력이다. 이처럼 근본적 관계를 왜곡시키는 것은 권한의 남용이다. 남용에 대한 방비책의 원칙적 형태는 남용과 결부된 제한을 가하는 것이다. 그러므로 그 남용에 대한 제한은 평등하고 자유로운 관계 자체에 내재한 것이다. 따라서 그 강화의 방식으로 불평등에 터잡은 권한의 남용 위험성과 결부된 부분만을 제한하는 것은 그 권한

---

82) T. M. Scanlon, *Moral Dimension: Permissibility, Meaning, Blame.* 성창원 옮김, 『도덕의 차원들: 허용, 의미, 비난』, 서광사, 2012, 117면.

을 부여받은 사람을 희생시키는 것이 아니다.[83]

반면에, 자신이 쌓아올린 인격적 신뢰와 논증 능력을 일정수준 이상 발휘하지 못하거나 전면적으로 금지하는 제한은 희생을 낳는다. 인격적 신뢰와 논증 능력은 정치적 주장의 타당성과 직결된다. 극소수가 보유한 막강한 재력을 동원해서 특정한 정치적 메시지를 더 많이 접하게 되었기 '때문에' 어떤 주장이 믿을 만한 자격을 갖게 되지는 않는다. 오히려 그러한 연유로 사람들이 그 주장을 믿게 되었다는 사실이 드러나면, 그 주장에 대한 지지가 공정한 여론 형성의 결과인지 의심된다. 따라서 재력은 정치적 의견 형성에서 '불투명한' 자원이다. 반면에 신뢰할 수 있고 논증 능력이 뛰어난 사람이 주장하기 '때문에' 어떤 주장이 믿을 만하게 된다는 것은 그럴법한 일이다. 따라서 기본권 주체가 쌓아올린 신뢰와 논증 능력은 투명한 역량들이다.

따라서 그러한 신뢰와 능력을 쌓기 위해 다른 구성원들보다 더 노력한 사람들이 그런 역량을 활용하지 못하도록 하는 것은 특별한 부담을 가하는 것이다. 이는 의료에 관해 신뢰와 자격을 보통 사람들보다 더 많이 갖춘 의사가 공개적으로 자신의 경력을 밝히며 의학에 관한 견해를 더 자주 발표할 수 없게 하는 것과 같다. 이러한 부담을 다른 분야에는 가하지 않

---

83) John Rawls, 『정치적 자유주의』, 436-443면의, 선거비용 총지출에 제한을 둔 1974년 선거법수정안(the Election Act Amendment of 1974)을 수정헌법 제1조 위반이라 본 *Buckley v. Valeo*, 424 U.S. 1 (1976) 판결에 대한 비판을 참조하라. Rawls는 정치적 자유의 공정한 가치를 보장하기 위한 규제가 세 가지 제약을 만족시키면 평등한 자유 원칙과 부합한다고 보았다. 첫째, 언론의 내용에 어떠한 제약도 없을 것, 둘째, 규제들이 다양한 정치집단에게 부당한 부담을 가하지 않고 형평성 있게 처우할 것, 셋째, 정치적 자유를 최소로 침해하는 것으로 합리적으로 설계될 것. (같은 책, 436-437면.) 이 세 가지 제약은 심사관문 5의 희생 원칙의 구조와 일치한다. 즉 그것은 금력에 대한 불평등한 권한이, 수용할 수 없는 형태의 통제력 부여를 통하여, 불공정한 대표를 낳는 남용을 막기 위한 제약인 것이다.

으면서 정치적 표현의 분야에만 가하는 것은 불공정한 부담을 부과하는 것이다. 즉, 자신이 가진 논증능력과 인격적 신뢰를 다른 구성원들에게 정치적 주장을 하면서 활용하지 못한다고 하는 부담이 불공정하게 가해지는 것이다. 더군다나 이러한 부담을 가하게 된 결과로 산출되는 효과는 정치적 논증의 질이 하락하는 효과뿐이다. 이것은 모든 기본권 주체에게 공통된 이익이 되는 것이 아니다.

핵심은 이것이다. 인격적 신뢰와 논증능력은 다른 이들에 비해 불평등하게 부여된 제도적 권한이 아니다. 그렇다면 이러한 제도적 권한의 남용과 결부된 부분이 아닌 자유를 '타 구성원이 영향을 받기 쉽다'고 하여 제한하는 것은, 그 기본권 주체를 부당하게 희생하는 것이다.

'더 많은 재력을 가진 사람들의 지지를 받기 때문에 특정한 정치적 신조가 더 많은 시간과 공간에서 전달된다'는 것은 불투명한 전환이다. 반면에 '더 나은 인격적 자격과 논증능력을 갖춘 이들이 주장하므로 특정한 정치적 신조가 설득력을 얻는다'는 것은 투명한 전환이다.84) 전자의 경우에는 전환과정이 명시적으로 드러났을 경우 그 정치적 신조의 설득력은 약해지고, 후자의 경우 그 전환과정은 애초에 그 신조의 설득력을 뒷받침하는 것이다. 불투명한 전환을 막기 위한 자유 제한은 공정한 부담이다. 다른 목적을 위해 불평등하게 분포된 것이 허용된 제도적 권한이 남용되는 것을 그 불평등 부분에 한하여 제약하는 것이기 때문이다. 투명한 전환을 막는 것은 신뢰와 논증 능력을 쌓은 사람들을 희생시키는 것이다. 제도적 권한의 남용 위험과 결부되지도 않는 부분을, 규제되는 대상에게만 특별히 금지하는 것이기 때문이다. 이로써 심사관문 5는 통상 '선거의 공정', '정치과정의 공정'이라는 표제 하에서 간과되기 쉬운 구분을 정확

---

84) Jürgen Habermas, *Ach, Europa, Kleine Politshce Schriften XI*. 윤형식 역, 『아! 유럽』, 나남, 2011, 204면.

하게 그어낸다. 심사관문 5는 제도적 권한의 불평등한 행사 및 불투명한 전환을 막기 위한 규제는 적합한 논거로 뒷받침된다고 인정한다. 제도적 권한의 불평등한 행사와 결부되지도 않은 투명한 전환을 막기 위한 규제는 자유 제한 사유가 되는 적합한 논거가 없는 규제다.

반면에 다른 사람들의 자유에 충격을 주지 않는 권리를 제약하는 것은 공정한 부담이 아니다. 문화재로 특별 관리되고 있는 것이 아닌 일반적인 책들로 이루어진 장서를 다른 사람들에 비해 더 많이 수집하지 못하게 하거나, 시중에 구매하는 음반 CD를 많이 구매하지 못하게 하는 가상적인 규제를 생각해 보자. 그것이 자유의 전 체계 강화라는 논증은 성공하지 못한다. 그 목적이 무엇이건 그 사람들을 희생시키는 것이기 때문이다. 자신이 가진 자원을 자신이 보다 깊이 있게 추구하고자 하는 기획에 집중시키는 것은 특별히 불평등하게 부여된 권한이 아니다. 타인의 자유 축소를 가져오지도 않는다. 그것은 누구에게나 허용된 자유 범위 내의 양립가능한 행위다. 모든 구성원 공동의 과제에 속하는 것을 달성하기 위하여 그런 자유를 제한하는 것은 일부 구성원을 희생하는 것이다.

이와 같이 희생의 원칙은 자유 제한의 방식에 한계를 설정한다. 모두가 기여하여야 할 공동의 과제 달성을 위해 특정 구성원들이 다른 구성원들에 비해 자유를 불평등하게 제한당해서는 안 된다. 그리고 이 관문을 통과하고자 논증하는 측은, 자유에 대한 불평등한 제한이 타 기본권 주체의 자유를 축소시킬 수 있는 제도적 권한 남용을 막기 위한 것에 국한된 것임을 보임으로써 논증에 성공할 수 있다. 다른 한편 위헌을 주장하는 측은, 불평등한 자유 축소가 기본권 주체의 제도적 권한 남용 위험과 결부된 것이 아니거나, 남용 위험이 결부된 부분을 넘어서까지 부과됨을 보임으로써 논증에 성공할 수 있다.

3. 헌법재판소 결정 분석

상기하자면, 심사관문 5는 부담의 공정성 원칙, 또는 희생의 원칙으로 다음과 같은 내용이다. "어떠한 사람도 자유 전 체계 강화에 필요한 자유 제한에 있어 불공정한 부담을 지지 않는다. 따라서 타 기본권 주체의 자유를 축소하거나 수축시킬 수 있는 제도적 권한의 불평등과 결부된 남용을 제한하기 위한 규제는 공정한 부담의 원칙을 어기지 않는다. 반면에 남용과 관련되지 아니하는 부분의 자유까지 더욱 불평등하게 제한받는 경우, 그 기본권 주체는 희생된 것이다."

이와 관련된 대표적인 설시가 앞서 심사관문 2와 관련하여 살펴본 바 있는 헌법재판소 2000. 4. 27. 98헌가16 등 결정에 등장한 바 있다. 동 결정은 앞서 설명했듯이 전면적 과외교습 금지를 위헌으로 선고한 결정이다.

심사관문 5와 관련된 부분은 '과외교습을 제한하면 항상 위헌이 되는가'라는 쟁점이다.

법정의견은 추가의견에서, 자유의 가치에 관한 사항이 잠재적으로는 자유 제한의 사유가 될 수 있는 가능성을 타당하게 열어두었다. 그리하여 "고액과외교습을 금지하는 것 자체가 위헌이라는 것이 아니라, 고액과외교습을 억제하기 위한 방법의 선택이 잘못되어 국민의 기본권을 과도하게 침해"하기 때문에 위헌성이 있다는 취지임을 명시했다.

과외교습을 두 가지 유형으로 나누어 보면 이러한 취지가 명확히 이해될 수 있다. 첫째 유형은 공정한 경쟁 자체를 왜곡하는 과외교습이다. 학교교사, 대학교수가 교습자인 과외교습이나 시험문제를 상당히 정확히 예측하는 족집게 과외교습이 그것이다. 이것은 시험의 공정성 자체를 해친다. 둘째 유형은 통상적인 부모가 아이의 학습에 조금 더 가정 소득을 할애하기로 했을 때 지출할 수 있는 범위의 과외교습이다.

첫째 유형은 부정한 시험정보 유출과 결부되어 있기 때문에 지나치게 고액이 된다. 그러한 과외의 효용성은 다른 이는 원칙적으로 제공할 수 없는 불공정의 특수한 원천과 결부되어 있는 것이다. 반면 둘째 유형인 통상의 과외는 학습을 보조해주는 역할에 그친다. 이런 유형의 과외는 교습자가 실력이 뛰어나다 해도 비슷한 교육 서비스를 제공할 수 있는 사람들의 수가 상당히 많거나 좋은 교수 방법이 금방 확산될 수 있기 때문에, 지나치게 고액일 수가 없다.85)

추가의견은 "지나치게 고액인 과외교습"을 비롯하여 대학교수와 같은 입시관련자나 학생부와 내신성적에 영향을 미칠 수 있는 학교교사의 과외교습 등 "입시의 공정성을 저해할 위험이 있는 등 중대한 사회적 폐단이 우려되는 경우에는 이를 규제할 수 있는 입법조치를 취할 수 있다"고 법정의견에서 분명하게 설시했다는 점을 강조했다.

일괄적인 과외금지는, 재산이 평등하고 적정하게 분포되어 있는 사회에서 당연히 누릴 수 있는 적정한 과외교습조차도 일괄적으로 막는다. 그러면 과외가 제한당한 기본권 주체들은 희생된 것이다. 심사관문 5는 타인의 자유 수축을 발생시키는 남용과 결부된 부분의 자유 제한을 자유의 전 체계 강화를 위해 허용한다. 그러나 타인들도 받을 의사가 있다면 받을 수도 있는 수준의 과외를, 타인의 동등한 자유를 수축시키는 사정도 없음에도 불구하고, 전면적으로 받지 못하게 하는 것은 평등한 자유 관계를 훼손한다. 아무런 남용과 결부되어 있지 않은 부분의 자유를 제한했기 때문이다.

반면에 학교교사나 교수에 의한 과외, 시험정보 유출이 의심될 정도의

---

85) 일반적으로 교수 능력의 탁월함으로 얻은 수익은 규모의 경제를 통해 확산될 수 있고, 자연스럽게 그러한 확산 경로를 따른다. 예를 들어, 소수에게 탁월함을 인정받은 교수자들은 책을 집필하거나 강의 영상이나 오디오를 작성하거나, 같은 교수 방식을 따르도록 체계적인 교수 집단을 운영하는 것이 일반적이다.

초고액 과외 등 공정을 해하는 과외는 제한하더라도, 누군가를 희생하지 않는다. 왜냐하면 그런 남용과 결부된 행위가 제한되더라도, 타인들과 마찬가지로 여전히 적정한 과외교습을 하고 받을 수 있으므로 희생되었다고 할 수 없는 것이다.

헌법재판소는 학부모의 재력의 차이에 따라 과외교습을 받을 실질적 기회가 달라지는 불평등을 시정하는 "교육영역에서 기회균등"을 이룩하는 것이 국가의 과제임을 분명하게 확인하였다. 그러나 그러한 과제는 사실적 급부활동을 통해 불평등을 해소하도록 하는 근거이지, 개인의 기본권행사인 사교육을 억제하여 평등을 실현하는 것을 허용하는 근거는 아니라고 하는 것이다. 이는 국가, 즉 공동체 구성원 모두에게 부여된 적극적 급부 활동을 통한 교육기회 불평등 해소라는 과제를, 과외교습을 받기를 원하거나 더 필요한[86) 구성원에게만 자유 제한의 형식으로 부담을 과하여 달성하는 것이 불공정한 부담이라는 이유에서도 정당화되는 설시이다.[87)

희생의 원칙은 다른 이의 자유를 직접 침해하거나 또는 자의의 매개항으로 축소하고 있지 않은 양립가능한 자유를 제한하는 것을 금지한다. 위 설시는 이 점을 확인한 것이라 할 수 있다.

---

86) 부모가 학교 공부와 밀접한 학식을 보유한 가정의 학생은 무형의 자산 형태로 학교 공부에 도움을 받는다. 반면에 부모가 시간 여유가 없거나 학식이 없는 가정의 학생은 그런 이점을 누리지 못한다. 또한 학생이 배우고자 하는 내용이 학교 공통의 교과와 거리가 먼 것일수록 개별적인 교습의 필요성은 높아질 수 있다. 가정 내의 무형의 자산 이점의 차이는 허용하면서, 교습자를 통해 간접적으로 자녀를 교육할 자유는 일률적으로 제한하는 것은 규범적 일관성이 없다.

87) 이 설시는 앞서 살펴보았듯이, 조정기제가 공정하게 작동할 수 있는 여건을 먼저 마련하라는 심사관문 2와도 관련되는 설시이기도 하다. 그러나 이것은 동시에 그 여건 마련이 공동의 과제라면 국가가 공정한 과세로 조성한 재원으로 적극적 급부를 함으로써 기본권 주체들이 공동의 부담을 지도록 하라는 심사관문 5와 관련되는 설시이기도 하다.

　다음으로 살펴볼 사안은 앞서 동일 유형의 사안에서 시차를 두고 정반대의 결정이 내려진 사안이다. 아래 사안은 두 가지 논지를 확인해준다. 첫째, 법익 형량이 그릇되게 진행되지 않기 위해서는, 평등한 자유의 논의 차원에 맞게 공익을 식별해야 한다. 규범 개념에 연상되는 가치를 실체화하는 것은 동일한 논의 차원에서 법익을 형량하지 못하게 한다. 형량 대상이 되는 이익은 대안과 비교하여 그 정책을 실시했을 때 기본권 주체들에게 공통으로 발생하는 이익으로 식별된다. 둘째, 자유 제한의 논거가 될 수 있는 사항도, 공정한 부담의 원칙을 위배하는 방식의 자유 제한까지 정당화하지는 못한다.

　사안은 시각장애인 이외에는 안마사를 하지 못하게 한 입법에 대한 것이다. 가장 최근에 내려진 헌법재판소 2013. 6. 27. 2011헌가39 등 결정은 이에 대하여 합헌을 선고하였다.

　"이 사건 개설조항은 (⋯) 일반 국민에게 제공되는 안마의 질을 담보하고, 시각장애인들이 목표를 가지고 자아를 실현할 수 있도록 보다 적극적인 기회를 제공하며, 시각장애인 안마사들이 열악한 환경에서 노동력을 착취당하는 것을 방지한다는 공익 달성에 기여하는 반면, (⋯) 비시각장애인들이 안마시술소 등을 개설할 수 없게 된다고 할지라도, 이들에게는 다양한 다른 직업을 선택할 수 있는 가능성이 존재하므로 (⋯) 이 사건 개설조항은 법익의 균형성도 갖추고 있다."

　그런데 일반 국민에게 제공되는 안마의 질은 자격인정을 받을 수 있는 진입구를 비맹인에게는 전적으로 막아 경쟁을 제한함으로써가 아니라 경쟁을 확대함으로써 고양되므로 적합한 이유가 되지 않는다. 자아 실현의 '적극적' 기회는 국가가 사실적 급부를 제공하여 제공되는 것이지 이미 보장되어 있는 직업의 자유를 다른 집단에게는 불허함으로써 제공되는 것이 아니다. 노동력 착취는 인간존엄에 부합하는 적정한 근로조건을 법률로 정하고 이를 실효적으로 시행함으로써 방지되지 다른 집단의 노동력 진입을 막는다고 해서 방지되는 것이 아니다. 이를 제외하고 보면, 위 설시가 핵심적인 형량 대상으로 실제로 식별한 것은, 시각장애인들만이 안마사를 하게 함으로써 그들의 생계곤란을 해결하는 이익이 한 축이고, 안마사를 하지 못하도록 하는 직업의 자유 제한으로 상실되는 이익이 다른 한 축이다. 그리고 전자가 후자보다 중대하다고 한 것이다.

헌법재판소는 이 사건 자격조항과 실질적으로 동일한 구 의료법상 안마사 자격 조항에 대하여 두 차례에 걸쳐 합헌 결정을 한 바 있다.(헌법재판소 2008. 10. 30. 2006헌마1098등 결정, 헌법재판소 2010. 7. 29. 2008헌마664등 결정), 그 이유의 요지 중 법익균형성 부분은 정면으로 '생존권'과 '직업의 자유'를 대립시키고 있다. "위 법률조항으로 인해 얻게 되는 시각장애인의 생존권 등 공익과 그로 인해 잃게 되는 일반국민의 직업선택의 자유 등 사익을 비교해 보더라도, 공익과 사익 사이에 법익 불균형이 발생한다고 할 수 없"다는 것이다.

그러나 생존권과 자유권을 대립시켜 생존권이 더 절박한 것이므로 생존권을 우선해야 한다는 판단은, 형량 대상의 식별부터 잘못된 것이다. 그것은 개념이 자극하는 인상들의 연접관계를 따라가는 자유연상에 의해 사태들을 권리와 연결한 것이다. 그렇게 하면 자연스레 권리들은 통약 불가능한 방식으로 충돌하는 대상으로 잘못 실체화될 수밖에 없다.

그것은 자유연상을 따라 이루어진 사유이지, 체계화된 사유가 아니다. '생계를 위하여 지속적으로 수행하는 것이 직업임 → 시각장애인 이외의 사람이 안마사를 하게 됨 → 시각장애인의 생존이 어려워짐.' 이렇게 하여 '생존권'이라는 것이 형량 대상으로 등장한 것이다.

그러나, 안마사를 시각장애인 외에는 금지하는 입법에 의해 추구되는 법익은 시각장애인의 생존권이 아니다.

첫째로, 비맹인에게 안마사를 허용하는 경우 초래되는 법질서는 시각장애인 안마사들이 안마 서비스 제공에서 경쟁 상태에 놓이게 되는 것에 그친다. 시장에서 경쟁하고 있는 경제주체들은 같은 종류의 경제활동을 하는 주체의 권리를 침해하고 있지 않다. 또한 그들은 다른 경제주체들의 생존에 관한 결정권 등을 탈취하여 대신 행사하고 있지도 않다. 그리고 안마사를 하는 시각장애인은 시각장애인들 중 소수88)다. 안마 서비스가 단순히 경쟁 상태에 놓임으로써 생존권이 침해된다고 결론 내리려면, 안마사를 하지 않는 다른 대부분의 시각장애인은 이미 생존권이 침해된 위헌적 상태라는 잘못된 전제가 도입되어야 한다.

둘째로, 생존권은 국가에 대한 적극적 급부를 요구하는 권리이지 타인의 양립가능한 자유를 제한하는 권리가 아니다. 노동능력이 제한되어 있어 스스로의 노동만으로는 생존할 수 없는 모든 장애인에 대하여 국가는 생존권 보장의 의무를 진다. 또한 노동능력이 없는 사람은 국가에 대하여 인간다운 생활을 요구할 권리를 갖는다.89) 그렇기 때문에 다른 기본권 주체들은 노동능력 없는 다른 주체의 생존 및 자유를 자신들의 자선(慈善) 의사에 자의적으로 의존케 할 특권적이고 불평등한 관계에 설 수 없다. 설사 다수가 그러한 관계에 서고자 해서 생존 보호의 입법을 거부한다고 하여도, 그러한 부작위는 위헌이다. 그것은 생활 능력이 없는 기본권 주체들을 다른 기본권 주체의 선의와 변덕에 전적으로 내맡겨둠으로써 평

---

88) 2003헌마715의 위헌의견에서 적시된 바에 따르면 2005년 9월말 기준으로 등록시각장애인 184,965명 중 6-7천명, 즉 약 3.5% 정도이다.

89) 헌법 제34조의 제1항은 "모든 국민은 인간다운 생활을 할 권리를 가진다."고 규정하고 제5항은 "신체장애자 및 질병·노령 기타의 사유로 생활능력이 없는 국민은 법률이 정하는 바에 의하여 국가의 보호를 받는다."고 규정하고 있다. 이러한 규정 형식은 생존권이 단순한 프로그램 규정이 아니라 국가에 대하여 국민이 명확하게 요구할 수 있는 권리임을 명시한다.

등하게 자유로운 관계를 파괴하기 때문이다. 인간다운 생활을 보편적으로 보장함으로써 평등하고 자유로운 관계를 복구시키고 유지할 의무는 국가에게 있다. 국가에 지워진 의무는 모든 기본권 주체가 공정하게 부담하는 공동의 기여를 통해 실현되는 의무이다. 따라서 장애인의 생활이 인간다운 생존의 최저한도보다 낮게 될 경우 직접적이고 구체적인 급부권을 장애인은 국가에 청구할 수 있다. 만일 국가가 급부를 하지 않는 경우 위헌인 것은 바로 그와 같은 부작위이다.

셋째로, 공익 식별은 그 생존권 보장의 의무가 국가의 적극적 급부 의무의 형식으로 헌법적으로 지워져 있음을 전제로 해서 이루어져야 한다. 그러면 시각장애인에게만 안마사를 하도록 허용하는 입법으로 달성되는 이익은 생존권이 아니다. 왜냐하면 생존권은 이미 헌법으로 보장되고 있기 때문이다. 그 입법으로 추가적으로 달성하는 이익은 공동의 부담을 줄이는 이익이다. 즉, '노동능력이 제한된 이의 생존권 보장 및 고용기회 개선, 자아실현 창출을 위하여 필요한 적극적 급부비용을 국가가 재정적으로 절감하는 이익'이다. 즉, 직업의 자유 제한으로 상실되는 자유의 법익과 대립되는 이익은 바로 그와 같이 아낀 '재정적 이익'이다.

결국 실제 문제를 그대로 정식화하자면, 다음과 같다.

'노동능력이 제한된 구성원의 생존권 보장 및 고용기회 개선에 필요한 급부비용을 절감하는 이익을 달성하기 위하여, 그 부담을 안마사가 되려하는 구성원들에게만 자유 제한 형태로 집중적으로 불평등하게 부담시킬 수 있는가.'

이러한 문제는 궁극적으로 '국가가 규정한 일정한 목록에 속하는 중환자의 치료권을 보장하기 위하여 소요되는 급부비용을 절약하기 위하여 환자와 밀접하게 대면하는 약사가 중환자에게 약을 조제하여 제공해야 하되 대가를 청구하는 것을 금하는 입법이 타당한가'의 질문과 동일한 구조를 갖는다. 첫째로, 두 사안 모두 자유 제한 조치를 통해 일부 구성원에게 이익을 줄 수 있는 밀접한 관련성을 갖는 직업 활동을 하는 기본권 주체들이 있다. 둘째로 두 사안 모두 공정한 과세를 통해 조성된 공적 재원으로 급부를 함으로써 취약한 주체의 상황을 개선시킬 수 있다. 셋째로 국가는 그 대신 일부 구성원에게 작위나 부작위를 명하여 자유를 특별히 제한시킴으로써 그 부담을 집중시키고 있다.

이 질문에 대하여 '타당하다'라는 답을 하기 위해서는 다음과 같은 원리를 헌법규범으로 받아들여야 한다. '국가라는 공적 기구를 통하여 기본권 주체들이 보편적으로 부담하고 이행해야 하는 적극적 급부 의무의 실행 비용을 아끼기 위해, 일정한 범위의 기본권 주체들의 자유만 불평등하게 축소시킬 수 있다.' 그러나 이러한 불평등한 의무부과나 자유제한은, 심사관문 5를 통과하지 못한다. 그것은 일부 구성원의 보다 덜한 조세 부담이라는 경제적 이득을 위하여 다른 구성원에게 보다 낮은 자유의 전망을 부과하는 것이다.[90] 그러므로 그것은 탈취적 이득을 위하여 불평등하게 자유를 제한하는 것이다. 이는 탈취당하는 기본권 주체의 평등하게 자유로운 기본적 지위를 부인하는 것이다. 따라서 이것은 헌법규범 주장으로 수행적 모순을 범한다. 그러므로 이러한 사유는 그 직업에 종사하고자 하는 자유를 전면 금지하는 적합한 논거가 되지 못한다.

안마사를 직업으로 하고자 하는 자들은 타 기본권 주체의 자유를 탈취적으로 수축시킨 것이 아니다. 그들은 남들보다 더 많은 제도적 권한을 지니고 있거나 행사하는 것이 아니다. 그러므로 그들은 남들에 비해 남용에 대비하여 불평등하게 억제되어야 할 대상이 되지 않는다. 국가가 급부해야 할 재정을 아끼기 위하여 그들이 원하는 직업을 선택하고 행사할 자유를 전면 금지한다면, 그들은 희생된 것이다.

---

90) Ralws, 『정의론』, 249면.

실제로 이러한 논지는, 안마사 자격규칙을 최초로 다루었으며 위헌으로 결정한 헌법재판소 2006. 5. 25. 2003헌마715 등 결정에서 위헌의견을 냈던 다수의 재판관들이 지적했던 논지였다. 이 사건에서 위헌정족수를 충족한 이유는 법률유보원칙 위배였지만, 위헌의견을 낸 재판관 중 다수는 법률유보원칙 이외에도 직업의 자유를 과잉금지원칙을 위배하거나 본질적 부분 침해금지 원칙을 위배하였다는 점을 분명히 하였다.

재판관 전효숙, 재판관 이공현, 재판관 조대현의 의견은 "목적의 정당성" 부분에서, "비맹제외기준이 제거되더라도 맹인안마사의 영업활동이 전혀 불가능하게 되는 것이 아니고 단지 시각장애인이 아닌 일반 안마사들과 경쟁하는 입장에 처하게 될 뿐"이라고 하여 애초에 형량에서 문제되는 법익들의 정식화가 잘못되었음을 지적하였다.

합헌의견의 잘못된 형량 대상 법익 식별은 전체 논증을 잘못된 방향으로 이끈다. 그 방향으로 이어지는 논의는 생존은 직업 자유에 우선한다는 식의 실체화된 가치들 사이의 추상적인 비중 판단이라는 막다른 골목에 이르기 때문이다. 형량 대상의 식별이 제대로 이루어지지 않게 되면, 입법자가 주관적으로 언급한 '생존권'이라는 것이 곧바로 형량 대상으로 파악되어 버린다. 공익은 대안과 비교하여 추가로 달성되는 기본권 주체들의 공통된 이익으로 파악해야 한다. 대안과 비교하여 기본권 주체의 공통된 이익에 어떤 차이가 나는가를 식별하지 않으면, 평등한 자유 관계라는 동일한 차원에서 법익들을 형량할 수 없다. 그 때 남는 것은 정확히 이해할 수 없는 '공동체 전체 입장'이라는 초월적 이익 향유자의 입장뿐이다. 이렇게 가치를 실체화함으로써 논증 전체가 뒤틀렸다. 그래서 위 결정들에서는 제시되어야 할 형식의 적합한 논거들이 헌법규범이 설정하는 논거구조 내에서 검토되지 못하게 되었다. 이로 인해 직관적인 비중 판단 이외에 논증 가치의 차이를 드러낼 수 있는 논증지점이 지워진다. 이것은 같은 사안에 대해 상이한 결론을 낸 헌법재판의 결과들이 논증대화적으로 해명되지 못했음을 의미한다.

2003헌마715 등 결정에서는 시각장애인만 안마사 자격을 허용하는 규칙은 과반인 다수의 재판관들에게 직업의 자유 침해로 과잉금지원칙 위배로 판단되었다. 위 결정의 위헌 의견 중 다수 의견은 '법익 균형성' 단계에서 다음과 같이 판단했다. "신체장애자 보호에 대한 헌법적 요청, 시각장애인은 장애의 특수성으로 인해 사회생활에 적응하기 어렵다는 점 등을 모두 감안하더라도 특정한 직역 자체에 일반인의 진입자체를 봉쇄하는 것은 과잉금지원칙을 위배하여 청구인들을 비롯한 국민의 직업선택의 자유를 본질적인 내용까지 침해하는 것으로서 위헌이라고 할 것이다."91)

그러나 그 이후의 결정들에서는 앞서 살펴본 바와 같이 다수의 재판관들에게 합헌으로 판단되었다.

일련의 결정들은 관련된 사실들을 달리 포착하고 있었던 것은 아니다. 고려되어야 할 여러 사항들은 어느 의견에서나 고려되었다. 달랐던 것은 가장 핵심적인 부분, 법익 비중의 차이였다. 이러한 차이를 가져왔던 것은 무엇인가. 달라진 것은 재판관의 인적 구성뿐이다. 인적 구성에 따라 결론이 달라질 뿐, 투입된 논거들의 체계적 차이를 공적으로 짚어낼 수

---

91) 비맹인의 안마사 금지에 대하여 위헌을 선고한 2003헌마715 결정은 "이는 안마사업에 종사하려는 일반인 또는 시각장애인이 아닌 다른 신체장애자들의 안마사 자격취득 기회 자체를 원천적으로 박탈하고 있어 적절한 수단이라고 할 수 없다."고 하였다. 즉 어떤 집단에게 적극적 급부를 줄 국가 의무를 더 적게 이행하기 위하여 다른 집단의 자유를 전면 제한하는 입법은 허용되는 방식이 아니라는 것이다. 즉 "일반적으로 신체장애인의 복지와 사회활동 참여를 증진시키기 위한 관련 법령들을 살펴보더라도 비맹제외기준과 같이 특정 직역에 대한 일반인들의 진입 자체를 원천적으로 봉쇄하는 경우를 발견하기 어렵다." 물론 동 결정은 피해의 최소성도 충족하지 못함을 지적하였다.

없다면 이를 학문적인 기준에 의한 판단이라고는 할 수 없게 된다. 이러한 상태는 기본권 주체에게, 자신의 지위가 정합적인 헌법규범에 의해 확정된다는 법치주의적 확신을 주지 못한다. 논증이 정합적인 헌법규범 원리들이 설정한 적합한 논거구조와, 적합한 논거형식에 따라 진행되지 않았기 때문이다.

그러나 본 연구에서 제시한 형량 방법은 이러한 상태가 숙명이 아님을 보여준다. 심사관문 5를 부인하는 것은, 헌법규범 주장의 전제가 되는 근본적으로 평등하고 자유로운 관계를 부인한다. 따라서 어떤 이익을 위한 자유 제한의 논거는 심사관문 5에 맞추어 제시되어야 한다. 그리고 심사관문 5에 의해 논거들을 검토해보면, 비맹인에게 안마사를 전적으로 금지하고 형사처벌하는 것은, 직업의 자유를 과잉되게 침해하여 위헌이라는 추론이 타당하다. 이러한 추론에는 생존권이 중요한가 자유권이 중요한가라는 실체화된 가치의 추상적 서열이나 비중 가늠은 필요하지 않다.

얼핏 시차를 두고 비중 부여에 관한 심원한 가치 차이만을 드러낸 듯이 보였던 일정의 결정들에 대하여, 본 연구에서 제시된 법익 형량에 대한 논증대화적 해명은 그들 사이에 존재하는 논증가치의 우열을 보여준다.

심사관문 5와 관련하여 볼 다음 결정은 헌법재판소 2004. 1. 29. 2002헌마788 결정이다. 이 결정은, 국가인권위원회의 인권위원이 퇴직 후 2년간 교육공무원이 아닌 공무원으로 임명되거나 공직선거및부정방지법에 의한 선거에 출마할 수 없도록 규정한 국가인권위원회법 제11조가 과잉금지원칙 위반으로 위헌이라고 판단하였다.

이 결정은 심사관문 5의 구조를 명료하게 보여준다. 그것은 우선 자유 제한으로 추구되는 공익이, 평등한 자유 관계를 변형시키는 권한 남용을 방지한다는 이익이라는 점을 짚는다. 즉 자유를 제한할 수 있는 논거임은 일단 확인하고 있다.

즉 "새로운 공직을 임명받는 데에 영향력을 가진 국가기관이나 선거 출마를 위한 공천권을 가진 정당 등 기관·단체로부터 인권문제의 처리와 관련하여 부당한 압력이나 회유를 받고 이에 위원이 굴복한다든지 혹은 위원 스스로 동 기관·단체의 정책이나 방침에 반대하는 것을 삼가려한다 든지 함으로써 위원회가 인권 보호와 향상의 소임을 공정히 다할 수 없게 되는 일이 발생하는 것을 방지하고자 하는" 목적이 정당하다고 하였다. 이것은 자유 제한의 사유가, 심사관문 4의 자유의 전 체계 강화 심사에서 제시될 수 있는 형식의 논거임을 확인한 것이다. 인권위원은 다른 기본권 주체와 달리 고도로 독립적인 인권위의 업무 처리라는 특별한 권한을 부 여받은 주체다. 이 권한과 결부된 남용의 가능성과 관련하여 다른 기본권 주체가 자신들의 지위가 굴절되지 않기 위하여 방비책을 마련하는 것은 자유의 전 체계를 강화하는 논거가 될 수 있다.

그러나 권한 남용과 결부된 자유 부분 제한은, 다른 기본권 주체에게도 허용되어 있는 필수적인 기본권까지 전면적으로 금지하는 희생을 수반하 여서는 안 된다. 그런데 "이 조항으로 인하여 제한되는 사익은 위원에서 퇴직한 지 2년이 되지 아니한 자의 피선거권, 공무담임권 및 직업선택의 자유 등 개인의 정치적, 경제적 생활에 매우 중요하고 자유로운 인격의 발현을 위하여도 필수적인 기본권들을 행사"하지 못하게 하였다는 점에 서 희생의 원칙을 위배했다고 할 수 있다.

이 점은 "평등의 원칙 위배 여부" 부분에서 동 결정이 다음 두 가지 점 을 확인하는 설시를 했다는 점에서도 드러난다. 첫째, 특별한 권한 남용 과 관련되지 않을 수 있는 부분까지 일정기간 전면적으로 자유를 제한하 는 것은 헌법의 평등 원칙에 의해 허용되지 않는 불공정한 부담이다. 둘 째, 부담의 불공정은 다른 기본권 주체의 같은 유형의 사안을 기준으로 판단할 수 있다.[92]

방비책은 필요하다. 그러나 방비책이 부담의 공정성에 위배되는 방식으로 세워져서는 안 된다는 것이다. 이것은 심사관문 5가 모든 자유 제한 입법이 통과해야 하는 '형태상 제약'임을 보여주는 것이다.

VI. 심사관문 6: 법적 자유의 수축 심사

1. 내용과 기능

자유권 제한 심사에서 형량 대상이 되는 자유와 공익을 평등한 자유 관계라는 같은 차원에서 체계적으로 논의하지 않으면, 자유권 제한 심사에서 전개되는 헌법논증이 순환 논리의 오류를 범하게 된다.

헌법적 지위는 가치들의 통약 불가능성을 해소하는 발판이 되는 근본적 규범이다. 왜냐하면 헌법적 지위가 정해지고 권리와 의무가 할당되면 통약 불가능한 가치들은 각자의 삶의 맥락과 각자가 숙고한 이유에 따라

---

92) "이 사건 법률조항과 같이 위원이 퇴직한 후 일정 기간 교육공무원을 제외한 공직에 임명될 수 없도록 하고 또한 공직선거에 출마할 수 없도록 하는 것이 직무의 공정성과 염결성을 확보하는 효과적인 방법일 수 있다고 한다면, 국가인권위원회의 위원과 동일하거나 더 높은 수준의 직무상 공정성과 염결성이 요청되는 국가기관의 담당자, 예컨대 법원, 검찰, 경찰, 감사원 등의 고위직 공무원들에 대해서도 위원과 같은 제한이 가하여져야 할 것이다. (…) 그러나 국민의 기본권보장을 위하여 특히 직무의 독립성과 공정성이 강조되는 대법원장 및 대법관, 헌법재판소장 및 재판관과 감사원장 등의 경우에 이 사건 법률조항과 같이 그 퇴직 후 일정기간동안 공직에의 임명을 제한하는 특별규정이 존재하지 아니한다. 그 뿐만 아니라 검찰총장이나 경찰청장으로 하여금 퇴직 후 공직취임 등을 제한하도록 규정하였던 유사 법률조항들은 이미 우리 재판소가 모두 위헌이라고 결정하여 효력을 상실한 바 있다 (헌법재판소 1997. 7. 16. 97헌마26, 판례집 9-2, 72 ; 1999. 12. 23. 99헌마135, 판례집 11-2, 800 참조). (…) 유독 국가인권위원회 위원에 대해서만 퇴직한 뒤 일정기간 공직에 임명되거나 선거에 출마할 수 없도록 제한한 것은 아무런 합리적 근거 없이 위원이었던 자만을 차별하는 것으로서 평등의 원칙에도 위배된다."

기본권 주체 자신의 책임 하에 비교되고 판단될 수 있기 때문이다. 그런데 통약 불가능성 해소의 토대가 되는 발판이, 다종다양한 이질적인 가치를 곧바로 실체화해서 직관적인 비중을 정함으로써 규정된다면 이 토대의 의미는 사라진다. 일부 구성원의 가치 판단이 다른 구성원의 가치 판단을 탈취할 수 없도록 하기 위해 권리와 의무를 정하면서, 결국 일부 구성원의 가치 판단에 따라 권리와 의무를 할당하는 셈이 되기 때문이다. 그런데 결국 근본적인 수준에서 일부 구성원의 심원한 가치 판단이, 기본권 주체들의 기본적 관계를 결정짓는 것은 수행적 모순을 범한다. 왜냐하면 자신의 심원한 가치 판단이 부인당한 나머지 구성원들은 자신의 결정권을 탈취당한 것이기 때문이다. 그 규범주장을 위하여 일부 구성원들이 궁극적 결정을 내릴 지위를 부인당하여 서로의 관계에서 낮은 지위로 격하되는 것은 규범주장의 전제를 부인한다. 그것은 평등하고 자유로운 모든 구성원에게 승인될 자격을 잃게 되는 것이다. 따라서 그것은 규범주장을 하면서도 규범주장의 타당성 요구의 전제를 부인하게 된다.

　따라서 자유권을 제한하는 사유로 제시되는 공익은 평등한 자유 관계라는 동일한 논의 차원에 투입할 수 있는 논거로 변환되어야 한다. 그리고 그 변환의 가능성은 이미 제3장 제2절 III항에서 보여진 바 있다. 그 내용을 다시 상기하자면, 자유권 제한 심사에서 형량 대상이 되는 이익의 보장 형식은 제도적 행위 경로를 포함하는 법적 자유나 자유의 가치 둘 중 하나로 기술될 수 있다. 이 중 자유의 가치로 그 보장 형식이 기술되는 이익은 그것이 법적 자유의 외연을 수축시키는 것과 관련되는 때에는 자유권 제한의 논거가 될 수 있다. 그 이외의 이익은 평등한 자유 관계 논의 차원으로 옮겨질 수 없다. 그 이외의 이익을 논거로 삼게 되면 기본적 지위의 탈취를 범하게 되기 때문이다. 이러한 분석 방법을 통해, 겉으로는 자유와 전혀 이질적인 법익들을 자유 제한의 논증으로 변환하는 역할을 하는 것이 심사관문 6이다.

> 심사관문 6: 자유의 자유 가치 수준으로의 객관적 수축은, 법적 자유의
> 제한에 준하여 정당화되어야 한다. 따라서 그러한 수축된 자유가 평등한
> 자유 관계 차원에서 정당화될 수 있어야 하고, 이는 곧 수축된 자유를 기
> 준으로 1 내지 5의 심사관문을 통과해야 함을 의미한다. 따라서 정당화되
> 지 않는 수축을 복원·완화·제거하기 위한 국가의 규제는 자유의 침해가
> 아니라 정당한 제한이다.

'자유 가치 수준으로 법적 자유 외연의 수축'은 다음과 같은 요건이 성
립할 때 발생한다.

  (1) 자유의 가치 불평등이 존재한다.
  (2) 행위자 개인이 주관적으로 어떤 선택을 하더라도 일부 또는 전부에
      해당하는 장래의 행위 경로가 닫혀 있다.
  (3) 이 행위 경로는 법질서에 의해 닫혀 있다.
  (4) 이 행위 경로가 법적으로 닫혀 있음은, 그 법질서에서 행위 경로의
      외연이 그 행위 경로를 직접 제한하는 법규정이 있는 질서와 동일
      하다는 점을 보임으로써 논증된다.
  (5) 그리고 이렇게 제한 규정이 내재된 법질서는 그런 제한 규정이 없
      는 법질서에 비해 자유가 축소된 상태다.

이 점을 하나의 간단한 문제를 통해 설명하여 보겠다.

'여성 노동자의 혼인퇴직제를 실시하는 회사의 근로계약을 무효로 하
는 입법이, 계약의 자유 침해가 되는가?'

혼인퇴직제를 무효화하는 입법을 심사관문 6을 거치지 아니하고 판단
한다고 해보자. 그러면 혼인과 가족생활의 자유가 한편에 놓이고 계약의

자유가 다른 한편에 놓일 것이다. 이 둘은 실체적으로 충돌하는 것으로 상정될 것이다. 그리고 사안에서는 전자가 후자보다 중대하다든가, 후자가 전자보다 중대하다든가 하는 비중 판단의 막다른 골목에 부딪히게 될 것이다.

반면에 심사관문 6에 의하면, 모든 여성 노동자의 혼인의 자유가 '사용자의 자의'를 매개항으로 기술되는가를 먼저 따지게 된다. 여성 노동자는 회사를 다닐 자유와 혼인을 할 자유를 접합적으로 자신의 의사대로 행사하지 못한다. 이러한 접합적 선택지 박탈은 오로지 노동자에 대해서만 발생하고, 사용자에 대해서는 발생하지 않는다. 사용자는 자신의 혼인의 자유 몫을 온전히 행사한다. 그러면서 동시에 혼인퇴직제를 규정한 근로계약을 매개로 해서 여성 노동자의 혼인의 자유 또한 행사한다.

즉, 이 사태는 법조문으로 '여성 노동자가 회사를 다니면서 동시에 혼인을 하는 것은 사용자의 자의가 이를 승낙할 경우에 자유롭다.'고 규정되어 있는 것과 외연적 동치를 이룬다. 그리고 이 상황은 '여성 노동자가 회사를 다니면서 동시에 혼인을 하는 것은 사용자의 의사가 무엇이건 간에 자유롭다'보다 법적 자유가 축소된 사태다. 이렇게 자유가 축소된 법규정 기술이 가능하지 않을 때에는 '객관적 수축'은 발생하지 않는다. 반면 이런 기술이 가능할 때에는 '객관적 수축'이 발생한 것이다.

이러한 자유 상태는, 그러한 근로계약의 유효요건에 대하여 아무런 규제도 하지 않는 법질서의 귀결이다. 현재의 법률이 사용자가 계약 내용으로 무엇을 포함시켜도 구속력이 있다고 인정한다고 해보자. 이는 노동자가 근로계약 기간 도중에 혼인했다는 이유로 근로계약을 종료할 권한을 부여하는 것이다. 따라서 그것은 법문에서 '사용자의 자의'를 매개항으로 여성 노동자의 취로와 혼인의 접합적 자유를 규정한 것과 외연적으로 동치인 법질서다.

법질서가 확정하는 법적 자유에서 외연적 동치가 성립하였다는 것은, 일부 구성원의 법적 자유가 불평등한 자유의 가치 수준으로 수축되었음을 의미한다.(심사관문 6에 의한 논증대화 시작) 법적 자유가 불평등하게 배분된 것이다. 이것은 양립가능한 동등한 자유 관계에서 이탈한 것이므로 정당화를 요한다. (심사관문 1의 출발점에서의 이탈.) 그런데 이러한 사용자와 노동자 사이의 자유 불평등은 더 나은 행위 경로를 열어주는 조정기제 설립을 위한 것이 아니다. (심사관문 2에 의한 정당화 없음.) 노동자가 자신의 자유 전 체계 측면에서 더 이득이 되는 다른 자유를 얻기 위한 질서에 필수적인 것도 아니다. (심사관문 3에 의한 정당화 없음.) 이러한 정당화 이유가 없음에도 관계는 불평등하다. 사용자 측은 두 몫을 행사한다. 자기 자신의 혼인과 취로의 자유를 행사한다. 노동자 측은 자기 몫도 온전히 행사하지 못한다. 사용자의 자의가 결부된 만큼 그 행사 여지가 수축되었기 때문이다. 이러한 불평등한 자유 관계는 정당화 근거가 없다. (심사관문 4에 의한 정당화 없음.) 따라서 이는 노동자의 자유가 탈취된 상태다. 자유가 탈취된 상태는 평등하게 자유로운 근본적 관계가 훼손되었음을 의미한다. 그렇다면 이 기본적 관계를 복구하기 위한 입법은 자유의 전 체계를 강화하는 입법으로 정당화된다.

이러한 정당화 논증 게임을 시작하려면, 애초에 여성 노동자가 혼인퇴직제를 유효하게 인정하는 법질서에서 무효로 판단하는 법질서에 비해 법적 자유가 수축되었음을 포착해야 한다. 이 포착 역할을 하는 것이 심사관문 6이다. 즉 종래에는 자유와는 전혀 이질적인 법익처럼 보이던 공익을 평등하게 자유로운 관계라는 논의 차원으로 옮겨주는 역할을 하는 것이다.

이 강력한 논증도구를 활용함으로써, 이제는 '혼인생활의 보호', '계약의 자유'라는 두 이름을 붙인 법익을 대립시킨 후 어느 한 쪽이 더 중대하다는 '심리적' 비중 판단으로 서술된 한 단계 논증에 비해 훨씬 더 체계적인 판단이 가능해진다.

공익은 대안과의 비교를 통해 식별된다. 대안과 비교하여 어떤 국가작용으로 기본권 주체에게 발생하는 차이의 일부는 자유의 형식으로, 나머지는 자유의 가치 형식으로 기술될 수 있다. 자유의 가치 형식으로 기술된 것 모두가 자유를 제한하는 논거로 적합한 것은 아니다. 이 중에서도 자유의 가치 수준으로 법적 자유의 외연이 수축됨을 보일 수 있는 그러한 논거들만이, 평등한 자유 관계의 논의 차원으로 옮겨진다. 이러한 사영(射影)을 통해서 두 가지 강점이 생긴다. 경제적 이득을 얻기 위해 타인의 자유를 제한하겠다는 탈취적인 목적은 적합하지 않은 논거로 아예 고려대상이 되지 않는다. 기본적 필요를 충족시킬 수 있는 행위 경로가 실제로 막힌 경우에는 다르다. 법적 자유의 외연이 수축되었다는 것을 보임으로써 자유를 제한할 수 있는 강력한 규범적 힘을 그대로 인정받게 된다. 그러면서도 평등한 자유 관계라는 동일한 논의 차원에서 논의될 수 있게 된다.

이 점을 앞서 자유의 가치 수준으로의 수축을 설명하면서 예로 들었던 '인적이 매우 드문 공사장의 맨홀에 빠진 사람을, 아주 우연하게 한 행인이 지나가다 발견한 경우'를 통해 살펴보자. 이 경우 법적 자유의 외연은 다음과 같이 표현되었다. 행인에게 구조의무가 없을 경우 자유의 일응의 법적 구조는 (1)'와 같지만 그 외연은 (1)과 같음을 이미 확인하였다.

(1)' 맨홀 속의 사람 a는 ―함에 있어 법적 금지를 받지 않는다. 그리고 (AND) 맨홀을 지나가는 행인 b는 자의로 a에 대한 구조관련 행위를 할 수도 있고 하지 않을 수도 있는 법적 자유가 있다.

(1) 맨홀 속의 사람 a는 지나가는 행인 b가 자의로 구조관련 행위를 할 때에만 오직 그때에만 ―함에 있어 자유롭다.

만일, 이 경우 행인 b가 경찰에 구조요청을 할 신고의무가 있다고 하였을 때, 그 때에는 다음과 같은 법적 자유가 성립할 것이다.

(2) 맨홀 속의 사람 a는 지나가는 행인의 자의와 상관없이 구조관련 행위를 할 사람이 나타났을 때에는 —함에 있어 법적으로 자유롭다.

즉, 자의의 매개항에 의한 축소 부분이 사라져서, 이전보다 자유가 확장된 것이다. 반면에 행인 b의 경우에는 구조를 전담하는 공적 기관이 구조상황을 알지 못하는 경우를 맞닥뜨리면, 구조를 해야 할 법적 의무가 있게 된다.[93] 그래서 다음과 같이 법적 자유 상태가 바뀐다.

---

93) 적극적 의무를 상당한 부담이 필요한 구조나, 공적 기관이 인지할 수 있는 경우까지 부과한다면 그러한 체계는 자유의 구조에 문제를 발생시킨다. "그러한 의무를 부과하는 사회 체계는 사회적으로 자멸적(self-defeating)일 것이며, 필요한 도움을 받거나 자신이 해야 하는 의무를 수행하는 부담을 짐에 있어서 심각한 비형평성이 발생할 것이다."(Joel Feinberg, *Harm to Others*, 169-170면) Feinberg의 논증을 정리하면 다음과 같다. 일반 시민들은 불이 커지기 전에 즉각 진압할 수 있는 작은 화재를 발견할 경우 직접 불을 꺼야 하고 이미 커진 화재를 발견했을 때 소방서에 전화를 걸 의무가 있다. 그것을 넘어서 불을 직접 꺼야 할 의무는 없다. 큰 화재를 진압하는 것은 숙련된 전문가로서 특수한 책임을 할당받은 이들이 할 일로 정해져 있다. 신고는 해야 하지만 직접 진압할 의무는 없는 이유는, 단순히 전자에는 최소한의 노력만 필요하고 후자에는 큰 노력이 필요하기 때문은 아니다. 그보다는, 부담과 특수 과업의 몫을 미리 분업화해서 나누어 가장 효과적이고 형평성 있게 불을 끄는 일이 이루어지기에 효과적인 사회적 의무 체계를 수립하기 위해서다. 즉 적극적 의무는 소극적 의무와는 달리, 분업화된 부분으로 나뉘어서 몫으로 할당되며, 적절한 전문기관에 의해 실행되어야 하는 것이다. 그렇게 하면 모든 구체적인 개별 사안에 적극적 과업 수행의 부담이 모든 이들에게 구체적으로 직접 동일하게 부과되는 것은 아니지만, 공동체 전체로 보았을 때는 가장 효과적으로 수행되며 가장 형평성 있게 부담되는 것이다. 그러나 이러한 분업과 조정 체계로도 면제될 수 없는 의무가 있으니, 바로 그러한 조정과 분업 체계가 작동하기 위한 전제조건이 되는 것, 즉 당면한 위험에 빠진 사람을 합당하지 않은 비용이나 위험을 부담함이 없이 전문 기관에게 알리거나 시간이 급박할 때는 할 수 있는 쉬운 구조를 수행하는

(2)' 맨홀 속의 사람 a를 발견했을 때, 행인 b는 자신의 자의와 관계 없이 구조요청을 할 신고의무가 있다. 즉, 행인 b에게는 신고를 하지 않고 그냥 지나칠 수 있는 선택지가 제거되었다.

대안들 사이에는 분명히 a의 법적 자유 외연에 차이가 있다. (심사관문 6 통과에 의한 논증 게임 시작) 그런데, 법익 형량은 모든 기본권 주체의 공통된 관점에서 이루어진다. 즉 기본권 주체의 자유의 전 체계의 전체 구조의 강화 여부를 살펴보는 관점에서 이루어진다. 따라서 맨홀 속의 a의 자유 변화와 행인 b의 자유 변화는 일반화된 원리에 의거하여 평가되어야 한다.

구조요청 신고의무가 법적으로 부과된다고 해보자. 그러면 기본권 주체가 구조가 필요한 경우에 처하면 자의의 매개항을 제거하여 삶의 후속 자유가 법적으로 모두 조건 없이 열리게 된다. 반면에 구조를 요청해야 할 경우에 처하면 신고를 하지 않을 선택지가 닫히게 된다. 즉, 열리게 되는 선택지 범위와 닫히게 되는 선택지 범위가 명확하게 드러난다. 그리고 자유의 평면에서 이러한 신고의무의 부과로 인해 닫히는 선택지보다 열리는 선택지가 훨씬 더 우월하다. 구조가 이루어지지 않으면 그 지점 이후의 행위 경로들이 모두 닫히는 반면, 구조요청 신고를 하는 것은 신고를 하지 않는 그 순간의 행위선택지 외의 이후의 모든 행위 경로는 모두 그대로 보존되기 때문이다. 전자는 후자보다 더 광범위하다. 전자는 심원한 가치 선택까지 포함하는 반면 후자는 그때그때의 지나가는 욕구만을 제한한다. 따라서 구조의 의무를 부과함으로써 구조하지 않는 경로는 닫으면서 맨홀에서 구출된 후 선택할 수 있는 행위 경로를 여는 것은 공공

것이다. 조정 문제도 필요 없고 그렇게 의무의 당사자로 특정된 사람은 그 일을 완료함으로써 의무상황에서 완전히 벗어날 수 있다. 그리고 그런 상황은 인간 사회생활의 패턴에 비추어 불공정하게 집중되어 일부 당사자에게 부과되는 것도 아니다.

재의 구조를 가진다. 따라서 닫힌 경로보다 열린 경로가 자유의 전 체계
에서 우월함이 확인된다. (심사관문 3의 (1) 행위 경로의 조정적 대체 원
칙 통과) 그러므로 이렇게 행위 경로를 조정하는 것은 자유의 전 체계를
강화하는 것이다. 게다가 신고의무는 일부 구성원에게 불공정하게 부담
되지 않는다. 신고를 할 처지에 놓이는 것은 모든 구성원에게 확률적으로
대체로 동등한 사항이다. 신고를 하는 것은 후속 행위 경로에 거의 아무
런 영향을 미치지 않는다. 그리고 신고는 국가의 적극적 급부가 이루어지
기 위한 전제이므로, 다른 대안이 없다. (심사관문 5의 통과) 그렇다면 모
든 기본권 주체가 보편적으로 신고의무를 지는 것은 정당화된다.94)95)

위 사례에서 알 수 있듯이, 심사관문 6은 심사관문 1 내지 4의 후속 심
사를 거쳐, 마지막으로 5의 후속 심사를 예정하고 있다. 심사관문 6을 거
쳐 가는 그 후속 심사는 두 가지 입장에서 이루어질 수 있다.

먼저 기본권 침해를 주장하는 기본권 주체의 입장에서, 법률 문언상으
로는 '금지 규범'의 형태로 직접 자유 제한이 규정되어 있지 않더라도 관
련된 법률에 의해 법적 자유가 축소되었음을 심사관문 6에 의해 주장할
수 있는 경우가 생길 수 있다. 법률 문언 자체는 자유 제한을 직접 포착할
수 있는 형태 이외의 것을 취할 수 있다. 예를 들어, 제3자나 국가기관에

---

94) 모든 기본권 주체의 관점에서, 구조가 필요한 상황에 빠졌을 때 근처에 있던 유일
한 사람의 자의의 매개항에 자신의 모든 자유가 달려 있게 되는 상황은 정당화되지
않는다.

95) 이것은 같은 책, 167면에서 Feinberg가 작위와 부작위를 자유의 평면에서 극도로
비대칭적으로 다루는 것이 부당함을 지적했던 것과 일맥상통한다. 즉, 심장병에 걸
린 사람이 갑작스러운 증세 발현으로 숨이 넘어가면서 근처에 있는 약병을 더듬더
듬 손으로 잡으려는데, (i) A가 그 심장병 환자의 손이 닿지 않는 곳으로 약병을 밀
어버리고 그가 죽는 경우와 (ii) A가 손끝으로 조금만 밀어주면 심장병 환자의 손이
닿는 범위 내에 들어가게 되는데 굳이 그러지 않고 죽게 내버려두는 것 사이에는,
작위와 부작위의 차이가 있지만, 도덕적으로 유관한 차이가 거의 없다는 것이다.

게 권한을 부여하는 형태, 제3자에게 의무를 부과하는 형태, 종래 있던 법적 면제를 제거하는 형태 등 여러 형태를 취할 수 있다. 그러나 취한 형태가 무엇이든 그 법규정과 다른 법규정들을 모두 함께 적용한 결과가 기본권 주체에게 열려 있던 행위 경로를 닫게 만든다면, 그것은 그 행위 경로를 법적으로 닫은 것이다. 즉 법적 자유 외연을 축소시킨 것이다. 이것은 정당화가 필요하다. 이렇게 법적 자유 제한이 포착되면, 그 자유 제한이 과연 심사관문 1 내지 4를 거쳐 심사관문 5까지 통과할 수 있는 제한인가를 심사해야 하는 것이다.[96]

다른 한편으로, 자유 제한을 정당화하는 논증을 하는 입장에서는 목적의 정당성 심사에서 고정된 공익이 표면상으로는 자유의 가치 형식이기는 하지만, 이것을 자유를 제한하는 적합한 논거로 변환할 수가 있게 된다. 즉, 그러한 자유의 가치 상태가 타 기본권 주체에게 법적 자유의 수축을 발생시킴을 보이고, 해당 국가작용이 그 수축을 교정하고자 하는 것임을 논증하는 것이다. 그리고 그 교정이 심사관문 1 내지 4 중 어느 것에 해당하는 것인지 보인 후 심사관문 5를 통과함을 보임으로써 논증을 완료할 수 있게 된다.

2. 헌법재판소 결정 분석

심사관문 6은 자유 가치 수준으로서 법적 자유의 외연이 수축될 때, 그것은 법적 자유의 제한에 준하여 다룬다. 그럼으로써 자유 이외의 다른 이

---

96) 다만 이러한 평등한 자유 관계 평면에서의 쟁점을 자유권의 문제로 구성할 수 있는 것은 자유 경계 긋기의 고전적 사안, 즉 자의의 매개항의 결부나 분리에 의해 자유의 경계가 일의적으로 확정되는 사안이다. 반면에 복합적·불확정 사안과, 모든 구성원 공동의 부담을 통한 적극적 급부를 요청하는 사안에서는 다른 기본권 주장을 통해 수축이 갖는 이의제기의 힘이 구현될 것이다.

름으로 불린 법익을 평등한 자유 관계 논의 차원에서 다룰 수 있게 한다. 그리고 국가의 규제가 정당화되지 않는 수축을 복원시키기 위한 것일 때, 즉 심사관문 1 내지 5에 의해 정당화되는 것일 때, 그 규제는 합헌이 된다.

심사관문 6은 얼핏 자유와는 이질적으로 보였던 법익들을 평등하게 자유로운 관계라는 하나의 논의 차원을 옮겨주는 강력한 도구다. 이 이점은 헌법재판소 2013. 10. 24. 2010헌마219, 265 결정을 살펴보면 분명해진다. 이 사건에서 문제된 것은, 사용자로 하여금 2년을 초과하여 기간제근로자를 사용할 수 없도록 한 '기간제 및 단시간근로자 보호 등에 관한 법률'97) 제4조 제1항 본문이 사용자와 기간제근로자의 계약의 자유를 침해하는지 여부였다. 법정의견은 정당화되는 제한으로 보아 합헌 결정을 하였다.

눈여겨보아야 할 것은 반대의견이다. 이 사건 반대의견은 형량되어야 할 이익을 '자유 대 고용안정'으로 실체화된 이질적인 가치로 대립시킨 채, 자유 제한의 정도가 지나치므로 고용안정을 감안한다고 해도 심판대상 조항은 위헌이라고 하였다. 반대의견은, 위 법조항으로 인해 사용자는 기간의 정함이 없는 근로자로의 전환의 부담을 피하기 위하여 "계약기간 2년 종료와 함께 해당 근로자를 해고하고 다른 기간제근로자로 대체"하는 등의 "방법을 선택할 가능성이 높다"고 하면서, 다음과 같은 셈법을 제시한다. "기간제근로자는 심판대상조항이 시행되기 전에는 그 근로계약기간이 만료할 때 무기계약직으로 전환되든지 또는 다니고 있던 직장에서 기간제근로계약으로나마 계속 일을 하든지 또는 다른 일자리를 찾아 떠나든지 하는 세가지 선택지(選擇肢)가 있었으나, 심판대상조항의 시행으로 말미암아 두 번째 선택지는 노사 양쪽의 의사에도 반하여 사라지게 되었다. 결국 심판대상조항은 노사 당사자들의 개별적인 사정이나 사적 자치를 고려하지 아니하고 일률적으로 근로기간 2년이 지나고 나면

___
97) 2006. 12. 21. 법률 제8074호로 제정된 것.

사용자의 일방적인 의사에 의해서 무기계약직으로 전환되든지, 아니면 그 직장을 떠나라는 양자택일만을 강요받고 있는 것이다." 이것은 해당 입법으로 인해 가능했던 행위 경로가 닫힌다는 점을 짚고 있는 것이다.

그런데 '고용불안정 축소'라는 공익이 만일 자유와는 같은 차원에서 논의될 수 없는 이익이라면, 형량의 교착 상태는 피할 수 없다. 법정의견은 기본적으로 비중의 언어를 써서 판단했다. "기간제근로자의 무기계약 전환 유도를 통한 고용안정이나 근로조건의 개선은 중요한 공익인 반면, 기간제근로자가 심판대상조항으로 인해 제한받게 되는 계약의 자유는 그것이 수인할 수 없을 정도로 심각한 것이라고는 볼 수 없으므로 그 제한이 중대하다고 볼 수 없다." 이렇게 체계적인 논증대화적 해명이 이루어지지 않은 상태에서는 법정의견과 반대의견의 대립은 판단자의 심리상태로 소급되고 만다. 상실되는 계약의 자유가 더 중대한지 추구되는 고용안정이 더 중대한지에 관한 심리적 가늠의 대립만 남게 되는 것이다. 이렇게 되면 행위 경로 선택지가 사라진 것이 더 중대한 상실이라고 주장하는 대립하는 비중 판단에 비해, 고용안정이 더 중대한 이익이라는 대립하는 비중 판단이 갖는 논증가치의 우위를 이야기할 수 없게 된다. 만일 법익 형량이 비중 언어에 머무른다면 자유와 이질적인 개념으로 제시된 공익이 등장할 때마다, 형량은 공적으로 접근할 수 없는 재판관들의 심원한 가치판단에 좌우되는 사적인 활동이 되어버릴 것이다.

그러나 실제로는 그렇게 될 필요가 없다. 왜냐하면 고용불안정이라는 개념으로 표현되는 것은 '법적 자유의 외연적 수축'으로 기술될 수 있기 때문이다. 따라서 고용안정이라는 공익은 '수축된 법적 자유의 외연의 복구'로 기술될 수 있다. 이렇게 되면 제한되는 법익과 추구되는 법익 모두 같은 논의 차원에서 다루어질 수 있게 된다.

사용자가 무제한 기간제 근로자를 계속 갱신할 수 있는 법질서에서 노동자의 취로와 관련된 제도적 행위 경로는 다음과 같이 기술된다. '장기간의 노동력을 필요로 하는 사업장에서 일함에도 불구하고, 기간제 노동자는, 정당한 사유의 존재·부존재를 불문하고 오로지 사용자의 재량적 의사가 이를 허용할 때에만 계속 취로할 수 있다.' 이것은 사용자의 자의가 매개항으로 결부된 만큼 법적 자유의 외연이 수축되어 있는 것이다. 사용자의 의사가 기간을 갱신하지 않는 것인 이상, 같은 사업장에서의 계속 취로라는 제도적 행위의 경로는 닫혀 있다.

여기서 Frege의 외연 개념을 활용하여 자유의 외연을 파악하는 작업의 중요성이 드러난다. 반대의견은 오직 닫히는 제도적 행위 경로만을 식별했다. 그러나 Frege의 외연 개념은 심판대상 조항으로 인하여 닫히는 행위 경로도 있지만 열리는 행위 경로 역시 있음을 보여준다.

[표 4]

	입법 이전의 행위 경로	입법 이후의 행위 경로
반대의견의 이해	(i) 무기계약직으로 전환 (ii) 기간제 갱신 (iii) 다른 일자리에 취로	(i) 무기계약직으로 전환 (iii) 다른 일자리에 취로
Frege의 외연 개념에 따른 이해	(i) 상시적 업무에서도 사용자의 재량적 의사에 의해서만 무기계약직으로 전환 (ii) 기간제 갱신 (iii) 다른 일자리에 취로	(i) 사용자의 재량적 의사에 의해 (근무기간 2년 이하의 경우에) 무기계약직으로 전환 (ii) 근무기간 2년이 경과하면 사용자의 재량적 의사와 관계없이 무기계약직으로 전환 (iii) 다른 일자리에 취로

그래서 반대의견이 아무런 제한이 결부되어 있지 않은 무조건적 가능성으로서 세 가지 선택지가 대등하게 병립하는 것으로 파악한 것은, 법적 자유 상태의 부정확한 평가다. 심판대상조항이 없을 때 실제로는 노동자에게 무기계약 전환의 선택지는 '사용자 자의의 매개항'이 결부되어 있어

극도로 수축되어 있다. 그러한 매개항 결부를 고려해야 실제 열려 있는 행위 경로를 정확하게 평가할 수 있다. 그리고 해당 법률은 이 매개항을 떼어내어, '장기간의 노동력을 필요로 하는 상시·지속적 업무에 취로할 경우 일정기간이 지나면 사용자의 의사와 관계없이 계속 취로할 수 있다'는 확장된 행위 경로를 연 것이다.

반대의견의 잘못된 자유 상태 파악을, 남녀고용평등과 일·가정 양립 지원에 관한 법률 제11조[98])의 경우에 적용하여 보자. 반대의견에 따르면 이 법조항이 도입되기 이전에는 (i) 결혼퇴직제를 담고 있는 근로계약, (ii) 결혼퇴직제를 담고 있지 않은 근로계약을 체결할 선택지가 근로자에게 동등하게 있었다. 그러나 이 법조항이 도입되면 (i)의 선택지가 사라진다. 따라서 법적 행위 경로는 축소되기만 했을 뿐이다. 그러나 실제로는 (ii)의 선택지에는 '사용자의 자의'의 매개항이 결부되어 있었다. 그래서 실제로는 (ii)의 선택지는 그 매개항 때문에 상당히 축소되어 있었다. 그리고 그 매개항을 제거하는 것은 행위 경로의 외연을 확대시킨다. 즉, 사용자가 여성 노동자의 혼인과 취로라는 접합적 선택지를 대신 행사하는 지배를 종결시키는 것이다. 반대의견이 심판대상 조항 도입 이전과 도입 이후를 비교한 방식은 이 점을 전혀 포착하지 못한다.

반면에 법정의견은 이 점을 포착했다. 이것은 두 단계의 논점을 갖는다. 첫째로, 심판대상조항은 일정한 행위 경로를 닫는 면도 있지만 새로운 행위 경로를 확장하는 면도 있다. 둘째, 이러한 행위 경로의 닫고 여는 조정적 대체가 자유의 전 체계를 강화하지 않는다고 함부로 판단할 수 없다. 즉, 우선 "기간제 근로계약을 제한 없이 허용할 경우 (…) 단순노무직

---

98) (정년·퇴직 및 해고) ① 사업주는 근로자의 정년·퇴직 및 해고에서 남녀를 차별하여서는 아니 된다. ② 사업주는 여성 근로자의 혼인, 임신 또는 출산을 퇴직 사유로 예정하는 근로계약을 체결하여서는 아니된다.

과 같은 일반 근로자층은 단기의 근로계약 체결을 강요당하더라도 이를
거부할 수 없을 것"이라는 점을 짚었다. 그 다음으로 "고용불안 해소나
근로조건 개선"의 목적을 위해 "무기계약직으로의 전환을 유도"하는 "입
법자의 선택은 존중되어야 한다."는 것이다.

위 설시는 다음과 같이 설명할 수 있다. 첫째로, 고용불안정 개념은 심
사관문 6에 의하여 사용자의 자유를 제한할 수 있는 논거로 변환될 수 있
다. 그리고 이미 존재하던 자유의 법적 사태는 반대의견이 주장하는 것처
럼 무제한적으로 열려 있는 세 행위 경로가 동등하게 있는 사태가 아니었
다. 무기계약직 전환이라는 행위 경로는 사용자의 자의가 결부된 것으로
극도로 축소되어 있었다. 입법자가 목표로 한 것은 바로 그 축소된 부분
을 확장하고자 한 것이다. 그러므로 심판대상 조항은 반대의견이 주장한
것과는 달리, 선택지를 축소시키기만 한 것이 아니라 무기계약 전환에 있
어 자의의 매개항을 떼어냄으로써 기간 요건을 충족시키면 계속 취로할
수 있는 법적 행위 경로를 새로 열었다. 그 행위 경로를 새로 열기 위해서
는 일정한 행위 경로를 닫지 않을 수는 없다. 그러므로 심판조항이 일정
한 유형의 행위가능성을 금지함으로써 비로소 가능하게 되는 유형의 행
위선택지가 존재하는 경우에 해당함(심사관문 3 (1)의 ①부분)이 확인된
다. 그리고 닫힌 행위 경로는, 장기적으로 필요한 노동자를 사용하면서도
계약의 단기성이라는 형식을 빌미로[99) 정당한 사유 없이도 계속취로를
닫아버리는 행위 경로다. 새롭게 가능하게 된 행위 경로는 정당한 사유
없는 사용자의 자의와 무관하게 보장된 안정적인 고용관계를 바탕으로
생활계획을 형성하고 추구할 수 있는 행위 경로다. 그러므로 이와 같은

---

99) 본 사안에서는 2년의 기간이 지난 후에도 기간제 계약을 갱신할 수 있다는 것은
단지 그 기간 이후에도 1일, 1주일, 1달 등의 사용자가 정한 기간으로 계속 계약을
갱신할 수 있다는 것을 의미할 뿐이다.

행위 경로를 열고 닫는 조정은 적어도,[100] 자유의 전 체계를 악화시킨 것으로 판단할 수 없다. 실제로 심판대상 조항은 입법 이후에 기간만료된 이들 중 상당한 수의 노동자를 정규직으로 전환하고 비정규직을 전체적으로 약간 줄이는 일정한 효과를 거뒀다.[101]

심사관문 6을 통해 관련 법익이 자유 제한을 가능케 하는 형식의 논거임을 보이고, 심사관문 3을 통해 자유의 전 체계를 강화하는 논증구조는 노동법의 많은 규제에서 공통된 것이다.

산업안전보건법, 산업재해보상보험법은 사용자가 일정한 산업안전기준을 준수할 의무를 부과하고[102] 의무적으로[103] 사용자가 보험료를 냄으로써 재해보험보장을 할 것을 명하고 있다. 심사관문 6을 고려하지 않은 반

---

100) 입법으로 인해 제도적 행위 경로 중 닫히는 것도 있지만 열리는 것도 있음이 확인되면, 즉 그 입법이 제도적 행위 경로를 열고 닫는 조정적 대체임이 확인되면, 위헌을 주장하는 측에서는 이에 따르는 논증부담을 진다. 즉 (i) 열린 행위 경로가 무임승차적인 공공악재(public bad)의 구조를 갖는다는 점을 논증하거나, (ii) 닫힌 행위 경로가 공공재(public good)의 구조를 갖는다는 점을 논증하거나, (iii) 공존과 협동의 과제에 비추어, 열린 행위 경로에 비해 닫힌 행위 경로를 열등하게 평가하는 원리가 헌법규범에 반한다는 점을 논증해야 하는 것이다. 그러한 논증 없이 단지 닫히는 행위 경로가 있다는 이유로 곧바로 자유의 전 체계가 악화된다고 평가할 수 없다. 즉, 닫힌 행위 경로를 열등한 것으로 평가하는 원리가 수행적 모순을 범하는 것이라는 점을 논증할 수 없는 한, 제도적 행위 경로를 열고 닫음에 관해서는 다양한 방식의 조정이 가능하다.

101) 김유선, "기간제법 시행 효과", 『한국노동사회연구소 이슈 페이퍼』, 2015. 1.; 조상균, "비정규직 관련법의 문제점과 개선방안", 『산업관계연구』 20권 1호, 2010. 3.; 김우영, "비정규직 규모 산출과 최근의 변화 분석", 『노동경제논집』, 37권 4호, 2014. 12 참조.

102) 산업안전보건법 [시행 2015.1.1.] [법률 제11862호, 2013.6.4., 타법개정] 제5조(사업주 등의 의무) ① 사업주는 다음 각 호의 사항을 이행함으로써 근로자의 안전과 건강을 유지·증진시키는 한편, 국가의 산업재해 예방시책에 따라야 한다.
1. 이 법과 이 법에 따른 명령으로 정하는 산업재해 예방을 위한 기준을 지킬 것

103) 산업재해보상보험법 [시행 2015.4.21.] [법률 제13045호, 2015.1.20., 일부개정] 제6조는 적용범위를 모든 사업장으로 하여 의무적 가입을 명하고 있다.

대의견의 논리대로라면 이 모든 법률은, 선택지를 축소하기만 하는 자유 제한 법률로 법익 균형을 잃은 것이 될 것이다. 그런 논리는 이를테면 (i) 산업안전기준을 준수하고 재해보상보험에 가입한 사업장에서 근로계약을 체결할 자유, (ii) 산업안전기준을 준수하지 않고 보상보험에 가입하지 않은 사업장에서 더 많은 임금 프리미엄을 받기로 하고 근로계약을 체결할 자유를 대등한 선택지로 열거할 것이다. 그리고 그중에서 오로지 (ii) 와 같은 선택지를 축소하기만 하는 일방적 자유 제한 법률로 간주할 것이다. 그러나 실제로 이러한 법률들이 없는 상태에서 (i)의 자유는 사용자의 자의와 결부되어 그 외연이 극히 축소되어 있을 뿐이다. 또한 노동자는 근로하기 전에 그와 같은 종류의 산업의 전반적인 안전도만 가늠할 수 있을 뿐이다. 같은 산업에서 사업장별로 자세한 안전 수준은 알 방도가 사실상 없다. 그래서 정보의 비대칭성으로 인해 (ii)의 행위 경로 역시 존재하지 않거나 사용자의 자의의 매개항 결부로 극히 축소되어 있다. 그에 반해 산업안전규제가 되지 않아 실제 재해를 당하면, 재해자의 광범위한 후속 행위 경로가 닫힌다. 따라서 이러한 규제 입법은 사용자의 자의를 분리한 새로운 행위 경로를 가능케 한다. 즉 (iii) 사업자의 자의에 상관없이 일정한 산업안전이 보장된 사업장에서 일하는 선택지를 열게 된다. 이러한 행위 경로를 열고 닫는 조정이 공공재적 성격을 갖기 때문에, 그러한 규제는 자유의 전 체계를 악화시키는 것으로 평가될 수 없다.104)

---

104) 이러한 체계적 해명은 종래 '강한 후견주의'(strong paternalism)에 의해서만 정당화된다고 생각되었던 많은 규제 입법들을 평등한 자유 관계라는 논의 차원에서 정당화할 수 있게 된다. 여기에는 기본권 주체 개인의 궁극적 결정권을 대신 행사해주는 부모와 같은 국가라는 이념의 수용은 필요하지 않은 것이다. 철저히 법규범 논증대화에 참여하는 동등한 기본권 주체들의 자유롭고 평등한 지위를 통해서 그러한 입법들을 정당화할 수 있게 된다. 그러므로 이러한 규제 입법들의 수용은 '도덕'의 이름으로 일정한 생활양식을 강제하는 법도덕주의의 근거가 될 수 없는 것이다.

이러한 분석은 본 연구에서 제시된 논증대화적 해명에 의하여, 전적으로 이질적인 법익을 놓고 그 비중을 심리적으로 평가하는 것처럼 보이던 대립되는 판단이, 체계적인 합리적 논증에 성공한 판단과 그렇지 못한 판단으로 구별됨을 보여준다.

VII. 각 심사관문의 위치와 함의

심사관문 1은 모든 심사의 출발점이 된다. 자유 전 체계 강화 여부를 논의하기 위해서는 잠정적으로 가장 밀접하게 결부된 몫의 광범위한 양립가능한 자유를 출발점으로 삼아야 때문이다. 심사관문 5 역시 특수성을 가지고 있는데, 심사관문 5는 (사안에 따라 곧장 또는 심사관문 6을 경유한 뒤) 심사관문 1에서 출발하여 2 내지 4 중 하나를 통과하는 형식의 논거라 할지라도, 그 논거에 따른 자유제한의 구체적인 구현 방식이 공정성 검사를 모두 통과해야 한다는 점을 명시한다.

따라서 심사관문 1은 출발관문이고, 심사관문 5는 종착관문이며, 심사관문 6은 논증게임 추가 개시관문이 된다.

이 개별적 심사관문들은 자유권 제한 사안의 우열 규칙을 명시한 것이 아니다. 그것은 기본권 규범을 해석하는 논증대화가 어떻게 진행되어야 하는지 추론의 구조를 드러내 보인 것이다. 즉 '특정 사안과 관련하여 원리들이 형량되고 어떤 원리가 앞으로 나오고 다른 원리는 뒤로 물러난다'는 은유적 표현 배후에 놓인 법적 추론 방식을 해명한 것이다. 그러한 은유적 표현 자체는 추론의 시작점과 결론에 대한 비유적 그림만을 제시할 뿐, 논증대화가 어떻게 진행되어야 하는지를 이야기해주지 않는다. 논증대화의 틀은 기본권 규범에 내재한 기본적 관계에 의해 결정된다. 그 관계는 일정한 형식의 논거들을 일정한 방식으로 결합하는 논거구조를 갖게 된다. 그리고 이 심사관문들은 바로 그러한 논거구조에 따라 적합한 자리에 논거가 제시되었는지를 살피는 추론의 구조를 보여주는 것이다.

자유권을 제한할 때 반드시 통과해야 하는 관문들이 되는 원리와, 그 원리가 인정하는 열쇠가 되는 논거를 살펴보게 되면, 다음과 같이 중요한 점 두 가지를 알게 된다.

하나는 그것이 드러내는 법익 형량의 공적 추론의 성격이다. 자유권을 제한할 수 있는 적합한 논거는, 적합한 형식과 내용을 가진 것이어야 한다. 그리고 각 논거는 제시될 논증 단계를 따로 갖고 있다. 그리고 이 형량은 공적 추론이기 때문에, 적절한 순서를 따라 사고한다면 누구나 접근 가능하다. 이는 헌법규범에 내재한 근본적 관계를 기준으로 비중 판단 배후에 숨겨진 논증의 우열 가치를 합리적으로 분석하고 판단할 수 있다는 것을 의미한다.

다른 하나는 자유권을 넘어서 기본권 일반을 제한할 때에도 준수해야 하는 법익 균형 심사의 틀에 대한 단초다. 자유권을 제한할 때 제시되거나 제시되지 않았음을 검토할 대상이 되는 논거들의 자리를 알려주는 원리들은, 하나의 뚜렷한 논증논리에 의해 설정되었다. 그것은 그 원리가 헌법규범이 되었을 때, 아주 특별한 관계가 훼손되지 않아야 한다는 것이다. 헌법이 정한 기본권 주체의 근본적인 지위와 관계, 그리고 그 관계를 해석할 때 준수되어야 하는 의사소통 주체들의 근본적인 지위와 관계가 바로 그것이다. 이러한 관계를 훼손하는 규범문이 논증의 어느 단계에서건 투입될 경우 그것은 헌법논증으로 수행적 모순을 범한다. 그리하여 그것은 정당성이라는 타당성 승인 요구를 하는 헌법규범 주장으로 무의미한 것이 된다.

이 두 번째 시사점이, 일반적 심사관문을 해명하는 중요한 단초가 된다.

제2절 일반적 심사관문

I. 일반적 심사관문의 필요성과 정식화

이 장에서 이때까지 살펴본 자유권 제한의 개별적 심사관문들은 대표적인 관문을 망라하였지만, 자유권 제한의 헌법적 이유들이 유효한 근거가 되는 모든 형태를 보여주었다고는 할 수 없다. 왜냐하면 개별적 심사관문들은 '이 근거에 의해 자유권을 제한하는 것이 타당한가?'라는 구체적인 쟁점이 제기하는 전형적인 도전들을 유형화하여 살펴본 것이기 때문이다. 논증대화에서 도전은 언제나 새로운 측면을 포착하며 새로운 형태로 제기될 수 있다. 그리고 자신의 주장을 정당화하고자 하는 논증대화 참가자는, 그것이 새로운 도전일지라도 언제나 그 도전에 답해야 한다. 논증대화가 적합하게 제기된 도전을 무시하지 않을 것을 요구하기 때문에, 법익 형량 추론의 일반적 유형을 미리부터 다 망라하는 것은 가능하지 않다.

그렇다고 하더라도 개별적 심사관문을 만드는 데 아무런 지침도 탐구할 수 없는 것은 아니다. 구체적 사안과 관련된 헌법규범 원리를 천명하는 것은 단지 결론만 표명한 것이다. 그 결론이 공적인 논증으로 체계적으로 해명될 수 없다면 그 원리가 대표하는 심사관문은 자의적으로 설정된 것이다. 사안의 특수성을 일부 묘사하면서 실제로는 심리적 결단에 기초한 것이면서 그것이 마치 객관적인 형량의 결과인 양 자의적 공식을 만들어낼 위험을 배제하는 역할을 하는 것이다. 그런 자의적 공식이 헌법재판소의 결정으로 여러 번 되풀이되면 외관상으로는 마치 헌법규범으로 편입된 것처럼 보이기는 한다. 그러나 실제로는 애초에 그 공식이 헌법규범으로 정당하게 도입되었는가 하는 점은 전혀 논증되지 않은 채로 계속 머물러 있는 것에 불과하다. 특정 범위의 사안에서 되풀이되어 적용될 원리가 잘못 정식화되면, 전체 논증은 법규범적 정당성을 잃는다. 그것은 논증대화의 진행 방법에서 벗어난 것이다. 어떤 유형의 사안의 법익 형량의 기준으로 자의적으로 잘못 설정된 헌법규범 원리가 있다면, 왜 그것이 자의적인 것인지 비판할 수 있는 도구가 법학에는 있어야 한다. 그렇지 않고서는 법학은 헌법재판소의 결정들을 귀납적으로 패턴화하면서 끊임없이 그 패턴을 수정하는 추수적(追隨的) 활동에 지나지 않을 것이기 때문이다.

자의적인 헌법규범의 천명, 그리고 그 규범의 고착화, 고착화된 규범에 대한 비판 도구의 상실이라는 세 가지 주된 위험을 피하는 것은 긴요한 과제다. 이 긴요한 과제에 답하려는 것이 여기서 설명할 일반적 심사관문이다.

그리하여 일반적 심사관문은, 기본권규범과 관련하여 잠재적으로 제기될 수도 있는 논증대화에서의 도전을, 새로운 개별적 심사관문으로 정식화할 때 준수해야 하는 틀이 된다. 그것은 모든 기본권 논증이 준수할 틀 내에서 개별 기본권규범의 특성에 따라 논증대화의 구체적 내용이 채워지도록 한다. 이러한 기본적인 것에 한정된 역할과 간접적인 작용 방식 덕택에, 일반적 심사관문은 어느 특정한 기본권에 한정되지 않고 모든 기본권 제한과 관련된 '일반적'인 것이 될 수 있다.

일반적 심사관문의 내용은 다음과 같다.

일반적 심사관문:

원리의 헌법규범적 타당성 여부는,

(1) 공존과 협동을 위한 행위 조정의 일반적 원리를 합의하려고 하는 (2) 관련된 지식을 숙지하고 강제 받지 아니한 자유롭고 평등한 기본권 주체가, (3) 그러한 기본권 제한 심사의 일반적 이유가 되는 원리를 (4) '서로의 관계를 설정하는 헌법규범 원리로 합당하게 거부할 수 있는가'를 (5) 해당 원리가 기초가 된 법질서와 대안적 원리가 기초가 된 법질서를 비교하여 기본권 주체들 사이의 관계 왜곡 여부를 검토함으로써 판단한다.

II. 헌법적 적합성

일반적 심사관문은 Thomas Scanlon의 계약주의적 도덕 판단의 일반적 구조를 기본권 제한의 비례성 심사의 구조에 맞게 변형한 것이다.

'도덕적인 그름'에 관하여 천착하여 온 Scanlon의 이론이 기본권 제한 심사의 법익 형량에 구조를 부여하는 일반적 심사관문에 의미 있게 활용될 수 있는 이유들이 있다.

첫째, Scanlon은 사람들이 도덕을 말할 때 염두에 두는 것은 행위의 기준이라고 한다. 그리고 이 행위의 기준은 그 기준의 적용을 받는 모든 사람들이 진지하게 수용해야 하는 합당한 이유가 있는 기준이 될 때에야, 행위지침으로서 권위를 가진다는 입장을 분명히 한다.[105] 이러한 권위의 성격은 모든 기본권 주체의 행위를 근본적으로 규율하는 헌법의 특별한 권위의 성격에 부합한다.

둘째, Scanlon 이론은 '도덕적인 그름'(morally wrong)과 어떤 행위를 그르게 하는 이유들을 검토하는 추론의 방법을 해명하여 왔다. 그른 것을 하지 않는다는 것은 최선의 것을 하는 것과는 다르다. 최선의 것은 단 한

---

105) Thomas Scanlon, 『우리가 서로에게 지는 의무』, 17면.

가지만 있다. 그러나 그른 것을 하지 않을 때에는 여전히 다양한 행위들이 가능하다. 다른 가치들을 추구할 많은 여지는 남게 되고, 다만 그 가치 추구가 도덕적으로 그른 것을 하지 않아야 한다는 요구와 충돌하는 경우에만 도덕의 요구가 우선하게 된다.106) 이것은 헌법상 비례의 원칙이, 정치적으로 달성 가능한 최선이나 최적의 상태를 확정하고 지향하고 도모하는 것이 아니라, 헌법상 허용 불가능한 것들을 판별하고 배제하는 것을 목적으로 한다는 점과 그 성격이 같다. 헌법은 위헌인 정책을 제외하고는 입법자가 이익과 가치의 조합을 다양한 방식으로 추구할 여지를 남긴다. 다만 그것이 헌법규범에 위배하였을 때, 오직 그때에만 위헌으로서 무효라고 선언한다.

셋째로, Scanlon 이론은 이러한 '그름'을 판단하는 문제를 세계의 실재에 대한 어떤 사실을 보고하거나 형이상학적 속성을 확인하는 문제로 보지 않는다. 그에게 그 문제는 '그것을 그르다고 판단하는 원리가 관련된 모든 당사자들에게 정당화될 수 있는가' 하는 문제다. 그렇게 하여 그는, '행위의 허용불가능성'과 '그 행위가 기초하는 원리의 정당화 불가능성'을 직접 연결하고 있다.107) 이것은 앞서 살펴보았듯이, 법치주의 사회에서 법익 형량은 헌법규범 '원리'의 정당화와 직결된다는 점에서 긴밀한 연결점을 가진다.

이상과 같이 이러한 논의 주제 및 이론 형식의 긴밀성 덕택에, Scanlon의 논의는 형량의 일반적 구조를 해명하는 일에 적실성을 갖는다. 먼저 그의 이론을 더 자세히 살펴보고 일반적 심사관문의 여러 요소들의 헌법적 필수성을 살펴보기로 하자.

Scanlon에게 도덕 판단은 일정한 동기를 가진 이들에게 정당화되는 판

---

106) 같은 책, 255면.
107) 같은 책, 19면, 21면.

단, "행동의 일반적인 규칙을 찾으려는 동기를 가진 사람들이 합당하게 거부할 수 없는 원칙인가"108)의 판단이다. 그에 따르면 "행위는 다음과 같을 때 그르다. 그 행위를 하는 것이, 정보를 숙지하고 강제 받지 아니한 상태에서 일반적으로 합의되는 대상으로 어느 누구도 합당하게 거부하지 못할, 행위의 일반적 조정(regulation)을 위한 규칙의 체계에 의해서 허용되지 아니하는 경우에."109)

스캔론이 정립한 규범 정당화 논증의 구조는 다음 여러 요소에서 헌법적 적합성을 갖는다.

첫째로, 합의의 목적과 주체이다. 합의의 목적은 행위의 일반적 조정을 위한 규칙의 체계를 마련하는 것이다. 그리고 모든 합의 주체는 이러한 목적 이외에는 다른 동기를 가지지 않는다. 이러한 합의 목적 때문에, 주체들은 자유롭게 행위의 이유들을 검토하여 자신의 행위를 조정할 수 있고, 공존과 공정한 협동의 조건을 기꺼이 준수하고자 하며, 서로를 이의 제기와 권리주장의 원천으로 존중하려 한다. 또한 이 목적 때문에 논의 주체들은 어느 누구도 합의 과정에서 배제하지 않고 어느 누구도 특별 취급하려 하지 않는다. 이 점은 합의가 바로 자유롭고 평등한 주체들의 '공존과 협동'을 목적으로 겨냥하고 있음을 보여준다. 그리고 자유롭고 평등한 기본권 주체들의 공존과 협동을 위한 최소한의 기본적 규범을 마련하는 것은 바로 입헌 민주주의 국가의 필수적인 헌법 과제 중 하나다.

---

108) 같은 책, 23면.
109) Thomas Scanlon, *The Difficulty of Tolerance*. 132면.
　　이것을 주체(목적, 동기), 대상, 판단 구조 순으로 분해하면 다음과 같다.
　　(i) 합의의 주체(목적, 동기) : 논증대화를 통해 합의를 하려고 하는, 정보를 숙지하고 일정한 방향으로 판단을 강제 받지 않는 관련된 모든 주체
　　(ii) 합의의 대상 : 행위를 일반적으로 규율하는 원칙들의 체계
　　(iii) 합의의 판단 구조 : 어느 누구도 합당하게 거부할 수 없으면 합의가 된 것이다.

더 나아가 이러한 주체는 관련된 지식을 숙지하고 강제 받지 아니한 주체다. "숙지된 합의"라는 이념은, 행위의 결과를 미신과 같은 잘못된 신념에 기초해서 생각해보거나 결정에 영향을 미칠 중요한 정보를 착오한 채로 한 합의를 배제한다는 뜻이다. 이 조건은 일부 사람들만이 동의할 수 있는 독단적인 인과관계 신념, 잘못된 정보, 중요한 지식들에 무지한 상태가 법익 균형 판단에 영향을 미쳐서는 안 된다는 조건을 명기한다. '강제 받지 아니한 주체'라는 조건은 합의의 근거로 강제력(coercion)이나 약한 교섭 입지에 있기 때문에 합의를 받아들일 수밖에 없게 되는 경우를 배제하기 위한 요건이다. 그에 따라, 단순한 고집, 독단, 심리적 확신, 욕구나 혐오의 강렬함 자체는 부적절한 논거가 된다. 이러한 요소들이 합의에 영향을 미치게 된다면, 그렇게 된 원인은 취약한 교섭 입지에 있는 다른 이들이 더 버틸 수 없었기 때문이다. 이것은 합의의 내용에 영향을 미칠 자격이 있는 정당한 압력이 아니다. 이 조건이 준수되지 않는다면, 헌법재판에서 법익 균형 판단이, 강제력, 교섭력, 기망, 제재의 암시, 수의 우세와 같은 힘의 요소들에 영향 받아 이루어짐을 인정하는 것이 된다. 그것은 힘이 우세하지 않은 기본권 주체들의 근본적 지위를 무시한 것이다. 그리고 이러한 무시는 헌법규범 논증에서 수행적 모순을 범하는 것이다. 따라서 이 조건 역시 필수적이다.110)

그리고 이러한 판단 구조의 특성은 일반적 심사관문의 (1)과 (2)에 반영111)되었다.

---

110) 같은 책, 132-133면에서 지적했듯이 정당한 합의를 낳는 유일한 압력은, '같은 합의 욕구를 가진 어느 누구도 합당하게 거부할 수 없는 원리들을 발견하고 합의하고자 하는 욕구'에서만 나온다.

111) (1) 공존과 협동을 위한 행위 조정의 일반적 원리를 합의하려고 하는 것이 목적이자 동기이다. (합의의 목적과 동기) (2) 합의 주체는 관련된 지식을 숙지하고 강제 받지 아니한 '자유롭고 평등한' 기본권 주체이다. (합의의 주체)

둘째, 합의의 대상이다. 합의의 대상은 단 하나의 사안에만 적용되는 갈등 해결 방안이 아니다. 합의 대상은 일반적인 합의를 위한 일반적인 규칙의 체계다. 이것은 헌법규범이 전체 체계로서 일반성과 정합성을 가질 것을 요한다는 점과 부합한다. 왜냐하면 일반성과 정합성은 법치주의에 따른 헌법적 판단을 위해 필수적인 요건이기 때문이다. 다만 기본권 제한 정당화 논증에서는, 기본권 규범 위반의 문제를 검토할 수 있는 원리로 합의 대상이 한정된다.

이러한 점이 일반적 심사관문 (3)[112]에 반영되어 있다.

셋째, 합의의 근거다. "합당하게"라는 조건은, '일반적 합의의 기초가 될 수 있는 원리들을 발견하려는 목적', 그 목적에 어긋나는 거부를 배제하려는 것이다. 아무 이유에서나 원리를 거부할 수 없고 합당한 거부만이 가능하다. 따라서 '합당성(reasonableness)'은 헌법논증대화에서 투입되는 것이 허용될 수 없는 규범문들을 걸러내는 중요한 역할을 하므로, 심도 있는 설명이 필요하다.

합당성이란, 공정한 협력의 조건을 제안하고 논의하는 과정을 거쳐 합의된 조건을 기꺼이 존중하고자 하는 용의다.[113] 합당성은 합리성과 다르다. 따라서 합당한 합의란, 시민 개인이 우연히 지니게 된 신분, 지위, 성별, 육체적·정신적 능력에 따른 교섭력 차이를 서로 합리적으로 감안하여 하게 되는 타협이 아니다. 오히려 그러한 협상의 우위가 합의의 내용에 영향을 미치지 않도록 하고, '평등하고 자유로운 지위'를 상호 인정하여 도출된 합의를 말한다.

Scanlon은[114] 어떤 지역에서 일반 농민들과 지주가 수자원에 대한 권

---

112) (3) 그러한 기본권 제한 심사의 일반적 이유가 되는 원리를 합의. (합의의 대상)
113) John Rawls, *Political Liberalism*, 48-49면.
114) Thomas Scanlon, 『우리가 서로에게 지는 의무』, 304-305면.

리를 타협하는 상황의 예를 들어 이것을 설명한다. 이 마을에서 인근의 물 대부분을 지주 한 사람이 오래 전부터 통제해왔다. 지주는 힘이 있기 때문에 이 문제를 힘으로 해결하면 지주의 뜻대로 관철된다. 지주가 아예 자비심이 없는 것은 아니지만 성격이 불같아서 그의 권리에 대해 누가 이의를 제기하려고 하면, 아예 논의를 엎어버리려고 한다. 수자원에 대한 옳은 분배 원칙이 무엇인가에 관해서는 여러 가지 주장이 있을 수 있다. 그러나 모두가 생계를 꾸리기 위해 필요한 만큼의 물에 대한 최소한의 권리를 보장하는 것은 필수적이다. 하지만 지주가 불같은 성격이기 때문에 자신의 결정권에 도전이라도 한다거나 자신의 현재 의사에 반하는 규칙을 만들자고 하면 아예 물을 주지 않을지도 모른다.

그래서 일반 농민들이 지주에게 그런 제안을 하는 것은 합리적이지는 않지만 합당하다. 지주가 그러한 제안을 거부하는 것은 자신의 이익 추구라는 관점에서 합리적이지만 합당한 것은 아니다. 그 거부는 자신의 이익을 편든다는 이유에만 기초한 거부다. 지주는 합당하지 않은 거부권을 행사하고 있는 것이다.115)

모두가 합리적으로 거부하지 않을 원칙이란 무엇인가를 물으면, 각자에게 최대의 만족을 안겨주는 전략적 행위가 수렴점을 찾는 질문이 된다. 이런 질문에 대한 답은 각자 자신에게 주어진 힘을 감안하여 이기적으로 행위할 때 타협하게 되는 결과다. 전략적으로 행위하는 이들은 어느 누구도 자신이 버틸 수 있는 한 최대의 이익이 되지 않는 조건을 거부할 것이다. 이런 버티기의 대결로 일정한 결론이 도출되는 것은, 결국 힘의 분포에 따라 결론이 낙착되는 것과 마찬가지다.

---

115) John Rawls, *Political Liberalism*, 48면도 유리한 거래상 입지에 있는 사람이 불공정한 거래 조건을 강경하게 밀어붙이는 사례를 제시하면서, 그 사례에서 그 사람은 합리적이지만 합당하지 않았다고 하면서 같은 구분을 설명한 바 있다.

앞의 수자원 사례를 예로 보면 "우리 모두가 (그 막대하게 소유한 지주를 포함해서) 그 누구도 합리적으로 거부하지 못할 원칙을 찾겠다는 목표를 공유한다 할지라도 여전히 자신이 선호하는 조건을 거부할 이유를 가진 사람은 없을 것이다." 교섭을 유리하게 끌고 갈 힘이 있다면 그 힘을 최대한 발휘해서 자신을 최대한 펀드는 원칙을 관철하는 것이 합리적이다. 그리고 이 사례에서 지주는 자기가 어떤 원칙을 택하든지 관철할 수 있는 힘이 있다. 그러므로 다른 사람들은 지주가 하자고 하는대로 따르는 것이 합리적이다. 논증대화는 모든 의미를 잃는다.116)

이러한 분석은 "합당한 것과 합리적인 것의 보다 기본적인 차이점은 합당한 것은 공적이고 합리적인 것은 그렇지 않다"는 점을 보여준다. 합당한 것을 사고할 때, 우리는 "평등한 존재로서 다른 사람과의 공적인 세계에 들어가고 그들과의 협력의 공정한 조건을 기꺼이 제시하고 받아들이게" 된다.117) 반면에 합리적인 것은 자신에게 최선의 이익이 되는 것만을 고집하는 1인칭 관점으로 매몰되게 한다. 그리고 각자 그러한 사적 세계에 골몰한 집합적 결과는, 어떤 시점에 고정된 힘의 분포를 반영하는 것에 불과하다.

지주의 '힘'이라는 것은 물에 대한 통제권이라는 다른 구성원에 비해 크게 보유하고 있는 제도적 권한으로 귀착된다. 그러나 제도적 권한의 불평등 자체가 규범적 합의의 대상이다. 규범적 합의의 기초로 그 불평등 상태를 출발점으로 삼을 수는 없다. 실천적 논증대화의 주제는, 어떻게 사람들에게 이러저러하게 제도적 권한을 배분하는 것이 규범적으로 정당한가다. 헌법적 논증대화의 주제는 '그러한 권한 배분으로 발생하는 관계가 헌법규범적으로 정당화되는 관계인가'이다. 헌법 논증대화에서 그 물

---

116) Thomas Scanlon, 『우리가 서로에게 지는 의무』, 305면.
117) John Rawls, 『정치적 자유주의』, 67면.

음에 답하는 기초는 기본권 주체들 사이의 평등하고 자유로운 관계이다. 따라서 규범적 논증대화를, 합리적인 협상의 수렴점을 찾는 활동으로 보는 것은 선결문제요구의 오류(fallacy of begging the question)를 범한다. 애초에 협상(bargain)을 시작할 토대가 되는 힘의 분포 자체가 정당화되어야 할 대상인데, 그 결론을 전제로 쓰게 되는 것이다.118) 그리고 이런 오류를 범하는 것은 어떤 그럴법한 수사로 치장한다고 해도 본질은 은행강도가 '손들어'라고 말하는 것의 본질과 같다. 자신의 주장이 규범적으로 타당하다는 말을 진지하게 하는 것이 아니라 내 힘을 따르지 않으면 불이익을 주겠다고 하는 것에 불과하기 때문이다.119)

따라서 합당한 거부를 근거 짓는 이유에는 교섭력의 분포나 강제력의 우위 같은 것들이 배제될 수밖에 없다. 즉 합당한 거부는, "그들의 이익을 증진하는 대안이 무엇인가에 대한 판단이 아니라 어느 원칙이 상호 인정이나 상호 수용의 기초가 될 수 있는가 하는 적합성에 대한 판단"120)을 찾게 해주는 것이다. 그러므로 '합당한 거부'는, 헌법규범을 승인할 동등한 기본권 주체의 지위를 부인하지 않는 헌법적 논증대화에서 필수적인 요소가 된다. 이 점은 양면의 검토를 통해서 확인할 수 있다.

한편으로는, 평등하고 자유로운 기본권 주체가 '합당하게 거부할 수 있

---

118) 순환논증의 형태를 지니기 때문에 이런 전략적인 수사는 아무런 규범적인 타당성 승인을 받을 수가 없다. Samuel Freeman, *Justice and Social Contract, : Essays on Rawlsian Social and Political Philosophy*. New York: Oxford University Press, 2009, 29-31면은 전략적 타협의 게임이론적 결과로 권리의 '공적'질서를 정당화하려는 Gauthier의 논의에 대하여, 그가 그린 협상 게임이 시작하게 되는 배경에 이미 재산권이라는 권리 질서가 임의로 고정되어 있음을 지적한다.

119) Habermas, Jürgen, 『탈형이상학적 사유』, 84면에서 Habermas는 이것을 규범적 타당성의 조건들을 제재의 조건들로 대체하는 것이라고 표현하였다.

120) Thomas Scanlon, 『우리가 서로에게 지는 의무』, 306-307면.

는' 원리임에도 불구하고, 그 원리에 기초해서 법익 균형이 성립하였다고
판단한다고 해보자. 그러면 그 법익 균형 판단이, 구성원 누군가의 근본
적으로 평등하고 자유로운 지위를 무시한 결과임을 인정하는 셈이 된다.
왜냐하면 합당한 거부의 무시는, 거부가 무시된 사람의 규범을 승인할 지
위 자체를 박탈하였다는 것을 의미하기 때문이다.

다른 한편으로는 '합당하게 거부할 수 없는' 원리들에 기초한 법익 상
태를, 균형을 갖추지 못했다고 판단한다고 해보자. 합당하게 거부할 수
없는 원리는, 누군가를 편든 결과로만 거부할 수 있다. 따라서 그 판단은
기본권 주체 중 일부를 유리하게 편들어, 합헌적인 입법을 위헌으로 선언
한 것임을 인정하는 셈이 된다.

그러므로 위헌 판단을 할 때도 합헌 판단을 할 때도, 이 조건은 기본권
제한 논증에서 필수적이다. 다만 헌법논증에서 합당한 거부 판단은 모든
이익 배분의 규범적 타당성에 대하여 이루어지는 것이 아니다. 단지 헌법
이 설정한 기본권 주체들 사이의 기본적 지위가 훼손되는 것에 대해서만
한정된다. 그러한 지위 훼손과 관계없는 이익 배분은 통상적인 정치적 의
사결정 과정이 합헌적으로 결정할 수 있는 범위 내에서 속한다. 따라서
합의의 방식으로서 '합당하게 거부하지 못함'은 헌법 위반에 대한 '소극
적 판단' 형식을 표현한다. 이러한 판단 구조는 일반적 심사관문의 (4) 부
분에 반영되었다.[121]

넷째, 대안과 비교하여 이루어지는 판단 방식이다. 합당한 거부 판단은
항상 대안과 비교하여 이루어져야 한다. 누군가를 편들지 않으면서도 부
담과 이익을 더 공정하게 배분할 대안이 전혀 없다면 그 거부는 합당하지
않기 때문이다. 대안과 비교하는 것이 거부의 합당성(reasonableness)을 판

---

121) (4) 서로의 관계를 설정하는 헌법규범 원리로 '합당하게 거부할 수 있는가'를 판단
한다. (합의의 근거와 판단의 소극적 구조)

단하는 중요 요소라는 점을 하나의 예를 들어 설명해보자.

원리 P_1에 기초한 구체적인 정책X가 구성원 x_1에게 부담을 현실적으로 귀착시키는 경우가 있다고 하여보자. 그런데 이 가상적 사안에서, 다른 각 대안적 원리 P_2, P_3, …, P_n은 각각 x_2, x_3, …, x_n에게 부담을 지운다. 즉, 어떤 원리를 채택하더라도 누군가는 부담을 지게 되고 그런 부담을 더 잘게 재분담할 방도는 없다. 그렇지만 그러한 부담을 지는 자가 특정되는 과정은 불공정함이 없는 경우다. 그런데 이때 다른 모든 대안적 원리 P_2, P_3, …, P_n이 원리 P_1이 x_1에게 지우는 부담보다 다른 이들에게 각각 더 큰 부담을 지운다고 해보자. 이때 x_1은 다름 아닌 자신에게 부담을 부과한다는 그 이유로 P_1을 거부하는 것은 합당하지 아니하다. 왜냐하면 그 경우 x_1이 주장하는 대안적 원리들은 모두, x_1 자신만을 자의적으로 편애하거나, 자신이 져야 할 부담보다 더 큰 부담을 누군가에게 지게 하는 원리뿐이기 때문이다. 난파된 배 근처에 구명조끼가 하나 남았는데 근처에 두 명이 있다고 하자. 각자 헤엄쳐서 먼저 구명조끼를 집는 사람이 구명조끼를 갖게 되는 원리는, 늦게 헤엄친 사람에게 부담을 귀착시킨다. 그래서 그 원리를 만장일치로 합의한다는 것은 어렵다. 그러나 그 원리를 합당하게 거부할 수는 없다. 그건 단지 그 원리를 적용하면 그 구체적 상황에서 죽게 될 사람이 바로 자신이라는 이유만 제시하며 거부하는 것이기 때문이다. 그 사람이 주장할 수 있는 대안은 먼저 구명조끼를 입은 사람의 신체에 폭력을 행사하여 구명조끼를 탈취하는 것을 허용하는 원리뿐인데, 이 원리는 '자신의 동등한 법익 보호를 위하여 다른 이의 법익을 폭력을 통해 고의로 박탈하는 것은 일반적으로 정당하다'는 내용을 가지게 되어, 합당하게 거부될 수밖에 없다. 그리고 거부권을 행사하는 자가, 제시된 행위 조정의 일반적 원리에 비해 부담을 더 공정하게 부과하는 다른 원리를 제시할 수 없다면, 그 거부는 합당하지 아니하다.

기본권 제한 사안에서, 문제된 국가조치의 기초가 되는 원리와는 달리, 기본권 주체들의 근본적 관계를 준수한다고 보일 수 있는 대안 원리를 제시할 수 없다면, 그 조치가 기본권 침해라는 주장은 합당하지 아니하다. 이러한 점은 일반적 심사관문의 (5) 부분에 반영되었다.[122]

일반적 심사관문에서 표현된 합의의 목적과 주체, 합의의 대상, 합의의 근거와 소극적 판단 구조, 판단의 방식에 관한 분석은 두 가지 점을 보여준다. 첫째, 일반적 심사관문은 Scanlon의 '도덕적 그름'에 대한 판단 구조를 '기본권 규범 위반'의 판단 구조에 맞게 변환한 것이다. 둘째, 이렇게 변환된 판단 구조의 각 요소들은 헌법규범 논증이 수행적 모순을 범하지 않기 위해서는 필수적이다.

위와 같은 관문의 틀을 통해, 기본권을 제한하여 달성되는 이익에 관한 고려사항과, 기본권 제한으로 상실되는 이익에 관한 고려사항 모두를, 평등하고 자유로운 관계에 있는 기본적 지위에서 어떤 헌법규범 원리의 합당한 거부가능성·거부불가능성이라는 하나의 판단 구조 안에서 함께 다룰 수 있게 된다.[123] 이것은 법익 형량의 구조 안에 규범적 논증대화의 전제를 명확하게 새겨 두는 것을 의미한다. 이로써 모든 규범들을 모종의 실체화된 속성을 부여받은 가치들로 다루면서 그때그때의 중요성을 따지는 방식에 빠져 생기는 난점은 추론의 구조 자체에서 배제된다. 즉 추상화된 가치의 경중을 판단할 초월적인 상위의 판단 지점을 도입할 필요가

---

122) (5) 해당 원리가 기초가 된 법질서와 대안적 원리가 기초가 된 법질서를 비교하여 기본권 주체들 사이의 관계 왜곡 여부를 검토함으로써 판단한다. (합의 근거의 검토 방식)

123) R. Jay Wallace, "Scanlon's Contractualism", 468-469면에서 Wallace는 Scanlon의 계약주의의 장점 중 하나로, "후보 원리들을 반대할 합당한 기초를 잠재적으로 제공해주는 모든 고려사항들을 단일한 구조 내에서 모두 고려할 수 있다"는 점을 들었다.

없게 되는 것이다. 일반적 심사관문에서 표현된 기본권 주체의 지위 외에
는 어떤 별도의 입장을 도입할 필요가 없다는 것은 논증의 오류를 막기
위해 필수적이다. 이 점은 아래에서 살펴볼 기본권 제한 논증의 '정당화
주제'가 무엇인가를 고려하면 더욱 분명하게 드러난다.

III. 정당화의 주제로서 기본권 주체들의 관계

1. 우선성 규칙의 전제 조건

흔히 상정되는 이익 대립의 구도(構圖)가 있다. 이 구도는 개인의 저작
물에서부터, 언론의 사설, 그리고 학술적 논문, 더 나아가 헌법재판소의
결정에 이르기까지 종종 명시적으로 때로는 묵시적으로 전제되는 구도
다. 이 구도는 우리 사회에서 기본권 규범의 문제를 사유하는 방식을 심
각하게 뒤틀어 놓았으며, 아직도 그 심각한 문제점이 제대로 된 논의 지
평에서 지적된 바 없다. 그 구도는 바로 다음과 같은 것이다.

이 사안에서 공동체 이익이 우선인가, 개인 이익이 우선인가?

이 질문이 전제하는 이 구도는 얼핏 보기에는 타당한 대립 구도인 것 같
다. 여기서 논증할 바는 바로 이 구도가 철저히 잘못된 것이라는 점이다.
그 논증의 핵심은 이 질문에서 상정하는 구도를 '우선성 규칙'을 적용
하기 위한 전제를 충족시키지 못한다는 것이다. 그 논증은 두 부분으로
나뉜다. 첫째로, 범주의 오류를 범하여 논리적 역설을 만들어낸다. 그리고
그 역설을 포함한 논증이 모순을 포함하게 한다. 둘째로, 우선성 규칙을
결정하는 초월적 주체를 근거 없이 상정하거나, 일부를 전체와 동치시키

는 오류를 범한다. 이하에서는 위 두 논점을 자세히 설명하여 보겠다.

'우선한다'(prior to)는 말을 사용하기 위해서는 비교되는 대상들이 우선성 규칙이 적용될 수 있어야 한다. 우선성 규칙이 적용될 수 있으려면 우선성 규칙의 필수 전제 조건이 충족되어야 한다. 그 두 조건은 다음과 같다.

첫째, 우선성 규칙은 선순위와 후순위를 따지는 것이 같은 차원에서 대립할 수 있는 선택지를 이루어 서술될 수 있음을 의미한다. 즉 추상 수준이 같은 범주들을 결합시킨다. 우선성 규칙은, 선순위가 되는 것과 후순위가 되는 것이 같은 추상 수준에서 대립할 수 있는 항목들을 우선성 관계에 의해 결합시키는 규칙이다.

둘째, 우선성 규칙은 그 우선성 규칙을 적용하는 의사결정 주체의 정당성 문제가 이미 해결되었음을 전제한다. 우선성 규칙을 하나의 판단주체가 자신에 관하여 적용하는 경우에는 선결되어야 할 문제가 없다. 반면에 의사결정주체가 여러 구성원을 포함하는 집단체인 경우에는, 그 주체의 의사결정권한이 먼저 구성원들 사이의 관계에서 정당화되어야 한다.

그런데, '공동체가 우선이냐 개인이 우선이냐'의 문제는, 우선성 규칙을 적용하기 위한 두 전제 (추상 수준이 같을 것, 의사결정의 정당한 권한을 수립하는 관계의 문제가 대두되지 않을 것) 모두 충족하지 못한다.

2. 범주 오류를 범하는 우선성 논증

공동체 이익 대 개인 이익의 우선성을 묻는 것은 우선성 규칙의 첫째 조건을 위배한다.

여기서 보일 바는 다음과 같다.

(1) 범주 오류는 주장된 명제들 내에 모순을 만들어낸다.

(2) 모순을 포함하는 체계에서 개진되는 주장은 무의미하다.

(3) 공동체 이익 대 개인 이익을 대립시키는 것은 범주 오류다.

(4) 따라서 그와 같은 대립 구도에서 도출된 주장은 무의미하다.

범주(範疇)의 오류(誤謬)는 서로 다른 범주에 속하는 개념을 같은 범주에 속하는 개념처럼 다루어 생기는 오류를 말한다.

"이 파란색은 저 콩보다 무거운가?" 이 질문 자체는 헛소리(nonsense)이다. 따라서 그 질문에 대한 어떠한 답도 헛소리일 수밖에 없다. 왜냐하면 그것은 범주의 오류(category mistakes)를 범하고 있기 때문이다.

Gilbert Ryle은 범주 오류를 범한 경우로, 단과대학(college)들을 다 구경하고 나서 '자, 이제 대학(university)은 어디 있는가'라고 묻는 방문객의 예와, 연대들의 행진을 구경하고서는 '사단은 언제 행진하는가'라고 묻는 꼬마의 예를 들었다. 전자의 예에서 방문객은 단과대학 그리고 대학(college and university)을 보려 했지만, 그가 실제로 본 것이 대학의 단과대학들(colleges of university)임을 깨닫지 못한 것이다. 후자의 예에서 꼬마는 연대와 사단(battalion and division)을 같은 범주로 다루었지만, 연대는 사단에 속하는 원소(element)임을 이해하지 못한 것이다.[124]

그런데 '공동체 이익 대 개인 이익 중 어느 것이 우선하는가?'에 대한 질문 역시 같은 동일한 범주 오류를 범하지 않고서는 답할 수 없는 질문이다. 이 점을 우선성 규칙을 잘못 적용하는 예를 살펴봄으로써 설명해 보겠다.

변호사 집단은 하나의 집단이다. 그리고 모든 전문직 집단들의 집단은 변호사 집단, 의사 집단, 변리사 집단, 회계사 집단 등등을 그 원소로 하

---

124) Gilbert Ryle, *The Concept of Mind*. 이한우 옮김, 『마음의 개념』, 문예출판사, 1994, 19-21면 참조.

게 될 것이다. 이 둘은 모두 '집단'이라는 동일한 기호로 표기되지만, 그 추상 수준은 상이하다. 따라서 '변호사 집단과 전문직 집단 중에 무엇이 우선하는가?'를 유의미한 물음으로 받아들이게 되면, 그것은 이 두 집단을 같은 추상 수준으로 다루게 되는 셈이며, 다음과 같은 모순에 빠지게 된다.

(1) 변호사 집단이 전문직 집단보다 우선한다고 하여보자. 즉, 전문적 집단은 변호사 집단보다 그 우선순위에서 후순위이다.

(2) 우선성 규칙은 'S라는 선택 상황에서, P1과 P2 중에, P1을 선택한다'로 형식적으로 기술될 수 있다. 정의상 우선성 규칙은 문제 사안과 관련하여 선택지들 중 우선하는 것을 선택하는 규칙이기 때문이다.

(3) 이 우선성 규칙을 적용하여 S라는 선택 상황에서 변호사 집단과 전문직 집단 간의 선택을 결정한다고 하여보자.

(4) 그렇다면 변호사 집단은 선택된 것이다. [(1), (2)의 귀결]

(5) 그런데 변호사 집단은 전문직 집단의 하나이다. 그리고 전문직 집단은 선택되지 않았다.

(6) 따라서 변호사 집단은 선택되지 않았다. [(5)의 귀결]

(4)와 (6)은 모순된다.

(7) 따라서 변호사 집단과 전문직 집단이 우선성 규칙이 적용되는 선택지들이라는 것은 참일 수 없다.

위 사례처럼 위계가 다른 범주를 같은 위계의 범주처럼 다루게 되면 애초에 생길 필요도 없던 Russell의 역설을 만들어내게 된다.

Russell의 역설(paradox of Russell)을 간단히 설명하면 다음과 같다. 자기 자신을 원소로 포함하지 않는 모든 집합들의 집합을 R이라고 하자. 그런데 'R 자신은 자기 자신을 원소로 포함하지 아니하는 집합의 원소인가?'라는 질문을 던지면 모순이 발견된다. 만일 R이 자기 자신을 원소로 포함하지 아니한다고 해보자. 그렇다면 R은 자기 자신을 원소로 포함하지 아니하는 집합의 원소이다. 따라서 R은 자기 자신을 원소로 포함한다. 따라서 모순이다. 다른 한편으로, 이번에는 R이 자기 자신을 원소로 포함한다고 해보자. 그렇게 되면, 앞서의 정의에 의해 R은 '자기 자신을 원소로 포함하지 아니하는 집합들의 집합'의 원소가 된다. 즉 R은 자기 자신을 원소로 포함하지 않는다. 즉 R∈R ⟺ R∉R이 성립하게 된다. 이는 모순이다.125)

이렇게 모순을 만들어내는 역설을 피하려면, 위계가 다른 개념들은 같은 위계의 범주로 다루지 않으면 된다.126) 상이한 위계에 있는 개념들을 같은 범주로 다룰 필요도 없는데 같은 범주로 다룬다고 해보자. 그러면 범주의 오류를 범한다. 그리하여 Russell의 역설을 발생시켜 논증 내에 모순을 포함하게 된다. 그러면 그 모순이 포함된 논증 전체는 무의미해진다. 왜냐하면 모순이 허용된 논의에서는 그야말로 아무 주장이나 다 참으로 도출될 수 있기 때문이다. 이 점은 형식적으로 간단하게 증명될 수 있다.127) 다음 명제 (1)과 (2)과 동시에 참이라고 해보자.

---

125) Alfred N. Whitehead & Bertrand Russell, *Principia Mathematica*, Cambridge: Merchant Books, 1910, 63면.
126) 같은 책, 65-66면에서는 "집합에 관한 명제는 항상 집합을 정의하는 함수에 관한 진술로 환원된다"는 공리를 도입하여 집합은 집합을 정의하는 함수의 논항(argument)이 될 수 없다고 하면 이러한 모순을 해결할 수 있다고 제한하고 있다. Roger M. White, *Wittgenstein's Tractauts Logico-Philosophicus*. 곽강제 옮김, 『비트겐슈타인의 「논리철학론」 이렇게 읽어야 한다』, 서광사, 2011. 35면도 참조.
127) 본문의 논의는 아래의 형식적 증명을 풀어 설명한 것이다.
  1. p∧¬p (p도 참이고 동시에 ¬p도 참이라고 하자.)
  2. p (연언 제거conjunction elimination 규칙에 의하여 p는 참이다.)
  3. ¬p (연언 제거 규칙에 의하여 ¬p는 참이다.)
  4. p∨q (선언 도입disjunction introduction 규칙에 의하여. 여기서 q는 임의의 명

> (1) a는 S이다.
> (2) a는 S가 아니다.

그러면 아래 (3)이 참이다.

> (3) a가 S이거나 삼각형은 네 각을 갖는다. ((1)과 선언 도입 규칙[128]
> 에 의해)

그런데 (2)에 의해서 a가 S라는 것은 거짓이다.

그러므로 배중률(排中律)에 의해 선언으로 결합된 명제 중 다른 하나가 참이어야 하므로 (4)가 참이 된다.

> (4) 삼각형은 네 각을 갖는다.

어떤 주장체계 내에서 사용되는 명제들 사이에 모순이 있다면, 반대되는 결론을 포함하여 어떠한 결론이라도—필연적으로 거짓인 결론이라도—그 주장체계 내에서 도출할 수 있게 되는 것이다. 따라서 러셀의 역설을 발생시키는 범주 오류를 범하는 법익 형량 추론은, 형량의 결론이 어떻게 나더라도 참이 되는 자의성을 가질 수밖에 없다.

제다. p가 참이기 때문에 q는 거짓이건 참이건, p∨q는 참이다.)
5. q (3과 4를 전제로, 선언적 삼단논법에 의하여. 즉, p 또는 q가 참인데, ¬p이므로 q가 참이다.)
6. p∧¬p → q (즉 1을 가정하게 되면 5는 참이 된다.)
모순되는 명제로부터는 아무 명제나 다 논리적으로 도출할 수 있다는 점에 관하여는 Karl Popper, *Conjecture and Refutations*, 이한구 옮김, 『추측과 논박 2』, 민음사, 2001, 133-176면에서 삼단 논법의 기호를 사용하여서 자세히 설명된 바 있다. 여기서는 포퍼의 설명을 보다 간명하게, 연언기호로 바꾸어서 표현하였다.
128) p가 참이라면 p 또는 q는 참이다.

역설을 피하는 방법은 앞서 설명했듯이 간단하다. 다른 범주에 속하는 개념들을 같은 범주로 다루지 않는 것이다. 앞서 든 예에서 우선성 규칙을 '변호사 집단과 전문직 집단' 사이에 적용하지 않고, '변호사 집단과 그 외 각각의 전문직 집단' 사이에 적용한다고 해보자. 이때에는 모순의 문제는 발생하지 않는다. 왜냐하면 그 외 각각의 전문직 집단은 변호사 집단은 같은 추상 수준에 있기 때문이다. 예를 들어 X라는 기업이 법무팀의 직원을 고용할 때, '변호사를 의사, 회계사, 변리사에 우선한다'고 할 때 아무 어려움이 발생하지 않는다.

반면에 '변호사를 전문직에 우선한다'고 할 때는 기업 인사과는 이것을 실행할 수 없게 된다. 거꾸로 '전문직을 변호사에 우선한다'고 할 때에도 기업 인사과는 이를 실행할 수 없다.

'그 외 전문직'이라는 용어를 쓰면 이 역설은 간단히 피할 수 있다. '그 외 전문직'은 겉보기에는 변호사 집단보다 한 수준 위의 개념인 것 같지만, 실상은 그렇지 않다. 그것은 변호사 이외의 각각의 전문직 집단을 낱낱이 외연으로 열거하지 아니하고, 그 내포에 의해 같은 추상 수준으로 정의하는 축약적(縮約的) 방법에 의해 기술한 것에 불과하기 때문이다. 이 것이 '그 외'라는 말이 논리적으로 하는 역할이다. 그것은 '그 외'라는 단어의 양 쪽에 놓인 개념들을 모두 포괄하는 상위 개념들에 속하는 것들을 그 외를 기준으로 양분한다.

이때까지의 논의를 공동체와 개인의 문제에 적용하여 보자.

공동체는 개인을 그 원소로 갖는다. 개인은 공동체보다 하위 개념이고, 공동체는 개인의 상위 개념이다. 공동체는 개인을 원소로 하는 집합이다. 그런데 변호사는 변호사의 집합이 아닌 것처럼, 개인은 개인의 집합이 아니다.

따라서 개인과 공동체는 같은 논의에서 대립될 수 있는 항이 아니다.

대립될 수 있는 것은 한 개인과 그 외 공동체의 구성원들이다. '그 외 공동체 구성원들'은 낱낱이 열거될 수 있는 개인들을 간략하게 총칭한 것이어서 한 개인과 추상 수준이 동일하다. 그렇다면 그 외 공동체 구성원들은 공동체와 같은 개념이 아니다. 왜냐하면 공동체는 그 외 공동체 구성원들보다 추상 수준이 한 단계 높은 상위 개념이기 때문이다. 그 외 공동체 구성원들은 공동체 자체가 아니다.

따라서 흔히 '개인과 집단의 관계'라고 잘못 이야기하는 문제들은 언제나 '한 개인과 그 사람 이외의 개인들의 관계'나 '일부 개인들과 그 외 나머지 개인들의 관계' 또는 '개인들이 서로에 대하여 갖는 상호관계'로 진술되어야 한다.

결론적으로 공동체의 이익과 개인 이익을 대립시키거나, 공동체적 자아와 개인적 자아 사이의 적절한 조정점을 논하는 모든 논증들은, Russell의 역설을 발생시킴으로써 모순을 그 내부에 포함하게 된다. 그 결과 그 논증체계는, 그 안에서 모든 주장이 참이 될 수 있게 하는 쓸모없는 것이 된다. 따라서 법익 형량은 그 질문에 대한 답을 내는 추론일 수가 없다.

3. 기본적 주제와 파생적 주제

법익 형량이 개인과 공동체 이익의 균형점을 살피는 추론이라는 주장은 우선성 규칙 적용의 두 번째 전제 조건[129]을 위배한다.

어떤 사안에서 개인의 이익과 공동체 이익의 우선성을 결정하려면 그 이익을 조정할 의사결정 주체가 있어야 한다. 그리고 그 주체는 그런 결정을 내릴 규범적 자격이 있어야 한다. 그런데 개인도 아니고 공동체도 아니고 그 중간 지점에서 공평하게 판단할 주체는 없다. 일부 구성원이

---

129) 우선성 규칙은 우선성 규칙을 적용하는 의사결정 주체의 정당성 문제가 이미 해결되었음을 전제한다.

공동체 전체의 관점을 선취할 수도 없다. 왜냐하면 그러한 선취는 일부 구성원이 다른 구성원들의 의사를 무시하고 대신 결정할 그런 관계에 선다는 점을 전제하기 때문이다.

이 점은 기본권 제한 심사의 정당화의 주제(the subject matter of justification)를 알려준다. 심사의 주제는 개인과 집단 사이의 관계가 아니라, 개인과 개인 사이의 일반적 관계인 것이다.

즉, 그 주제는 개인1이 개인2 내지 개인n과 맺는 관계의 문제이자, 개인2가 각 개인1, 개인3 내지 개인 n과 맺는 관계의 문제, … , 개인n이 각 개인1 내지 개인n-1과 맺는 관계의 문제이다. 이 경우 정당화되는 모든 관계는 일반적 관계, 즉 모든 개인들 사이의 관계에서 정당화되는 원리에 기초한 관계여야 한다. 만일 개인1에게는 어떤 부담을 요구하고 개인2 내지 개인n에게는 동일한 관계가 문제되었을 때 동등한 부담을 요구하지 않는다면 이것은 불공정한 것이다. 이것은 즉, 개인2 내지 개인n 각각이 개인1에 대하여 자신들의 삶의 기회비용을 불공정하게 전가하고 있다는 것을 드러낸다. 이는 개인1의 평등하고 자유로운 구성원으로서의 지위에 대한 부인을 전제하는 것이다. 그리고 이러한 기본적 지위 부인(否認)을 용인하는 관계는 개인1이 합당하게 거부할 수밖에 없는 관계이다.

그러므로 공동체 내부 구성원들 간의 관계의 문제가 제기되었을 때, 그것은 공동체의 '속성' 문제로 환원될 수 없다. 아리스토텔레스 논리학은 관계문장의 필요성을 인정하지 않고 개체에 어떤 속성이 부여된다는 형식만으로 충분하다고 하였지만, Frege 및 Russell 이후의 현대 논리학에서는 관계문은 단칭술어문으로 환원될 수 없음이 인정되고 있다.130) 공동체라는 주어부를 놓아두고, 그 주어에 속성을 귀속시키는 술어 구조로 모든

---

130) *The Analytic Tradition in Philosophy: Background and Issues*, 곽강제 옮김, 『분석철학 — 그 전통과 쟁점들』, 서광사, 1986, 34면.)

명제의 논리적 구조가 환원되지 않음을 보이는 것은 매우 간단한 반례로 논증된다. 즉 'a는 b보다 길다'는 관계 명제는 주부의 대상에 술부에 속성을 부여하는 명제로 환원될 수 없다. 즉 'a는 x의 길이이다'와 'b는 y의 길이다'라는 식으로 a와 b에 각각 속성을 부여하는 명제로 환원될 수 없다. 왜냐하면 환원은 x가 y보다 길다는 관계 명제가 또다시 추가되지 않는 한, 원래 명제의 의미를 소실하기 때문이다. 즉 관계사실은 생략될 수 없다.131)

구성원들 사이의 근본적인 관계가 어떤 법률로 인하여 변형되었는가를 기본적인 주제라면, 관계 정당화 문제를 직접 다루지 않을 수가 없다. 단지 '얼마간 중요성을 지닌 권리가 공동체 전체의 공익이 갖는 중요성에 비해 지나치게 축소되었는가'라는 식으로 보는 것은 권리를 실체화된 대상으로 보는 오류를 저지르는 것이다. 그래서 권리를 공동체 전체에 걸쳐 분포되어 있는 일종의 속성으로 보는 것이다. 이는 권리를 1인칭 관점에서 소비될 대상이 되는 "획득된 재화 혹은 할당된 재화"와 같은 평면에 놓고 보는 오류를 저지르는 것이다.132) 이 오류는 권리가 "타인과의 관계에서 무엇을 할 수 있는지를 정하는 제도적으로 정의된 규칙들", "행위를 가능케 하거나 제약하는 사회적 관계"133)라는 점을 보지 못하고, 관계라는 정당화를 주제를 완전히 몰각하는 것이다.

여기서 주장되는 것이, '공동체'와 '구성원' 사이에는 여하한 관계도 성립하지 않는다는 주장이 아님을 주의해야 한다. 단지, '공동체'와 '구성원'은 서로 '이익 충돌(利益衝突) 상황을 갖는 그런 관계'를 맺을 수 없다

---

131) 같은 책, 34-35면; 이명숙·곽강제, 『철학과 학문의 노하우』, 서광사, 2014, 149-150면 참조.

132) Jürgen Habermas, 『사실성과 타당성』, 552면.

133) Iris M. Young, *Justice and the Politics of Difference*, New Jersey: Princeton University Press, 1990, 25면.

는 것뿐이다. 이 둘은 추상 수준이 다르므로, 모순을 범하지 않고서는 이익을 대립시킬 수 없다. 근본적인 정당화 주제인, 구성원들 사이의 관계 문제가 해결되었을 때는 얼마든지 파생적 관계가 생길 수 있다.

파생적 관계(派生的 關係)란 구성원들 사이의 근본적 관계를 유지하고 구체적으로 구현하는 규율하기 위하여 수립된 공동체의 공적 기구와 구성원이 맺는 법적 관계다. 즉, 공동체의 기구는 구성원 사이의 근본적인 관계를 토대로 하여, 그 근본적인 관계를 위배하지 않는 한도 내에서 권한을 갖게 된다. 여기에는 근본적 관계를 복구하고 유지하고 강화하는 구체화 조치를 취하는 권한도 포함된다. 그리하여 국가는 개인의 법적 지위를 변경시킬 수 있는 이러저러한 권한을 가짐으로써 개인에게 일정한 명령·금지·허용을 발할 수 있는 관계에 서게 된다. 또한 개인은 국가에 대하여 이러저러한 권리를 가짐으로써 일정한 작위와 부작위를 청구할 수 있는 관계에 서게 된다. 그러나 이러한 관계는 개인들 사이의 토대가 되는 근본적 관계(foundational relations)의 유지·강화·복구를 규율하는 기구가 필요하기 때문에 생기는 것이다. 따라서 정당화의 관점에서는 파생적인 관계(derivative relations)인 것이다.

파생적인 법적 관계에는 개인들 사이의 근본적 관계가 항상 상응하여 전제된다. 예를 들어 피의자를 체포하기 위하여 다른 국민의 자동차를 훼손한 경우와 같이 국가가 공무를 수행하다가 손해가 발생하였다고 해보자. 이 손해에 대하여 국민은 보상을 청구할 권리를 갖는다. 이로써 개별 국민은 국가에 대하여 보상을 법적으로 청구할 수 있는 관계에 선다. 그런데 손해를 발생시킨 국가의 공무 수행은 모든 기본권 주체의 공통된 이익을 위한 것이었다. 즉 피의자를 체포하기 위하여 긴급한 경우에는 재산권 침범을 허용함으로써 범죄의 피해를 줄인다는 정책을 실시함으로써 발생하는 이익을 위한 것이었다. 이 경우 손해를 본 국민이 보상을 청구할 수 있는가의 문제는, 모두에게 이득이 되는 원리의 실행으로 인하여 생긴 부담이 일부에게 집중되었을 경우, 그 일부는 다른 나머지 다수에게 부담의 분담을 청구할 수 있는가라는 질문이 된다. 그런데 이러한 분담을 거부하는 것은 모두에게 이득이 되는 것을 추구하다 생긴 비용을 일부에게만 전가하는 것이다. 따라서 이것은 근본적으로 평등하고 자유로운 관계를 거부하는 것이므로, 정당화되지 않는다. 후자의 근본적인 정당화 대상이 되는 관계(공동 이익을 위한 업무 수행으로 발생한 비용의 공정한 부담 관계)가 정당화되기 때문에 전자의 관계(공동 비용을 실제로 징수하고 배분하는 기구인 '국가'에 대하여 분담을 청구할 수 있는 관계)가 성립한다.

이처럼 기본권은 그 법적 구조에서 국가에 대한 권리의 형식을 갖지만, 이 권리로 인해 성립되는 기본권 주체와 국가 사이의 법적 관계 LR_1은, 항상 이에 상응하는 기본권 주체들 사이의 지위 관계 SR_1를 전제한다. 즉 LR_n은 언제나 그에 대응하는 SR_n을 갖는다. 그렇기 때문에 기본권의 제한으로 국가에 대한 개인의 법적 관계 LR_n를 변경하는 것은, 기본권 주체들 사이의 지위 관계 SR_n을 훼손할 수도 있고 유지·강화·복구할 수도 있다. 그 때문에 기본권 제한으로 생기는 법익 균형성 문제는 다음과 같이 변환될 수 있다. LR_n에 상응하는 관계 SR_n이 헌법에서 규정한 지위를 갖는 기본권 주체 사이의 것으로 보기에는 정당화할 수 없는 관계인가. 이 LR_n에 상응하는 관계 SR_n는, 기본권 주체들의 근본적인 관계의 유지·강화·복구인가 아니면 왜곡·훼손인가. 이렇게 변환된 질문이 정당화의 관점에서 근본적이다.

따라서 'X라는 공동체에 이익 균형 속성 z_1, z_2, z_3, … z_n 중 어느 속성을 부여할 것인가'라는 질문을 던지는 것은 잘못된 문제 설정이다. 또한 기본권 주체와 국가 사이의 법적 관계를 어떻게 해야 하는가라는 논의 차원에서만 맴도는 것도 주된 주제를 놓친 것이다. 이러한 잘못들은, 정당화의 기초 주체인 기본권 주체들 사이의 헌법적 지위 관계 문제를 이미 해결된 것으로 은폐한다.[134) 그 결과 논증되지도, 정당화되지도 않은 관계 위에서야 비로소 성립하는 일부 구성원들이 나머지 구성원들의 삶을 결정할 권한이 이미 있다고 전제하는 오류에 빠지게 된다.

위 논증에서 개인이 공동체에 존재론적으로 우선한다(ontologically prior to)는 주장은 아무런 역할도 하지 않는다. 그러한 주장은 전혀 필요하지 않다. 공동체도 개인만큼이나 분명하고 실체적인 존재라는 점은 아무런 문제없이 인정된다. 정당화의 기본 주제가 해결된 뒤에 파생적으로 공동체와 개인이 관계를 맺음도 완전히 인정된다. 이것은 존재론적 질문과는 아무 상관이 없다.

이때까지의 논의는 다음과 같은 점에 충실히 주의를 기울였을 뿐이다. 모든 공동체의 속성에는 구성원들 사이의 관계가 상응한다. 헌법논증에서는 어떠한 개별 기본권 주체도 '예', '아니요'를 말함으로써 근거 제시 요구를 할 수 있다. 그리고 이러한 근거제시 요구는 적절한 논거를 제시함으로써 답변되어야 한다. 그리고 거기서 제시되는 논거는 구성원들 사이의 근본적 관계를 훼손하지 않아야 한다. 왜냐하면 그렇게 훼손된 관계는 애초에 '예'와 '아니요'를 말할 수 있는 기본적 지위를 부인하기 때문

---

134) Martha Nussbaum, *Hiding from Humanity: Disgust, Shame, and the Law.* 조계원 옮김, 『혐오와 수치심』, 500-503면에서 Nussbaum은 '공동체'를 명목으로 내세워 어떤 규범적 결론을 단언하는 논자들에게는 "'공동체'란 무엇인가"라는 "아킬레스건"에 해당하는 "질문을 무시"하는 공통점이 있다고 지적한다. 실제로 그 내부에 '예'와 '아니요'를 각각 말하는 구성원들이 존재하고 있음에도 그것을 하나로 묶는 것은 부담을 불공평하게 배분하는 것을 가리기 위한 수사로 사용된다는 것이다.

이다. 규범적 논증에 참여하는 상대의 기본적 지위를 부인하는 것을 전제로 하는 규범주장은 수행적 모순을 범한다. 수행적 모순을 범한 헌법규범 논증은 기본권 주체에게 아무런 규범적 정당성을 갖지 못한다. 그러므로 어떤 법질서를 법익 균형 상황이라고 의미 있게 주장하려면, 그 상황에 상응하는 관계는 그 관계를 맺고 있는 구성원들 사이에 정당화되어야 한다.

일부 구성원들의 이의제기에 대하여 공동체 전체의 관점을 간단히 언급하여 답하는 것은 논증되지 않는 전제를 투입한다. 특정한 개인들이 다른 개인들의 삶을 특정 방향으로 강제함으로써 자기가 원하는 삶의 여건을 자기 몫을 넘어서 행사하는 관계가 이미 정당하다는 점을 은밀히 전제하는 것이다. '공동체의 이익 대 개인의 이익 균형'이라는 논리적으로 오류인 구도는 이러한 은밀한 전제가 투입되었다는 점을 은폐하기 쉽다.

또한 입법재량과 입법재량의 행사(行使)와 유월(踰越)의 경계는, 기본권의 제한(制限)과 침해(侵害)의 경계로부터 파생적인 것임이 드러난다. 기본권 주체들 사이에서 헌법적으로 정당화되는 관계를 수립·유지·복구·강화·계속 조정하면서 공동의 이익을 추구하기 위해서는 일정한 기구가 필요하다. 그 기구에 주어진 권한이 입법재량이다. 따라서 정당화되는 입법재량의 범위란, 관계를 훼손하거나 악화시키지 않아야 한다는 제약 조건을 충족하는 범위이다. 그러한 임무의 내용은 기본권 주체들 사이의 관계에 기초하고 있는 것이다.

이러한 분석은 재산권과 같은 권리의 "행사가 사회적 연관성과 사회적 기능을 가지면 가질수록 입법자는 더 광범위한 제한을 가할 수 있고 그러한 조치가 정당화된다."[135]라는 헌법재판소 법리의 근거에 관한, 설시의 구조를 더 명확하게 이해할 수 있게 해준다.

---

135) 이는 헌법재판소 1989. 12. 22. 88헌가13 결정, 헌법재판소 2003. 4. 24. 99헌바
110 결정 등에서도 반복적으로 확인되고 있는 법리다.

헌법재판소는 재산권에 대한 광범위한 입법재량이 인정되는 근본적 이유에 관하여 다음과 같이 말하였다. "재산권의 이용과 처분이 소유자의 개인적 영역에 머무르지 아니하고, 국민일반의 자유행사에 큰 영향을 미치거나 국민일반이 자신의 자유를 행사하기 위하여 문제되는 재산권에 의존하는 경우에는, 입법자가 공동체의 이익을 위하여 개인의 재산권을 제한하는 규율권한은 더욱 넓어진다. 토지는 생산이나 대체가 불가능하여 공급이 제한되어 있고 우리나라의 가용 토지 면적이 인구에 비하여 부족한 반면에 모든 국민이 생산 및 생활의 기반으로서 토지의 합리적인 이용에 의존하고 있는 정황을 고려하면, 토지재산권의 행사에 대해서는 국민경제의 관점에서나 토지의 사회적 기능에 비추어 다른 재산권에 비해 더 강하게 공동체의 이익을 관철할 것이 요구된다."136)

그 핵심 내용은 다음과 같이 풀이할 수 있다. 토지를 소유 여부를 불문하고 모든 기본권 주체는 '삶의 경로상 필연적 필요'(course of life needs)를 충족시키기 위해 한정된 자원인 토지를 사용해야 한다. 토지 소유자들이 자신의 토지를 사용하려는 사람과 원하는 내용의 계약을 무제한 체결할 수 있는 법적 자유가 있다면, 나머지 사회구성원들의 그런 활동의 법적 자유는 모두 토지 소유자들의 자의를 매개항이 결부된 상태로 수축되게 된다. 그리고 이것은 토지 소유자들에게 그러한 계약을 유효하게 체결할 자유를 무제한적으로 부여한 법적 질서의 직접적인 결과다. 그렇기 때문에 그러므로 토지 소유자의 재산권을 음악 CD 소유자의 재산권의 확정적 보호범위와 동일하게 인정할 수가 없다. 그렇게 할 경우에는 필연적으로 '토지 소유자의 자의'를 매개항으로 하여 다른 기본권 주체들의 법적 자유의 외연이 크게 수축되기 때문이다. 토지 비소유자의 그렇게 수축된 자유와 토지 소유자의 확장된 자유의 불평등 경계를 법적으로 인정하는

---

136) 헌법재판소 2010. 2. 25. 2007헌바131 등 결정.

것은, 기본권 주체들 사이의 관계로 정당화될 수 없다. 따라서 이 자유의 불균형을 시정하는 임무가 국가에게 주어진다.

위 결정에서 '공동체의 이익'이라는 개념은 기본권 주체들 사이에 평등하게 자유로운 관계가 성립해야 한다는 요구를 집약해서 표현한 것으로 이해해야 한다. 그렇지 않고는 토지소유자는 공동체의 구성원이 아니라는 논리가 되고, 그것은 의미론적 모순과 수행적 모순을 동시에 범하는 것이기 때문이다. 단지 토지소유자 이외의 다른 구성원들의 이익을 위해 그 이익을 강제로 관철한다는 의미로 읽을 경우, '공동체의 이익' 개념은 토지소유자에게 정당성을 가질 수 없는 규범주장을 치장하는 말에 불과하게 된다.

그러나 심사관문 6은 그런 치장(治粧)에 그치지 않는 이해를 제공한다. 위 설시에는 그 이해의 핵심 근거가 드러나 있다. 토지가 생산이나 대체가 불가능하여 공급이 제한되어 있고, 모든 국민의 기본적 생활의 기반이 된다는 것이 바로 그 근거다. 제약 없는 토지소유권의 인정은 다른 기본권 주체의 법적 자유의 외연이 수축된다는 점을 보인 것이다. 이러한 수축은 충돌 문제를 제기한다. 그래서 평등한 자유 관계의 논의 차원으로 옮겨질 수 있는 논거가 되는 것이다. 그리하여 토지소유자는 두 유형의 제한을 받을 수 있다. 첫째, 정당화되지 않는 자의의 매개항 결부를 떼어냄으로써 자신 몫의 자유만을 행사하게 된다. 둘째, 복합적·불확정적인 경로로 타인의 자유를 수축시킬 수 있는 행위와 관련하여 공정한 책임을 할당받아, 그 행위의 범위가 제한받는다. 이러한 제한들은 토지소유자가 합당하게 거부할 수 있는 원리에 기초하지 않는다.

이러한 이해는 헌법 제122조가 "국가는 국민 모두의 생산 및 생활의 기반이 되는 국토의 효율적이고 균형있는 이용·개발과 보전을 위하여 법률이 정하는 바에 의하여 그에 관한 필요한 제한과 의무를 과할 수 있다."고 특별히 강조해서 규정하는 바에도 부합한다. 이 조문의 전단에 '국민 모두의 생산 및 생활의 기반이 되는'이라는 부분을 명시하고 있다는 점에 주목할 필요가 있다. 토지가 생산 및 생활의 기반이 필수적으로 될 수밖에 없기 때문에 토지소유권자의 권리 확장은 필연적으로 토지를 활용하는 다른 국민의 자유 축소와 연결된다는 점을 염두에 둔 규정인 것이다.

결론적으로 자유 제한의 논거는 초월적 이익 향유자로서 국가의 이익이나 권한의 범위에서 나오는 것이 아니다. 또한 입법재량의 범위가 먼저 정해지고 그 다음 기본권 주체들의 관계가 정해지는 것이 아니다. 논증의 순서는 그 반대이다. 자유 제한의 논거는 다른 기본권 주체의 자유에 발생한 축소와 수축, 즉 기본권 주체들의 관계의 왜곡에 토대를 두고 있는 것이다. 그리고 입법재량의 범위는 근본적 관계의 유지·복구·강화에 어긋나지 않는 범위로 정해지는 것이다.

결론적으로, 형량의 문제를 '구체적인 사안과 관련하여 문제 되는 공동체 전체의 이익과 개인의 이익 중에 무엇이 우선하는가', '그 공동체와 개인 관계의 적절한 조정점이 무엇이냐', '어떤 공동체가 되어야 바람직할 것이냐'의 문제로 이해하는 것은 오류다. 왜냐하면 그것들은 우선성 규칙이 적용될 수 없는 질문을 던지고는 우선성 규칙을 적용하고 있기 때문이다. 그것은 첫째로, 역설을 만들어내고 그에 관한 논증이 모순을 포함하게 한다. 그것은 둘째로, 우선성 규칙을 결정하는 주체, 즉 의사결정 권한의 정당성 문제가 이미 해결되었다고 근거 없이 주장한다.

이로 인해 이 질문에 답하는 논증 전체는 이중으로 무의미해진다. 첫째, 아무 주장이나 다 도출할 수 있는 체계 속에서 논하고 있으므로 논리적으로 무의미하다. 둘째, 규범적 논증대화 참여자들의 동등하고 자유로운 지위를 부인하는 수행적 모순을 범하게 되어 규범주장으로서 무의미하다.

정당성의 핵심 문제에 대한 답을 회피함으로써 그러한 접근은 전혀 엉뚱한 질문을 다루고 있는 셈이 된다. 입헌 민주주의 사회에서 기본권 제한 정당화 논증의 주제는 '기본권 주체들의 근본적 관계가 훼손되었는가 아니면 유지·강화·복구되었는가' 여부다. 반면에 잘못된 설정된 질문은, 기본권 주체의 입장에서 그들 사이의 근본적 관계에는 주의를 기울이지 않는다. 단지 공동체의 모습을 이러저러하게 만들어가려고 하려는 모종의 상상된 입장이 등장할 뿐이다. 그러한 상상된 입장은 총독(總督)의 입장이다. 총독은 동등한 규범 준수자로서 논증을 펼치지 않는다. 총독은 공동체 전체 외부에 서서 공동체에 어떤 속성을 부여하는 것이 좋은가를 묻는다. 그 입장은 다른 기본권 주체를 압도하는 불평등한 의사소통권을 지닌 것이다. 그런데 압도적으로 불평등한 의사소통권은 명시적으로 규범적 논증대화의 조건을 위배한다. 그래서 그것은 애초에 규범을 준수해야 할 기본권 주체에게 발해지는 논증이라고 할 수 없게 된다.

결국, 기본권 제한 심사는 외부에서 공동체를 굽어보는 총독의 관점에서, 그 전체 공동체를 바람직한 모습이 무엇인가를 규정하는 활동이 아니다.[137] 총독의 입지는 헌법적 논증대화의 타당성 요구를 벗어난 입지다. 그 입지를 가정하여 논의하는 것은 수행적 모순을 범하는 것이다.

핵심은 이것이다. 헌법상 법익균형 심사란, 통상적인 정치과정의 결과가 헌법의 틀 내의 구성원들 사이의 공존과 협동의 관계를 깨뜨렸는가, 그리하여 어느 구성원에게는 그 결과를 더 이상 정당성 있게 만들어주지 못하는가를 살펴보는 '기본권 주체들 사이의 헌법적 지위 관계 왜곡 여

---

137) Philip Pettit, "Universalizablity Without Utilitarianism", *Mind*, New Series, Vol. 96, No. 381, 1987, 80-82면에서 Pettit은 규범적 추론을 상충하는 욕구 사이의 경쟁으로 표현하는 계량적 모델이, 논증대화에 참여하는 구성원 외부에서, "어느 욕구가 경쟁 욕구들보다 비중이 커 압도하는지를 지켜보는 심판자"가 있어야 한다는 보증되지 않는 가정을 깔고 있다고 지적한 바 있다.

부'의 심사다.

이로써 일반적 심사관문은, 개별 기본권 제한을 논하며 원리를 정립할 때 피할 수 없는 관문이다. 그 관문은 묻는다. '과연 이 원리는 평등하고 자유로운 기본권 주체가 받아들일 수 없는 관계를 설정하기 때문에, 합당하게 거부될 원리인가?' 그러므로 일반적 심사관문은 기본권 제한 심사의 정당화의 기본 주제를 놓치지 않고 다루기 위해서는 필수적인 헌법적 틀이다.

IV. 합당한 거부의 사유가 되는 기준

1. 개별 기본권 주체에게 정당화 가능

논증대화 참여자가 개별 기본권 사안과 관련하여 제시한 논거들은, 그 개별 기본권 규범의 해석의 결과인 어떤 헌법규범 주장을 전제하게 된다. 그런데 그 주장된 헌법규범이 합당하게 거부될 수밖에 없다면 그 규범은 논거 제시와 결합을 틀 지우는 원리가 될 수 없다. 그래서 일반적 심사관문이 하는 역할의 핵심은 '합당한 거부의 기준'에 담겨 있게 된다. 합당한 거부의 기준 중 중 어느 하나를 위배하였다면, 일반적 심사관문을 통과하지 못한 것이다. 그러면 그 구체적 사안에서 형량을 인도한 개별 심사관문을 잘못 정식화했다고 판단할 수 있게 된다.

합당한 거부의 기준은 네 기준으로 압축된다. 첫째, 그 헌법규범 원리는 개별 기본권 주체에게 정당화 가능해야 한다. 둘째, 원리는 호혜적이어야 한다. 셋째, 원리는 공지되어 준수될 수 있어야 한다. 넷째, 원리는 기본권 주체들이 감수할 수 있는 부담을 지우고, 기본권 주체들이 그 정당성을 이해하고 준수할 수 있어 안정성이 있어야 한다.

첫째 기준부터 살펴보겠다. 첫째 기준은, 기본권 제한이 개별 기본권 주체 한 명 한 명에게 정당화 가능해야 함을 의미한다. 그것은 기본권 제한을 인정하는 원리를 근거 짓는 논거에 관하여 다음 질문을 던진다.

'해당 공권력 행사가 사람들을 각자 불가침의 인권을 가지는 기본권 주체로 여기지 아니하고, 모종의 가치 총량을 최대화하거나 공동체에 일정한 속성을 부여하기 위하여 시민들의 입헌적 지위를 무시하는가?'138)

이것은 개인의 독립성과 평등이라는 규범이 그 원리 내에 무시되지 않고 구현되어 있을 것을 요구하는 것이다.139)

기본권 주체의 입장에서 형량하지 아니하고 '사회'의 관점에서 뭉뚱그려 모종의 목적을 최대화하려는 추론에서 은연중에 상정되는 것은 모종의 상상된 동일한 거대 존재(magnitudes)의 욕구와 경험, 성질들이다.140) 그러나 기본권 규범 논증은 그러한 거대 존재에게 무언가를 정당화하려는 논증이 아니다. 그런 거대 존재는 수범자(守範者)가 아니므로 논증이 발해질 대상이 아니다.

헌법 제10조는 인간으로서 존엄과 가치, 행복추구권, 불가침의 기본적 인권을 갖는 개인으로서 국민의 권리와 이를 존중할 국가의 의무를 확인하고 있다. 이는 각 개인이 단지 '수단'으로만 대우받는 것이 아니라 항상

---

138) John Rawls, *Lectures on the History of Political Philosophy*, "Lectures on Mill", Lecture II, §5, 279면 참조.

139) 독립성과 평등이라는 규범은 우리 헌법 제10조와 제11조가 명시적으로 확인하고 있는 바이다. 그리고 개별 자유권에 관한 모든 규정이, 예를 들면 제12조 제1항 1문이 "모든 국민은 ─의 자유를 가진다."는 형식으로 규정됨으로써 개별 기본권 주체의 독립성과 평등을 명시하고 있다.

140) 이 욕구와 경험, 성질, 삶들이 실제로는 별개의 개인들의 것이라는 점은 중대하고 주의를 기울여야할 사실이다. 그러나 이 사실은 이러한 총계적 추론에서는 아무런 실질적인 영향을 미치지 않는 부수적인(incidental) 사실에 지나지 않게 된다. (Samuel Freeman, *Justice and Social Contract*, ch.2 참조.)

목적으로 대우받을 것을 명하는 규범이다. 그리고 개인이 법질서 앞에서 목적으로 대우받으려면, 법질서는 그 개인에게 정당화가 가능한 원리에 기초해야 한다.[141] 따라서 헌법 제10조의 전문 전단과 후문은 개인의 개별성을 고려하지 않는 원리[142]를 그 독립적 지위를 찬탈하는 조치로 보는 규범이다.

단일한 거대존재의 입장에서 사고하는 것은 규범의 문제를 한 사람이 어떻게 행위할 것인가의 문제로 보는 것이다. 이러한 문제 설정을 1인 모델이라고 할 수 있다. 반면에 규범의 문제를 여러 사람이 서로의 행위를 규율하는 규범에 어떻게 합의할 것인가의 문제로 보는 것은, 2인 모델이다.

행위 규범의 문제에서 1인 모델과 2인 이상의 모델은 근본적으로 그 성격이 다르다. 1인 모델은 수단적 합리성의 문제만이 등장하고 여기에는 목적-수단 추론이 사용된다. 왜냐하면 그 모델에서는 어떤 선택을 정당화하는 논증을 수신하고 그 타당성을 승인할 의사소통 주체가 없기 때문이다. 반면에 2인 모델로 진입하는 순간, 더 이상 그와 같은 1인 모델의 목

---

141) 예를 들어 수량적으로 적은 인명 손실(1명의 목숨)이 예상되는 상황에서 더 많은 생명을 살리거나 많은 불구의 삶을 구제(5명의 목숨과 10명에게 건강한 신체를 선사)할 수 있는 것은 일반적으로 바람직하다. 그러나 이러한 법익 형량은 오로지 위와 같은 헌법 제10조의 제약을 준수하는 경우에만 정당화된다. 이러한 제약이 헌법상 전혀 없다고 할 경우 받아들일 수 없는 결과가 생긴다. John Harris, "The survival lottery", *Philosophy*, Vol. 50, No. 191, 1975, 81-87면 참조.

142) 개별성을 고려하지 않는 원리는 두 사태를 같은 것으로 보게 된다.
사태1: 두 사람이 각자 자신의 기본권을 행사한다.
사태2: 한 사람은 두 몫의 기본권을 행사하고, 다른 한 사람은 자신의 몫의 기본권 조차 행사하지 못한다.
그런데 사태1에서는 두 사람의 평등하고 자유로운 지위가 인정되고 있어 상호 정당화가 가능하지만, 사태2에서는 한 사람의 지위는 불평등한 것으로 격하되었다. 이 두 사람은 서로 구별되는 존재임에도 불구하고 마치 하나로 융합된 존재처럼 다룬 것이다. John Rawls, 『정의론』, 65면 참조.

적-수단 추론 활용은 불가능하게 된다.143) 왜냐하면 각 개인의 목적은 상충할 수 있고, 목적의 상충을 조정하는 원리는 더 이상 목적-수단 추론이 아니기 때문이다. 따라서 법익 균형성 분석에서 1인 모델에서 사용되는 목적-수단 추론을 사용하게 되는 경우, 각 개인은 그 1인칭 관점에 자리하는 모종의 초월적 이익 향유자가 상정한 목적을 위한 수단으로 다루어지게 된다. 그러므로 모든 국민 하나하나가 존엄을 가진 존재라는 헌법규범을 정면으로 위배하게 된다. 그것은 기본권과 관련된 규범적 논증의 목적에 정면으로 반한다. 헌법규범 논증은 "내용과 논거가 모두 공적으로 알려지고 각 개별 시민에게 발해지는 것이어야만" 한다. 그래야 편입된 헌법규범과 그것을 지지하는 논증은 공적인 것이 될 수 있다. 1인 모델에 적합한 추론 방식으로 논증을 진행하는 것은 이 당연한 이치를 위배하게 된다.144) 그리고 공동체 전체에 어떤 속성을 부여하거나 모종의 가치 총량을 최대화하는 추론은 1인 모델의 관점을 취할 수밖에 없다.145)

기본권 주체가 헌법적인 논증의 맥락에서 '아니요'라고 말한다고 할 때 그 이의제기는 갑자기 초월적 이익 향유자의 1인 모델로 전환하여 답변될 수는 없다. 그것은 그 '아니요'를 실제로는 무시한 것이다. 이러한 무시를 범하지 않으려면, 그 '아니요'를 말한 주체와 대등한 지위의 관계에

---

143) Carol W. Lewis, "In Pursuit of the Public Interest", *Public Administration Review*, Vol. 66, No. 5, 2006, 694-701면.

144) Anthony Simon Laden, "Taking the distinction between persons seriously" in Thom Brooks, Fabian Freyenhagen eds., *The Legacy of John Rawls*, A&C Black, 2005, 53면.

145) 다시 말해, 개인이 자신의 삶을 자신의 선관에 따라 어떻게 하면 잘 꾸려나갈 수 있을 것인가를 고민할 때에는 합리성만이 문제된다. 그러나 개인이 둘 이상 등장하면, 문제는 질적으로 완전히 달라진다. 합리성(rationality)만이 아니라 합당성(reasonableness)까지 문제된다. 어떤 질서는 그것이 어떤 모종의 설정된 목적을 최대로 잘 달성해준다는 이유만으로 정당화되지 않는다. 개별 기본권 주체들에게 정당화 근거를 제시할 수 있어야 정당화된다.

있는 주체에 의해 답변되어야 한다. 이런 점에서 기본권 제한이 그러한 개별 주체에게 정당화되는 원리라고 답변할 근거가 있는지를 심사하는 것은 합당한 거부의 한 기준이 된다고 할 것이다.

2. 호혜성

호혜성(reciprocity)이란 규범이 그 규범 준수자들에게 서로 이득이 된다는 것이다. 호혜성이 있는가 여부는 다음 질문으로 심사된다. '해당 국가조치가 기본권 주체의 지위에 일정한 부담을 과할 경우, 그것은 또한 기본적 지위에 있어 최소한 그 이상의 개선을 가져오는가?'

자유 제한과 같은 부담을 부과하는 질서는, 그것을 준수하는 당사자들에게 서로 이득이 될 때 호혜성을 갖게 된다. 그러나 헌법규범에서 호혜성은 상이하고 다양한 처지에 있는 개별 당사자들의 욕구가 직접적·구체적으로 늘 호혜적으로 만족된다는 것을 의미하지 않는다. 그러한 정책은 불가능할 뿐더러, 권리에 대한 구조적 이해에 비추어 볼 때 그러한 목적을 만족시켜야 한다는 것이 헌법재판의 기준이 될 수는 없는 일이다. 따라서 여기서 말하는 호혜성은 기본적 지위의 변화에만 관계된다. 즉, 어떤 국가조치로 인해 어느 기본권 주체의 관점에서도 보아도 기본적 지위가 악화되지 않음을 의미한다. 그러면 그 정책으로 인해 직접적 부담을 지는 주체도 근본적 지위의 측면에서는 더 나아지는 것이므로, 구성원으로서 열등한 존재로 격하되거나 그 이익이 무시당한 것이 아니다.

만일 그러한 요건을 충족시키지 아니하면, 그 입법은 근본적 관계를 비호혜적(非互惠的)으로 변형시키는 것이다. 비호혜적 변형은 해당 국가조치의 결과 일부 구성원에게 기울어진 관계가 도입되었음을 의미한다. 이것은 그 국가조치의 규범적 정당성을 논하는 주장 체계 내에 일부 구성원을 편드는 전제가 도입되었다는 것을 말해준다. 그리고 그러한 전제는 평등하고 자유로운 논증대화 참여자들이 허용할 수 없는 전제다.

호혜성(互惠性) 기준이 중요한 이유는 입헌 민주주의 사회는 "여러 세대에 걸쳐 평등하고 자유로운 시민들 사이의 공정한 협동 체계"로 이해되며, 기본권 질서는 그 구조 위에서 시민들의 협동을 근본적으로 규제하는 기본 구조이기 때문이다.146)

호혜성의 준칙은 '중대성'이나 '필요성'과 같은 개념을 남발함으로써 자의적인 예외 규칙을 도입하는 것을 명시적으로 불허한다. '이 경우는 매우 중대하므로 특별한 사안이다', '이 경우는 특수한 필요가 있으므로 예외를 구성한다'는 선언만으로는 아무 것도 논증하지 않는다. '중대성'이나 '필요성'과 같은 개념은, 그것이 그 정책으로 구체적 부담은 더 많이 지는 기본권 주체를 포함하여 모든 기본권 주체의 근본적 지위를 방어하거나 유지하거나 개선하기 위한 것임을 보이는 논증으로 체계화되어야 한다.

호혜성의 근본 이념인 "상호이익(相互利益)의 원칙"은 유리한 자를 이중으로 유리하게 해서는 안 되고, 불리한 자를 이중으로 불리하게 해서도 안 됨을 의미한다.147) 이러한 원칙이 지켜지지 않는 사회는 평등하고 자유로운 시민들 사이의 공존과 협동을 위한 체계로 보기 어렵다. 왜냐하면 이것은 타인들이 보다 나은 처지에 놓이게 하기 위하여 자신은 불리함을 감수해야만 하는 이등 시민(second-class citizens)의 지위를 인정하는 셈이기 때문이다. 이 경우 부담을 감수하는 사람은, 이득을 보는 그 다른 사람들과 자신을 동일시해야 한다는 교조(敎條)를 주입받지 않고서는 그러한 부담을 명하는 규범을 준수하려 하지 않을 것이다.148) 이는 그 규범이 규

---

146) John Rawls, *Justice as Fairness*, sec.22, 77-79면.
147) John Rawls, 『정의론』, 154면.
148) 같은 책, 641면.

범 준수자에게 정당화될 수 없는 것임을 드러낸다. 그러므로 부담을 더 많이 지는 이들의 기본적 지위를 악화시킴으로써 다른 구성원들의 이익이 추구되는 것은 헌법적 정당성이 없다. 그 경우에는 부담을 지는 이들이 희생되는 것이기 때문이다. 그 경우에는 부담을 공정하게 공유할 수 있는 다른 대안들을 강구하거나, 그 이익 추구를 포기하여야 한다. 왜냐하면 그 이득은 자유롭고 평등한 모든 기본권 주체의 관점에서 '공통된 이익'이 될 수 없기 때문이다.

호혜성 준칙은 자유롭고 평등한 기본권 주체들 사이에서 적용되는 준칙이다. 따라서 호혜성 준칙을 적용할 때 중요한 주의점이 강조되어야 한다. 그것은 '호혜적인 이익'에서의 '이익'은 일부 구성원의 특정한 포괄적 신조로부터 규정될 수 없다는 제약(制約)이다.

이러한 제약이 호혜성 원칙에 필수적으로 결부되어야 함은 귀류법(歸謬法)으로 논증할 수 있다. 만일 이러한 제약이 없다고 하자. 그럴 경우 일부 구성원의 심원한 가치와 목표의 관점에서 볼 때만 '이익'이 되는 것이 나머지 구성원에게도 '이익'이 된다는 해석을 관철하게 될 것이다. 이러한 해석은 각 구성원이 스스로의 책임 하에 좋은 삶을 이해하고 추구할 수 있는 동등한 권리, 자신에게 이익이 되는 것을 스스로 해석할 궁극적 결정권을 가진 존재임을 부인하는 것이다. 즉, 일부 구성원이 다른 구성원의 심원한 가치와 목표에 따라 달리 판단되는 이익을 일방적으로 규정할 그러한 관계에 서 있다는 점을 전제하는 것이다. 그러한 관계는 일부 구성원이 다른 구성원의 궁극적 결정권을 찬탈하는 관계다. 따라서 이러한 특수한 신조에 입각한 이익 규정은 근본적으로 자유롭고 평등한 관계를 훼손하는 전제를 도입해야 관철될 수 있다. 이러한 전제의 도입은 수행적 모순을 범한다. 수행적 모순을 범하는 호혜성 주장은 '호혜성 주장으로서' 실패한다. 결론적으로 이러한 제약을 지키지 않으면 호혜성의 준칙은 허울뿐인 것으로 전락한다.

Austin은 불발(misfire)이 되는 부적절한 화행의 한 유형으로 다음과 같은 부당적용(Misapplication)149)의 발화를 들었다. "나는 너의 얼굴을 때리겠다고 약속한다." 이것은 약속의 내용으로는 "그릇된 종류나 유형에 속하는 어떤 것"을 말하는 것이다.150) 왜냐하면 상대에게 하는 약속이란, 상대방에게 이익이 되거나 하여 상대방의 의사에 합치하는 바를 이행하겠다는 점을 보증하는 사회적 행위이기 때문이다. 약속이 유효하게 성립하면, 약속을 한 사람은 그 약속을 지켜야 할 의무를 지게 된다. 그런데 상대방에게 이익이 되지 아니하여 상대방이 거부하는 내용을 '약속한다'라는 수행 동사를 사용하여 말하는 것은 약속 행위로 성립하지 않는다. 그래서 상대방이 얻어맞기를 원치 않을 때 "너의 얼굴을 때리겠다고 약속한다"고 하는 것은 약속 행위가 아니다. 그것은 단지 상대방에게 기필코 손해를 끼치고 하는 자신의 결의를 내보이는 것에 불과하다. 발화자가, '너는 행실이 올바르지 못하니, 이번에 한 번 세게 맞아 정신을 차리는 것이 너에게 이익이 된다'고 일방적으로 규정한다고 해서 그 말이 약속 행위가 되는 것도 아니다. 즉, 이익의 일방적 규정은, 협약을 포함한 약속이 약속으로 성립되기 위한 조건을 파괴한다. 상호 이익이 되는 규범이 논증 대화 주체 사이에 정당성 있는 것으로 합의된 사회적 협약(協約)이라면, 그 협약은 이익에 관한 궁극적 판단권을 그대로 각자에게 인정하는 전제와 결부되어야 한다. '당신이 한사코 거부하는 신조에 입각해서 볼 때 x는 나에게도 당신에게도 이익이다'라는 주장은 호혜성에 관한 주장으로 성립하지 않는다. 그것은 호혜성 주장으로 수행적 모순을 범하는 것이다.

---

149) "(A.2) 주어진 경우에 관련되는 특정의 사람과 사정은 발동된(invoked) 특정의 절차를 발동하는 데 적합해야 한다." (J. L. Austin,『말과 행위』, 36면)
150) 같은 책, 57면.

즉 호혜성 원칙이 상호 이익 원칙이라는 규범적 규준으로 의미 있기 위하여는, 특정한 포괄적 신조에 입각해서 이익을 규정하지 않을 것이라는 요건은 필수 전제 조건이 되는 것이다.

헌법 제10조와 제11조에 표현된 규범의 결합은 바로 이러한 제약을 지키는 '호혜성 원칙'을 명한다. 평등하게 행복을 추구할 권리를 가지는 존엄과 가치를 지닌 존재들의 불가침의 권리 보장이 국가의 기본적 의무로 규정되어 있기 때문이다. '평등하게 행복을 추구할 권리'가 있다는 것은 특정 신조에 따라 '이익'을 편파적인 내용으로 규정할 수 없다는 규범을 내포한다. 그리고 '존엄과 가치를 지닌 국민의 불가침의 권리 보장'은 일부 구성원의 기본권적 지위를 악화시키는 희생을 수반하는 이익 추구를 금하는 규범을 내포한다.

그러므로 국가는 '이익'에 대한 일방적 해석을 통해 특정한 포괄적 신조를 편들면서 공통 이익을 추구한다는 명목을 내세울 수 없다. 그 경우 실제로는 일부 구성원의 기본권적 지위의 악화를 가져오면서도 그 악화를 포착하지 못하게 만들기 때문이다. 호혜성의 준칙은 특정한 신조에서 진리나 덕, 좋은 삶이라고 표명하는 바를 다른 이들에게도 누리도록 하는 강제와는 양립불가능하다. 이러한 강제는 그 신조를 찬성하지 않는 기본권 주체들을 진리나 덕을 담는 용기(container)로 다룬다. 주체들을 그렇게 다루는 관계는, 진리와 선을 잠재적으로 획득할 수 있는 능력을 가진 존엄한 존재로서 서로를 호혜적으로 존중하는 관계에서 이탈하게 된다. 다른 사람들은 자신들과는 달리 스스로 신조를 검토하고 추구할 자격이 없는 존재로 전제하므로 호혜성을 위배하는 것이다.[151]

---

151) John Rawls, "Constitutional Liberty and Concept of Justice", *Collected Paper*, Samuel Freeeman, ed., Cambridge, MA: Harvard University Press, 1999, ch.4, 91-92면.

호혜성 제약의 이 부분을 받아들이기 위하여 진리나 미덕에 관한 회의주의(skepticism)를 받아들여야 하는 것은 결코 아니다. 시민으로서 사람들은 대등하게 객관적 진리를 논의하고 대담하게 주장하고 정면으로 논박할 수 있다. 서로가 진리에 대하여 관심을 갖는다는 전제가 없다면 이런 활동들은 무의미해진다. 그러므로 호혜성 준칙이 특정 선관을 편들지 않는다는 점은 오히려 기본권 주체들이 진리와 미덕을 진지하게 여긴다는 점을 존중하는 것이다.

반면에 정부가 직접 메시지를 발하고, 수용을 강요하고, 수용을 전제로 행위를 허용·금지·명령하는 것은, 진리와 미덕을 진지하게 여기고 주장하는 자세의 전제가 되는 관계를 변경시킨다. 왜냐하면 그것은 진리나 미덕에 관한 주장과 근거를 교환할 수 있는 자유롭고 평등한 관계를 왜곡하기 때문이다.152) 다른 구성원들은 설득할 대상이 아니라 조작하고 조종할 대상으로 전락한다.

일정한 포괄적 신조의 수용에 법적 제재와 법적 보상을 결부시키는 것은, 기본권 주체 지위의 관계를 규정하는 근본적 힘을 갖는다. 정부는 이 근본적 규정력(根本的 規定力)을 진리와 미덕에 관한 논거를 교환하는 기본권 주체들 사이의 관계를 보장하는 데 써야지, 스스로 나서서 진리와 미덕을 강변하고 강제함으로써 관계를 훼손하는 데 쓸 수 없다. 정부가 관계를 왜곡해도 좋다거나 왜곡해야 한다는 주장은 오히려 진리와 미덕에 관한 진지한 관심에 무심한 것이다. 조작되고 조종되는 정신보다 진리와 미덕과 거리가 먼 정신은 없다. 진리와 미덕에 무심하지 않은 모든 기본권 주체는 근본적 관계 규정력을 갖는 정부가 호혜적 이익을 해석할 때, 심원한 가치와 목표를 추구할 동등한 지위를 시종일관 인정할 것을

---

152) Martha C. Nussbaum, "Perfectionist Liberalism and Political Liberalism", *Philosophy & Public Affairs*, Vol. 39, No. 1, 2001, 20-21면.

정당하게 요청할 수밖에 없는 것이다.153)

그러므로 호혜성은 헌법 제10조와 제11조 등에 의해 표명된 바대로, 입헌 민주주의 국가를 공존과 협동의 체계로 바라볼 때 받아들일 수밖에 없는 원칙이다. 이때 표면적으로 부담을 더 지는 주체의 기본권적 지위의 악화나 개선을 해석할 때에는, 특정한 포괄적 신조를 개입시켜서는 안된다.154) 따라서 이러한 제약을 내포한 호혜성 원칙은 합당한 거부의 한 기준이 된다.

3. 공지성(publicity)

공지성(公知性)은, 기본권 제한을 정당화하거나 위헌으로 무효화하는 헌법규범 원리가 기본권 주체에게 명시적으로 알려져 있고 공적 인정을 받음을 의미한다.155)

공지성이 성립하기 위해서는, 구성원들 사이의 관계를 규율하는 규범이 세 가지 요건을 갖출 것을 요구한다. 첫째, 언어적으로 명료하게 표현된다. 둘째, 상호주관적으로 인식될 수 있다. 셋째, 공적 논증대화에서 표현된다. 이러한 세 가지 요건을 갖출 것을 요구함으로써, 공지성 원칙은 그 규범이 당해 사안에만 적용되고 다른 사안에서는 단절되어버리지 않을 것을 보증한다. 세 요건을 갖춤으로써 어떤 사안에서 승인된 헌법규범은 동등한 사안에서도 적용되리라는 확신을 규범 준수자들에게 안겨준다. 그러한 요건이 갖추어져야 어떤 원리가 불평과 주장을 제기하고, 논박을 하고, 근거를 제시하는 자유롭고 평등한 지위에 어긋나는 것인지를

---

153) John Rawls, 『정치적 자유주의』, 280면.
154) 같은 책, 238면.
155) John Rawls, *Justice as Fairness*, sec. 35.1, 121면에서는 Rawls는 공지성을 "시민들이 일반적으로 이 원칙들을 승인하고" 사회의 질서가 "이 원칙들로 효과적으로 규제된다는 공적인 인정"이 이루어지는 것이라고 설명하고 있다.

검토할 수 있기 때문이다. 그러한 검토가 불가능하도록 배후에서 작동하는 원리들은, 그 배후에 숨어 원리를 설정하는 사람을 남들과는 다른 특권적 위치에 놓는다.

따라서 헌법규범 원리를 인정하고 적용하는 것이 헌법재판소와 같은 제도적 권위를 가진 기관 구성원들의 내적·정신적 과정에 갇혀서는 이 기준을 충족하지 못한다. 결정문에 명료하게 표현되지 못하는 암묵적 지식(tacit knowledge)으로 머물러 있는 것이 쟁점을 결정지어도 공지성을 충족하지 못한다.

국민들 역시 특정한 원리들에 의해 기본권 체계가 해석되고, 그러한 공지된 해석에 따라 규율되고 있음을 알 수 있어야 한다. 그렇게 될 때에야 국민들은 자신이 속한 사회가 바로 그러한 원리들을 준수하는 협동체계이며, 다른 국민들 역시 바로 그러한 원리를 준수한다는 사실도 알게 된다.156)

근거 지음의 작업이 '국민들의 이익이 이렇게 조정되는 것이 바람직하다'는 자애로운 태도를 취하는 권위 있는 판단자의 직관으로 이루어지는 것은 공지성을 위배한다. Rawls는 공지성이 충족된 사회란 검토되지 않은 망상과 허위의식이 없는 사회라고 지적한 바 있다.157) 권위 있는 판단자의, 공적으로 접근하고 비판할 수 없는 직관에 기대어 원리를 설명할 때, 그것은 망상과 허위의식을 낳기 쉽다. 그 때 판단자는 동등한 구성원의 입장이 아니라 모종의 초월적 입장을 취하게 되므로 실제로 구성원들에게 공지되었을 때에는 정당화 불가능한 명제들이 잠입하기 때문이다.

그러므로 헌법 해석의 정당성이란 구성원들을 초월한 존재자에게 '합리적'인 것이 아니라, 구성원 사이의 관계에서 '합당한' 것이 되려면, 공지성은 합당한 거부의 필수적 기준이 될 수밖에 없다.

---

156) John Rawls, 『정의론』, 191면.
157) John Rwals, *Justice as Fairness* sec.35.2. 참조.

4. 정당성의 이해를 통한 안정성

헌법은 기본권 질서와 통치 질서를 사회의 근본적 질서로 지속적으로 규율하는 역할을 한다. 따라서 헌법 원리는 안정성(stability)을 가져야만 한다. 그런데 여기서 문제되는 안정성은 단순히 빈틈없는 감시와 강력한 제재의 위하력 때문에 구성원들이 이탈할 엄두를 내지 못해서 생기는 안정성이 아니다. 그런 의미의 단순한 실제적 문제로서의 안정성(stability as a purely practical matter)의 관점에서는, 헌법규범은 그 내용과 상관 없이 감시와 제재의 강도가 충분히 강하기만 하면 안정적이라고 이해된다.158) 따라서 그것은 아무런 규범적 내용을 담지 못하므로 그런 의미의 안정성은 법익 균형성 심사에서 아무런 기준이 되지 못한다.

여기서 말하는 안정성(安定性)이란, 인간의 통상적인 심리와 여건에 비추어 공지된 헌법규범을 숙지하고 이해하였을 때 구성원들에게 자라나는 일정한 규범적 성향이 그 헌법규범을 준수하는 쪽으로 체계적으로 강화됨을 의미한다.159) 다른 측면에서 보자면, 그 헌법규범을 이유에 근거하여 평가하면 할수록 그 원리에서 이탈하려는 성향을 진압(鎭壓)할 가능성이 더 커져야 한다.160) 그리하여 하나의 기본권 사안에서 습득한 규범적 이해는 다른 기본권 사안에서 규범의 침해에 저항하려는 성향을 강화해야 한다. 즉, 헌법 해석은 규범적 이해를 통해 기본권 질서의 "자기 강화적 효과를 낳는"161) 제도를 산출할 수 있어야 한다.

그러므로 안정성은 외부의 관찰자가 관찰해보니 어떤 체계의 패턴이 지속적으로 일관되게 유지되고 있다는 것을 의미하지 않는다. '참여자에

---

158) 같은 책, sec.55.2. 148면.
159) 같은 책, 같은 면.
160) 안정성에 관한 설명은 John Rawls, 『정의론』, 585면 참조.
161) John Rawls, *Justice as Fairness*, sec.37.1, 125면.

게 그 헌법규범에 대한 규범적 이해와 반성을 거쳐 그것을 기꺼이 준수할 만한 것으로 승인할 수 있는가'라는 규범적 질문에 '예'라는 답이 나온다는 것을 의미한다. 따라서 합당한 거부의 한 기준이 되는 안정성을 '정당성의 이해를 통한 안정성'이라고 부를 수 있다.

이러한 안정성 기준은 이익들이 목소리를 저마다 제기하는 장으로 법익 형량의 장을 이해하는 잘못을 배제한다. 법익 형량의 논증대화를 우세하거나 현저하게 두드러져 보이는 이익이 그만큼의 지분을 확보하게 되는 광장으로 바라볼 경우, 지분을 덜 확보할 처지에 놓인 구성원들에게 헌법규범을 규범적 이해를 통해 안정적으로 준수하기 어려운 부담 지게 되기 때문이다.

Rawls는 공적 원리가 안정적으로 준수되기에는 그 부담(負擔)162)이 지나치게 되는 두 의미가 있을 수 있다고 한다. 첫째는 "폭력적인 행위를 할 수 있는 기회가 있으며 기꺼이 그렇게 할 준비가 되어 있는" 상태이다. 그러나 여기에만 한정되는 것이 아니다. 이것보다 소극적이면서 여전히 공적 원리를 자기 것으로 승인하지 않는 두 번째 경우가 있다. 두 번째는 "정치사회와 거리를 두며 자라나서, 우리의 사회세계로 후퇴"한 상태, 즉 "버려졌다고 느끼며, 위축되고 냉소적으로 되어, 인생 전반에 걸친 우리의 사고와 행동에서" 공적 원리를 승인할 수 없는 상태이다. 이 상태에서는 "적대적이거나 반역적이지는 않지만 그 원칙들은 우리의 것이 아니며 우리의 도덕감(moral sensibilities)을 움직이지 못하게" 된다.163)

그러므로 헌법규범은 그것에 의해 기본권을 제한당하는 구성원들에게

---

162) Rawls는 이 부담을 공약의 부담(strains of committment)이라고 부른다. 즉 공존과 협동을 위한 사회적 협약으로 약속했을 때, 그리고 그 약속의 결과가 실제로 자신에게 적용되었을 때 그것을 규범적으로 정당성이 있는 것으로 수용하면서 준수할 수 있는 정도를 말한다.

163) 같은 책, sec.38.3, 128면.

그러한 제한과 비보호를 감수할 것을 정당하게 기대할 수 있어야 한다. 어떤 헌법규범 원리를 신의 있고 성실한 논증대화에서 합당하게 거부하지 않았다는 것은 무엇을 의미하는가. 근시안적 도박의 결과가 그 원리라는 것을 의미할 수는 없다. 자신은 아마 그 헌법규범에 의해 부담을 감수하는 집단에 속하지 않을 것이라는 확률 계산 때문에 어떤 규범을 받아들인다고 해보자. 그러면 실제로 제약이나 비보호가 발생하였을 때에 무슨 수를 써서라도 벗어나려고 할 것이다. 확률 계산은 자신이 부담을 감수할 처지에 빠질 것인가에 따라 부담의 내용을 조정하려는 의도를 갖게 된다. 그리하여 그것은 실제로 누군가는 속할 수밖에 없는 소수의 처지에서 받아들이기에는 가혹한 부담을 가하도록 만든다. 이들은 헌법규범이 자신들을 위한 것이라고 생각할 수 없을 것이며, 최소한 자신들의 도덕감을 움직이는 기초로 여길 수 없을 것이다. 헌법규범이 안정적인 이득과 부담의 기본적 조정체계가 되려면, 기본권 보장이 확률계산에 의해 형해화(形骸化)되지 않도록 하는 장치를 가져야만 한다.164)

　소수집단에 속할 확률과 다수집단에 속할 확률을 계산하여 법익 균형을 결정할 수 없다고 해서, 국가가 같은 여건이라면 더 적은 공익 대신에 더 많은 공익을 추구하는 것이 금지되는 것은 결코 아니다. 더 많은 공익을 추구하게끔 해주는 원칙 중 하나가 익명적 파레토 원칙(The Anonymous Pareto Principles)이다.

　파레토 원칙은 (i) 적어도 한 명의 사람이 이전 분배보다 더 나아지고 그리고 이로 인해 (ii) 아무도 이전 분배보다 더 나빠지지 않을 때, 파레토 개선으로 본다. 파레토 개선을 거부하는 것은 누구도 나빠지지 않는데 누군가 나아지는 것을 거부하는 것이므로, 비합리적이고 비합당하다.

　익명적(匿名的) 파레토 원칙은 여기에 익명성 요건을 부가하여 조건을

---

164) 같은 책, 103면, 115-119면.

완화한다. 즉 익명적 파레토 원칙은, 구성원을 익명으로 만들었을 때 A질서에 비해 B질서에서는 (i) 적어도 추가로 한 명의 익명의 사람이 A질서보다 더 나아지고 (ii) A질서에 비해 더 나빠지는 익명의 사람 숫자가 새로 발생하지 않을 때 익명적 파레토 개선으로 본다.

이 원칙은 개인주의적 제약―개인들 각자에게 정당화될 수 있는 원리일 것―을 존중하는데, 그것은 이 원칙이 단지 두 개의 원칙을 결합해서 따른 것에 불과하기 때문이다. 그리고 이 두 원칙은 모두 개개인을 존엄을 가진 개별성을 지닌 존재로 인정한다. 이 두 원칙 중 하나는 (i) 표준적인 비익명적 파레토 원칙이다. 다른 하나는 (ii) "두 결과 사태는, 만일 그것이 오로지 개인의 정체(identity)와 관련하여서만 차이가 난다면 동등하게 좋은 것이다"라는 불편부당성의 원칙이다.165)

따라서 국가가 어떤 다른 특성에 의해 구조될 사람을 미리 선별해놓은 것이 아니라면, '두 인명구조 정책 중 하나만 선택할 수밖에 없을 때 더 많은 인명을 구하는 정책을 택하라'는 원리를 취할 수 있고, 그 원리를 취하는 것이 정당하다.166)

요약하자면, 형량을 일종의 도박을 하는 입장에서 인구 대비의 확률 계산에 기초하여 부담과 이득을 조정하는 것으로 보아서는 안 된다. 이는

---

165) Iwao Hirose, "Saving the Greater Number without Combining Claims", *Analysis*, Vol. 61, No. 4, 2001, 341-42면

166) 이와는 반대로, 건강한 사람을 추첨하여 죽이고 장기를 이식시켜 두 사람 이상을 구하는 프로그램은 안정성이 없다. 이는 건강한 신체의 수나 인명을 최대화하는 제도이지만, 실제로 수술대에 올라가는 것으로 당첨된 사람에게 자신의 생명을 스스로 잃는 것을 자의로 감수하는 것을 기대할 수는 없다. 그런 제도에 찬성하는 것은, 실제로 자신이 그것을 감수할 상황을 진지하게 고려하는 것이 아니다. 자신의 신체와 생명이 타인의 기획을 위한 수단으로 찬탈되는 것이어서 감수할 수도 없는 것이라는 점을 인정하면서도, 단지 아마도 자신에게는 발생하지 않을 것이라는 낙관적 희망 하에 도박하는 것에 불과한 것이다.

소수가 지게 되는 과도한 부담을 규범적으로 문제가 없는 것으로 평가절하(平價切下)하는 결과를 낳게 된다. 기대효용(期待效用)을 최대화하는 문제로 형량을 바라보았을 때는 소수 집단과 다수 집단을 나누고 소수 집단에 불리한 입법을 허용하게 된다. 그럴 경우 구성원들은 어떻게든 권력을 차지하여 그러한 부담에서 벗어나보자는 동력에 지배당하게 된다. 또는 절대로 우세한 권력을 뺏겨서는 안 된다는 동력에 지배당하게 된다. 이러한 사태는 형량을 논증이 아니라 일종의 이익 투쟁으로 만든다. 게다가, 그것은 실제로는 자신이 부담하지 않을 것이며 감수할 수도 없으리라 생각하는 부담을 타인에게 부과하는 것을 규범 논증의 전형적인 특성으로 받아들이게끔 한다. 이는 헌법 원리가 부과하는 제약을 준수하지 않으려는 태도를 전제로 하고 헌법 원리를 수립하는 셈이 된다. 이로 인해 헌법 질서는 구성원의 규범적 이해를 통해 스스로를 강화하는 성향을 갖지 못하게 된다.[167)]

그러므로 안정성의 기준은, 기본적 질서를 지속적으로 규율하는 헌법이 감시와 제재에 의해 관철되는 사실로서가 아니라 이해를 통해 준수되는 규범이 되도록 하기 위한 조건이다. 그러므로 이는 일반적 심사관문에서 합당한 거부 사유를 구성하는 필수 기준 중 하나가 되는 것이다.[168)]

V. 합당한 거부 기준에 의한 검사

합당한 거부 기준에 의한 검사의 역할을, 앞서 자세히 살펴본 자유권

---

167) Thomas Scanlon, 『우리가 서로에게 지는 의무』, 326-327면에서 Scanlon은 단순한 확률 계산은 합당한 거부 심사를 통과할 수 없다는 점을 지적한다.
168) Thomas Scanlon, *The Difficulty of Tolerance*, 148-149면에서 Scanlon은 Rawls의 '안정성'에 관한 설명이 정당화 논증의 기준으로 해석될 수 있음을 시사한 바 있다.

제한의 개별적 심사관문을 통해 살펴보자. 이 개별적 심사관문들은 궁극적으로 기본권 규범 주장으로서 수행적 모순을 범하지 않도록 구성되었다. 이렇게 설정된 개별적 심사관문과 상치되는 내용의 관문을 설정하는 경우, 그것이 합당한 거부의 네 이유 중 최소한 하나를 어기게 된다면, 합당한 거부 기준의 테스트 기능은 입증되는 것이다.

합당한 거부 기준은 네 가지였다.

(1) 개별 기본권 주체에게 각각 정당화 가능하다.169)
(2) 호혜성이 있다.170)
(3) 공지성이 있다.171)
(4) 정당성의 이해를 통한 안정성이 있다.172)

여기서는 자유권 제한에 관한 개별적 심사관문 1, 4, 6의 일부 조건과 상치되는 반대 관문이, 합당한 거부 기준에 의해 탈락됨을 간략하게 살펴보겠다.

---

169) '해당 공권력 행사가 사람들을 각자 불가침의 인권을 가지는 기본권 주체로 여기지 아니하고, 모종의 가치 총량을 최대화하거나 공동체에 일정한 속성을 부여하기 위하여 시민들의 입헌적 지위를 무시하는가?'

170) '해당 국가조치가 기본권 주체의 지위에 일정한 부담을 과할 경우, 그것은 또한 기본적 지위에 있어 최소한 그 이상의 개선을 가져오는가?' 여기서 개선을 가져오는가 판단에는, 일부 구성원의 특정한 포괄적 신조로부터 규정될 수 없다는 제약(制約)이 결부된다.

171) '헌법규범 원리가, 기본권 주체에게 명시적으로 알려져도 정당성이 있다고 인정받아 준수될 수 있는가?' 공지성이 성립하기 위해서는, 구성원들 사이의 관계를 규율하는 규범이 세 가지 요건을 갖출 것을 요구한다. 첫째, 언어적으로 명료하게 표현된다. 둘째, 상호주관적으로 인식될 수 있다. 셋째, 공적 논증대화에서 표현된다. 이러한 세 가지 요건을 갖출 것을 요구함으로써, 공지성 원칙은 그 규범이 당해 사안에만 적용되고 다른 사안에서는 단절되어버리지 않을 것을 보증한다.

172) '공지된 헌법 원리를 이해함으로써 생기는 규범적 성향이 그 헌법 원리를 준수하는 쪽으로 체계적으로 강화되는가?'

먼저, 심사관문 1[173]과 상치되는 관문을 설정해보자. 예를 들어, 간통죄에 관한 2015. 2. 26. 2009헌바17 등 결정의 반대의견이 말한 대로, 자유로운 의사에 따라 일단 계약을 맺고 나면 자신의 신체권에 대한 부분적 통제권을 상대방에게 넘기는 약속을 형사처벌을 통해 집행하는 것을 허용하는 헌법규범 주장을 도입해보자. 이는 심사관문 1과 상치되는 관문을 설정하는 것이다. 이 반대 관문은 자신과 덜 밀접하게 결부된 타인에 대한 통제권을 얻기 위해 자신과 밀접하게 결부된 자유권 자체를 포기하는 것을 허용한다. 이러한 허용과 관철 규범은 부분적이거나 전면적인 상호 노예 계약을 허용한다. 그런데 이것은 지배권(支配權)을 얻고 자유권(自由權)을 포기하는 것이므로 그러한 법률에 의해 부담을 지는 이들의 기본권적 지위의 악화를 가져온다. 따라서 호혜성이 없다. 그리고 이것은 혼인과 같은 종류의 계약을 하면서도 그와 같은 기본권의 배경적 포기를 원하지 않는 이들에게 개별적으로 정당화 가능하지 않다. 더군다나 밀접하게 결부된 자유를 타인이 행사하도록 하는 노예계약은 부분적인 것이라 할지라도, 일반적 원리로 공지될 수도, 정당성의 이해를 통한 안정성을 낳을 수도 없다. 그것은 공지되고 일관되게 관철되어야 하는 원리로 이해하면 할수록 규범을 준수하려는 성향을 강화하기보다는 약화시키고, 지속적으로 감수할 수 없는 법적 이등 국민의 지위를 강제한다. 따라서 심사관문 1과 상치되는 반대 관문은 헌법규범 원리로서 합당한 거부의 대상이 된다.

심사관문 4[174]와 상치되는 반대 관문을 설정한다고 하여보자. 그럴 경

---

173) 심사관문 1: 모든 기본권 주체는 다른 기본권 주체의 동등한 자유와 온전히 양립할 수 있는 한, 자신과 가장 밀접하게 결부된 평등한 몫의 가장 광범위한 배경적 자유를 잠정적으로 갖는다.
174) 심사관문 4: 평등 경계에서 불평등 경계로의 이동은 정당화를 필요로 한다. 그리고 그 정당화는 불평등 질서에서 가장 적은 자유를 가진 사람에게도 기본권 주체

우 불평등한 자유 상태는 그 불평등으로 인해 가장 적은 자유를 가지게 된 사람에게 기본권 주체의 관점에서 공유하는 자유 전 체계 측면에서 이득이 되지 않는 다른 이유에서도 정당화된다는 헌법규범 주장을 하는 것이다. 그럴 경우 이를테면, 노동조합의 정치자금 기부를 금지한 법률에 관한 헌법재판소 1999. 11. 25. 95헌마154 결정에서 "노동단체 재정의 부실이나 단체 구성원의 과중한 경제적 부담을 방지"하고자 하는 입법목적이 자유 제한의 논거로 정당하게 투입될 것이다. 그러나 이러한 반대 관문은 첫째로, 양립가능한 자유임에도 불구하고 다른 구성원과는 달리 적은 자유만을 부여받은 이에게 개별적으로 정당화될 수 없다. 이것을 정당화하려면 기본권 주체의 이익과 아무런 연결 관계를 갖지 않는 초월적 이익 향유자의 이익을 상정해야 한다. 둘째, 기본권 행사에서 부담을 지는 구성원에게 그에 상응하는 기본적 지위의 향상을 가져오지 않으므로 호혜성의 원칙에 어긋난다. 이것은 자유의 가치가 적다는 이유로 자유마저 적게 인정하는 규범이 된다. 즉, 정치헌금을 풍부하게 낼 수 있는 기업은 정당정치에 더 많은 영향력을 미칠 수 있도록 법적으로 허용하고, 정치헌금을 풍부하게 낼 수 없는 노동조합은 정당정치에 영향력을 미칠 수 있는 주된 행위 경로를 법적으로 닫아버리는 것이다. 이것은 불리한 자를 이중으로 불리하게 하고, 유리한 자를 이중으로 유리하게 만든다.[175] 셋째, 보유하고 있는 자유의 가치에 비례하여 법적 자유를 부여할 수 있다는 규범

의 관점에서 공유하는 자유의 전 체계 측면에서 이득이 되는 것이어야 한다.

175) 95헌마154 결정의 법정의견이 설시하였듯이, "노동단체의 재정이 빈약하다는 것은 노사단체가 근로조건에 관한 사적 자치를 통하여 근로조건을 형성함에 있어서 사적 자치가 기능할 수 있는 조건인 '세력의 균형'이나 '무기의 대등성'이 근로자에 불리하게 깨어졌다는 것을 의미할 뿐, 이에 더하여 국가가 사회단체의 정치헌금 가능성을 노동단체에게 불리하게 규율함으로써 다른 사회단체에 비하여 노동단체의 지위를 더욱 약화시키는 것을 정당화하지는 않는다."

은 공지되어 모든 영역에서 일관되게 준수될 수 없다. 넷째, 불평등한 법적 자유를 부여받은 이에게 정당화 근거 없이 이를 감수하라는 것은, 불리해진 구성원들에게 그 법질서를 자신들의 법질서로 전혀 수용하지 못하게 하므로, 정당성의 이해를 통한 안정성이 없다.

심사관문 6[176]과 상치되는 반대 관문을 설정한다고 하여보자. 그 경우 법조문에서 명시적으로 법적 자유를 제한하고 있지 않다면 법적 행위 경로는 닫히지 않았다는 헌법규범을 주장하는 것이 된다. 이 규범을 받아들이면 법적 행위 경로가 분명히 축소되었음에도 불구하고 법규정의 문언만 따지는 까닭에 그 법적 축소를 포착하지 못한다. '여성 노동자는 취로하면서 혼인하는 법적 자유가 있다'는 법질서는 '여성 노동자는, 사용자의 자의가 허락하는 한, 취로하면서 혼인하는 법적 자유가 있다'는 법질서와 다르다. 후자의 법질서에서는 전자의 법질서에서보다 여성 노동자의 법적 행위 경로가 축소되어 있다. 이 축소는 법익 형량에서 고려되어야 하는 사항이다. 이것을 고려하지 아니하면 법익 형량에서 마땅히 포함시켜야 할 누락한 경우이므로 오형량(誤衡量)[177]이 된다. 이러한 누락은 모든 법익이 정당하게 대변되어야 한다는 법익 균형성 심사의 필수 전제를 깨뜨리는 것이다.[178] 이는 네 가지 귀결을 가져온다.

---

176) 심사관문 6: 자유의 자유 가치 수준으로의 객관적 수축은, 법적 자유의 제한에 준하여 정당화되어야 한다. 따라서 그러한 수축된 자유가 평등한 자유 관계 차원에서 정당화될 수 있어야 하고, 이는 곧 1 내지 5의 심사관문을 수축된 자유를 기준으로 판단해야 함을 의미한다. 따라서 정당화되지 않는 수축을 복원·완화·제거하기 위한 국가의 규제는 자유의 침해가 아니라 정당한 제한이다.

177) "행정주체가 행정계획을 입안·결정함에 있어서 이익형량을 전혀 행하지 아니하거나 이익형량의 고려 대상에 마땅히 포함시켜야 할 사항을 누락한 경우 또는 이익형량을 하였으나 정당성과 객관성이 결여된 경우에는 위법하다."(대법원 2006. 9. 8, 2003두5426 판결)

178) 최송화, 『공익론』, 195면은 "이익형량의 과정에서 또는 포괄적인 관점에서의 이익조절의 과정에서 관련 이익이 정당하게 대변되어야 한다."는 점이 절차적 관점

첫째로, 마땅히 고려되어야 할 근거를 가지고 있는 기본권 주체에게 개별적으로 정당화 가능하지 않다. 둘째, 법적 행위 경로가 축소되기만 한 이들은, 그 축소 자체가 고려되지 않으므로 그에 상응하는 자유권의 전체계 강화의 이득을 얻지 못하게 된다. 그러므로 호혜성에 어긋난다. 셋째, 법조문의 표면적 형태에 따라 법적 자유 축소 인정을 달리 하게 되면, 규범을 준수할 구성원들에게 일종의 조작적 기망(manipulative deception)을 하는 셈이 된다. 사실은 동일한 법적 자유의 외연(extension)을 확정함에도, 그렇지 않은 것처럼 간주하는 규범을 도입하는 셈이므로 이것은 공지성을 명시적으로 위배하는 것이다. 넷째, 명시적인 제한 문언이 없는 법률들의 총체에 의해 법적 행위 경로가 축소된 사람들은 논증대화에서 이의를 제기할 도구를 상실한 채 그 제한을 감수할 것을 요구받는다. 따라서 정당성의 이해를 통한 안정성이 없다.

이상의 간략한 고찰은, 평등규범과 자유규범에 내재한 헌법적 관계를 고려하여 수행적 모순을 범하지 않도록 수립된 개별 심사관문을 달리 설정하는 것은, 기본권 제한 사유가 일반적으로 통과해야 할 수 밖에 없는 일반 심사관문을 위배함을 보여준다.179) 이것은 일반적 심사관문의 '합당한 거부'의 네 기준이 갖는 역할을 보여준다. 그 네 기준은, 어떤 개별 기본권과 관련하여 설정된 개별 심사관문이, 기본권 주체들의 근본적인 관계를 훼손하는 헌법규범 주장을 도입한 것인지 아닌지를 체계적으로 검사할 수 있도록 해주는 것이다.

에서 필수적임을 짚고 있다.
179) 개별적 심사관문 2, 3, 5과 상치되는 관문을 설정하여도 일반적 심사관문을 어긴다는 점도 같은 방식으로 논증될 수 있으나, 논의의 중복을 피하기 위하여 생략하였다.

제5장

결 론

헌법 제37조 제2항에 따른 기본권 제한에서의 법익 균형성 판단이, 정당성 없는 기계적 기준에 의존하지도 않으며 체계화할 수 없는 직관에 함몰되지도 않도록 하는, 타당한 심사의 구조는 무엇인가?

본 연구는 이 질문에 대한 논증대화적 해명을 제공하고자 했다. 논증대화적 해명은 심사의 구조를 제시한다. 이로써 기본권 제한과 관련된 논증대화에서 어떤 종류의 논거들이 어떤 단계에서 제시되고 어떻게 결합되는지, 무엇이 적합하게 제시될 수 있는 타당한 논거이며 적합하지 않아 배척되어야 하는 논거인지가 드러내고자 했다.

이러한 문제의식은 형량 공식이 비중 은유에 머무르게 될 경우 생기는 난점에서 비롯하였다. 법익 균형성 판단의 차이를 가져오는 결정적인 부분이 비중 판단의 차이에 소급될 수밖에 없다면, 법익 형량은 '판단자의 내적·정신적 과정'에 좌우될 위험에서 벗어나지 못한다. 이것은 동일한 형량 공식과 동일한 고려사항을 가지고 대립되는 결론이 도출이 가능한 결과를 만들어낸다. 이러한 난점을 피하기 위해서 형량 공식은 덜 은유적이며, 덜 심리적인 개념으로 변환되어야 한다.

이러한 목적에서 법익균형성 심사, 즉 형량이란 다음과 같은 일련의 과정을 거치는 추론으로 파악된다.

(1) 진지하게 여겨야 하는 법익 갈등 상황을 포착한다.
(2) 그 법익의 범주와 추상 수준을 통제하고 조정하여 비교판단을 할

수 있는 논의 차원으로 충돌 문제를 변환한다.

(3) 관련되는 기본권 규범에 내재한 기본권 주체들이 갖는 지위들의 관계를 표현하는 헌법규범 원리를 정식화한다.

(4) 이 원리가 기본권을 제한할 수 있는 사유로 인정하는 적합한 논거가 적절한 단계에서 제시되거나 제시되지 못하였다는 점을 살펴본다.

새롭게 정의된 형량의 핵심은, 그것이 헌법에서 기본권 주체들이 갖는 지위와 맺는 관계에 관한 헌법규범 원리가 기본권 제한 사유로 인정하는 논거가 제시되었는가를 살펴보는 추론이라는 것이다. 이러한 재정의는 사법심사의 정당성을 강화하고, 체계적인 논증대화로 향하는 통로를 열어준다.

법익 형량에 대한 이러한 해명은, 헌법규범 주장이란 어떤 종류의 행위인가에 대한 분석에 의해 뒷받침된다. 그러한 분석은 다음과 같은 명제들을 논증함으로써 진행되었다.

(1) 언어를 사용하여 무언가를 주장하는 것은 하나의 행위이다.

(2) 행위는 그것이 의미를 갖기 위해 전제하는 조건들이 있다.

(3) 규범적 주장을 하는 행위는 대화 참여자들 사이에 그 주장하는 규범의 정당성을 승인받고자 하는 행위이다.

(4) 규범의 정당성을 승인받기 위해 전제되어야 하는 조건들이 있다. 그것은 승인을 위한 대화에 참여하는 이들이 자유롭고 동등한 관계에 있는 주체라는 것이다.

(5) 어떤 규범 주장의 내용이나 전제가, 그 규범을 정당하다고 승인할 이들의 관계를 부인할 때, 그 주장 행위는 규범 주장으로서는 무의미한 행위가 된다.

(6) 헌법규범을 주장하는 행위는, 그 규범을 승인할 모든 기본권 주체의 근본적으로 평등하고 자유로운 관계에 있는 지위를 전제한다.

(7) 헌법규범에 내재한 관계를 부인하는 내용이나 부인하는 전제를 깔고 있는 주장은 헌법규범 주장으로서 무의미한 것이 된다. 또한 헌법규범에 내재한 관계를 해석할 때 그 해석에 참여하는 의사소통 주체들의 동등하고 자유로운 지위를 부인하는 주장도 그 해석을 헌법 해석으로 무의미하게 만든다.

(8) 이것은 법익 형량을 '관계 왜곡 여부를 살피는 추론'으로 해명하는 것을 뒷받침해준다.

(9) 또한 개별 기본권 사안에서 법익 형량의 핵심은 관련된 기본권 규범에 내재한 기본적 관계를 실질적으로 규명하는 것임을 알려준다.

결국, 기본권 규범에 내재한 기본적 관계를 파악하게 되면, 그에 상응하는 논거구조와 적합한 논거형식이 파악된다. 이로써 기본권 제한 사안에서 정당화 논증은 타당한 논거구조 내에서 적합한 형식의 논거들을 제시하는 틀 안에서 수행될 수 있게 된다.

부적합한 논거는 헌법규범을 승인할 수 있는 기본적인 지위를 부인하는 논거다. 적합한 논거는 헌법규범을 승인할 수 있는 기본적 지위를 가진 구성원들 사이의 관계를 그대로 보존하면서 기본권을 제한하는 그 국가작용이 그 관계를 복구·유지·강화하는 구체화 조치라는 점을 보이는 논거다. 그러므로 기본권 주체의 근본적인 지위들의 관계에 관한 헌법규범의 구조를 분석하면, 법익 형량의 실질적인 지침이 되는 틀을 마련할 수 있게 된다.

그렇다면 개별 기본권 사안에서 법익 형량의 핵심은 관련된 기본권 규범에 내재한 기본적 관계를 실질적으로 규명하는 일에서 출발한다. 자유권 제한 사안의 법익 형량의 구조는 따라서 자유권에 대한 타당한 분석에서 출발해야 한다. 이러한 분석에 의하면, 평등한 법적 자유는, 행위자의 실제 의사와 무관하게 법적으로 행위 경로가 동등하게 열려 있는 것이다.

428 기본권 제한 심사의 법익 형량

경쟁하는 다른 자유 개념은 헌법적 논증에 사용하기에 적합하지 않다. 우선, 행위자 실제 의사가 좌절된 경우에만 자유롭지 않다는 비좌절로서의 자유 개념은 행위자가 억압에 적응한 경우도 자유롭다고 보므로 부적절하다. 다음으로, 자의적이지 않은 간섭을 받지 않아야 자유롭다고 보는 비지배로서의 자유 개념은 법문언이 명시적으로 금지하고 있지 않은 행위 경로도 법적으로 제한될 수 있다는 중요한 통찰을 말해주고 있기는 하다. 그러나 그 통찰은 위에서 정의한 법적 자유 개념에 충분히 수용될 수 있다. 게다가 제한의 정당화를 이야기하기 위해서는 제한되기 전의 자유를 언급할 수 있어야 하므로 비지배 자유 개념은 헌법논증에서 사용되기에는 적합하지 않다.

기본권으로서 평등한 자유에는, 기본권 주체들에게 평등하게 부여되는 근본적 결정권을 탈취할 수 없다는 이념이 내재해 있다. 따라서 모든 구성원에게 인정된 평등한 자유는, 구성원들에게 자유 이외의 다른 이익을 더 안겨주기 위하여 축소될 수 없다. 그것은 일부 구성원이 다른 구성원의 궁극적 결정권을 탈취하는 것을 의미하기 때문이다.

한 구성원의 자유를 확정하는 것은 다른 이의 자유권의 범위를 필연적으로 확정한다. 그러므로 자유는 관계적 성격을 갖는다. 이로써 자유권 확정은 항상, 그로 인해 설정되는 관계가 기본권 주체들의 근본적인 관계를 훼손하는 것이어서는 안 된다는 요구를 충족해야 한다. 따라서 자유권 제한의 논의는 항상 근본적으로 평등한 자유 관계라는 논의 차원에서 이루어지게 된다.

그러므로, 자유권 제한 심사의 논의 차원은 해당 국가작용으로 평등하고 자유로운 관계가 변형되었는지, 아니면 유지·강화·복구하는 구체화가 이루어졌을 뿐인지를 검토하는 차원이 된다. 평등하고 자유로운 관계를 훼손하는 사유는 자유권 제한의 논거가 될 수 없고, 평등하고 자유로운 관계를 유지·강화·복구하는 사유는 자유권 제한의 논거가 될 수 있다.

이러한 논거들의 구분에 기초하여 체계적 논의가 가능하기 위해서는, 겉보기에는 이질적인 법익으로 보이는 것을 모두 '평등한 자유 관계'의 논의 차원으로 옮길 수 있어야 한다.

이러한 논의 차원의 통일은 가능하다. 자유권 제한의 잠정적 사유가 되는 공익은 기본권 주체들에게 직·간접적으로 공통된 이익이 된다고 하는 보편적 보장 형식을 갖는다. 이러한 조건을 만족시키는 이익의 보장 형식은 두 가지로 기술될 수 있다. 하나는 법적 자유의 형식이다. 다른 하나는 자유의 가치 형식이다. 자유의 가치는 그로 인해 어떤 법적 자유의 외연을 수축시킬 때는, 다른 법적 자유 제한 정당화 요구를 제기할 수 있다. 따라서 자유권 제한에서 고려되어야 하는 법익들은 모두 평등하게 자유로운 관계의 논의 차원으로 옮겨질 수 있다. 고려되지 않아야 하는 법익들은 옮겨지지 않는다. 그런 사항들을 제한 사유로 삼는 것은 기본권 주체의 기본적 지위를 부인하는 것이기 때문이다. 그리고 기본적 지위를 부인하는 것은 헌법규범 논증이 의미 있는 것이 되기 위한 조건을 위배하는 것이어서 타당성을 갖지 못한다.

이러한 방식으로 자유권을 제한하기 위하여 통과하는 관문이 되는 전형적인 원리 여섯 가지를 정식화할 수 있었다.

심사관문 1은 자유권 제한 정당화 논증이 시작하는 기준선을 동등한 양립가능성과 통합성에 의해 규정한다.

심사관문 2는 자유의 양립불가능성은 조정기제의 작동을 포함하여 판단해야 하며, 자유의 제한에 앞서 조정기제의 복구·급부를 우선적으로 고려할 것을 명한다.

심사관문 3의 (1)은 더 나은 행위 경로를 여는 조정을 위한 자유 제한 사유를 인정한다. 심사관문 3의 (2)는 자율성 조건이 결여되었을 때, 어떤 심원한 가치와 목표를 가졌는가에 상관없이 간섭받는 이에게 이익이 되는 바를 위하여 개입할 수 있음을 인정한다.

심사관문 4는 평등한 법적 자유가 불평등한 법적 자유로 이동하려면, 그러한 이동이 가장 적은 자유를 가진 사람에게도 자유의 전 체계 측면에서의 강화를 가져온다는 점을 논증할 것을 요구한다.

심사관문 5는 자유 제한의 형식에 있어서 그 부담이 공정할 것을 명한다.

심사관문 6은 자유의 가치 형식으로 기술될 수 있는 법익이 자유 제한의 논거가 될 수 있는 매개고리가 된다. 즉 자유의 가치에 관한 사정 때문에 법적 자유 외연이 수축되면, 이 수축을 해결하기 위한 국가 규제는 자유 제한의 정당한 사유가 될 수 있다.

그리고 법익 형량을 논증대화적으로 해명한 본 연구의 이론적 구상에 의하여 헌법재판소 결정을 검토해보았다. 이러한 검토는 이러한 방향으로의 문제 변환과 분석이 헌법규범에 근거한 법적 논증대화의 과정을 체계적으로 드러내고, 대립하는 논증들의 우열을 밝혀줄 수 있는 가능성을 보여주었다.

자유권을 제한할 때 반드시 통과해야 하는 관문들이 되는 원리, 그 원리가 인정하는 열쇠가 되는 논거를 살펴보게 되면 다음과 같이 중요한 점 두 가지를 알게 된다.

첫째, 자유권을 제한할 수 있는 적합한 논거는, 적합한 형식과 내용을 가진 것이어야 한다.

둘째, 이러한 적합한 논거의 형식과 자리를 알려주는 헌법규범 원리는 뚜렷한 논증논리에 의해 설정되었다. 그것은 헌법이 정한 기본권 주체의 근본적인 지위와 관계, 그리고 그 관계를 해석할 때 준수되어야 하는 의사소통 주체들의 근본적인 지위와 관계가 훼손되지 않아야 한다는 것이다. 이러한 관계를 훼손하는 규범이 투입될 경우 그것은 헌법규범 주장으로 무의미한 것이 된다.

위 두 가지는 기본권 일반의 법익 균형성 심사의 구조를 파악하는 단초가 된다.

기본권을 제한하는 국가조치는 항상 그에 상응하는 기본권 주체들의 관계를 변동시킬 가능성을 갖게 된다. 입헌 민주주의 사회에서 기본권 제한 정당화 논증의 주제는 기본권 주체들의 근본적 관계가 훼손되었는가 아니면 유지·강화·복구되었는가 여부다.

반면에 형량의 문제를 공동체 이익과 개인의 이익 중 사안에서 무엇이 우선하는가의 문제로 보는 것은 오류다. 왜냐하면 그것들은 첫째, 모순을 만들어내는 범주의 오류를 범하는 질문이다. 둘째, 그것은 우선성 선택을 하는 주체의 정당성 문제가 이미 해결되었다고 잘못 전제한다. 즉, 그것은 우선성 규칙이 적용될 수 없는 질문을 던지고는 우선성 규칙을 적용함으로써 틀린 결론을 도출하게 된다.

그러므로 각 개별 기본권의 법익 균형성 심사에서 활용되는 원리는 다음과 같은 일반적 심사관문을 통과하는 원리여야 한다.

일반적 심사관문은 (1) 공존과 협동을 위한 행위 조정의 일반적 원리를 합의하려고 하는 (2) 관련된 지식을 숙지하고 강제 받지 아니한 자유롭고 평등한 기본권 주체가, (3) 그러한 공권력 행사의 일반적 이유가 되는 원리를 (4) 서로의 관계를 설정하는 원리로 '합당하게 거부할 수 있는가'를 (5) 해당 원리가 기초가 된 법질서와 대안적 원리가 기초가 된 법질서를 비교하여 기본권 주체들 사이의 관계 왜곡 여부를 검토하여 판단할 것을 요구한다.

한마디로 그 관문은 다음과 같이 묻는다. '과연 이 원리는 평등하고 자유로운 기본권 주체가 받아들일 수 없는 관계를 설정하기 때문에, 합당하게 거부될 원리인가?'그 질문에 '아니다, 헌법규범에 기초한 타당한 원리다'라고 답하기 위해서는 다음 세부 질문에도 '예'라고 답할 수 있어야 한다.

(1) 정당화 논거가 개별 기본권 주체에게 각각 정당화 가능한가.

(2) 해당 국가조치가 기본권 주체의 지위에 일정한 부담을 과할 경우, 그것은 또한 기본적 지위에 있어 최소한 그 이상의 개선을 가져오는가.

(3) 시민들이 기본권 질서가 이 원리로 규율된다고 공적으로 알고 인정할 수 있는가.

(4) 그 원리에 대한 규범적 이해는 헌법규범 준수 성향을 강화하는가.

개별 기본권 제한 사안에서 형량의 추론을 인도하는 헌법규범 원리들은, 개별 기본권의 특성을 고려하면서도 이러한 요건들을 갖추어서 설정되어야 한다. 주장된 헌법규범 원리가 위 질문들 중 하나라도 '아니오'라는 답변을 말하게 한다면, 그 원리는 헌법규범으로 편입될 수 없다. 관련된 헌법재판소 결정들의 검토는, 이러한 기준에 어긋나는 헌법규범을 도입하는 경우 법익 형량이 헌법규범 논증으로서 실패하게 됨을 보여준다.

이제, 우리는 법익 형량의 타당한 구조를 묻는 질문에 답할 수 있게 되었다. 법익 형량의 타당한 구조란, 바로 평등하고 자유로운 기본권 주체들의 근본적 관계 왜곡을 검사하는 법규범 원리에 토대를 둔 체계적인 논증대화의 구조다.

이로써 구체적인 사건에 대한 해결은 두 단계를 거쳐 체계적으로 이루어질 수 있게 된다. 첫째, 기본권 규범이 명하는 근본적인 관계를 표현하는 헌법규범 원리를 정립한다. 둘째, 이 원리가 요구하는 논거구조에 따라 적합한 논거가 제시되었는지를 본다.

기본권 제한에서 법익 형량이 이런 체계에 따라 일관되게 이루어진다

면, 기본권 주체들은 자신들의 지위에 정당한 확신을 가질 수 있다. 정당
성의 토대를 찾을 수 없는 기계적 기준에 의해 잘려나갈 두려움을 가지지
않게 된다. 은폐된 심리적 블랙박스 속에서 결단된 후 구체적 사정을 열
거하여 타당성을 포장하는 방법에 의해 좌우되리라는 우려도 가지지 않
게 된다. 공적으로 접근가능하고 비판 가능한 논증대화의 틀 내에서 기본
권을 제한하기에 적합한 논거들만이 고려될 것이고[1], 또한 빠짐없이 고
려될 것임을 알게 될 것이기 때문이다.

　Richard Price는 법 발전을 탐구하는 것은, 단순히 판사들의 표결을 검
토하는 것 이상을 포함한다고 한다. 왜냐하면 법 발전은 다양한 행위자들
의 행위를 포함하기 때문이다. 주장과 판단의 구조상, 법원은 판결을 위
해서는 변호사들이 사안을 발전시켜 그들 앞에 제시할 것을 요한다. 그리
하여 변호사들이 사안을 법논증의 규칙에 따라 정교하게 사안을 발전시
킨 것에 비례하여 법원은 정교한 해명을 할 가능성이 높아진다. "법적 행
위자에 의해 형성된 법적 논변은, 법 변화의 내용과 방향에 가장 명확하
게 영향을 끼친 요소다."[2] 변호사의 법 의견서와 연방대법원 의견 문언을
비교한 연구는, 연방대법 의견의 언어 중 10%가 의견서로부터 직접 따온
것임을 보여주었다.[3] 그리고 그와 같이 더 정교한 분석을 촉구한 데 힘입
어 이루어진 명시적 해명의 과정에서 드러난 설시들은 다시 변호사들의
이후의 논증을 구조화하는 힘을 갖는다. 법원은 법원이 무엇을 듣기를 원
하고 바라는가를 결정문과 판결문에서 신호로 남겨둘 수 있다. 그 신호에
반응하여 변호사들은 법원이 어떤 형식의 논거를, 어떤 구조로 제시하였

---

1) Jürgen Habermas, 『사실성과 타당성』, 301면.
2) Lee Epstien and Joseph Kobylka, *The Supreme Court and Legal Change: Abortion
　and the Death Penalty*, University of North Carolina Press, 1992, 8면.
3) Pamela C. Corley, "The Supreme Court and Opinion Content: The Influence of
　Parties' Briefs.", *Political Research Quarterly*, Vol. 61, No.3, 2008, 468-78면.

을 때 반응할 것인가를 포착하고, 그에 맞추어 논증을 전개하게 된다.4) 비중 은유로 은폐된 블랙박스 속에서 결정이 내려지는 대신에, 그 블랙박스를 기본권 규범이 명하는 관계로 비추어 훤히 밝혀 변호사와 재판관 사이에 논증적 상호작용이 이루어질 수 있다. 이로 인해 법의 해석은 더욱 더 원리적 통합성과 법규범적 정당성을 체계적으로 갖추어가는 추동력을 갖는다. 변호사는 법원이 헌법적 권리주장을 더 정교하게 검토할 것을 촉구하고, 법원은 변호사가 헌법적 권리주장을 더 정교하게 논증할 것을 격려한다.

새로운 구상에 따른 법해석의 발전은 일괄적으로 한 번에 이루어질 필요가 없다. 법익 형량에 대한 본 연구의 구상은, 헌법규범에 따른 공평무사한 재판을 하는 재판관의 판단을 받고자 하면서 성공적인 논증을 개진하는 입장을 기초적 입장으로 취하였다. 그래서 어떤 경우에 위헌과 합헌을 주장하는 각각의 입장에서 논증에 성공하려면 어떤 논거를 제시해야 하는지를 짚어나갔다. 그러므로 구체적인 헌법 사건에 직면하여 판단자가 여기서 제시된 모든 심사를 포괄적으로 세세히 거치는 것을 기대하고 구상된 것이 아니다. 자유 제한을 위헌인 침해로 주장하면서 법익 균형성을 위배하였다고 논하는 쪽에서도, 합헌인 정당한 제약으로 주장하면서 법익 균형성을 충족하였다고 논하는 쪽에서도, 본 연구에서 제시된 틀을 관련된 부분에 한하여 활용하는 것이 가능하다. 어떤 사안에서 특수한 쟁점이 본 연구에서 제시한 원리나 논증방법을 활용할 때 그 논증가치의 우월성이 두드러지는 경우가 생길 것이다.

법률가는 그 관련되는 부분의 정식들을 스스로의 주장을 전개하는 데에도, 상대의 주장이나 예상 가능한 논지를 논박하는 데도 활용할 수 있

---

4) Richard S. Price, "Arguing Gunwall: The Effect of the Criteria Test on Constitution Rights Claims", *Journal of Law and Courts*, Vol. 1, No. 2, 2013, 331-361면.

다. 그리고 그렇게 함으로써 명시적으로 드러나지 않을 뻔했던 헌법적 해명을 재판관에게 요청함으로써 법적 논증대화에 뚜렷하게 개입한다. 법실무에서의 논증활동을 통하여5) 민주적 법치국가의 이상에 통합적으로 헌신하게 되는 것이다.

---

5) 법률가들, 특히 변호사들이 활용하는 논증의 형태와 내용에 따라 사람들의 상호작용을 규율하는 사회적 구조가 형성될 수 있다는 점은 Lon L. Fuller, "The Lawyer as an Architect of Social Structure", Kenneth Winston ed., *The Principles of Social Order: Selected Essays of Lon. L. Fuller* (Revised Edition), 285-292면 참조.

참고 문헌

국내서

김도균,『권리의 문법』, 박영사, 2008.

김진,『아펠과 철학의 변형』, 철학과현실사, 1998.

성낙인,『헌법학』(13판), 법문사, 2013.

_____,『판례헌법』(4판), 법문사, 2014.

신상규,『비트겐슈타인「철학적 탐구」』, 철학사상 별책 3권 22호, 서울대학교 철학사상연구소, 2004.

심헌섭,『분석과 비판의 법철학』, 법문사, 2001.

송석윤,『헌법과 사회변동』, 경인문화사, 2007.

이명숙·곽강제,『철학과 학문의 노하우』, 서광사, 2014

이상돈,『새로 쓴 법이론』, 세창, 2005

정종섭,『헌법학원론』, 박영사, 2014.

_____,『기본권의 개념』, 금붕어, 2007.

조홍식,『사법통치의 정당성과 한계』, 박영사, 1997.

최송화,『공익론: 공법적 탐구』, 서울대학교출판문화원, 2002.

최훈,『프레게〈산수의 기초〉』, 철학사상 별책 2권 13호, 서울대학교 철학사상 연구소, 2003.

국내논문

강승식, "비례의 원칙의 적용 방안에 관한 연구",『세계헌법연구』17권 2호, 2011.

강태수, "성범죄자의 신상공개제도에 관한 헌법적 고찰",『公法學硏究』7권 2호, 2006.

권병진, "프레게의 진리 개념: 문장의 지시체가 왜 진리치인가?",『哲學』59집, 1999.

김기영, "함수와 언어 ─프레게 언어철학 연구",『독일어문학』25집, 2004.

김동원, "개인정보수집에서 프라이버시와 경쟁가치들의 경합과 균형",『정보화정책』10권 4호, 2003.

김대환, "사법질서에서의 기본권의 효력 ─ 독일에서의 논의를 중심으로 ─",『헌법학연구』16권 4호, 2010.

_____, "우리나라 헌법상 과잉금지원칙 ─ 특히 기본권의 본질적내용침해금지원

칙과의 관계를 포함하여 —", 『公法學硏究』 6권 3호, 2005.

_____, "헌법재판의 심사기준의 다양화 가능성과 과잉금지원칙의 헌법적 근거" 『世界憲法硏究』 12권 2호, 2006.

_____, "독일에서 과잉금지원칙의 성립과정과 내용", 『世界憲法硏究』 11권 2호, 2005.

_____, "비례성 원칙의 심사강도", 『헌법학연구』 18권 2호, 2012.

김대홍, "이슬람 후두드 형벌과 비례성의 원칙 — 절도죄의 신체절단형을 중심으로", 『法史學硏究』 41호, 2010.

김도균, "Rawls 정의론의 법학적 함의: 기본권 형량의 측면에서", 『법철학의 모색과 탐구』, 심헌섭 박사 75세 기념논문집 간행위원회, 법문사, 2011.

_____, "법적 이익형량의 구조와 정당화문제", 『서울대학교 법학』 48권 2호, 2007.

_____, "법원리로서의 공익: 자유공화주의 공익관의 시각에서", 『서울대학교 법학』 48권 3호, 2006.

_____, "'불간섭으로서의 자유'와 '비예속 상태로서의 자유' —한국사회의 자유담론과 관련해서—", 『법과 사회』 39집, 2010.

_____, "전통윤리의 법적 강제와 법의 중립성: 시론적고찰(試論的考察) —자유주의와 공동체주의 논쟁의 맥락에서—", 『아세아여성법학』 13집, 2010.

_____, "법적 권리에 대한 연구" 『서울대학교 법학』 43권 4호, 2002.

_____, "John Rawls 자유론에 있어서 분석적 차원과 규범적 차원", 『법철학연구』 5권 1호, 2002.

김동규, "하버마스의 형식화용론 연구: 입장변화를 중심으로", 『사회와 철학』 17호, 2009.

김명용, "재산권보장에서의 이익형량", 『公法硏究』 29권 3호, 2001.

김명재, "헌법상 공공복리의 개념과 실현구조", 『공법학연구』 8권 2호, 2007.

김보현, "어의와 지시에 대한 프레게적 구별과 의미변동의 논제", 『哲學硏究』 80집, 2001.

김수창, "私生活의 自由와 言論의 自由의 衡量", 『民事法學』 31권, 2006.

김수정, "사생활의 자유와 언론의 자유의 형량 — 공공장소에서 촬영된 공적 인물의 사진보도에 관한 유럽의 논의를 중심으로", 『민사법학』 31호, 2006.

김승환, "독일기본법상의 직업의 자유 — 약국판결을 중심으로—", 『헌법학연구』 4권 2호, 2002.

김연미, "分析的 法論理學의 傳統에 대한 고찰 — 벤담, 호펠드, 캥어의 이론 비교: 分析的 法論理學의 傳統에 대한 고찰", 『法學論文集』 31권 1호, 2007.

김연식, "우리 헌법에 있어서 공무원노동조합의 정치적 의사표현자유와 공무원 제도에 대한 기능주의적 이해", 『연희법학』 45권 2호. 2010.

김영길, "樣相論理學의 諸問題: 그 構成要因을 中心으로", 『論文集 — 全北大學校敎養學科程部』 4집, 1976.

김영진, "프레게에서 지시체 없는 뜻의 문제", 『철학과 현상학 연구』 34집, 2007.

김영환, "개념법학적인 사유형태와 일반조항에로의 도피", 한국법철학회 편, 『응용법철학』, 한국법철학회 편, 아카넷, 2002.

김용섭, "정보공개와 개인정보보호의 충돌과 조화", 『공법연구』 29집 3호, 2001.

김정오, "Dworkin 법사상의 철학적 토대", 김비환 외 5, 『자유주의의 가치들』, 아카넷, 2011.

김종규, "比例性原則에 관한 硏究: 憲法裁判所 判例를 中心으로", 성균관대학교 대학원 법학과 석사학위논문, 2001.

김종보, "기본권침해 심사기준에 대한 소고 — 과잉금지원칙의 적용영역에 대한 비판적 고찰을 중심으로 —", 『공법학연구』 10권 3호, 2009.

김태수, "표현의 자유와 법익형량 — 인격권침해적 표현을 중심으로", 『公法硏究』 35권 4호, 2007.

김학태, "정당화 사유의 법철학적 분석에 관한 연구" 『외법논집』 35권 1호, 2011.

김해원, "헌법적 논증에서 객관헌법과 주관헌법", 『憲法學硏』 16권 1호, 2010.

_____, "기본권 원용의 양상과 기본권 이론", 『헌법학연구』 17권 2, 2011.

_____, "기본권의 잠정적 보호영역에 관한 연구", 『헌법학연구』 15권 3호, 2009.

_____, "방어권적 기본권의 정당성 심사구조", 『공법학연구』 10권 4호, 2009.

고봉진, "연명치료중단에서 이익형량의 구조와 내용", 『법철학연구』 13권 2호, 2010.

고영하, "과잉금지원칙", 한양대학교 대학원 법학과 석사학위논문, 2002.

문무기, "교사의 시국선언과 정치적 중립의무", 『노동법학』 35호, 2010.

박경신, "이익형량에 대한 환원주의적인 접근의 사례: 미국의 단계심사와 한국의 과잉금지원칙", 『법철학연구』 11권 1호, 2008.

박양구, "가능세계의 의미", 『論文集』 18권 1호, 1994.

박준용, "프레게의 치역 개념: 「산술학의 근본 법칙」의 10절 분석" 『哲學硏究』 42권 1호, 1998.

선우환, "술어에 대한 새로운 프레게적 이론", 『哲學』 85집, 2005.

_____, "프레게와 함수적 표현", 『哲學』 83집, 2005.

성정엽, "비례원칙과 기본권", 『저스티스』 136호, 2013.

심헌섭, "존재/당위이원론의 논리와 현대논리학", 『서울대학교 法學』 20권 1호,

1980.

손병홍, "양상 논리학 무엇인가", 『한국논단』 54권 1호, 1994.

송동수, "독일에 있어 土地에 관한 公益과 私益의 조정 ― 형량명령을 중심으로", 『土地公法研究』, 16권 1호, 2002.

송석윤, "정당해산심판의 실체적 요건 ― 정당해산심판제도의 좌표와 관련하여 ―", 『서울대학교 법학』 51권 1호, 2010.

_____, "공적 인물의 인격권과 언론의 자유 ― 독일 연방헌법재판소와 유럽인권법원의 캐롤라인 결정을 중심으로 ― ", 『공법연구』 39집 1호, 2010.

손희권, "과잉금지원칙 관점에서의 과외금지 위헌 판례 분석", 『청소년학연구』 9권 1호, 2002.

양동휴, "古典 古代 奴隸制의 起源과 性格", 『經濟論集』 39권 4호, 2000.

이기철, "헌법재판소는 비례의 원칙에 목적의 정당성을 포함시켜도 좋은가", 『공법연구』 35집 1호, 2006.

이계수, "공무원의 정치운동금지의무에 대한 비판적 고찰", 『민주법학』 29호, 2006.

이계일, "인간의 존엄은 형량가능한가?" 『원광법학』 26권 1호, 2010.

이덕연, "안마사자격 '비맹제외기준'에 대한 헌법재판소결정 평석", 『公法研究』 35권 2호, 2006.

이부하, "비례성과 과소보호금지원칙", 『헌법학연구』 13권 2호, 2007.

이부하, "종교의 법적 개념과 국가의 종교적 중립성 ― 독일의 법이론을 중심으로" 『憲法學研究』 14권 2호, 2008.

이석민, "國家와 宗敎의 關係에 관한 硏究: 중립성 개념을 중심으로", 서울대학교 대학원 법학과 박사학위논문. 2014.

이용식, "법에 있어서의 이익형량: 형법에 있어서의 이익형량", 『서울대학교 法學』 48권 2호, 2007.

이우영, "미국 위헌법률심사기준의 정립 과정에서 우월적 지위 이론(Preferred Position Doctrine)의 의의: 표현의 자유 법리를 중심으로", 『公法學研究』 12권 4호, 2011.

이재승, "사죄의 수행상 오류", 『민주법학』, 59호, 2015.

이재진·이정기, "초·중·고교 교원의 정치적 표현과 제한법리에 관한 탐색적 연구", 『한국언론정보학보』 54호, 2011.

이종근, "미연방헌법과 비례의 원칙 ― 독일 연방헌법상의 비례원칙의 도입논의를 중심으로 ―", 『헌법학연구』, 16권 2호, 2010.

이종수, "공무원의 정치적 활동의 허용여부와 그 한계", 『연세법학연구』 8권 1호,

2001.

이준일, "헌법재판의 법적 성격 ― 헌법재판소의 논증도구인 비례성원칙과 평등원
칙을 예로", 『憲法學研究』 12권 2호, 2006.

＿＿＿, "헌법상 비례성 원칙", 『공법연구』 37집 4호, 2009.

＿＿＿, "기본권제한에 관한 결정에서 헌법재판소의 논증도구", 『憲法學研究』 4권
3호, 1998.

이한태, "공무원의 정치적 표현의 자유와 제한", 『人文社會科學研究』 26호, 2010.

이호용, "낳지 않을 자유와 자기결정", 『세계헌법연구』 16권 3호, 2010.

오준근, "이익형량의 원칙의 실제적 적용 방안", 『公法研究』 29권 3호, 2001.

유승익, "기본권 제한의 규범이론적 이해", 고려대학교 대학원 법학과 석사학위논
문, 2005.

장철준, "교원 및 교원단체의 표현의 자유", 『언론과 법』 10권 1호, 2011.

전정환, "기본권 제한의 한계로서의 과잉금지원칙 ― 독일연방헌법재판소 판례를
중심으로―", 『원광법학』 29권 2호, 2013.

전종익, "미국 헌법상 명확성 원칙(void for vagueness) 심사 ―미국연방최고법원
판례를 중심으로―", 『서울대학교 법학』 50권 1호, 서울대학교 법학연구
소, 2009.

정극원, "헌법규범의 근거로서 공공복리", 『土地公法研究』 48권, 2010.

정연주, "재산권보장과 이익형량", 『公法研究』 29권 3호, 2001.

정이근, "공익과 사익의 이익형량과 선택 ―폐기물관리법 규정과 발치한 치아를 소
재로―", 『법학연구』 52권 3호, 부산대학교 법학연구소, 2011.

진창수, "헌법재판소 판례에 나타난 비례원칙", 『公法研究』 37권 4호, 2009.

조국, "혼인빙자간음죄 위헌론 소고", 『刑事法研究』 21권 3호, 2009.

조홍식, "법경제학 무대놓기 ― 경제학에 대한 상투적 비판을 글감으로 하여―",
『경제적 효율성과 법의 지배』, 고학수·허성욱 편저, 박영사, 2009.

＿＿＿, "법에서의 가치와 가치판단 ― 원고적격의 규범학(I)", 『서울대학교법학』
48권 1호, 2007.

최연정, "基本權 制限에 대한 違憲審査基準: 比例의 原則을 中心으로", 원광대
학교 법학전문대학원 전문석사학위 논문 2012.

최장현, "의무적 선거참여제도의 헌법적 정합성", 『법학논총』 32집 1호, 2012.

표명환, "독일연방헌법재판소의 약국판결과 우리 헌법상의 직업의 자유의 해석론",
『헌법학연구』 15권 1호, 2009.

한수웅, "자유권의 제한 개념과 헌법소원심판에서 제3자의 자기관련성", 『헌법학연

구』 15권 1호, 2009.

한수웅, "헌법 제37조제2항의 過剩禁止原則의 意味와 適用範圍", 『저스티스』 95호, 2006.

허완중, "기본권보호의무에서 과소보호금지원칙과 과잉금지원칙의 관계", 『公法研究』 37권 1—2호, 2008.

황치연, "憲法裁判의 審査尺度로서의 過剩禁止原則에 관한 研究", 연세대학교 대학원 법학과 박사학위논문. 1996.

홍윤기, "하버마스의 언어철학: 보편화용론의 구상에 이르는 언어철학적 사고과정의 변천을 중심으로", 『인문학 연구』 2·3집 합본호, 1996.

번역논문

Alexy, Robert, "Grundrechte als subjektive Rechte und als objektive Normen". 김효전 옮김, "주관적 권리와 객관규범으로서의 기본권", 『헌법학연구』 6권 2호, 2000.

Alexy, Robert, "Die Gewichtsformel", 정종섭·박진원 옮김, "중요도 공식", 『서울대학교 법학』 44권 3호, 2003.

Depenheuer, Otto, "Interessenabwägung im Schutz des Eigentums": 김명용 옮김, "재산권보장에서의 이익형량", 『공법연구』 29집 3호, 2001.

Grimm, Dieter, "Verfassungsrecht und sozialer Wandel". 송석윤 옮김, "헌법과 사회변동 — 헌법해석방법론에 대한 몇 가지 생각—", 『서울대학교 법학』 42권 3호, 2001.

Starck, Christian, "Nationaler Crundkonsens und Verfassungsgerichte", 송석윤 번역, "국민적 기본 컨센서스와 헌법재판소" 『세계헌법연구』 6호, 2001.

Stern, Klaus, Das Staatsrecht für die Bundesrepublik Deutschland. Bd. III/2, 1994, §84 "Übermaßverbot und Abwägungsgebot". 김효전 옮김, "과잉금지와 형량요청(I)", 『헌법학연구』 7권 2호, 2001 및 김효전 옮김, "과잉금지와 형량요청(II)", 『헌법학연구』 7권 3호, 2001.

번역서

Alexy, Robert, *Theorie der grundrechte*. 이준일 옮김, 『기본권 이론』, 법문사, 2007.

_____, *Theorie der juristischen Argumentation: Die Theorie des rationalen Diskurses als Theorie der jurstischen Begründung* (2nd edition), 변종필·최

회수·박달현 옮김.『법적 논증 이론』, 고려대학교 출판부, 2007.

_____, *Begriff and Geltung des Rechts*. 이준일 옮김,『법의 개념과 효력』, 고려대학교 출판부, 2007.

Aristoteles, *De Sophisticis Elenchis*. 김재홍 옮김,『소피스트적 논박』, 한길사, 2007.

Ayer, A. J., *Russell*, 신일철 옮김,『러셀』, 이화여자대학교 출판부, 1982.

Austin, J. L., *How to do Things with Words*. 김영진 옮김,『말과 행위』, 서광사, 1992.

Beccaria, Cesare Bonesana Marchese di, *Dei delitti e delle pene*. 한인섭 옮김,『범죄와 형벌』, 박영사, 2010.

Bentham, Jeremy, *An Introduction to the Principles of Morals and Legislation*. 고정식 옮김,『도덕과 입법의 원리 서설』, 나남, 2011.

Berlin, Isaiah, *Liberty(Incorporating Four Essays on Liberty)*, Oxford University Press, 2002. 박동천 옮김,『이사야 벌린의 자유론』, 아카넷, 2006.

Carroll, Lewis, *Through the looking—glass and what Alice found there*, 이소연 옮김,『거울 나라의 앨리스』, 팽귄클래식 코리아, 2013.

Corrado, Michael, *The Analytic Tradition in Philosophy: Background and Issues*. 곽강제 옮김,『분석철학 — 그 전통과 쟁점들』, 서광사, 1986.

Davidson, Donald, *Inquires into truth and anterpreation*. 이윤일 옮김,『진리와 해석에 관한 탐구』, 나남, 2001.

Dahl, Robert, *On Political Equality*. 김순영 옮김,『정치적 평등에 관하여』, 후마니타스, 2010.

Dworkin, Ronald, *Sovereign Virtue*. 염수균 옮김,『자유주의적 평등』, 한길사, 2005.

_____, *Law's Empire*. 장영민 옮김,『법의 제국』, 아카넷, 2004.

_____, *Taking Rights Seriously*. 염수균 옮김,『법과 권리』, 한길사, 2010.

_____, *Life's Dominion*.『생명의 지배영역』, 박경신·김지미 옮김, 이화여자대학교 생명의료법연구, 2008.

Frege, Gottlob, *Die Grundlagen der Arithmetik: Eine logishc mathematische Untersuchung über den Begriff der Zahl*. 박준용, 최원배 옮김,『산수의 기초』 아카넷, 2003.

Fredman, Sandra, *Human Rights Transformed: Positive Rights and Positive Duties*. 조효제 옮김,『인권의 대전환 — 인권 공화국을 위한 법과 국가의 역할』, 교양인, 2009.

Friedman, Milton, *Capitalism and Freedom* (2nd edition). 심준보 외 1명 옮김,『자

본주의와 자유』, 청어람미디어, 2007.

Grayling, A. C., *Russell*. 우정규 옮김, 『러셀』, 시공사, 2000.

_____, *Introduction to philosophical logic*. 이윤인 옮김, 『철학적 논리학』(제3판), 선학사, 2005.

Habermas, Jürgen, *Faktizität und Geltung: Beiträge zur Diskurstheorie des Rechts und des demokratischen Rechtsstaats*. 한상진·박영도 옮김, 『사실성과 타당성: 담론적 법이론과 민주적 법치국가 이론』, 나남, 2007.

_____, *Wahrheit und Rechtfertigung: Philosophische Aufsätze*. 윤형식 옮김, 『진리와 정당화』, 나남, 2008.

_____, *Erläuterungen zur Diskursethik*. 이진우 옮김, 『담론윤리의 해명』, 문예출판사, 1997.

_____, *Ach, Europa, Kleine Politshce Schriften XI*. 윤형식 옮김, 『아! 유럽』, 나남, 2011.

_____, *Theorie des kommunikativen handelns*. 장춘익 옮김, 『의사소통행위이론』 1·2권, 나남, 2006.

_____, *Nachmetaphysisches Denken*. 이진우 옮김, 『탈형이상학적 사유』, 문예출판사, 2000.

Hales, Steven D., *This is Philosophy: An Introduction*. 김준수 옮김, 『이것이 철학이다: 지금 시작하는 철학 강의』, 21세기북스, 2013.

Hamilton, Alexander & Madison, James & Jay, John, *The Federalist Paper*. 김동영 옮김, 『페더랄리스트 페이퍼』, 한울, 1995.

Hart, H. L. A., *Law, Liberty and Morality*. 이영란 옮김, 『법, 자유, 도덕』, 나남, 1996.

Hobbes, Thomas, *Leviathan*. 진석용 옮김, 『리바이어던 1 ― 교회국가 및 시민국가의 재료와 형태 및 권력』, 나남, 2008.

Josef Isensee, "Gemeinwohl und Staatsaufgaben im Verfassungsrecht". 이덕연·강태수 편역, 『언어와 헌법 그리고 국가』, "헌법국가에서 공공복리와 국가의 과제", 신조사, 2013.

Josef Isensee, "Verfassungsrecht als 'politisches Rechts'". 이덕연·강태수 편역, 『언어와 헌법 그리고 국가』, "정치법으로서의 헌법", 신조사, 2013.

Jaems, William, *Pragmatism*. 정해창 옮김, 『실용주의』, 아카넷, 2008.

Jhering, Rudolf von, *Der kampf um das recht*. 윤철홍 옮김, 『권리를 위한 투쟁』, 책세상, 2007.

Kahneman, Daniel, *Thinking Fast and Slow.* 이진원 옮김, 『생각에 관한 생각: 우리의 행동을 지배하는 생각의 반란!』, 김영사, 2012.

Kant, Immanuel, *Kritik der einen Vernunft.* 백종현 올김, 『순수이성비판(1권)』, 아카넷, 2006.

_____, *Kritik der einen Vernunft.* 백종현 올김, 『순수이성비판(2권)』, 아카넷, 2006.

_____, *Grundlegung zur Metaphysik der Sitten*, 이원봉 옮김, 『도덕 형이상학을 위한 기초 놓기』, 책세상, 2002.

_____, *Kritik der praktischen Vernunft*, 백종현 옮김, 『실천이성비판』, 아카넷, 2009.

_____, *Prolegomena.* 백종현 옮김, 『형이상학 서설』, 아카넷, 2012.

_____, *Die Metaphysik der Sitten: Metaphysische Anfangsgrunde der Rechtslehre.* 백종현 옮김, 『윤리형이상학』, 아카넷, 2012.

Kantorowicz, Hermann, *Der kampf um die rechtswissenschaft.* 윤철홍 옮김, 『법학을 위한 투쟁』, 책세상, 2006.

Kenny, Anthony, *Frege: An Introduction to the Founder of Modern Analytic Philosophy.* 최원배 옮김, 『프레게 ―현대분석철학의 창시자에 대한 소개』, 서광사, 2002.

_____, *Wittgenstien.* 김보현 옮김, 『비트겐슈타인』, 철학과현실사, 2001.

Kripke, Saul A., *Naming and Necessity.* 정대현·김영주 옮김, 『이름과 필연』, 필로소픽, 2014.

_____, *Wittgenstein on Rules and Private Language: an Elementary Exposition.* 남기창 옮김, 『비트겐슈타인 규칙과 사적 언어』, 철학과 현실사, 2008.

Kosgaard, Christine M., *The Sources of Normativity.* 강현정·김양현 옮김, 『규범성의 원천』, 철학과 현실사, 2011.

Kriele, Martin, *Recht und praktische Vernunft.* 『법과 실천이성』, 홍성방 옮김, 유로서적, 2013.

Kymlicka, Will, *Contemporary Political Philosophy.* 장동진 외 3 옮김, 『현대 정치철학의 이해』, 동명사, 2008.

Labode, Cecile, & Maynor, John et al., *Republicanism and Political Theory.* 곽준혁·조계원·홍승헌, 『공화주의와 정치이론』, 까치, 2009.

Lakoff, George & Johnson, Mark, *Metaphors We Live By.* 노양진·나익주 옮김, 『삶으로서의 은유』 서광사, 1995.

Lamb, Charles, *Essays of Elia.* 김기철 옮김, 『찰스 램 수필선』, 문예출판사, 1976.

Le Bon, Gustave, *Psychologie des Foules.* 이재형 옮김, 『군중심리』, 문예출판사, 2013.

Lewis, Anthony, *Freedom for the thought that we hate: a biography of the First Amendment.* 박지웅·이지은 옮김, 『우리가 싫어하는 생각을 위한 자유 — 미국 수정헌법 1조의 역사』, 간장, 2010.

Mackie, J. L., *Ethics: Inventing Right and Wrong.* 진교훈 옮김, 『윤리학: 옳고 그름의 탐구』, 서광사, 1990.

Mill, John Stuart, *Considerations on Representative Government.* 서병훈 옮김, 『대의정부론』, 아카넷, 2012.

_____, *On Liberty*, (Currin V. Shields ed.). 서병훈 옮김, 『자유론』, 책세상, 2012.

_____, *Utilitarianism*, 서병훈 옮김, 『공리주의』, 책세상, 2007.

Munitz, M. K., *Contemporary Analytic Philosophy.* 박영태 옮김, 『현대분석철학』, 서광사, 1997.

Nagel, Ernest & Newman, James R., *Gödel's Proof.* 곽강제·고종숙 옮김, 『괴델의 증명』, 승산, 2010.

Nozick, Robert, *Anarchy, State and the Utopia.* 남경희 옮김, 『아나키에서 유토피아로』, 문학과지성사, 1997.

Nussbaum, Martha, *Hiding from Humanity: Disgust, Shame, and the Law.* 조계원 옮김, 『혐오와 수치심』, 민음사, 2015.

Pettit, Philip, *Republicanism: a theory of freedom and government.* 『신공화주의 — 비지배 자유와 공화주의 정부』, 곽준혁 옮김, 나남, 2012.

Peirce, Charles Sanders, *Peirce on Signs.* (James Hoopes ed.). 김동식 옮김, 『퍼스의 기호학』, 나남, 2008.

Platon, *Euthydemos.* 김주일 옮김, 『에우튀데모스』, 이제이북스, 2008.

_____, *Theaitetos.* 정준영 옮김, 『테아이테토스』, 이제이북스, 2013.

Pokman, Louis P. & Fieser, James, *Ethics: Discovering Right and Wrong.* 박찬구·류지한·조현아·김상돈 옮김, 『윤리학 — 옳고 그름의 발견』, 울력, 2010.

Popper, Karl, *All Life is Problem Solving.* 허형은 옮김, 『삶은 문제해결의 연속이다』, 부글북스, 2006.

_____, *The Open Society and Its Enemies, volume I: The Spell of Plato.* 이한구 옮김, 『열린사회와 그 적들 I』(개정판), 민음사, 2006.

_____, *The Open Society and Its Enemies, volume II: The High Tide of Prophecy: Hegel, Marx, and the Aftermath.* 이명헌 옮김, 『열린사회와 그 적들 II』,

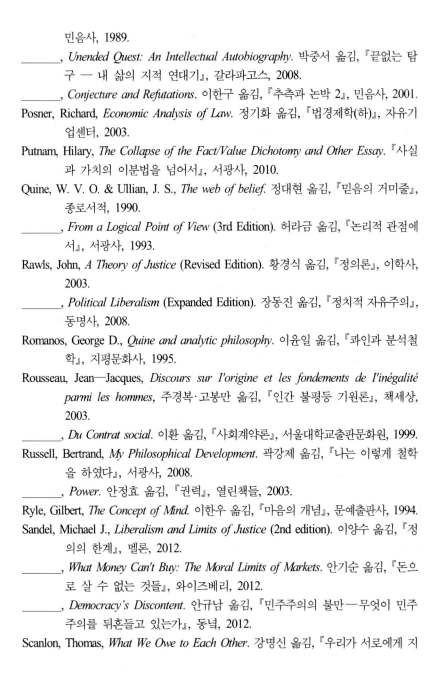

민음사, 1989.

_____, *Unended Quest: An Intellectual Autobiography*. 박중서 옮김,『끝없는 탐구 — 내 삶의 지적 연대기』, 갈라파고스, 2008.

_____, *Conjecture and Refutations*. 이한구 옮김,『추측과 논박 2』, 민음사, 2001.

Posner, Richard, *Economic Analysis of Law*. 정기화 옮김,『법경제학(하)』, 자유기업센터, 2003.

Putnam, Hilary, *The Collapse of the Fact/Value Dichotomy and Other Essay*.『사실과 가치의 이분법을 넘어서』, 서광사, 2010.

Quine, W. V. O. & Ullian, J. S., *The web of belief*. 정대현 옮김,『믿음의 거미줄』, 종로서적, 1990.

_____, *From a Logical Point of View* (3rd Edition). 허라금 옮김,『논리적 관점에서』, 서광사, 1993.

Rawls, John, *A Theory of Justice* (Revised Edition). 황경식 옮김,『정의론』, 이학사, 2003.

_____, *Political Liberalism* (Expanded Edition). 장동진 옮김,『정치적 자유주의』, 동명사, 2008.

Romanos, George D., *Quine and analytic philosophy*. 이윤일 옮김,『콰인과 분석철학』, 지평문화사, 1995.

Rousseau, Jean—Jacques, *Discours sur l'origine et les fondements de l'inégalité parmi les hommes*, 주경복·고봉만 옮김,『인간 불평등 기원론』, 책세상, 2003.

_____, *Du Contrat social*. 이환 옮김,『사회계약론』, 서울대학교출판문화원, 1999.

Russell, Bertrand, *My Philosophical Development*. 곽강제 옮김,『나는 이렇게 철학을 하였다』, 서광사, 2008.

_____, *Power*. 안정효 옮김,『권력』, 열린책들, 2003.

Ryle, Gilbert, *The Concept of Mind*. 이한우 옮김,『마음의 개념』, 문예출판사, 1994.

Sandel, Michael J., *Liberalism and Limits of Justice* (2nd edition). 이양수 옮김,『정의의 한계』, 멜론, 2012.

_____, *What Money Can't Buy: The Moral Limits of Markets*. 안기순 옮김,『돈으로 살 수 없는 것들』, 와이즈베리, 2012.

_____, *Democracy's Discontent*. 안규남 옮김,『민주주의의 불만—무엇이 민주주의를 뒤흔들고 있는가』, 동녘, 2012.

Scanlon, Thomas, *What We Owe to Each Other*. 강명신 옮김,『우리가 서로에게 지

는 의무』, 한울, 2008.

_____, *Moral Dimension: Permissibility, Meaning, Blame*. 성창원 옮김, 『도덕의 차원들: 허용, 의미, 비난』, 서광사, 2012.

Schopenhauer, Arthur, *Die Welt als Wille und Vorstellung*. 홍성광 옮김, 『의지와 표상으로서의 세계』, 을유문화사, 2009.

_____, *Parerga und Paralipomena*. 홍성광 옮김, 『쇼펜하우어의 행복론과 인생론』, 을유문화사, 2013.

_____, *Die Kunst, Recht zu behalten*. 김재혁 옮김, 『논쟁에서 이기는 38가지 방법』, 고려대학교 출판부, 2013.

Searle, John, *Mind, Language, and Society*. 심철호 옮김, 『정신, 언어, 사회』, 해냄, 2000.

_____, *Liberté et Neurobiologie*. 강신욱 옮김, 『신경생물학과 인간의 자유: 자유의지, 언어, 그리고 정치권력에 관한 고찰』, 궁리, 2010.

Smith, Adam, *The Theory of Moral Sentiments*. 박세일·민경국 옮김, 『도덕감정론』, 비봉출판사, 2009.

Sunstein, Cass R., & Holmes, Stephen, *The Cost of Rights: Why Liberty Depends on Taxes*. 박병권 옮김, 『권리의 대가』, 박영북스, 2012.

Swift, Adam, *Political Philosophy: A Beginners Guide for Students And Politicians*, Blackwell. 김비환 옮김, 『정치의 생각』, 개마고원, 2011.

Taylor, Paul W., *Principles of Ethics: An Introduction*, 김영진 옮김, 『윤리학의 기본원리』, 서광사, 1985.

Thompson, John B. "Universal Pragmatics" in John B. Thompson & David Held eds., *Habermas: Critical Debates*. 임현규 편역, 『하버마스 다시읽기』, "보편적 화용론", 인간사랑, 1995.

Walzer, Michael, *Spheres of Justice*. 정원섭 외 9 옮김, 『정의와 다원적 평등』, 철학과 현실사, 1999.

White, Roger M., *Wittgenstein's Tractatus Logico —Philosophicus*. 곽강제 옮김, 『비트겐슈타인의 논리철학론 이렇게 읽어야 한다』, 서광사, 2011.

Wittgenstein, Ludwig, *Philosophische Untersuchungen*. 이영철 옮김, 『철학적 탐구』, 서광사, 1994.

_____, *Tractatus Logico —Philosophicus*. 이영철 옮김, 『논리 철학 논고』, 책세상, 2006.

_____, *The Blue and Brown Books*. 이영철 옮김, 『청색책, 갈색책』, 책세상,

2006.

Woodruff, Paul, *First Democracy: The Challenge of an Ancient Idea.* 이윤철 옮김, 『최초의 민주주의: 오래된 이상과 도전』, 돌베게, 2012.

Young, Iris Marion, *Responsibility for Justice.* 허라금·김양희·천수정 옮김, 『정치적 책임에 관하여』, 이후, 2013.

외국서 및 외국논문

Ackerman, Bruce et al., *Perfectionism and Neutrality: Essays in Liberal Theory*, Steven Wall ed., New York: Rowman & Littlefield Publishers, 2003.

Aleinikoff, Alexander, "Constitutional Law in the Age of Balancing", *The Yale Law Journal*, Vol. 96, No. 5, 1987, pp.943-1005.

Alter, A. L., Oppenheimer, D. M., Epley, N., and Eyre, R. N. "Overcoming intuition: Metacognitve difficulty activates analytic reasoning", *Journal of Experimental Psychology: General*, Vol. 136, 2007, pp.569-576.

Apel, Karl-Otto, "Fallibilismus, Konsenstheorie der Wahrheit und Letztbegründung", in Forum für Philosophie Bad Homburg(Hrsg.), *Philosophie und Begründung*, Frankfurt/M. 1987, S.118-211.

Apel, Karl-Otto, "The problem of philosophical fundamental-grounding in light of a transcendental pragmatic of language", *Man and World*, Vol. 8, 1975, pp.239-275.

Arneson, Richard J., "Mill versus Paternalism", *Ethics*, Vol. 90, No. 4, 1980, pp.470-489.

Ayer, A. J., *The Problem of Knowledge*, London: Penguin Books, 1956.

Barendt, Eric, *Freedom of Speech*, New York: Oxford University Press, 2005.

Barry, Brian, *Political Argument: A Reissue with a New Introduction*, New York and London: Harvester Wheatsheaf, 1990.

Beatty, David, "Protecting Constitutional Rights in Japan and Canada", The American *Journal of Comparative* Law, Vol. 41, No. 4, 1993, pp.535-550.

Benditt, Theodore M., "The Public Interest", *Philosophy & Public Affairs*, Vol. 2, No. 3, 1973, pp.291-311.

Brink, David, "Utilitarian Morality and the Personal Point of View", Journal of Philosophy, Vol. 83, No. 8, 1986, pp.417-38.

Caney, Simon, "Notes and Comments — Sandel's Critique of the Primacy of Justice ;
    A Liberal Rejoinder", *British Journal of Political Science*, Vol. 21, No. 4,
    1991, pp.511-521.

Chemerinsky, Erwin, "The Rethoric of Constitutional Law", *Michigan Law Review*,
    Vol. 100, No. 8, 2002, pp.2008-2035.

Clarke, S., "Debate: State Paternalism, Neutrality and Perfectionism", *The Journal
    of Political Philosophy*, Vol 14, 2006, pp.111-121.

Cohen, G. A., "Self-Ownership, World-Ownership, and Equality", F. S. Lucash ed.,
    Justice and Equality Here and Now, Cornell University Press, 1986.

_____, "Robert Nozick and Wilt Chamberlain: How patterns preserve liberty",
    Erkenntnis, Volume 11, Issue 1, 1976, pp.5-23.

Dagger, Richard, "The Sandelian Republic and the Encumbered Self", *The Review
    of Politics*, Vol. 61, No. 2, 1999, pp.181-208.

Daniels, Norman, "Wide Reflective Equilibrium and Theory Acceptance in Ethics",
    The Journal of Philosophy, Vol. 76, No. 5, 1979, pp.256-282.

_____, "Equality of What: Welfare, Resources, or Capabilities?", *Philosophy and
    Phenomenological Research*, Vol. 50, Supplement, 1990, pp.273-296.

David Braybrooke, "Let Needs Diminish That Preferences May Prosper", in Studies
    in Moral Philosophy, Nicholas Rescher ed., *American Philosophical
    Quarterly Monograph Series*, I, Oxford, 1968.

Dimock, Susan, "Liberal Neutrality", *The Journal of Value Inquiry* 34, 2000, pp.189-
    206.

Donnellan, Keith. "Reference and Definite Description", *Philosophical Review*,
    LXXV, 1966, pp.281-304.

Douglass, Bruce, "The Common Good and the Public Interest", *Political Theory*,
    Vol. 8, No. 1, 1980, pp.103-117.

Dworkin, Ronald, *Justice in Robes*, MA: Belknap Press of Harvard University Press,
    2008.

_____, *Justice for Hedgehogs*, MA: The Belknap Press of Harvard University
    Press, 2011.

_____, *Is Democracy Possible Here?: Principles for a New Political Debate*,
    Princeton: Princeton University Press, 2006.

_____, *Freedoms's Law: The Moral Reading of the American Constitution*,

Cambridge: Harvard University Press, 1997.

_____, *A Matter of Principle*, MS: Harvard University Press, 1985.

Elster, Jon, *Sour Grapes: Studies in the Subversion of Rationality*, Cambridge: Cambridge University Press, 1985.

Ely, John Hart, "Professor Dworkin's External/Personal Preference Distinction", *Duke Law Journal*, Vol. 1983, No. 5, 1983, pp.959-986.

Faigman, David L., "Reconciling Individual Rights and Government Interests: Madisonian Principles versus Supreme Court Practice", *Virginia Law Review*, Vol. 78, No. 7, 1992, pp.1521-1580.

Fallon, Richard H. Jr., "A Constructivist Theory of Constitutional Interpretation", *Harvard Law Review*, Vol. 100, No. 6, 1987, pp.1189-1286.

Feinberg, Joel, *Harm to Others: Moral Limits of the Criminal Law*, New York: Oxford University Press, 1987.

_____, *Harm to Self: Moral Limits of the Criminal Law*, New York: Oxford University Press, 1986.

_____, *Harmless Wrongdoing: Moral Limits of the Criminal Law*, New York: Oxford University Press, 1990.

_____, "The Forms and Limits of Utilitarianism", *The Philosophical Review*, Vol. 76, No. 3, 1967, pp.368-381.

_____, "Voluntary Euthanasia and the Inalienable Right to Life", *Philosophy & Public Affairs*, Vol. 7, No. 2, 1978, pp.93-123.

_____, "Evironmental Pollution & the Threshold of Harm", *The Hastings Center Report*, Vol. 14, No. 3, 1984, pp.27-31.

Feltham, Brian, "Unreasonable Rejectability and Permissible Coercion", *Proceedings of the Aristotelian Soceity, New Seires*, Vol. 107, 2007, pp.395-401.

Finnis, John, "Abortion, Natural Law, and Public Reason", Robert P. George and Christopher Wolfe eds., *Natural Law and Public Reason*, Georgetown University Press, 2000, pp.75-93.

Frege, Gottlob, "Function and Concept", *Collected Papers on Mathematics, Logic, and Philosophy*, Brian McGuinness ed., Oxford: Basil Blackwell, 1984.

Freeman, Samuel, *Justice and the Social Contract: Essays on Rawlsian Political Philosophy*, New York: Oxford University Press, 2006.

Fried, Charles, "Two Concepts of Interests: Some Reflections on the Supreme

Court's Balancing Test", *Harvard Law Review*, Vol. 76, No. 4, 1963, pp.755-778.

Fuller, Lon L., "Positivism and the Fidelity to Law — A Reply to Professor Hart", *Harvard Law Review*, Vol. 71, No.4, 1958, pp.630-672.

_____, Kenneth Winston ed., *The Principles of Social Order: Selected Essays of Lon. L. Fuller* (Revised Edition), Oxford, Portland, Or.: Hart Publishing, 2001, pp.315-330.

_____, *The Morality of Law*, New Haven: Yale University Press, 1964.

Galston, William A., "An Old Debate Renewed: The Politics of the Public Interest", *Daedalus*, Vol. 136, No. 4, 2007, pp.10-19.

Goodin, Robert E., "Institutionalizing the Public Interest: The Defense of Deadlock and Beyond", *The American Poltical Science Review*, Vol. 90, No. 2, 1996, pp.331-343.

Gu, Yueguo, "The impasse of perlocution", *Journal of Pragmatics*, Vol. 20, 1993, pp.405-432.

Haenkin, Louis "Infallibility under Law: Constitutoinal Balancing", *Columbia Law Review*, Vol. 78, No. 5, 1978, pp.1022-1049.

Hafen, Bruce C., "The Constitutional Status of Marriage, Kinship, and Sexual Privacy: Balancing the Individual and Social Interests", *Michigan Law Review*, Vol. 81, No. 3, 1983, pp.463-574.

Hare, R. M., *The Language of Morals*, Oxford: Oxford University Press, 1952.

_____, *Sorting Out Ethics*, Oxford: Oxford University Press, 1998.

Harris, John, "The survival lottery", *Philosophy*, Vol. 50, No. 191, 1975, pp.81-87.

Hart, H. L. A., "Rawls on Liberty and Its Priority", Norman Daniels ed., *Reading Rawls*, Stanford: Stanford University Press, 1989, pp.230-252.

Held, Virginia, *The Public Interest and Individual Interest*, New York: Basic Books, 1970.

Henry, Shue. B., "The Bogus Distinction—Negative and Positive rights" in Norman E. Bowie, *Making Ethical Decision*, New York: McGraw-Hill, 1985, pp.223-231.

Henry, S. J. & Moore, T. O. Jr., "A Decade of Legislative History in the Supreme Court: 1950-1959", *Virginia Law Review* 46, 1960, pp.1408-1438.

Henschen, Beth M., "Judicial Use of Legislative History and Intent in Statutory

Interpretation", *Legislative Studies Quarterly*, Vol. 10, No. 3, 1985, pp.353-371.

Hirose, Iwao, "Saving the Greater Number without Combining Claims", Analysis, Vol. 61, No. 4, 2001, pp.341-342.

Hodson, John D., "Mill, Paternalism, and Slavery", Analysis, Vol. 41, No. 1, 1981, pp.60-62.

Hohfeld, Newcomb, *Fundamental Legal Conceptions as Applied in Judicial Reasoning*, David Campbell & Philip Thomas eds., Dartmouth, 2001.

Hurka, Thomas, "'Good' and 'Good for'", *Mind*, New Series, Vol. 96, No. 381, 1987, pp.71-73.

_____, "Proportionality in the Morality of War", *Philosophy & Public Affairs*, Vol. 33, No. 1, 2005, pp.34-66.

_____, "Review on Justice for Hedgehogs by Ronald Dworkin", *Ethics*, Vol. 122, No. 1, 2011, pp.188-194.

James, Michael, "Public Interest and Majority Rule in Bentham's Democratic Theory", *Political Theory*, Vol. 9, No. 1, 1981, pp.49-64.

Kahn, Paul W., "The Court, the Community and the Judicial Balance: The Jurisprudence of Justice Powell", *The Yale Law Journal*, Vol. 97, No. 1, 1987, pp.1-60.

Kimmell, James Jr., "Politics and the Non-Civil Service Public Employee: A Categorical Approach to First Amendment Protection", *Columbia Law Review*, Vol. 85, No. 3, 1985, pp.558-581.

Kohn, Margaret, "If you are an egalitarian, why do you send your children to private school?", Dissent, Vol. 58, No. 2, 2011, pp.57-63.

Kramer, Matthew, *The Quality of Freedom*, Oxford: Oxford University Press, 2003.

Kymlicka, Will, "Liberal Individualism and Liberal Neutrality", Ethics, Vol. 99, No. 4, 1989, pp.883-905.

_____, *Liberalism, Community, and Culture*, Oxford: Oxford University Press, 1991.

Larmore, Charles, "Liberalism and the Limits of Justice", *The Journal of Philosophy*, Vol. 81, No. 6, 1984, pp.336-343.

Laden, Anthony Simon, "Taking the distinction between persons seriously" in Thom Brooks &Fabian Freyenhagen eds., *The Legacy of John Rawls*, New York:

A&C Black, 2005.

Leader, Sheldon L., "Free Speech and the Advocacy of Illegal Action in Law and Political Theory", *Columbia Law Review*, Vol. 82, No. 3, 1982, pp.412-443.

Lyons, David, Forms and Limits of Utilitarianism, Oxford: Clarendon Press, 1965.

MacCallum, Gerald C., "Negative and Positive Freedom." *The Philosophical Review*, Vol. 76, No. 3, 1967, pp.312-334.

Macedo, Stephen, "In Defense of Liberal Public Reason: Are Slavery and Abortion Hard Cases?", Robert P. George and Christopher Wolfe eds., *Natural Law and Public Reason*, DC: Georgetown University Press, 2000, pp.11-44.

Marneffe, Peter, "The Slipperiness of Neutrality", *Social Theory and Practice* Vol. 32, No. 1, 2006, pp.17-34.

Meiklejohn, Alexander, "The Balancing of Self—Preservation against Political Freedom", *California Law Review*, Vol. 49, No. 1, 1961, pp.4-14.

Murphy, Liam & Nagel, Thomas, *The Myth of Ownership*, New York: Oxford University Press, 2002.

Nagel, Thomas, "Libertarianism without Foundations", Paul Horowitz ed., *Reading Nozick*, Rowman & Littlefield, 1981.

Narveson, Jan & Sterba, James P., *Are Liberty and Equality Compatible?*, New York: Cambridge University Press, 2011.

Neal, Patrick, "Political Liberalism, Public Reason, and the Citizen of Faith", Robert P. George and Christopher Wolfe eds., *Natural Law and Public Reason*, DC: Georgetown University Press, 2000, pp.171-198.

Nussbaum, Martha C., "Perfectionist Liberalism and Political Liberalism", *Philosophy & Public Affairs*, Vol. 39, No. 1, 2001, pp.3-45.

Okin, Susan, *Justce, Gender, and the Family*, New York: Basic Books, 1989.

Oppenheim, Felix E., "Self-Interest and Public Interest", *Political Theory*, Vol. 3, No. 3, 1975, pp.259-276.

Otsuka, Michael, "Saving Lives, Moral Theory, and the Claims of Individuals", *Philosophy & Public Affairs*, Vol. 34, No. 2, 2006, pp.109-135.

Parent, William, "Some Recent Work on the Concept of Liberty", *American Philosophical Quarterly*, Vol. 11, 1974, pp.149-67.

Pettit, Philip, "Freedom as Antipower", Ethics, Vol. 106, No. 3, 1996, pp.576-604.

_____, "Free Riding and Foul Dealing", *The Journal of Philosophy*, Vol. 83, No. 7, 1986, pp.361-379.

_____, "The Consequentialist Can Recognise Rights", *The Philosopohical Quarterly*, Vol. 38, No. 150, 1980, pp.42-55

_____, "Universalizablity Without Utilitarianism", *Mind*, New Series, Vol. 96, No. 381, 1987, pp.74-82.

_____, "Two Construals of Scanlon's Contractualism", (Review of *What We Owe to Each Other* by T. M. Scanlon), *The Journal of Philosophy*, Vol. 97, No. 3, 2000, pp.148-64.

_____, "Reworking Sandel's Republicanism": Review of *Democracy's Discontent: America in Search of a Public Philosophy* by Michael Sandel, *The Journal of Philosophy*, Vol. 95, No. 2, 1998, pp.73-96.

_____, "The Instability of Freedom as Noninterference: The Case of Isaiah Berlin", *Ethics*, Vol. 121, No. 4, 2011, pp.693-716.

Pettit, Philip & Smith, Michael, "Freedom in Belief and Desire", *The Journal of Philosophy*, Vol. 93, No. 9, 1996, pp.429-449.

Pettit, Philip & Braithwaite, John, *Not Just Deserts: A Republican Theory of Criminal Justice*, Oxford: Oxford University Press, 1993.

Pildes, Richard H., "Why Rights Are Not Trumps: Social Meaning, Expressive Harms, and Constitutionalism", *The Journal of Legal Studies*, Vol. 27, No. S2. 1998, pp.725-763.

Rawls, John, *Political Liberalism* (expanded edition), New York: Columbia University Press, 2005.

_____, *Justice as Fairness: A Restatement*, Cambridge, Massachusetts: Belknap Press of Harvard University Press, 2001.

_____, *Lectures on the History of Political Philosophy*, Cambridge, MA: Belknap Press of Harvard University Press, 2008.

_____, Samuel Freeman ed., *Collected Papers*, Cambridge, MA: Harvard University Press, 1999.

Raz, Joseph, *The Morality of Freedom*, Oxford: Oxford University Press, 1986.

Ryan, Cheyney, "Yours, Mine and Ours: Property Rights and Individual Liberty", Paul Horowitz ed., *Reading Nozick*, Rowman & Littlefield, 1981, pp.323-343.

Russell, Bertrand, "On Denoting", *Mind*, New Series, Vol. 14, No. 56, 1905, pp.479-493.

Russell, Paul, "Nozick, Need and Charity", *Journal of Applied Philosophy*, Vol. 4, 1987, pp.205-216.

Sadurski, Wojeciech, "Judicial Review and the Protection of Constitutional Rights", *Oxford Journal of Legal Studies*, Vol. 2, No. 2 , 2002, pp.275-299.

_____, *Givng Desert Its Due: Social Justice and Legal Theory*, Dordrecht: D. Reidel, 1985.

Samaha, Adam M., "Dead Hand Arguments and Constitutional Interpretation", *Columbia Law Review*, Vol. 108, No. 3, pp.606-608.

Scanlon, Thomas M., "Thomson on Privacy", *Philosophy & Public Affairs*, Vol. 4, No. 4 (Summer, 1975), pp.315-322.

_____, "Why Not Base Free Speech on Autonomy or Democracy?", *Virginia Law Review*, Vol. 97, No. 3 (May 2011), pp.541-548.

_____, "The Significance of Choice", *The Tanner Lectures on Human Values*, vol. 7, Sterling McMurrin ed., Salt Lake City: University of Utah Press, 1988, pp.186-188.

_____, "Rawls' Theory of Justice", *University of Pennsylvania Law Review*, Vol. 121, No. 5, 1973, pp.1020-1069.

_____, *The Difficulty of Tolerance: Essays in Political Philosophy*, Cambridge: Cambridge University Press, 2003.

Schauer, Frederick, "Neutrality and Judicial Review", *Law and Philosophy* 22, 2003, pp.217-240.

Searle, John, *Speech Acts: An Essay in the Philosophy of Language*, Cambridge: Cambridge University Press, 1969.

Sher, George, *Beyond Neutrality: Perfectionism and Politics*, Cambridge: Cambridge University Press, 1997.

Sidgwick, Henry, *The Methods of Ethics* (the Hackett edition), Indianapolis: Hackett Publishing Company, 1981.

Sreenivasa, Gopal, "A Proliferation of Liberties", (Review of *Republicanism: A Theory of Freedom and Government* by Pettit, Philip), *Philosophy and Phenomenological Research*, Vol. 63, No. 1, 2001, pp.229-327.

Stark, Cynthia A., "Hypothetical Consent and Justification", *The Journal of Philosophy*,

Vol. 97, No. 6, 2000, pp.313-334.

Steiner, Hillel, "Justice and Entitlement". Paul Horowitz ed., *Reading Nozick*, Totowa, N.J.: Rowman & Littlefield, 1981.

_____, *An Essay on Rights*, Oxford: Blackwell, 1994.

Strawson, P. F., "On Referring", *Mind*, New Series, Vol. 59, No. 235, 1950, pp.320-344.

Sunstein, Cass R., "Incommensurability and Valuation in Law", *Michigan Law Review*, Vol 92, No. 4, 1994, pp.779-861.

_____, "Public Values, Private Interests, and the Equal Protection Clause", *The Supreme Court Review*, Vol. 1982, pp.127-166.

Taylor, Charles, "What's wrong with negative liberty", *Philosophy and the Human Sciences: Philosophical Papers*, Volume 2, Cambridge: Cambridge University Press, pp.211-229.

Tushnet, Mark V., "Anti-Formalism in Recent Constitutional Theory", *Michigan Law Review*, Vol. 83, No. 6, 1985, pp.1502-1544.

Waldron, Jeremy, "Pildes on Dworkin's Theory of Rights", *The Journal of Legal Studies*, Vo. 29, No. 1, 2000, pp.301-307.

Wallace, R. Jay, "Scanlon's Contractualism", *Ethics*, Vol. 112, No. 3., 2002, pp.429- 475.

Wechsler, Herbert, "Towards Neutral Principles of Constitutional Law", *Harvard Law Review* 73, 1959, pp.1-35.

Weithman, Paul J., "Citizenship and Public Reason", Robert P. George and Christopher Wolfe eds., *Natural Law and Public Reason*, Georgetown University Press, 2000, pp.125-164.

Whitehead, Alfred N. & Russell, Bertrand, *Principia Mathematica*, Cambridge: Merchant Books, 1910.

Williams, Bernard, "A Critique of Utilitarianism", J. J. C. Smart and B. Williams eds., *Utilitarianism: For and Against*, Cambridge: Cambridge University Press, 1973, pp.75-150.

Woods, John, "Paradoxical assertion", *Australasian Journal of Philosophy*, Vol. 43, No. 1, pp.13-26.

Wright, Maxwell, "'I know' and performative utterances", *Australasian Journal of Philosophy*, Vol. 43, No.1, pp.35-47.

Young, Iris M., *Justice and the Politics of Difference*, New Jersey: Princeton
University Press, 1990.

이민열

한국방송통신대학교 법학과 교수이자 변호사이다. 서울대학교 법학과를 졸업하고, 동 대학교 대학원에서 법학박사학위를 받았다. 「존 롤즈의 원초적 입장의 조건과 헌법해석의 지침」, 「기본권보호의무 위반 심사기준으로서 과소보호금지원칙」, 「가치와 규범의 구별과 기본권 문제의 해결」 등의 논문을 썼다. 저서로는 『인생을 바꾸는 탐구습관』, 『철인왕은 없다』, 『중간착취자의 나라』, 『정의란 무엇인가는 틀렸다』, 『너의 의무를 묻는다』 등이 있고, 역서로는 『너절한 도덕』, 『자유의 법』, 『법복 입은 정의』, 『사지열병』, 『포스트민주주의』, 『계급론』 등이 있다.

기본권 제한 심사의 법익 형량

초판 1쇄 발행 | 2016년 10월 21일
초판 2쇄 발행 | 2021년 6월 10일

저   자 | 이민열
발 행 인 | 한정희
발 행 처 | 경인문화사
출판신고 | 제406-1973-000003호
주   소 | 경기도 파주시 회동길 445-1 경인빌딩 B동 4층
전   화 | 031-955-9300
팩   스 | 031-955-9310
홈페이지 | http://kyungin.mkstudy.com
이 메 일 | kyunginp@chol.com

ISBN 978-89-499-4223-0 93360
값 35,000원